21世纪
经济管理精品教材
营销学系列

Marketing Management

营销管理

李桂华　卢宏亮◎主编

清華大学出版社
北京

内 容 简 介

本教材共 12 章。第一章介绍市场营销的核心概念和营销过程、市场营销学的产生与发展等。第二章介绍企业营销面临的宏微观环境以及顾客需求、购买行为等。第三章介绍市场营销调研和预测的内容与过程。第四章介绍企业战略规划过程、营销战略计划以及市场营销计划的实施、反馈与控制等。第五章阐述如何选择和聚焦目标顾客，其中包括 STP 战略及其与营销组合的关联和相互影响等。第六章介绍如何做产品规划并使产品适合营销。第七章介绍如何做好品牌管理。第八章介绍如何为多品类商品进行定价和调价。第九章阐述如何选择和管理营销渠道。第十章介绍如何通过促销工具与消费者持续沟通互动，其中包括整合营销沟通及其与关系网络及品牌体验等。第十一章介绍营销伦理与社会责任。第十二章主要阐述数字时代的营销发展。

本书可作为普通高校经济管理类专业相关课程的教材，也可作为从事营销工作的人士的参考书。

图书在版编目（CIP）数据

营销管理/李桂华，卢宏亮主编. —北京：清华大学出版社，2020.9
21 世纪经济管理精品教材. 营销学系列
ISBN 978-7-302-56283-2

Ⅰ. ①营…　Ⅱ. ①李…　②卢…　Ⅲ. ①营销管理 – 高等学校 – 教材　Ⅳ. ①F713.50

中国版本图书馆 CIP 数据核字(2020)第 153048 号

责任编辑：张　伟
封面设计：李召霞
责任校对：王荣静
责任印制：杨　艳
出版发行：清华大学出版社
　　　　　网　　　址：http://www.tup.com.cn，http://www.wqbook.com
　　　　　地　　　址：北京清华大学学研大厦 A 座　　　　　邮　　编：100084
　　　　　社 总 机：010-62770175　　　　　　　　　　　　邮　　购：010-62786544
　　　　　投稿与读者服务：010-62776969，c-service@tup.tsinghua.edu.cn
　　　　　质 量 反 馈：010-62772015，zhiliang@tup.tsinghua.edu.cn
　　　　　课 件 下 载：http://www.tup.com.cn，010-83470332
印 装 者：北京嘉实印刷有限公司
经　　销：全国新华书店
开　　本：185mm×260mm　　　印　张：24.5　　　字　　数：489 千字
版　　次：2020 年 10 月第 1 版　　　　　　　　　印　　次：2020 年 10 月第 1 次印刷
定　　价：59.80 元

产品编号：079649-01

前　言

当下，全球正处在新型冠状病毒疫情的笼罩下，疫情期间的生活和工作方式也给了我们这些平常忙碌的人难得的坐下来慢慢、冷静、重新思考的机会，思考中国的营销学界能为抗击病毒、提振经济、转型发展做点什么，思考自己能为中国的高等教育事业再做点什么，思考重新构思的《营销管理》能在哪些方面为读者再多做点什么。思来想去，把这本书写好，为各位新老朋友提供更多精品内容，应该是作为高等教育工作者最基本的"初心"和"使命"。于是，在团队配合及清华大学出版社的鼎力帮助下，利用在家工作的机会，经过一年多的努力，终于完成了本书的撰写、修订和校对等全部工作。作者此前曾编写和出版过两部同类教材，有一定经验积累，但本次还是试图有较大突破，融入更多新内容、新技术和新思想。我们认为本教材有这样几个特点。

一是吸收了许多新时代的营销内容和思想。例如 STP 战略与营销组合的关联和相互影响，聚类和因子分析等统计方法在市场细分中的应用，价值链对产品定价的影响和多品类价格管理，营销渠道如何创新，整合营销沟通与关系网络及品牌体验，数字时代的大数据营销、社交媒体营销、移动营销和场景营销，等等。

二是更新了教材体例。本书在保留营销学基本理论框架的基础上，在体例设计上作出了新尝试。每章都增加了一些"小链接"，有助于读者拓展对相关理论点的理解；同时每章还设计了完整的测试题目及参考答案，增加了拓展阅读文献，以方便教师和学生选择性地使用与阅读。

三是尝试应用二维码技术。读者只需要扫一扫二维码就可以获取更多纸质版面以外的信息，这有利于同部教材融入更大块头的内容文献，使得本书更贴近时代，更生动立体，也更加丰富全面。

四是配备了教学课件，教师可以选用或修改使用，有利于选择本书的教师减少备课时间。总之，这是一本内容文献比较新、教辅资料或工具比较齐全、时代性和实用性都比较强的优秀营销学教材。

本书主要适合各类本科学生必修课或选修课使用，也适合 MBA 学生和有兴趣的工商管理人员阅读。

本书的编写分工（按照章节先后顺序）是：卢宏亮（东北林业大学经济管理学院）负责第一、二、三、四章，李桂华（南开大学商学院、南开大学滨海学院）负责第五、

六、七、九、十、十二章，欧义容（南开大学滨海学院）负责第八、十一章。最后，由李桂华、卢宏亮负责全书内容及即测即练的整理和校对。还有一些参与编写的人员，他们分别是：南开大学商学院高则琦、张雨菁和苑颖平；东北林业大学经济管理学院的王冰、赵晓玲、李国元、许潇月和李佳恒，在此表示感谢！本书的编辑和出版工作还得到了清华大学出版社张伟编辑的大力支持，在此一并表示感谢！

由于编写工作繁重及能力所限，疏漏和不妥之处在所难免，恳请有识之士不吝赐教，以便我们日后不断完善提高。

李桂华　卢宏亮

2020 年 4 月 20 日

目 录

第一章

市场营销导论——掌握基本营销理念

【本章提要】

　　通过本章学习，我们需要掌握市场营销的核心概念、内涵及营销理念的演进过程，了解市场营销的一般过程、模式与演变，理解市场营销组合及其相关理论发展，了解市场营销学的研究内容与发展阶段。

 引例

"小罐茶，大师作"

　　中国是茶的故乡。茶叶作为重要的经济作物，与人类文明结合后，衍生出不同的形态和经济模式。中国茶虽有几千亿元的市场，却一直未诞生出大的品牌。面对正在发生的前所未有的消费升级，小罐茶应运而生。"小罐茶，大师作"，其富有特色的设计和营销策略对接了茶叶消费的高端空位，引领着中国茶叶消费的新时尚。

　　2016 年 7 月，小罐茶正式上市。同时，央视播出了一条 3 分钟长的茶叶广告，"小罐茶，大师作"的 slogan 和茶文化大师们竞相出镜，引起大量关注。据悉，截至 2017 年 10 月底，小罐茶线上线下销售已突破 10 亿元，这个业绩与行业第一的天福茗茶 15 亿元的年销售额相比，差距逐渐缩小。

　　应该说，小罐茶很善于营销。对于如何定位市场、找到目标用户，如何激发并满足其消费需求，快消品出身的杜国楹自有一套打法。小罐茶从包装上就摒弃了传统的大罐装、礼盒装，而是将产品定位在小而精致。面对消费者时，包装发挥的不仅是储藏功能，还传递着产品和企业文化。大多数消费者在购买他们想要的包装产品后更喜欢产品质量。基于这些事实，虽然不能说良好的包装和高质量产品之间存在完全相等的关系，但有一个积极的趋势就是精心设计的包装可以显示出高的产品质量。

　　在品牌推广方面，不仅有高品质的央视广告投放，小罐茶还覆盖了线上线下各种广告渠道。36 氪网数据显示，它们与罗辑思维、滴滴出行、一条等互联网平台合作。

例如在罗辑思维进行春茶预订,一天销售额突破百万元;Tim Kobe 参与的开业直播有数百万人围观;电商平台上的春茶预售活动备受网友追捧;中国各大展销会上频频亮相、一鸣惊人……

在行业内,小罐茶被视为一匹黑马,一头冲进了看似平静的茶行业。因为小罐茶,国人改变了对茶保守、陈旧的印象,年轻消费者对茶有了浓厚的兴趣,商家不再对"水深"的茶行业望而却步。一时间,互联网上竟出现了各种各样的"翻版"小罐茶。如何用更优质的产品、更高的审美情趣、更优异的使用体验,去满足消费者对于品质生活的需求,是值得茶行业去思考的问题。

资料来源:"小罐茶",大师作[EB/OL]. [2019-01]. http://www.cmcc-dut.cn/Cases/Detail/3697.

第一节　市场营销的核心概念

一、市场的结构及其时代演进

(一)市场的定义

市场是与商品经济紧密联系在一起的概念,随着商品经济的发展,市场的概念也在发展变化,因此,市场在不同时期或不同场合具有不同的内涵。

首先,市场是指商品交换的场所或地点(places)。这是从其外在形式来描述的市场,是狭义的市场概念;这种形式上的市场在历史上早已出现,直到现代社会也还广泛存在,如集贸市场、超级市场、百货商场等。

其次,市场还指以交换过程为纽带的现代经济体系中的经济关系的总和。这是从其内在联系或内在本质来描述的市场,是广义的市场概念;这种广义的市场是随着人们对社会经济关系认识的深入而出现的。这种意义上的市场主要侧重于一般经济关系分析,这是经济学研究的重点。

再次,市场在营销学中还有专门的含义,是指某种产品(product)实际的和潜在的购买者的集合,这些购买者拥有一个共同的且通过交易和交换关系能够得到满足的特殊需求(demand)与欲望(wants)[1]。在营销学中不再将市场简单地看作商品交换的场所或是笼统的"经济关系",而是强调它是一群有现实需求和潜在欲望,并且有一定购买力的消费者(或组织,organizations)。这样的市场概念是与现代营销理念相适应的概念。为区分起见,有人将营销学中使用的市场叫作营销市场。

最后,市场是商品经济中生产者与消费者之间实现产品价值、满足需求的交换关系、交换条件和交换过程。

---

[1] 科特勒. 营销管理——分析、计划、执行和控制[M]. 梅汝和,等译. 上海:上海人民出版社,1999.

（二）市场的结构

市场结构（market structure），又称市场类型，是反映竞争程度不同的市场状态，不同结构的市场有不同的运行方式，市场上的交易主体也有不同的行为特点，价格与交易数量的确定方式也有不同。

小链接 1-1：市场的构成要素

市场结构是构成一定系统的诸要素之间的内在联系方式及其特征。在产业组织理论中，产业的市场结构是指企业市场关系（交易关系、竞争关系、合作关系）的特征和形式。作为市场构成主体的买卖双方相互间发生市场关系的情形包括四种情况：卖方（企业）之间的关系；买方（企业或消费者）之间的关系；买卖双方相互间的关系；市场内已有的买方和卖方与正在进入或可能进入市场的买方、卖方之间的关系。上述关系在现实市场中的综合反映就是市场的竞争和垄断关系。市场结构就是一个反映市场竞争和垄断关系的概念。市场结构是决定市场的价格形成方式，从而决定产业组织的竞争性质的基本因素。

市场结构有狭义和广义之分。狭义市场结构是指买方构成市场，卖方构成行业。广义市场结构是指一个行业内部买方和卖方的数量及其规模分布、产品差别的程度和新企业进入该行业的难易程度的综合状态，也可以说是某一市场中各种要素之间的内在联系及其特征，包括市场供给者之间（包括替代品）、需求者之间、供给者和需求者之间以及市场上现有的供给者、需求者与正在进入该市场的供给者、需求者之间的关系。

划分一个行业属于什么类型的市场结构，主要依据有以下三个方面。

第一，本行业内部的生产者数目或企业数目。如果本行业只有一家企业，那就属于完全垄断市场；如果只有少数几家大企业，那就属于寡头垄断市场；如果企业数目很多，则可以划入完全竞争市场或垄断竞争市场。一个行业内企业数目越多，其竞争程度就越激烈；相反，一个行业内企业数目越少，其垄断程度就越高。

第二，本行业内各企业生产者的产品差别程度。这是区分垄断竞争市场和完全竞争市场的主要方式。

第三，进入障碍的大小。所谓进入障碍，就是指一个新的企业要进入某一行业所遇到的阻力，也可以说是资源流动的难易程度。一个行业的进入障碍越小，其竞争程度越高；相反，一个行业的进入障碍越大，其垄断程度就越高。

根据这三个方面因素的不同特点，将市场划分为完全竞争市场、完全垄断市场、寡头垄断市场和垄断竞争市场四种市场结构类型（表 1-1）。四类市场结构中，完全竞争市场内的竞争最为充分，完全垄断市场不存在竞争，垄断竞争市场和寡头垄断市场具有竞争，但竞争不充分。

表 1-1　四种市场结构类型

市场结构	完全竞争市场	完全垄断市场	寡头垄断市场	垄断竞争市场
厂商数量	无数	唯一	少数	许多
同质性	同质	无替代	同质、有差别	有差别
进退障碍	自由	封锁	困难	基本自由
信息完全性	完全信息	不完全信息	不完全信息	不完全信息

二、市场营销的概念及理念的演进

(一)营销概念的发展

在国内外的文献中，关于营销的定义有几十种，这里不可能一一列举，但我们可将其大体分为三大类：第一类定义的观点是，"营销是指通过营销渠道将生产厂家与市场联系起来的过程"；第二类定义认为，"营销是一种商业理念或商业哲学"；第三类定义则强调，"营销是一种导向，是商业哲学和商业实务的结合"。

自营销学诞生以来，对于营销的概念的理解也经历了一个发展过程。市场营销学者从不同角度及发展的观点对市场营销下了不同的定义。这些不同的定义从不同侧面（或层面）对"营销"进行了诠释，为我们深入理解营销的内涵提供了不同的视角。总之，我们在理解营销时应把握一个基本原则，即应站在现代市场经济的角度来理解和考察营销的概念。

本书将重点考察几个有代表性的定义。

美国著名营销学教授查尔斯·拉伯（Charles W. Lamb）认为："营销概念包含两个方面，首先，它是一种哲学、一种理念，是正确观察事物的能力，或是强调顾客满意（satisfied）的一种管理导向；其次，它是指实施这种哲学的一系列活动。"[1]这个定义在综合上述三类观点的基础上，在两个方面有所发展：其一，他强调营销还是一种"正确观察事物的能力"，即正确观察市场并进行正确决策的能力；其二，营销还是以消费者满意为目标的管理过程。但是，该定义忽略了生产与市场的联系，因而在外延上容易让人产生误解。

营销学专家菲利普·科特勒教授的早期定义是："市场营销是一个社会和管理过程，在此过程中，个人和组织可完成产品与顾客价值（customer value）的创造与交换，最终满足消费者的需要（needs）和欲望。"[2]此定义弥补了拉伯定义的不足，并又有新的发展。例如，其一，他引入了"顾客价值"的概念；其二，他强调通过产品和顾客

①　MCDANIEL L H. Marketing[M]. 4th ed. New York，USA：International Thomson Publishing，1998：4.

②　KOTLER P, ARMSTRONG G. Pringciples of marketing[M]. 8th ed. London：Prentice-Hall International(UK) Limited，1999：3.

价值的创造和交换来满足消费者需求；其三，他还将消费者的需要划分为不同的层次，这有利于营销人员对目标市场的研究。

科特勒在借鉴美国市场营销学会（American Marketing Association，AMA）定义的基础上给出了一个言简意赅的定义，即"市场营销就是为顾客创造价值，并建立牢固的客户关系，进而从顾客那里获取回报的过程"[①]。该定义非常简练，但强调了最核心内涵，即营销是通过提供卓越价值吸引新客户并留住老客户，通过传递满意度发展和维护客户关系，进而最终营销者要获得回报。

实际上，美国营销学会平均每三年就对市场营销的定义作出一次修订。

1960年，AMA将市场营销定义为"引导货物和劳务从生产者到消费者或用户所进行的一切企业活动"。可以看出，这个定义是以生产者为中心的，出发点是企业的产品和服务（service），强调的是销售环节和"物"的运动。

1985年，AMA将市场营销定义为："为满足个人和组织的需求，对有关的创意（idea）、商品和服务进行策划、定价、促销及分销等，进而成功地实施交易的过程。"这一概念认为，营销实际上是在商品和服务生产之前发生并持续到售后的全部过程，是一个系统工程。这与拉伯和科特勒的定义是完全一致的。此外，这个定义将产品的概念扩展为三种形态，即有形的物质产品、无形的服务和思想理念。

19年后，2004年8月，在AMA夏季营销教学者研讨会上，营销的官方定义又进一步得到更新，表述为："市场营销既是一种组织职能，也是为了组织自身及利益相关者的利益而创造、传递客户价值，管理客户关系的一系列过程。"该定义与原来定义比，其特点是：①强调市场营销的组织职能，且包含所有的组织；②着眼于顾客——明确了顾客的中心地位，"管理客户关系"，承认了顾客价值。③肯定了市场营销的特质——继续肯定市场营销是一个过程。④重视关系营销——不仅要重视组织自身，同时要重视利益相关者的利益，各方协同发展。AMA距今最近的一个版本是2017年给出的定义，认为："营销是创建、交流、提供和交换对消费者、客户、合作伙伴甚至整个社会有价值的供给物的活动、机构和过程。"

人物介绍：菲利普·科特勒

（二）营销的核心概念

1. 需要、欲望与需求

1）需要

所谓需要（needs），就是指有机体内部的某种缺乏或不平衡状态，它表现出有机体的生存和发展对于客观条件的依赖性，是有机体活动的积极性源泉。例如，血液中

[①] 访问位置：www.marketingpower.com/mg-dictionary-view1862.php?，访问日期：December 2006.

血糖成分的下降会产生饥饿求食的需要，水分的缺乏会产生口渴想喝水的需要等。按照心理学家亚伯拉罕·马斯洛（Abraham Maslow）的需要层次理论（hierarchy of needs theory），依其重要性，每个人都有生理、安全、社会、尊重和自我实现五种需要。只有前一层次的需要被满足之后，人们才会去追求下一个层次的需要；而且各种需要的水平也会随着社会经济的发展而逐步提高。

人的需要并非由营销人员所创造，而是人类与生俱来的生理与心理的基本组成部分。当一个人的需要没有被满足时，他有两种选择：寻找可以满足这种需要的东西，降低这种需要。在现代社会，人们主要是通过各种手段来发展新产品以满足各种需要。

2）欲望

欲望则是人类为满足某类需要而产生的对特定物品或服务的渴望，是由文化和个性塑造的人类需要的形式。例如，两个饥饿的人，一个人想吃一碗"康师傅"牛肉面，而另一个人则想吃一份精品川菜；"十一"黄金周，有人想到云南旅游，也有人想到法国的普罗旺斯去度假。

3）需求

为了满足需要而产生的欲望，还要有购买力做支撑，才能转化为需求。它反映消费者或组织对特定物品、服务等的实际购买意愿和购买能力。一个人可能有无限的欲望，但却只有有限的财力，他必须在其购买力范围内选择最佳产品来满足自己的欲望。在这种情况下，他的欲望就变成了对特定产品的需求。

综上所述，需要、欲望和需求是既有联系又有区别的三个概念。需要强调的是人的一般需要，是欲望和需求的物质基础；欲望强调的是对具体满足物的愿望；而需求强调的是一定购买力条件下的有可能实现的欲望，因此在营销管理中对它们进行区分是有理论和实践意义的。

2. 产品与服务

1）产品

产品是指能够满足组织或个人的需要和欲望的任何客体。它不仅包括有形的实物、无形的服务，还包括构思或思想理念；科特勒甚至认为还包括人物（persons）、地点和组织单位等。例如，消费者看电视时要决定观看哪一个表演者，假期里旅游要决定到哪个景点，在某项活动中要决定支持哪一个单位等。

2）服务

服务是无形的活动和过程，其结果一般不会导致所有权的转移。美国市场营销协会的定义是：服务是用于出售或者同产品放在一起进行出售的活动、利益或满足感。与实物产品相比，服务有四个特点。

（1）无形性。这是服务与实物产品最基本的区别。

（2）同步性。服务的提供和消费是同时进行的。

（3）异质性。由于服务的无形性和同步性，就不会有两个完全一样的服务。

（4）易逝性。服务无法存储，也很难被转售和退回。

3. 质量、顾客价值、顾客满意与顾客忠诚

1）质量

质量（quality）对商品或服务的效能具有直接影响。因此，它与顾客价值和顾客满意密切相关。从狭义来看，可以将质量界定为"无瑕疵"。但是，绝大多数以顾客为中心的企业对质量的界定都远远不止于此。它们是从顾客满意的视角来界定质量的。例如，在全美率先采用全面质量管理（total quality management，TQM）的摩托罗拉公司，其负责产品质量的副总裁说，"质量必须有利于顾客……我们对瑕疵的定义是'如果顾客不喜欢该产品，则该产品就是有瑕疵。'"同样，美国质量管理协会把质量定义为与一种商品或服务满足顾客需要的能力有关的各种特色和特征的总和。这些以顾客为中心的质量定义说明，质量始于顾客需要，终结于顾客满意。

2）顾客价值

顾客价值（customer value）又称顾客感知价值（customer perceived value），它是一个有特定含义的概念。早在 20 世纪 80 年代初，德鲁克就提出："营销的真正意义在于了解对顾客来说什么是有价值的。"在此之后，特别是 20 世纪 90 年代初以来，随着竞争的不断加剧，越来越多的企业将视角转移至顾客价值，考虑通过价值分析，扩大企业所能够提供的顾客价值。

如图 1-1 所示，顾客价值是指顾客总价值（效用）与顾客总成本之间的差异。顾客总价值与顾客总成本间差异越大，顾客价值就越大；顾客价值大，就意味着顾客以同样的价钱购买到了最有效用的产品或最佳服务。

顾客总价值是指顾客购买某种物品或服务所获得的一系列收益，包括商品价值、服务价值、人员价值和形象价值等。商品价值是指商品的功能、特性、品质、品种及式样等产生的价值。服务价值是指伴随产品的实体出售，企业向顾客提供的各种附加服务，如产品介绍、送货上门、安装调试、维修退换、技术培训等。人员价值是指企业员工的经营理念、业务能力、工作次序、应变能力等因素带给顾客的利益。形象价值是指企业及其产品在社会公众中形成的总体形象所产生的象征性利益。

顾客总成本是指顾客为获得该物品或服务所耗费的货币成本与非货币成本，货币成本是指顾客购买商品时支付的价格、交通费和保险费等一系列货币支出；非货币成本又可划分为时间成本、体力成本与精力成本。时间成本是指顾客从产生购买愿望到购得商品的全过程所耗费的时间；体力成本是指顾客在购买过程中进行选择、判断、购买、运输和安装付出的体力；精力成本是指顾客在购买过程中进行选择、判断、购

买、运输和安装所付出的心理成本。

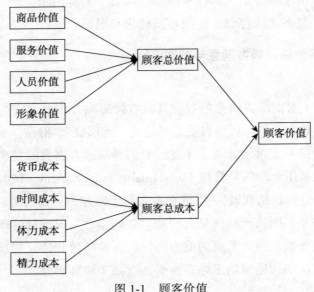

图 1-1 顾客价值

3）顾客满意

营销中所说的顾客满意（customer satisfaction）是指顾客可感知的产品实际性能或功效与其期望水平对比的感觉状态。顾客满意程度一般有三种状态：不满意（dissatisfied）、满意和非常满意（very satisfied）。如果产品的实际性能或功效低于顾客的期望水平，那么顾客就会不满意；如果产品的实际性能或功效等于顾客期望的水平，顾客就会满意；如果产品的实际性能或功效高于顾客期望的水平，那

小链接 1-2: 顾客让渡价值

么顾客就会非常满意。精明的营销人员应当使顾客经常保持满意状态。因为满意的顾客一般会重复购买或成为忠诚的购买者，并且可能将他的感受转告他人，形成良好的口碑（word of mouth）。

顾客的期望值是由以下因素决定的：过去的购买经验、朋友和伙伴的各种评价、厂商的广告及其他承诺宣传等。可见，企业的宣传与承诺对形成顾客期望值起着重要的作用。在企业提供的商品和服务效用既定的情况下，如果广告宣传使消费者的期望值提得太高，结果很可能使他们失望；相反，广告宣传中许诺太低，又不一定能激起顾客的购买欲望。因此，企业在营销中要掌握好广告宣传与顾客满意之间的关系。

营销人员应如何测量本企业产品或服务的顾客满意度呢？测量满意度的方法主要有以下两方面。

（1）顾客投诉和建议制度。一个以顾客为中心的企业，应为其顾客投诉和提建议提供方便，为顾客提要求、谈建议、发牢骚等敞开大门。企业通过这些信息了解顾客

是否满意的情况，获得改进商品和服务的创意。

（2）顾客满意调查法。仅靠投诉和建议制度，有时企业还无法全面了解顾客满意或不满意。大多数顾客在不满意时不是采取投诉的方法，而是转向其他厂商的商品或服务。所以企业还应该通过专门调查的方法去了解顾客满意与否。

4）顾客忠诚

顾客忠诚（customer loyalty）是指顾客重复购买的一种长期承诺，它涉及对销售商的一种有利的认知态度和重复惠顾，忠诚应该由长期的购买模式来解释[①]。如图 1-2 所示，由态度（attitudes）和行为两个维度构成的顾客忠诚矩阵，可以划分为忠诚、潜在忠诚、虚假忠诚与非忠诚四种类型。其中，忠诚是指同时具有高重复惠顾行为和高关系态度，这显然是营销人员的终极目标。忠诚顾客会抵制其他品牌的诱惑劝说，更可能对其他消费者进行正面口碑传播；潜在忠诚是指顾客对企业品牌比竞争对手（competitors）的品牌有更强的偏好（prefermance）或态度倾向，但由于情境或环境变量，他们并不表现出高重复惠顾。例如，消费者对某一品牌的服装具有很强的态度偏好，但也许并不经常购买，因为他们希望自己的着装呈现多样化，抑或是其可支配收入不足以支付服装的价格。虚假忠诚是指消费者经常购买某一品牌的产品，但并未感觉到不同品牌的同类产品之间存在显著差异。如果在某类产品中没有替代品，或者消费者之所以选择某一品牌是过去的经验与习惯使然，这时就出现了虚假忠诚。非忠诚是指顾客在可以相互替代的品牌之间几乎没有看到差异，且很少重复购买。此时，品牌转移是经常性的行为，顾客往往根据一些情境因素作出购买决策。

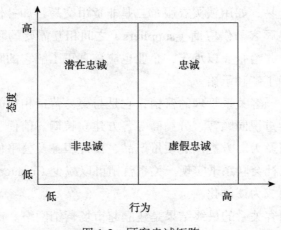

图 1-2　顾客忠诚矩阵

对于那些已经不再购买或转向另一个厂商的顾客，企业应该与他们接触，了解发

---

① DICK A S, BASU K. Customer loyalty: toward an integrated conceptual framework[J]. Journal of the academy of marketing science, 1994, 22 (2): 99-113.

生顾客流失（customer defection）的原因。应弄清：是自己商品的价格太高还是产品质量有问题？是服务不周还是不及时？在分析顾客流失原因的基础上，企业就可以对商品或服务加以改进，以留住现有顾客，并尽量召回流失的顾客。

4. 交换、交易和关系

交换是指通过出让某种东西以获得想要的目的物（object）的行为（act）。获得想要得到的目的物的方式有许多，满足人的需要和欲望的方式也有许多，如自产自用、强取豪夺、乞讨和交换等，其中交换是有偿的形式，因而是最合理和最基本的形式。交换的发生要满足五个条件。

（1）至少有两个买卖者（或交换者）。

（2）交换双方都有对方想要的东西或服务（价值）。

（3）双方都有沟通（communication）及向另一方运送物品或服务的能力。

（4）双方都有自由选择的权利。

（5）双方都感觉值得与对方交换。

从根本上说，交换是一个价值创造过程，即交换通常会使双方变得比交换前更好。

交易是指至少两个有价值的东西在两个团体（two parties）之间达成一致的条件、时间和地点情况下的一种贸易（a trade）。从交易与交换的关系看，交易是交换过程的结果，是交换的测量单位。交换并非一次性的活动，而是一个过程。交换双方都要经历一个从寻找合适的商品或服务到就产品本身的要求及其价格、交货时间和地点等交换条件进行谈判的过程，一旦达成一致的交换协议，就产生了交易。交易的方式主要有两种：一是货币交易，如用钱买衣服；二是非货币交易，如补偿贸易。

所谓关系，就是顾客与供应商（suppliers）之间相互需要的联系。顾客已经进入企业的关系网络之中并给企业以承诺，企业也应该真正了解它的顾客且作出承诺，并用实际行动证明这种了解和承诺。

关系营销是基于顾客关系管理的营销，它是与交易营销相对的一个概念。精明能干的市场营销者都会重视同顾客、分销商等各方建立长期、信任和互利的关系。而这些关系要靠不断承诺及为对方提供高质量产品、良好服务及公平价格来实现，要靠双方加强经济、技术及社会联系来实现。关系营销可以减少（reduce）交易费用和时间，最好的交易是使协商成为惯例化。

处理好企业同顾客关系的最终结果是建立起市场营销网络。市场营销网络是由企业同市场营销中介人建立起的牢固的业务关系。

5. 营销者与潜在顾客

广义地看，市场营销是指人与市场有关的一切活动，即以为顾客创造价值、满足顾客各种需要和欲望为目的，通过市场使潜在交换变为现实交换的活动。其活动范围十分广泛，从流通领域的商品销售活动到整个社会再生产领域，包括生产、交换、分配、消费的一切活动环节。它是一个社会管理过程，在交换双方中，如果一方比另一方更主动、更积极地寻求交换，我们就将前者称为营销者，将后者称为潜在顾客。换句话说，所谓营销者，就是指从事市场营销活动的人。尽管我们通常认为营销是由卖方负责的，但实际上买方也在进行营销活动。当消费者寻找所需要并买得起的商品时，他们就在"营销"；而当企业采购人员需要设法找到销售商并争取较好的交易条件之时，他们也是在"营销"。营销者既可能是卖方，也可能是买方。

如图 1-3 所示，以想要购买一部高级轿车的消费者为例，汽车代理商满足其需要与欲望的过程即完整体现了营销的核心概念。

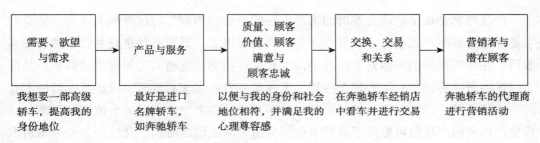

图 1-3　营销的核心概念示例

（三）市场营销理念的演进

企业的市场营销理念，是指导企业决策人员进行市场营销实践活动的基本思想，也是企业的经营哲学。它是一种观念、一种态度或一种企业思维方式。从营销理念的历史发展来看，自营销学于 20 世纪初在美国出现以来，到 20 世纪 90 年代，营销理念先后曾出现过 7 种形式，即生产理念（the production philosophy）、产品理念（the product philosophy）、推销理念（the selling philosophy）、营销理念（the marketing philosophy）、社会营销理念（societal marketing concept）、大市场营销理念（mega-marketing concept）以及全球营销理念（global marketing concept）。

1. 生产理念

从工业革命至 1920 年间，生产理念主导了西方企业的营销实践。当时由于生产效率还不高，许多商品供不应求，基本上是"卖方市场"。例如，当时小轿车的数量很少，价格昂贵。因此，当时的工商企业把营销管理的重点放在抓生产、抓货源上，即以生产理念为向导。

所谓生产理念，就是指企业的一切经营活动以生产为中心，围绕生产来安排一切业务，以产定销。生产理念的假设前提是：消费者可以接受任何买得到和买得起的商品，因而企业的主要任务就是努力提高效率、降低成本、扩大生产。例如，20 世纪 20

年代美国汽车大王亨利·福特的经营哲学就是千方百计地增加 T 型车的产量,降低成本和价格,以便更多地占领市场,至于消费者对汽车颜色等方面的爱好,则在所不顾。当时福特曾说:"不管顾客的需要是什么,我们的汽车就是黑色的。"美国皮尔斯堡面粉公司从 1869 年成立到 20 世纪 20 年代以前,也一直运用生产理念指导企业的营销管理活动。它的口号是"本公司旨在制造面粉"。

生产理念的产生和适用的条件是:市场商品需求超过供给,卖方竞争较弱,买方对商品的争夺较强,选择商品余地不多;产品成本较高,只有提高生产效率,降低成本,从而降低销价,方能扩大市场。

2. 产品理念

产品理念是在生产理念发展的末期出现的一种营销理念。这种理念认为,企业的主要任务是提高产品质量,只要产品好,就能卖出去;只要有特色商品,自然会顾客盈门。在我国流行的"酒好不怕巷子深"和"一招鲜,吃遍天"等谚语,都是产品理念的反映。这种理念和生产理念一样,无视消费者的需求和欲望。因此其在营销上有两个缺陷:其一,工程师在设计产品时并不知道消费者对其产品的价值衡量标准,结果生产出来的产品很可能低于消费者预期价值,从而造成滞销;其二,企业一味追求高质量往往会导致产品质量和功能的过剩。高质量多功能往往附带着高成本。消费者的购买力是有限的,如果产品质量过高,客户就会拒绝承担为这些额外的高质量所增加的成本,从而转向购买其他企业的产品。

3. 推销理念

推销理念是 20 世纪 30 年代以后出现的营销理念。这种理念可概括为"我们卖什么,就让人们买什么"。例如到了 1930 年左右,皮尔斯堡面粉公司发现自己的经销商有的已经开始从其他厂家进货。为了扭转这个局面,公司选派了大量推销员上门推销,同时更改原来的口号为"本公司旨在推销面粉"。推销理念基本属于"高压推销"或"强力推销"范畴。

从生产理念转变为推销理念,使销售工作在企业中的地位大大地提高一步。但没有跳出"生产导向"或"以生产者为中心"的范畴。基本上仍然属于以产定销、先产后销的旧的营销理念。与生产理念的区别在于:推销理念认为消费者一般不会根据自身的需要和愿望主动地选择与购买商品,企业只有通过推销产生的刺激,诱导其产生购买商品的行为。因此,对于任何企业的产品,只要努力地推销,都可以销售出去,"推销是万能的"。

4. 营销理念

营销理念最早是在美国出现的。这种理念的准则是"市场(顾客)需要什么,就生产和推销什么"，或者是，"能卖什么，就生产什么"。这是一种以销定产的顾客导向理念，是营销学发展历史上的一次根本变革。

这次根本变革的背景是整个资本主义市场的格局由原来的卖方市场转变成了买方市场。在这种情况下，许多大企业提出"哪里有顾客的需要，哪里就有我们的机会"和"一切为了顾客的需要"等口号。皮尔斯堡面粉公司在 1950 年左右经过调查，了解到第二次世界大战后人们生活方式（lifestyle）已经发生了变化，家庭妇女采购食品时，日益要求多种多样的半成品或成品来代替购买面粉回家做饭。针对顾客需求的这一变化，公司主动采取措施，开始生产和推销多种成品与半成品的食品，使销售量迅速增长。1958 年，它们又进一步成立了皮尔斯堡销售公司，着眼于长期占领食品市场，研究今后 3~30 年消费者的消费趋势，不断制造新产品，培训新的销售人员。

5. 社会营销理念

进入 20 世纪 70 年代后，又出现了社会营销理念，这是在面对全球性的生态危机、资源短缺、人口爆炸、金融动荡等现象，单靠满足个体消费者需要的营销理念已远远不够的情况下发展起来的新理念。它要求经营者在奉行以消费者为中心的营销理念的同时，必须牢固树立起保护生态、节省人力资源和地球资源、限制人口增长，以及实施经济、社会与自然相互协调的可持续性发展战略等价值观念。它主张营销活动当以顾客、社会与企业三方的共同利益为核心，强调企业目标与社会发展目标的统一（图 1-4）。这是从更广大的全球全社会角度对消费者的长远需要和利益的认识与理解，也是对营销学本质更为全面和深入的认识。

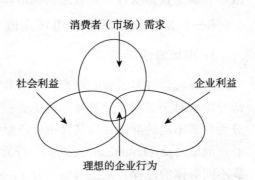

图 1-4　社会营销理念示意图

6. 大市场营销理念

大市场营销理念是 20 世纪 80 年代以来市场营销理念的新发展。它是指导企业在封闭市场上开展市场营销的一种新的营销战略思想，其核心内容是强调企业的市场营销既要有效地适应外部环境和市场需求，又要能够借助政治力量和公共关系等积极主动改变和影响外部环境和市场需求，使外部环境朝着有利于企业的方向发展。

小链接 1-3：宜家超市为什么下雨天五折卖雨伞

大市场营销理念使传统的 4P 组合发展为 6P 组合，即加上政治权力（power）和公共关系（public relations）。大市场营销理念与一般营销理念相比，具有以下两个特点：第一，大市场营销理念打破了"可控制要素"和"非可控制要素"之间的分界线，强调企业营销活动可以对环境产生重要的影响，使环境朝着有利于实现企业目标的方向发展；第二，大市场营销理念强调必须处理好多方面的关系，才能成功地开展常规的市场营销，从而扩大了企业市场营销的范围。

7. 全球营销理念

全球营销理念是 20 世纪 90 年代以后市场营销理念的最新发展，它是指导企业在全球市场进行营销活动的一种崭新的营销思想。全球营销理念在某种程度上完全抛弃了本国企业与外国企业、本国市场与外国市场的概念，而是把整个世界作为一个经济单位来处理。全球营销理念强调营销效益的国际比较，即按照最优化的原则，把不同国家中的企业组织起来，以最低的成本、最优化的营销去满足全球市场需要。

第二节　市场营销的过程及模式

一、市场营销的一般过程

所谓市场营销过程，也就是指确定目标顾客和市场定位，选择合适的竞争性营销战略和确定营销组合，并管理营销活动的全部过程。

（一）确定目标顾客和市场定位

1. 市场细分

市场包含许多类型的顾客、产品和需求，营销者面对复杂的市场，必须确定哪个部分市场对于实现企业目标来说能提供最好的机会。企业可以按不同的方式将顾客划分为许多不同的群体并为其提供优质服务。例如，可以按照人口统计特征、地理位置、心理因素（psychological factors）、行为方式等划分顾客群体。依一定标准将顾客划分成不同群体的过程，就是市场细分（market segmentation）。因此所谓市场细分就是将一个市场划分为具有不同需求、不同特点或行为的多个购买者群体（groups of buyers），而每个群体都要求特定的产品或营销组合（marketing mix）。其中一个购买者群体就称为一个细分市场（segment market），他们往往对一个确定的市场的反应方式是一样的。

2. 确定目标市场

一个企业在市场细分后，它就要决定进入一个还是多个细分市场，进入哪个细分市场。所谓确定目标市场，就是指在评价每一个细分市场吸引力的基础上，选择本企业将要进入的一个或多个细分市场的过程。企业应当选择能够产生并长期维持最大顾客价值的那个（些）细分市场。对于一个资源有限的企业来说，它应当选择一个或少数几个特殊的细分市场。虽然这个战略限制了销售增长，但其利润是最理想的。有些企业可以选择几个相互联系的细分市场——这些市场包括不同类别的消费者，但是他们有相同的基本需求。对于大型企业来说，如果其实力许可，也可以选择覆盖所有的细分市场，如美国通用汽车（General Motors）公司就是这样。

3. 市场定位

一旦企业决定将要进入哪一个（些）细分市场，它们还必须决定将在这个细分市场上占有一个什么样的地位，也就是进行市场定位（market positioning）。所谓市场定位，就是指让某产品在目标顾客头脑中与竞争对手产品相比，有一个明确的、特殊的和值得追求的地位的过程；这个过程一般要系统阐述产品的竞争地位、竞争优势和具体的营销组合。营销者的工作就是对产品的位置事先作出设计，以使本企业的产品不仅区别于其他企业的品牌，而且在目标市场中能表现出最大的战略优势。例如，福特（Ford）品牌汽车定位为"质量是第一项工作"（quality is job 1）；别克（Buick）品牌汽车定位是富有"超凡的力量"（power of understatement）。

关于如何选择和聚焦目标顾客，我们在第五章将展开论述。

（二）选择合适的竞争性营销战略

竞争性营销战略的设计，首先应从竞争者分析开始，即企业应经常与竞争者比较由产品、价格、渠道和促销等传递的顾客价值和顾客满意情况；通过比较，企业可以判定自己的优势和劣势。这时企业要弄清的问题主要包括"谁是我们的竞争对手？""竞争者的目标和战略是什么？""它们的优势和劣势是什么？""它们对本企业所使用的不同竞争战略会有何反应？"等。

企业采纳怎样的竞争性营销战略往往取决于其所处的产业地位。一个能够操纵市场的企业可以采取一个或多个市场领导者战略，如有名的市场领导者有 Coca-Cola（软饮料）、McDonald's（快餐）、Caterpillar [大型建筑设备（installations）]、Wal-Mart（零售业）、Boeing（航空运输）等。市场挑战者是占第二位的企业，它往往要对竞争者进行攻击以获得较大的市场份额，如 Pepsi 挑战 Coca-Cola，Komatsu 挑战 Caterpillar 等。挑战者可能攻击市场领导者，也可能攻击与自身实力相当的竞争者，或者攻击那些小型地方企业。还有一些挑战者宁可选择追随而不是挑战市场领导者。使用市场追随者战略的企业，常常是通过仿效竞争者的产品、价格和营销规划来寻求稳定的市场份额与利润。而在市场中的较小企业或缺乏稳定地位的中小企业，经常采取"市场补缺"战略，它们专门服务于那些实力强的竞争者看不上眼的或忽视的"补缺市场"。市场补缺战略通过选择特殊的市场、特殊的顾客、特殊的产品和特殊的市场营销组合，可以避免与主要竞争对手的直接对抗，因此小型企业可以获得与大型企业基本相同的产业利润率。

1. 市场领导者战略

市场领导者指在相关产品的市场上占有最大的份额，在价格变化、新产品开发、

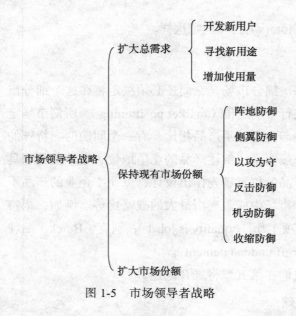

图 1-5 市场领导者战略

分销渠道建设和促销战略等方面对本行业其他公司起着领导作用的公司。例如电冰箱行业的海尔、空调行业的格力、通信行业的华为、微波炉行业的格兰仕等都属于市场领导者。

市场领导者常常成为众矢之的。要保持竞争优势，击退其他对手的进攻，必须从三个方面努力：扩大总需求、保持现有市场份额、扩大市场份额，如图 1-5 所示。

（1）开发新用户：在确定新用户时，营销者应该吸引那些原先不知道该产品，或者由于价格或性能原因而拒绝该产品的购买者。一家公司能够在那些可能使用但还没有使用该产品的购买者中寻找新用户（市场渗透战略），在那些从未用过该产品的购买者中寻找新用户（新市场战略），或者在那些仍在其他地方的购买者中寻找新用户（地理扩张战略）。

（2）寻找新用途：企业可以通过发现和推广产品的新用途来扩大市场。例如，喜之郎果冻在休闲食品领域获得巨大成功以后，开发出"水晶之恋"果冻，打开了新的市场。

（3）增加使用量：企业应说服人们在每个使用场合更多地使用产品。最常用的策略是：①促使消费者在更多的场合使用该产品；②增加使用产品的频率；③增加每次消费的使用量。例如高露洁公司提醒人们每天刷两遍牙，促进了产品的销售。

（4）阵地防御：指围绕企业目前的主要产品和业务建立牢固的防线，根据竞争者可能采取的进攻战略而制定自己的预防性营销战略，坚守阵地。阵地防御是防御的基本形式，但是单纯依赖这种防御措施则容易患上"市场营销近视症"。企业更重要的任务是技术更新、新产品开发或扩展业务领域。

（5）侧翼防御：指企业在自己主阵地的侧翼建立辅助阵地以保护自己的周边和前沿，并在必要时作为反攻基地。超级市场在食品市场和日用品（commodity）市场占据统治地位，但是在食品方面受到以快捷、方便为特征的快餐业的蚕食，在日用品方面受到以廉价为特征的折扣商店的攻击。为此，超级市场提供广泛的、资源充足的冷冻食品和速食品以抵御快餐业的蚕食，推广廉价的无品牌商品并在城郊和居民区开设新店以击退折扣商店的进攻。

（6）以攻为守：指在竞争对手尚未构成严重威胁或在向本企业采取进攻行动前抢先发起攻击以削弱或挫败竞争对手。这是一种先发制人的防御，公司应正确地判断何时发起进攻效果最佳以免贻误战机。有的公司在竞争对手的市场份额接近于某一水平而危及自己市场地位时发起进攻，有的公司在竞争对手推出新产品或推出重大促销活动前抢先发动进攻，如推出自己的新产品、宣布新产品开发计划或开展大张旗鼓的促销活动，压倒性竞争。

（7）反击防御：指市场领导者受到竞争者攻击后采取反击措施。要注意选择反击的时机，可以迅速反击，也可以延迟反击。如果竞争者的攻击行动并未造成本公司市场份额迅速下降，可以采取延迟反击，弄清竞争者发动攻击的意图、战略及其薄弱环节后再实施反击，不打无把握之仗。

（8）机动防御：指市场领导者不仅要固守现有的产品和业务，还要扩展到一些潜在的新领域，以作为将来防御和进攻的中心。

（9）收缩防御：指企业主动从实力较弱的领域撤出，将力量集中于实力较强的领域。当企业无法坚守所有的市场领域，并且由于力量过于分散而降低资源效益的时候，可采取这种战略。其优点是在关键领域集中优势力量，增强竞争力。

2. 市场挑战者战略

1）确定战略目标与竞争对手

攻击市场领导者。这一战略风险大，潜在利益也大。当市场领导者在其目标市场的服务效果较差而令顾客不满或对某个较大的细分市场未给予足够关注的时候，采取这一战略带来的利益更为显著。

攻击规模相同但经营不佳的公司。公司应当仔细调查竞争者是否满足了消费者的需求，是否具有产品创新的能力，是否有足够的资金，如果在这些方面有缺陷，就可将其作为攻击对象。

攻击规模较小且经营不善的公司。如果竞争者规模较小，经营不善且资金缺乏，就比较容易攻击取胜。

2）选择挑战战略

正面进攻是向对手的强项而不是弱项发起进攻。例如，以更好的产品、更低的价格、更大规模的广告攻击对手的拳头产品。决定正面进攻胜负的是"实力原则"，即享有优势资源（人力、财力和物力）的一方将取得胜利。当进攻者比对手拥有更强的实力和持久力时才能采取这种战略。

侧翼进攻是寻找和攻击对手的弱点。寻找对手弱点的主要方法是分析对手在各类产品和各个细分市场上的实力和绩效（performance），把对手实力薄弱或绩效不佳或尚未覆盖而又有潜力的产品和市场作为攻击点与突破口：①分析地理市场，选择对手忽略或绩效较差的产品和区域加以攻击。②选择对手尚未重视或尚未覆盖的细分市场作为攻占的目标。侧翼进攻避免了攻守双方为争夺同一市场而造成的两败俱伤的局面，适用于资源较少的攻击者。

包抄进攻是一种全方位、大规模的进攻战略。挑战者拥有优于对手的资源，并确信围堵计划的完成足以打垮对手时，可采用这种战略，大多是以产品线的深度和市场的广度围攻竞争对手。包抄进攻的策略意图非常明确：进攻者从多个方面发动攻击，迫使竞争对手同时进行全面防御，分散其力量。包抄进攻可采用产品围攻和市场围攻两种类型。

迂回进攻是避开对手的现有业务领域和现有市场，进攻对手尚未涉足的业务领域和市场，以壮大自己的实力。这种间接的进攻战略，主要有三种方法：①多元化地经营与竞争对手现有业务无关联（relevance）的产品；②用现有产品进入新的地区市场；③用竞争对手尚未涉足的高新技术制造的产品取代现有产品。

小链接 1-4："百事可乐"挑战"可口可乐"

游击进攻是向对手的有关领域发动小规模的、断断续续的进攻，逐渐削弱对手，最终夺取永久性的市场领域。这是用于规模较小、力量较弱的企业的一种战略。目的在于以小型的、间断性的进攻干扰对手的士气，以占据长久性的立足点。游击进攻的具体行动几乎没有固定模式，它往往是针对特定的竞争对手进行的。诸如在某一市场突然降低产品价格、在某一时期采取强烈的促销活动、吞并竞争对手的渠道成员、挖走竞争对手的高级管理人员、盗取竞争对手的商业秘密等，都具有游击进攻的特点。

3. 市场追随者战略

市场追随者指那些在产品、技术、价格、渠道和促销等大多数营销战略上模仿或跟随市场领导者的公司。在很多情况下，追随者可让市场领导者和挑战者承担新产品开发、信息收集和市场开发所需的大量经费，自己坐享其成，减少支出和风险，并避免向市场领导者挑战可能带来的重大损失。当然，追随者也应当制定有利于自身发展而不会引起竞争者报复的战略，可分为三类。

紧密跟随型企业，指在各个细分市场和产品、价格、广告等营销组合战略方面模仿市场领导者，完全不进行任何创新的公司。这种战略是在各个子市场和市场营销的全方面，尽可能效仿领导者。这种追随者有时好像是挑战者，但只要它不从根本上侵犯领导者的地位，就不会发生直接冲突；有些甚至被看成靠拾取领导者的残余谋生的寄生者。

距离跟随型企业，指在基本方面模仿领导者，但是在包装、广告和价格上又保持一定差异的公司。这种追随者是在主要方面，如目标市场、产品创新、价格水平和分销渠道等方面都追随领导者，但仍与领导者保持若干差异。这种追随者可通过兼并小企业而使自己发展壮大。

选择跟随型企业，指在某些方面紧跟市场领导者，在某些方面又自行其是的公司。这种追随者在某些方面紧跟领导者，而在另一些方面却自行其是。也就是说，它不是盲目跟随，而是择优跟随，在跟随的同时还发挥自己的独创性，但不进行直接的竞争。这种追随者之中有些可能发展成为挑战者。

4. 市场补缺者战略

市场补缺者又称市场利基者。利基（niche）一词是英文的音译，即拾遗补缺或见缝插针的意思，因此，所谓利基市场可以指空缺市场。在市场经济条件下，一些企业专注于市场的某一细分环节，它们不与强势企业正面竞争，"不拿鸡蛋碰石头"，而是通过专业化经营，见缝插针地占据有利的市场位置，这部分市场就可称为利基市场。

市场补缺者发展的关键是实现专业化，主要途径如表 1-2 所示。

表 1-2　专业化的市场补缺者

专业化形式	说　明
终端用户专家	公司专门为某一类型的最终使用顾客服务
垂直层次专家	公司专门为处于生产与分销循环周期的某些垂直层次提供服务
顾客规模专家	公司集中力量向小型、中型、大型的顾客进行销售
特殊顾客专家	公司把销售对象限定在一个或少数几个顾客
地理区域专家	公司只在某一地点、地区或范围内经营业务
产品或产品线专家	公司只经营某一种产品或某一类产品线
产品特色专家	公司专门经营某一类型的产品或产品特色
定制专家	公司为单个客户定制产品
质量-价格专家	公司选择在低端或高端的市场经营
服务专家	公司提供一种或多种其他公司没有的服务
渠道专家	公司专门只对一种分销渠道服务

（三）确定营销组合

企业一旦决定了整体的竞争性营销战略和其他相关营销战略，就要开始具体地设计市场营销组合。市场营销组合是指产品、价格、分销渠道和促销等可控制的营销手段的组合，使用这些组合手段，企业可以在目标市场上达到预期的目标。市场营销组合应该包括企业用来影响对其产品需求的所有因素，但这些因素通常被大体分为四类，即产品、价格、分销渠道和促销，简称 4P'S，因此有时就将市场营销组合称为 4P'S 组合。营销组合是一个复合机构。四个 P 中的每一个 P 都分别包含若干手段或因素，形成 "P" 的次组合。图 1-6 表明了每一个 P 中的特定的营销手段，将在后面章节中详细讨论。

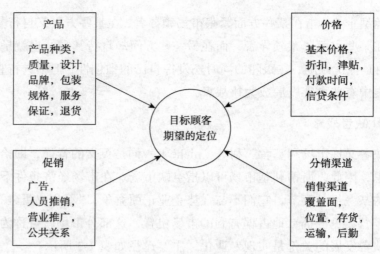

图 1-6　市场营销组合的 4P'S

二、市场营销的模式及其演进

（一）传统模式

1. 代理商营销模式

企业营销主要依赖于代理商团队，企业在各个地区招聘区域代理或者独家代理，然后通过这些代理，再发展下线经销、分销、零售队伍；企业只需要负责联系这些代理商，其他工作都不需要介入。

代理商营销模式通用于各行各业，尤其是在企业成立之初或者是企业刚进入一个新的地区、新的领域，大多会选择代理商营销模式。这样可以最大限度节约企业发展壮大的时间，抢占市场份额。现代社会的各种营销会议（招商会议），基本上都属于代理商营销模式。这种模式尤其适用于新、小企业。

2. 经销商（分销商）营销模式

在市场竞争很激烈的行业，或者是综合实力比较强大的企业，多会选择经销商营销模式，这是代理商营销模式的一种进化。因为企业发展壮大了，同时市场竞争激烈导致企业利润空间大幅度压缩，为了更好地开拓市场，企业必然会选择"淘汰代理商、重点扶持经销商"的营销政策。这种营销模式更多适用于那些发展比较成熟、综合实力较强的企业。

3. 直营模式

采取这种营销模式的企业，主要业绩来源于自我经营，而不是依赖于代理商、经销商等渠道合作伙伴。例如，绝大部分保险、直销企业，都是采取直营模式；另外，还有一些企业，通过登门入户拜访或者是"扫马路"等形式，来做自己的营销推广，它们这种营销模式都属于直营模式。直营模式在某些特定的行业、特定的地区非常有效。

（二）新兴模式

1. 绿色营销

英国威尔斯大学肯·毕提（Ken Peattie）教授在其所著的《绿色营销——化危机为商机的经营趋势》一书中指出："绿色营销是一种能辨识、预期及符合消费的社会需求，并且可带来利润及永续经营的管理过程。"绿色营销观念认为，企业在营销活动中，要顺应时代可持续发展战略的要求，注重地球生态环境保护，促进经济与生态环境协调发展，以实现企业利益、消费者利益、社会利益及生态环境利益的协调统一。从这些界定可知，绿色营销是指企业以环境保护为经营指导思想、以绿色文化为价值观念、以消费者的绿色消费为中心和出发点的营销观念、营销方式和营销策略。它要求企业在经营中贯彻自身利益、消费者利益和环境利益相结合的原则。其主要目标是通过营销实现生态环境和社会环境的保护及改善，保护和节约自然资源，实行养护式经营，确保消费者使用产品的安全、卫生、方便，以提高人们的生活质量、优化人类的生存空间。

实施绿色营销战略，需要贯彻"5R"管理原则，即研究，重视研究企业对环境污染的对策；减少，减少或消除有害废弃物的排放；循环（recycle），对废旧物进行回收处理和再利用；再开发（rediscover），变普通产品为绿色产品；保护，积极参与社区的环保活动，树立环保意识。实施绿色营销是国际营销战略的大趋势，我国企业在这方面应该有一个清醒的认识，并积极付诸行动。

2. 网络营销

网络营销（E-marketing）是以现代营销理论为基础，借助网络、通信和数字媒体技术实现营销目标的商务活动，是科技进步、顾客价值变革、市场竞争等综合因素促成的，是信息化社会的必然产物。笼统地说，凡是以互联网为主要手段开展的营销活动，都可以称为网络营销（有时也称为网上营销、互联网营销等）。美国学者朱迪·施特劳斯（Judy Strauss）等认为，所谓网络营销，就是指利用信息技术去创造、宣传、传递客户价值，并且对客户关系进行管理，目的是为公司和各种利益相关者创造收益。

小链接 1-5：从凡客体、聚美体看自传播的网络营销

3. 网络社群营销

网络社群营销，是基于圈子、人脉、六度空间概念而产生的营销模式。通过将有共同兴趣爱好的人聚集在一起，将一个兴趣圈打造成为消费家园，如猫扑专门为七喜

建立了一个品牌 club，将喜爱七喜品牌且具有相同爱好的网友聚集在七喜 club 里，而且使 fido 这个七喜独有的虚拟形象在网友那里得到了最大化的延伸。

4. B2B 营销

B2B 营销的术语出现于 20 世纪 80 年代，B2B 营销英文全称是 business to business marketing，可以翻译为企业间营销。在西方有人又称其为"工业品营销"或"产业市场营销"（industrial marketing），还有人称其为"组织间营销"。市场营销的概念和理论最初起源于大众消费市场或者最终消费者市场（consumer markets）。建立在大众消费品研究基础上形成的营销思想和营销模式，即消费者营销（B2C 营销），被广泛地传播和应用。然而，研究表明，企业市场与最终消费者市场存在巨大的差异。例如，企业市场客户数量少，但购买数额大；客户需求往往特殊和复杂，参与购买人员多且购买过程理性与专业。更为重要的是，在产业市场中，企业业与客户的关系往往是持续的，并且与客户建立长期的关系对企业的成功至关重要。这些巨大差异的存在使得企业间营销（B2B 营销）有其自身的特点，有必要进行深入的研究，以达到对 B2B 营销的战略和策略的认识。

小链接 1-6：小红书的社群运营

5. C2M 模式

C2M 是 customer-to-manufactory（顾客对工厂）的缩写，而其中文简称为"客对厂"。这是一种新型的电子商务互联网商业模式，这种模式是基于社区 SNS（社交网络服务）平台以及 B2C 平台模式上的一种新的电子商务模式。C2M 实现了用户到工厂的直连，去除所有中间流通加价环节，连接设计师、制造商，为用户提供顶级品质、平民价格、个性且专属的商品。C2M 模式还颠覆了从工厂到用户的传统零售思维，由用户需求驱动生产制造，通过电子商务平台反向订购，用户订多少，工厂就生产多少，彻底消灭了工厂的库存成本。工厂的成本降低，用户购买产品的成本自然也随之下降。

拓展阅读 1-1：新营销模式的其他种类

随着科学技术的快速发展，还有许多新营销模式，如体验营销、精准营销、社会化媒体营销、O2O（线上到线下）营销等。

第三节　市场营销组合的概念及理论发展

一、市场营销组合的概念

市场营销组合是指营销管理者控制的能够满足目标市场的各种因素的组合，也就是企业在目标市场上能够用来实现企业的营销目标所运用的一系列营销工具的组合。

市场营销组合的概念最早是在 1953 年由 Neil Borden（尼尔·博登）教授首次提出的，他认为：市场需求在某种程度上受到"营销变量"（营销要素）的影响，为了实现既定的营销目标，企业需要对这些要素进行有效的组合。Borden 最早把营销组合要素归为 12 个：产品设计、定价、品牌、分销渠道、人员推销、广告、促销、包装、展示、服务、实物触感及实际调查和分析。在此基础上，其他营销学者结合营销的理论实践，也提出了多种营销组合理论，主要有以下几方面。

（一）4P 营销组合

1964 年，杰罗姆·麦卡锡（E. Jerome McCarthy）在《基础营销》一书中总结了 Borden 提出的市场营销组合，将市场营销组合要素概括为四类：产品（product）、价格（price）、渠道和促销。由于这四个词的英文字头都是 P，所以称为 4P 营销组合（图 1-6）。

（1）产品。这里所说的"产品"是指企业提供给目标市场的物品和服务的组合，包括产品质量、特色、式样、品牌、包装、规格、售后服务、品质保证、回收等。

（2）价格。这里所说的"价格"是指顾客购买商品时的价格，包括目录价格、折扣、付款期限、信用条件等。

（3）渠道。这里所说的"渠道"是指企业使其产品可进入和到达目标市场（或目标顾客）所进行的各种活动，包括渠道选择、仓储、运输等。

（4）促销。这里所说的"促销"是指企业宣传其产品并说服目标顾客来购买其产品所进行的种种活动，包括广告宣传、人员推销、营业推广、公共关系等。

小链接 1-7：洋河次高端定位的崛起

（二）6P 营销组合——"大市场营销"

"大市场营销"是菲利普·科特勒于 1986 年提出的市场营销专业术语，它是指企业外部环境（政府、媒体、施加压力的集团等）的处理应和企业的营销变量一样成为必需的市场营销活动。面对这种市场，在营销 4P 策略（产品、价格、渠道和促销）基础上，还要加上 2P，即权力（power）与公共关系（public relation），即成为 6P。科特勒称这种营销战略思维为"大市场营销"。

（1）权力。大市场营销者为了进入某一市场并开展经营活动，必须能经常得到具有影响力的企业高级职员、立法部门和政府部门的支持，如美国一家制药公司欲将一种新药打入中国市场，就必须获得中国有关部门的批准。因此，大市场营销能够体现企业处理政治关系的技能和策略。

（2）公共关系。如果权力是一种"推"的策略，那么公共关系则是一种"拉"的策略。企业通过公共关系活动和舆论宣传，加强并维护企业与各利益相关者的关系，对企业的长期发展和维持市场占有率十分重要。

（三）7P 营销组合

1981 年，布姆斯（Booms）和比特纳（Bitner）将服务营销组合定为七个要素，即产品、价格、渠道、促销、人员（people）、有形展示（physical evidence）、过程，简称 7P。在制定营销战略时，服务营销人员需要考虑这些组合要素之间的关系。这七个要素可以说是许多服务营销方案的核心，忽略了任何一个要素都会导致整体方案的失败。现将服务市场营销组合中的七大营销要素简要分析如下。

（1）产品。对于服务产品必须考虑的是提供的范围、服务质量和服务水准，同时还要注意的事项有品牌、保证以及售后服务等。在不同的服务产品中，这些要素的组合变化相当大。例如，一家供应数样小菜的小餐厅和一家供应各色大餐的五星级大饭店的要素组合就存在着明显差异。

（2）价格。价格方面要考虑的因素包括价格水平、折扣、折让和佣金、付款方式和信用。价格是区别一种服务和另一种服务的方式，顾客可以从一种服务的价格感受其价值的高低。价格和质量之间的相互关系，也是服务定价的重要考虑因素。

（3）渠道。提供服务者的所在地以及地缘的可达性在服务营销上都是重要因素。地缘的可达性不仅是指实物上的，还包括传导和接触等其他方式，所以分销渠道的形成及其涵盖的地区都与服务可达性密切关联。

（4）促销。促销包括广告、人员推销、销售促进等具有宣传性质的市场沟通方式，以及一些间接的沟通方式，如公共关系等。

以上四项是传统的营销组合要素。

（5）人员。人员包括为消费者、员工等服务的企业所有的直接或间接的人员。在服务企业担任生产或操作性角色的人，在顾客看来其实就是服务产品的一部分，其贡献也和销售人员相同。大多数服务企业的特点是操作人员可能扮演服务表现和服务销售的双重角色。

因此，市场营销管理者必须和作业管理者协调合作。企业工作人员的任务极为重要，尤其是那些经营"高度接触"的服务业务的企业。所以，市场营销管理者必须重视雇用人员的筛选、训练、激励和控制。此外，对某些服务业务而言，顾客和顾客之间的关系也应引起重视。因为一位顾客对一项服务产品质量的认知，很可能受到其他顾客的影响。在这种情况下，市场营销管理者面对的问题是对顾客与顾客之间相互影响方面的控制。

（6）有形展示。有形展示是由服务传递的相关环境及帮助服务沟通和执行的有形物所构成的。环境（装潢、颜色、陈设、声音等）以及提供服务时所需要的装备实物，如汽车租赁公司所需要的汽车，还有其他的实体性线索，如航空公司所使用的标志或干洗店在洗好的衣物上加上的"包装"等。

（7）过程。过程指服务消费活动的机械流程及传递和操作系统。

人的行为在服务企业很重要，而过程（即服务的递送过程）也同样重要。表情愉悦、专注和对人关切的工作人员可以减轻顾客必须排队等待服务的不耐烦的感觉，或者平息顾客在技术上出问题时的怨言或不满。整个体系的运作和程序方法的采用、服务供应中的机械化程度、员工裁断权的适用范围、顾客参与服务操作过程的程度、咨询与服务的流动、定约与待候制度等，都是市场营销管理者应特别注意的事情。

（四）4C 营销组合

西方发达国家在经历了 20 世纪 70 年代初期的"黄金阶段"之后陷入石油危机和"滞胀阶段"，经济发展受到影响。同时，在亚洲和拉丁美洲却出现了一些新兴工业化国家和地区，形成了新兴市场。20 世纪八九十年代，企业更加关注消费者对产品或服务质量的反应。在这种情况下，美国著名学者罗伯特·劳特朋（Robert Lauterborn）教授在 1990 年率先提出 4C 组合理论，即消费者、成本、便利（convenience）、沟通。4C 组合理论是从顾客角度来考虑的营销思想。

（1）1C——consumer wants and needs（消费者的欲望与需求），指企业必须重视顾客的欲望与需求，把顾客的需要放在第一位，强调创造顾客比开发产品更重要，满足消费者的欲望和需求比产品功能更重要。企业要提供符合顾客需要的产品和服务。

（2）2C——cost to satisfy those consumer wants and needs（满足消费者欲望与需求的成本），指消费者获得满足的成本或消费者满足自己的欲望和需求肯付出的全部成本，包括：企业的生产成本和销售成本，即企业生产适合消费者需要的产品的成本，以及把产品送达顾客手中的成本；消费者购物成本，不仅指购物的货币支出，还有耗费时间、体力和精力以及承担的风险等。企业的生产成本和销售成本决定了产品的价格，对顾客是否购买有重要的影响。

（3）3C——convenience to buy（方便购买），指购买的方便性，也就是企业在产品的生产和销售过程中，在产品的设计和销售渠道的设计、布局、布点和网点建设等方面强调为顾客提供便利，让顾客能在方便的时间、地点或以方便的方式购买到商品。如现在的小区购物场所，或各种邮购、电话订购、代购代送、网络订购等购买方式，使消费者的购买变得很便利。企业要注重对产品的生产和销售过程各环节的把握，深入了解不同消费者的购买方式和偏好；在售前为消费者提供充分的关于产品性能、质量、价格、使用方法和效果的准确信息；在售货地点提供各种方便的服务，如自由选购、停车方便、免费送货、导购咨询等；在售后服务上，方便顾客退换货品，提供及时快捷的上门维修服务，重视顾客对产品使用情况的信息反馈，了解并及时处理顾客的投诉和意见，全方位地方便顾客。

（4）4C——communication（沟通），指与顾客的沟通交流。企业可以就顾客购买的产品和顾客进行多方沟通交流，特别要注重与顾客的情感、思想交流，使顾客对企业及其产品或服务有更好地理解和认同，这对促进顾客的持续购买有很大作用。

（五）4R 营销组合

美国的唐·舒尔茨（Don E.Schultz）提出了关于 4R 策略的营销新理论，阐述了全新的营销四要素：关联、反应、关系、回报。

（1）关联。关联是指在竞争性市场中，企业通过某些有效的方式在业务、需求等方面与顾客建立关联，形成一种互助、互求、互需的关系，把顾客与企业联系在一起。顾客是具有动态性的，顾客忠诚度也是变化的，要提高顾客的忠诚度，赢得长期而稳定的市场，避免其忠诚度转移到其他企业，就必须与他们建立起牢固的关联，这样才可以大大减少顾客流失的可能性。

（2）反应。反应是指企业的市场反应。在相互影响的市场中，对经营者来说最现实的问题不在于如何制订、控制和实施计划，而在于如何站在顾客的角度及时地倾听顾客的希望、渴望和需求，并及时答复和迅速作出反应，满足顾客的需求。对于企业来说，应该建立快速反应机制，了解顾客与竞争对手的一举一动，从而迅速作出反应。

（3）关系。关系则要求通过不断改进企业与消费者的关系，实现顾客稳定化。同时，企业要注意尽量对每一位顾客的不同关系加以辨别，这其中包括从一次性顾客到终生顾客之间的每一种顾客类型，在进行企业市场营销时分清楚不同的关系才不至于分散营销力量。只有与顾客建立起良好的关系，从而提高顾客的满意度，获得顾客的忠诚感，才能维持顾客，把满意的顾客进一步变成亲密的顾客。

（4）回报。回报对企业来说是指市场营销为企业带来短期或长期的收入和利润的能力。一方面，追求回报是市场营销发展的动力；另一方面，回报是维持市场关系的必要条件。企业要满足客户需求，为客户提供价值，同时也要获取利润，因此，市场营销目标必须注重产出，注重企业在营销活动中的回报，一切市场营销活动都必须以为顾客及股东创造价值为目的。

此外，21 世纪伊始，艾略特·艾登伯格在《4R 营销：颠覆 4P 的营销新论》中又提出了另一个 4R：关联、反应、关系、回报。

二、市场营销组合理论的发展

（一）以生产者为中心的营销组合理论

早在 1953 年，博登就提出了营销组合的概念，并曾在美国营销协会的会议上多次提及它。另外，有些学者（如 Frey，1961；Howard，1957；Lazer and Kelly，1962；McCarthy，1960）则把营销活动加以归纳、分类，归结为更为简便易记的系统化的形式。而只有麦肯锡（McCarthy）提出的 4P 营销组合——产品、价格、渠道、促销流传至今，为人们广泛接受。由于麦肯锡对 4P 组合的归纳抓住了营销的精髓，简练易记而且实用，因而成为营销中最常用的组合分类，并得到了营销实务界的广泛接受。麦肯锡的 4P 被称为传统的营销组合分类。

20 世纪 80 年代，随着市场竞争的加剧和国际营销的迅速发展，营销理论界认识到，原有的 4P 组合忽视了对企业经营活动具有重大影响的政府和各个社会集团的作用。为弥补 4P 的不足，科特勒（Kotler）于 1986 提出了另外两个 P，即权力和公共关系，组成了被他称为"大营销"的 6P 营销组合，以强调对政治和社会因素（social factors）的关注。由于 Kotler 认为麦肯锡原有的 4 个 P 只是战术层次上的组合，它们的运作需要具有战略性营销理论的指导。因此，科特勒又从营销战略的高度，对营销组合做了新的补充，提出了营销战略层次的新 4P，即探查（probing）、细分（partitioning）、优先（prioritizing）和定位（positioning）。所谓探查，即市场调研；细分，就是指针对不同的消费者需求，对消费者加以区分；优先，即首先选择能发挥企业优势的目标细分市场；定位，即确定企业的产品应在顾客心目中形成的形象。企业可以在这 4 个战略层次的营销组合因素指导下，对战术层面的 4 个 P 作出战术上的安排。后来，科特勒又认识到营销活动中，人这个因素的极端重要性，就又加入了另一个 P，即人。但他这时所言的人主要是指企业的员工，而不是顾客，以说明认识、理解员工，激发员工的积极性的重要性。至此，Kotler 把原来的 4P 发展成了 11P 的营销组合。显然，科特勒所提出的 11P 的营销组合并没有确定其适用领域，而是试图以这 11 个 P 的庞大体系来迎合、满足在所有领域、行业开展的营销活动的需要。

无论是麦肯锡的 4P，还是后来科特勒所发展的 11P，都是针对有形产品而提出的营销组合，因而也主要适用于有形产品。它们并没有或基本上没有考虑服务的特殊性。因此，原有的 4P 及后来的 11P 的营销组合都并不完全适用于服务业。

针对服务业的特殊性，布姆斯和比特纳于 1981 年提出了一个适用于服务业的扩展的营销组合（expended marketing mix）。该营销组合除了传统的 4P 外，根据服务业的特点，增加了三个新的营销组合因素，即有形展示、人员和过程。

人们通常把布姆斯和比特纳的这七个因素称为"服务营销组合"的七个 P。洛夫洛克（Lovelock，2001）也认为，由于服务更像是一种表演，服务的表演与实体产品有本质的区别。在服务中，顾客参与服务生产，服务的时间会起到重要的作用。因此，服务的管理应在原有的 4P 的基础上加上其他的要素。为此，他提出了一个 8P 的整合服务管理模型。这八个要素分别为产品要素（product elements）、地点、虚拟空间和时间（place，cyberspace and time）、过程、生产率和质量（productivity and quality）、人员、促销和有形展示、价格与其他使用者成本（price and other user costs）。显然，洛夫洛克的 8P 模型与布姆斯和比特纳的 7P 要素并无大的差异。

1994 年，学者罗文坤提出 4V 营销组合理论，即产品的多样性（versatility）、价格的价值性（value）、通路的复杂性（variation）和推广的互动性（vibration）。2001 年，内地学者关金明也提出了后来在国内较为流行的 4V 组合理论，即差异化（variation）、功能化（versatility）、附加价值和共鸣（vibration）。差异化是指利用自身优势，向市场提供有别于并优于竞争对手的产品、服务和企业形象等。功能化是指以产品的核心功能为基础，提供具有弹性的附加功能选择。附加价值是指强调产品的高附加价值，包括技术、企业文化与品牌以及营销附加价值等。共鸣是指通过企业的价值创新活动，在给顾客创造价值最大化的同时，给企业带来利润的最大化，从而在彼此之间产生共鸣。仔细分析这些组合理论，可以发现，它们也没有突破原有的 4P 的框架，而只是对前者的补充和完善。

（二）以消费者为中心的营销组合理论

20 世纪八九十年代，由于社会的快速发展，商品极其丰富，市场竞争十分激烈，获得顾客、保持顾客已成为企业重中之重的目标。以 4P 为代表的 P 系列的营销组合理论因其过分关注生产者自身利益，忽视消费者的权利而受到营销理论界的批评。在这种背景下，美国学者劳特朋（Lauterborn）于 1990 年提出了与传统的 4P 相对应的 4C 营销组合，即消费者、成本、便利性和沟通。4C 理论认为，企业应该把研究、了解消费者的需求作为企业首先考虑的问题，而不应该是产品；企业应该了解消费者愿意为满足其需求与欲望所需付出的成本，而不是确定价格；企业应该考虑消费者获得商品的方便程度，而不仅仅是考虑企业自身的渠道；企业应该把与消费者的交流、互动，建立、强化（reinforcement）彼此间的联系，发展、巩固与消费者之间的良好的关系作为工作的重心，而不是促销。4C 理论是完全站在消费者的角度思考和认识问题，强调对消费者的高度关注。因此，从营销思想上来说，它顺应了时代发展对消费者加以关注的要求，具有 4P 组合理论无法比拟的先进性。但是，4C 理论从过分强调企业权利的 4P 跳到过分强调消费者利益，是从一个极端跳到另一个极端。由于 4C 过分强调顾客的利益，忽视对顾客要求的合理性、正当性的分析，容易导致对企业能力与成本的忽视，因而缺乏可操作性；4C 组合理论提出后，人们更多的只是从理论上来讨论它，而无法将之作为营销实践中具有较高操作性价值的理论指导。而且由于它是与 4P 相对应的，因而往往成了人们从消费者的立场认识、了解 4P 理论的一个新角度。

（三）强调生产者与消费者之间互动的营销组合理论

20 世纪 90 年代，关系营销得到人们的普遍关注，成为营销理论界与实务界的热门话题。在这种环境条件下，美国哈佛大学教授瑞查德（Richhald）和萨瑟（Sasser）经过对服务业的研究后发现，在服务业中，顾客忠诚对于企业绩效的影响比对制造业企业的影响更大。于是，他们提出了强调顾客忠诚的服务企业的 3R 营销组合，即保留顾客（retention customer）、相关销售（related sales）和推荐（referrals）。保留顾客是指服务企业的主要目标不在于吸引新顾客，而在于与老顾客建立良好的关系，培育他们对企业的忠诚。相关销售是指忠诚的顾客更愿意向企业购买企业的其他服务与产品，企业应向顾客提供相关的服务与产品。推荐是指忠诚的顾客更愿意向其亲朋好友推荐企业的服务与产品。因此，让顾客了解企业的服务与产品，提高他们的满意度，培育他们对企业的忠诚，不但能增加这些忠诚顾客对企业的服务与产品的购买，还能因为他们的推荐而获得新的顾客，提高企业的市场份额。3R 组合是对服务领域关系营销理论的有益补充。

1993 年，美国学者舒尔兹（Don E.Schultz）在他的《整合营销传播》一书中，提出了 4R 营销组合理论。4R 即关联、反应、关系和回报。关联是指为了在激烈的市场竞争中培育和保持顾客忠诚，企业不但要了解、满足顾客的需要，还应努力在企业与顾客之间建立某种利益关系，实现相互间的互助、互求、互需，结成利益共同体。反应是指在竞争激烈的市场中，各种市场机会和挑战并存，情况瞬息万变，企业必须提高对市场的应变能力，否则，就不能对顾客的需求作出快速而正确的回应，也就可能会因此而错失市场机会，流失企业的顾客群。关系是指企业应与顾客建立、维护良好的关系。关系营销在企业经营中的作用早已为人们所认识，是企业营销之重心。强调关系因素，无疑是时代特点的一个反映。回报是指企业还应重视营销活动的收获，考虑企业所付出的成本的投资收益。也只有这样，才能使营销活动得以持续地进行。4R 组合虽然没有直接从关系营销中引出其各因素，但实际上，它是关系营销理论的另一种表述方式，是关系营销的组合化。通过 4R，生产者与消费者被联系起来了，克服了以往营销组合理论中存在的走向过分强调生产者或消费者的两个极端的缺陷。

2003 年，美国学者艾略特·艾登伯格（Elliott Ettenberg）在其《4R 营销——颠覆 4P 的营销新论》一书中又提出了新的 4R 组合论，即关系、节省、关联和报酬。他的 4R 理论与舒尔兹的组合理论颇为相似，但又比前者更为具体化。这里的关系，在强调与顾客构建良好的关系的同时，还指出了其实现的途径在于企业的核心能力，在于企业的服务和提供利益的过程。节省是指企业应从顾客的角度考虑，给他们以便利，其实现的核心能力是企业的技术及所提供的便利条件。关联强调的是在企业的品牌资产与顾客的购买动机（motivation）之间的直接联结，其实现的途径在于企业的专业技能和商品。报酬强调的是对顾客的回报，而非企业营销活动的收益。它通过顾客获得企业产品的时间和品位两个核心做支撑。

随着互联网在人们生活中所扮演的角色越来越重要，营销成为网络时代营销的全新领域。网络营销成为最有活力的营销理论并在营销组合理论中得到反映。2002 年，康斯汀奈德斯提出了网络营销组合理论的 4S 组合理论，即范围（scope）、网站（site）、协同（synergy）和系统（system）。范围主要指确定网络营销的战略目标，进行市场和内部网络营销准备情况的分析，确定网络营销在企业总的战略中所承担的角色。网站是企业与顾客交流的交互界面，是交流的工具和场所，其基本的使命是吸引顾客、树立企业网络形象等。协同是指对各网络流程的整合。系统是指对网络营销的技术和网站服务问题的解决。4S 是针对网络营销而言的，反映了网络营销中必须关注和解决的问题，具有很强的可操作性。

第四节 市场营销学的产生与发展

一、市场营销学及其研究内容

（一）什么是市场营销学

市场营销学将交换作为一个相对独立的范畴抽出来，作为自己的核心概念。它以解决包含在交换中的各种矛盾、实现价值为切入点运用系统论、信息论和决策论方法，构建了一个完整的理论体系。在微观层面，它将营销者置于复杂的环境系统之中，研究其为实现价值交换而创造合适的交换物（理念、货品或服务），制定与执行营销战略、策略计划，达到相关利益方满意（特别是顾客满意）和有别于竞争者的整个过程。在宏观层面，它将视野扩大到社会与自然方面研究。

（二）市场营销学的研究内容

市场营销学是以市场营销及其规律性为研究对象的科学，涉及许多概念、原理和方法，具有理论性、实践性和逻辑性等特点。市场营销学的研究对象是以满足消费者需求为中心的企业市场营销活动过程及其规律。具体来说，市场营销学要研究作为卖主（vendors）的企业如何在动态的市场环境中有效地管理其与买主的交换过程和关系及相关的市场营销活动过程。作为一门应用性科学，市场营销学主要对下列三个问题展开研究。

（1）消费者的需求和欲望及其形成、影响因素、满足方式等（即消费者行为）。

（2）供应商应如何满足并影响消费者的欲望和消费行为（即供应商行为）。

（3）辅助完成交易行为，从而满足消费者的欲望的机构及其活动（即市场营销机构行为）。

学习（learning）市场营销学既要掌握学术性的原理和概念，又要懂得如何灵活运用，还要充分理解市场营销学理论体系的整体性以及各个概念、原理、方法之间的内在联系，因而应具备一定的哲学、数学、经济学、统计学、管理学、传播学、行为科学和信息科学等方面的基础知识。同时，学习市场营销学应着重于加强理解和应用，融会贯通市场营销学的基本原理、知识和概念。

二、市场营销学的发展

市场营销学于 20 世纪初期产生于美国。一个世纪以来，随着社会经济及市场经济的发展，市场营销学发生了根本性的变化，从传统市场营销学演变为现代市场营销学，其应用从营利组织扩展到非营利组织，从国内扩展到国外。当今，市场营销学已成为同企业管理相结合，并同经济学、行为科学、人类学、数学等学科相结合的应用边缘管理学科。西方市场营销学的产生与发展同商品经济的发展、企业经营哲学的演变是密切相关的。从美国对营销学研究的历史过程来看，营销学大体可分为五个发展阶段。

1. 形成阶段

19 世纪末到 20 世纪初是营销学的形成阶段。当时以美国为代表的各主要资本主义国家先后完成了工业革命，出现了现代化大工业，社会生产呈现不断扩大的趋势。伴随着资本主义商品经济的高度发展，整个市场开始由求大于供的卖方市场转向供大于求的买方市场，开始出现市场销售问题。于是，各企业，尤其是大企业迫切要求认识、了解和分析市场，以利于占领和争夺市场；另外，有关社会和应用科学的发展及企业内部组织计划性的加强，使人们有可能运用各种现代化科学理论和方法（如市场调研和统计分析等）了解与分析市场、预测市场情况，从而进行各种经营决策。例如，美国国际收割机公司，在销售中开始采用市场分析、明码标价、提供服务和分期付款等办法，并且把"当面看货，出门不退"的老规矩改为"货物出门，包退包换"，来扩大销路。不过，这种活动还只是个别企业的实践活动。

与此同时，一些经济学者根据企业销售实践活动的需要，着手从理论上研究商品销售问题。在 1902 年，美国密执安大学、加利福尼亚大学、伊利诺伊大学的经济学系就正式开设了营销学课程。市场预测也开始成为一个热门的研究课题，其代表人物巴布生首次应用市场物价指数编制市场预测图表，并设立商业服务社，为工商企业提供商情资料，引起企业的重视。1912 年，美国威斯康星大学的巴特勒正式出版了世界上第一本以 Marketing 命名的教科书，这本教科书是营销学形成的标志。

这一阶段，营销学的研究具有两个特点：第一，它仍以传统的经济学，如马歇尔的需求学说作为理论基础，只着重研究商品销售和广告推销术，理论上还未形成完整的体系；第二，营销学的研究活动基本上还只局限在大学，与企业的应用实践联系尚不密切。

2. 应用阶段

从 20 世纪 30 年代到第二次世界大战结束，是营销学的应用阶段。1929—1933 年，资本主义世界爆发了经济危机，市场上产品堆积如山，销售困难，商店倒闭，工厂停工减产；幸存企业也都面临十分严重的销售问题。在此形势下，营销学广泛受到社会公众的重视，营销理论相继进入应用领域，为工商企业的营销实践提供指导，帮助其解决产品销售问题。这自然就推动了营销学理论体系的形成。这一时期，美国的高等院校和工商企业建立了各种市场研究机构，如 1915 年成立了"全美广告协会"，并于1926 年改组为"全美营销学和广告学教师协会"；1931 年成立了"美国营销学会"

（AMS）；1937 年，前述两个组织合并成立了"美国市场营销协会"（American Marketing Association，AMA），并在全国各地设立了几十个分会，在几十所大学里组织了营销学俱乐部，出版杂志、交流研究成果、组织人员培训等，从而有力地推动了营销学的普及与研究。

这一阶段，营销学的发展有两个特点：其一，企业重视的是如何以更大的规模推销已生产出来的商品；其二，企业虽然引进了营销理论，但所研究的内容，仍局限于流通领域，仍然只着重研究产品的推销术、广告术和有利于推销产品的组织策略等内容。

3. "革命"阶段

第二次世界大战以后，特别是从 20 世纪五六十年代，是营销学的革命性阶段。第二次世界大战以后，美国原来急剧膨胀的军事工业迅速向民用工业转移。随着资本主义世界第二次科技革命的发展，民用工业劳动生产率大幅度提高，市场产品供应量迅速增加。但是，资本主义经济的"起飞"，同生产资料私人占有之间的矛盾却进一步尖锐化。生产过剩的危机比第一次世界大战前更加频繁。这时，垄断资产阶级及其政府吸收了第一次大危机的教训，推行高工资、高福利、高消费和缩短劳动时间的政策，不断刺激消费者的需求。于是消费者的需求和欲望发生了很大的变化。原来以产品为中心研究推销术和广告术的营销学，已经不能适应新的市场形势，因而逐渐确立起以顾客为中心的现代营销理念。

当时，美国的营销学家奥尔德逊（W. Alderson）和科克斯（R. Cox）指出："（过去的）市场营销学著作向读者提供的只是很少的重要原则和原理……现有的理论不能满足研究者的需要，因为这些理论既未能说明也未分析流通领域内的各种现象。"于是他们在所著《营销学原理》一书中对营销赋予了新的概念："广义的营销，包括生产者和消费者之间实现商品和劳务的潜在交换的任何活动。"所谓潜在交换，就是生产者所提供的商品或劳务要符合潜在消费者的需要与欲望。因此这一新概念强调了买方的需要、潜在的需要，市场需求自然成为生产过程的起点。营销的职能首先必须调查、分析和判断消费者的需要和欲望，将信息传递到生产部门，据以提供适宜的商品和劳务，使"潜在交换"得以实现，并获得利润。如此一来，营销学就突破了流通领域的界限，参与到企业的生产经营管理中。

因此，这一阶段营销学研究的特点是：第一，营销学的研究范围有了实质性的突破，从流通领域深入生产领域和消费领域，进入企业生产经营的全过程。原来的单纯销售发展为营销。第二，开始强调生产要符合消费者的需要和欲望，因而建立起了以消费者为中心的现代营销理念。西方经济学者将这一根本的突破和变革称为"营销革命"，并将其与资本主义的工业革命相提并论，有人认为这是企业经营中的哥白尼日心说。

4. 繁荣阶段

20 世纪 70 年代以后，营销学进入繁荣发展阶段。70 年代以来，在世界第三次科学技术革命的推动下，一些国家和地区掀起经济改革浪潮，主要资本主义国家先后完成了工业化社会的最后历程。随着生产的迅速发展，明显地加速了生产的科学化、自动化、高速化和连续化，产品越来越丰富多彩，企业迫切要求开拓国内市场和国际市场。在新的形势下，营销学原有的研究范围已不适应，于是引进了管理学、社会学、心理学、控制论、信息论、预测学、统计学等多学科的概念和方法，发展成为一门新兴的综合性学科，并逐步传播到世界各地。这个时期的代表性著作主要有：威廉·斯坦顿的《营销学基础》；菲利普·科特勒的《营销管理：分析、计划、执行和控制》；麦克塞的《基础营销学：管理研究法》；坎迪弗等的《近代营销学基础》；布尔顿·马科斯等的《营销分析和决策》；大卫·洛克·弗雷尔的《营销战略与计划》。这一时期的现代企业普遍运用现代营销学的原理、方法和策略，来开拓国内外市场，并取得了惊人的成功。

这一时期营销学研究的最大特点是：逐渐从经济学中独立出来，同管理科学、行为科学、心理学、社会心理学等理论相结合，使市场营销学理论更加成熟。

5. 扩展阶段

在此期间，市场营销领域又出现了大量丰富的新概念，使得市场营销这门学科出现了变形和分化的趋势，其应用范围也在不断地扩展。

1981 年，莱维·辛格和菲利普·科特勒对"市场营销战"这一概念以及军事理论在市场营销战中的应用进行了研究，几年后，列斯和特罗出版了《市场营销战》一书。1981 年，瑞典经济学院的克里斯琴·格罗路斯发表了论述《内部市场营销》的论文，科特勒也提出要在企业内部创造一种市场营销文化，即使企业市场营销化的观点。1983 年，西奥多·莱维特对"全球市场营销"问题进行了研究，提出过于强调对各个当地市场的适应性，将导致生产、分销和广告方面规模经济的损失，从而使成本增加。因此，他呼吁多国公司向全世界提供一种统一的产品，并采用统一的沟通手段。1985 年，巴巴拉·本德·杰克逊提出了"关系营销""协商推销"等新观点。1986 年，科特勒提出了"大市场营销"这一概念，提出了企业如何打进被保护市场的问题。在此期间，"直接市场营销"也是一个引人注目的新问题，其实质是以数据资料为基础的市场营销，由于事先获得大量信息和电视通信技术的发展才使直接市场营销成为可能。

进入 20 世纪 90 年代以来，关于市场营销、市场营销网络、政治市场营销、市场营销决策支持系统、市场营销专家系统等新的理论与实践问题开始引起学术界和企业界的关注。进入 21 世纪，互联网的发展的应用，推动着网上虚拟发展，以及基于互联网的网络营销得到迅猛发展。

拓展阅读 1-2：市场营销学在中国的传播与应用

这一时期营销学研究的特点是：第一，营销主体的范围进一步扩展，除营利组织外，非营利组织（政府）也开始关注营销问题；第二，网络化、信息化、虚拟化趋势越发明显，营销手段更加丰富。

本 章 小 结

营销是指以顾客为中心，组织公司的资源，综合运用研究、分析、预测、产品开发、定价、分销、促销以及交易等方式，去挖掘顾客（消费者或组织）的需要和欲望，进而提供产品（商品、服务或创意）以满足这种需求。其中，涉及需要、欲望、需求、产品、质量、顾客价值、顾客满意、顾客忠诚、交易、交换、关系、市场以及营销者等核心概念。

从营销理念的历史发展来看，自营销学于 20 世纪初在美国产生以来，到 20 世纪 90 年代，营销理念先后曾出现过七种形式，即生产理念、产品理念、推销理念、营销理念、社会营销理念、大市场营销理念及全球营销观念。

市场营销模式包括传统的代理商、经销商和直营模式，以及新领域的绿色营销、网络营销、社群营销、B2B 营销和 C2M 营销等多种模式。

营销学自 20 世纪初首先在美国从经济学中分离出来，随后传播到西欧、日本及世界各地，至今它在西方发达国家已成为一门较成熟的独立学科。从美国对营销学研究的历史过程来看，大体可分为形成阶段、应用阶段、"革命"阶段、繁荣阶段和扩展阶段。

 重要名词

市场　市场营销　质量　顾客价值　顾客满意　顾客忠诚　营销理念
市场营销组合　市场营销学

即测即练题

复习思考题

1. 市场营销涉及的核心概念有哪些？它们之间有何关系？

2. 市场的构成要素包括哪些？

3. 市场营销理念主要有哪些？

4. 市场营销的一般过程包括哪几个阶段？

5. 何谓市场营销组合？4P、6P、7P、4C 和 4R 组合各自有哪些内容？

6. 市场营销学的研究内容和研究对象是什么？

 案例

第二章

分析市场与市场竞争——了解市场与竞争结构

【本章提要】

通过本章学习，我们需要掌握市场与竞争结构，了解市场营销微观环境和宏观环境的分析，掌握顾客需求及购买行为分析的相关内容，区分消费者购买行为和组织购买行为的异同，了解行业竞争分析和企业竞争策略分析。

 引例

百度谷歌八年后再相见，会重蹈覆辙还是开展新一轮竞争？

对于把使用谷歌当作信念的人，在2018年8月看到人民日报社"欢迎谷歌回归中国市场"的新闻后，内心应该已经雀跃八百遍了。是的，他们说，中国的互联网行业又要开始沸腾了，终于有人能"掐住"百度的喉头了。没有谷歌的百度，在中国搜索引擎市场是打遍天下无对手，这或许是导致百度近些年被扣上"不思考"帽子的主要原因，用户虽然习惯了使用百度，对它却是又爱又恨。

谷歌的回归可能会为百度敲响警钟，百度CEO李彦宏对此作出回应，中国的科技公司今天有足够的能力和信心，在与国际企业的良性竞争中变得更强，共享全球化红利。"如果Google决定回到中国，我们非常有信心再PK一次，再赢一次。"

2010年3月23日，谷歌正式退出中国内地，不少中国互联网从业者对此表示惋惜。由此，Gmail、Google Map、YouTube等用户超群的应用全部受阻，谷歌从此从中国内地"全身而退"。

八年已过，谷歌错失了什么？

2010—2018年，这八年时间内，中国互联网市场有了一个天翻地覆的变化。谷歌丢掉了 PC（个人计算机）互联网时代的红利，错失了移动互联网化在中国发展起来的时期，之后再找回，恐怕不是那么容易的事了。但这场所谓的"比赛"，谁输谁赢，对于两家企业都是其全球化布局的重要一步。需要清楚的一点是，没有一个行业必须规定只能有一个赢家，谷歌重新进入中国市场并不意味着会把百度"打倒"或者被百度"再赢一次"，事实上这样的竞争在短期内可能意义并不大。

现阶段百度在人工智能方面已经进入"国家队"的水平，不仅全力参与到智慧城市的建设中，与党媒也有技术层面上的合作，人民号与百度百家号打通共用，此番《人民日报》发文欢迎谷歌重返中国后，李彦宏迅速作出反应，也不得不让人对此产生联想。AI（人工智能）又是一项外国企业在境内，你越想表现好越容易被"和谐"的技术，涉及军事机密、国家情报等"安全"态势。

所以谷歌的回归之路具体什么时间，要怎么走，或许还需要一段时间的等待。

资料来源：http://www.sohu.com/a/246162394_100112262.

第一节　市场营销环境分析

一、宏观营销环境分析

宏观营销环境指对企业营销活动造成市场机会和环境威胁的主要社会力量，包括人口、经济、自然、科学技术、政治、法律和文化等因素。企业及其微观环境的参与者，无不处于宏观环境之中。尽管这些因素无法控制，公司仍然必须对它们予以关注并思考其潜在的影响。

（一）人口环境

人口是构成营销市场的消费主体，有购买能力和购买欲望的人就形成了现实的市场，因此人口环境是影响企业营销活动的一个重要因素。人口环境包括人口的总量和增长速度、地理分布、年龄与性别、受教育程度、家庭规模、居住环境等多种因素，它们分别从不同的侧面影响着企业营销活动。企业必须密切注视人口环境各因素的变化趋势，及时捕捉机会，适时调整战略，保持企业的竞争优势。

1. 人口总量与增长速度

中国是世界上人口最多的国家。国家统计局 2020 年 1 月 17 日公布的数据显示，截至 2019 年年末，中国内地总人口 140 005 万人，突破 14 亿。其中，男性人口 71 527 万人，女性人口 68 478 万人，总人口性别比为 104.45（以女性为 100）。数据显示，2019 年年末，中国内地总人口（包括 31 个省、自治区、直辖市和中国人民解放军现役军人，不包括香港特别行政区、澳门特别行政区和台湾地区以及海外华侨人数）140 005 万人，比上年年末增加 467 万人。全年出生人口 1 465 万人，人口出生率为 10.48‰；死亡人口 998 万人，人口死亡率为 7.14‰；人口自然增长率为 3.34‰。全国人户分离人口（即居住地和户口登记地不在同一个乡镇街道且离开户口登记地半年以上的人口）2.80 亿人，比上年末减少 613 万人；其中流动人口 2.36 亿人，比上年末减少 515 万人。其构成如表 2-1 所示。

表 2-1　2019 年人口总数及其构成

指标	年末数/万人	比重/%
全国总人口	140 005	100.0
其中：城镇	84 843	60.6
乡村	55 162	39.4
其中：男性	71 527	51.1
女性	68 478	48.9
其中：16~59 岁	86 540	64.0
60 岁及以上	25 388	18.1
65 岁以上	17 603	12.6

（注：统计数据未包括香港特别行政区、澳门特别行政区和台湾地区）

随着社会主义市场经济的发展，人民收入不断提高，中国已被视作世界最大的潜在市场。

中国现有 14 亿人口，超过欧洲和北美洲人口的总和。许多国外企业进入中国市场的重要原因之一就是看中了这个庞大的人口市场。当然，除非人们有足够的购买力，否则人口增长并不意味着市场的扩大。企业必须仔细地分析所面对的人口环境，并从中寻找相应的机会。

为了防止人口增长过快，中国政府制定了"独生子女"政策，即限制一个家庭只能生一个孩子。玩具企业注意到了这个现象：中国的孩子从来没有像现在这样被宠爱，像"小皇帝"一样从糖果到电脑应有尽有。6 个大人——父母、祖父母、外祖父母——围着一个小孩团团转，这种趋势使得日本万代公司（Bandai）、丹麦乐高集团（Lego Group）以及美国的孩之宝（Hasbro）和美泰（Mattel）等企业纷纷抢滩中国市场[①]。

2. 人口地理分布与流动

人口在地区上的分布，关系市场需求的异同。居住不同地区的人群，由于地理环境、气候条件、自然资源、风俗习惯（institution）的不同，消费需求的内容和数量也存在差异。

中国人口的地理分布特点表现在以下几个方面。

（1）农村人口是主体。中国有 39% 以上人口仍居住在农村地区，因此农村是一个巨大的消费市场。

---

① 科特勒，凯勒. 营销管理[M]. 梅清豪，译. 12 版. 上海：上海人民出版社，2006.

（2）小城镇人口比重将上升。据有关统计，21世纪中叶，中国的城镇人口比重将达到目前中等发达国家的水平即65%。城镇市场是比农村市场更有潜力的市场。

（3）人口分布东密西疏。（黑龙江）爱辉—（云南）腾冲线是体现中国人口分布地区差异的一条最基本的分界线。20世纪末，该线东南一侧（包括台湾地区），面积占全国总面积的42.9%，人口却占94.4%；而西北一侧的面积占57.1%，人口却只占5.6%。东南一侧的平均人口密度是241人/平方千米，西北一侧是12人/平方千米，相差20倍。

同时，由于经济发展的不平衡，人口的地区间流动性增强，流动的规律是：农村人口大量流入城镇或工矿地区；内地人口迁往沿海经济开放地区；经商、学习、观光、旅游等加快了人口流动。企业弄清人口分布及流动的特点，对加强企业营销管理，是非常重要的。

小链接 2-1：杭州"狗不理"包子店为何无人理

3. 人口年龄与性别

不同年龄、性别的人口，其消费需求往往是有差异的。因此，针对不同年龄、性别结构的市场，其产品、价格、促销等营销手段的侧重点也应有所不同。同时，当消费者的年龄、性别结构发生变化时，营销人员也应该针对变化调整营销战略或重新进行市场选择。中国人口年龄结构的特点是：一方面，现阶段，中国正迅速成为由青壮年人口主导的社会。据统计，2019年，15~59岁年龄段的人口占总人口的64%，这部分人口将是现阶段市场的主体。因此，青年人用品市场和中年人用品市场在近些年将有较大的发展。另一方面，中国人口年龄构成将呈现老龄化趋势。2019年末，60岁及以上人口达到总人口的18.1%，21世纪三四十年代将是老龄化的高峰，银色市场日渐形成并扩大。

性别差异给消费需求带来差异，购买习惯与购买行为也有差别。一般来说，在一个国家或地区，男、女人口总数相差并不大。但在一个较小的地区，如矿区、林区、较大的工地，往往是男性占较大比重，而在某些女职工占极大比重的行业集中区，则女性人口又可能较多。由于女性多操持家务，大多数日用消费品由女性采购，因此，不仅妇女用品可设专业商店销售，很多家庭用品和儿童用品也都纳入妇女市场。

4. 人口受教育程度与职业结构

人口受教育程度不同、职业不同，其生活及工作环境、人生理念和追求等就会有差异，他们的需求和消费习惯等就会有很大的差别。因此，营销管理人员同样应重视人口受教育程度和职业结构对市场营销的影响。

5. 人口家庭情况

家庭情况主要是指家庭规模、家庭周期、离婚率、家庭成员就业等方面的情况，这些因素对企业营销的影响是显而易见的。例如，家庭规模逐渐缩小，"三口之家"和"两口之家"越来越普遍，使家庭数量激增，这必然为家具、住房、家用电器和炊具等产品提供巨大的市场；离婚率上升会导致单亲家庭增加，也会产生特殊的市场机会。

（二）经济环境

经济环境是指影响消费者购买力和消费支出模式（spending patterns）的经济因素。

1. 消费者收入水平的变化

消费者收入水平是一国国民经济发展状况的综合反映，是消费者购买力的来源，也影响着消费支出模式。在分析消费者收入时，可以从宏观和微观两个层面进行剖析。从宏观层面上看，主要分析人均国民收入和人均国内生产总值（GDP）两大指标，它们大体上反映了一国的经济发展水平和消费者收入水平。根据一般经验，人均收入占人均 GDP 的三分之一，如一个地区的人均 GDP 为 3 万元，那么人均收入大体为 1 万元。从微观层面上看，主要应弄清个人收入、个人可支配收入和个人可任意支配收入三个概念。企业在市场营销中应特别关注个人可任意支配收入的变化，并确定相应的对策。

2. 消费结构的变化

不同收入水平下消费结构会发生规律性的变化，德国统计学家恩斯特·恩格尔（Ernst Engel）对此早有论述，这就是著名的恩格尔定律。

恩格尔系数的下降是经济发展的一个重要标志。改革开放以后，我国城乡居民家庭的恩格尔系数呈现不断降低的趋势，2019 年为 28.2%，连续 8 年下降。与此同时，居民消费结构由满足温饱需求的"吃、穿、用"阶段，向满足小康需求的"住、行"阶段升级；由百元级的小型耐用消费品（如手表、自行车、缝纫机），向千元级的中型耐用消费品（如彩电、电冰箱、洗衣机等家用电器）升级之后，又向着万元级、特别是数十万元级的大型耐用消费品（如住房、轿车）升级。

3. 储蓄和消费信贷

储蓄指城乡居民将可任意支配收入的一部分储存待用。储蓄的形式，可以是银行存款，可以是购买债券，也可以是手持现金。较高储蓄率会推迟现实的消费支出，加大潜在的购买力。消费信贷指金融或商业机构向有一定支付能力的消费者融通资金的行为。其主要形式有短期赊销、分期付款、消费贷款等。消费信贷使消费者可用贷款先取得商品使用权，再按约定期限归还贷款。消费信贷的规模与期限在一定程度上影响着某一时限内现实购买力的大小，也影响着提供信贷的商品的销售量，如购买住宅、汽车及其他昂贵消费品，消费信贷可提前实现这些商品的销售。

4. 通货膨胀

通货膨胀会极大地影响消费者的购买力和企业的竞争能力，尤其是日用消费品、必需消费品价格上涨过快，会严重危及正常需求；同时也会带来企业经营成本提高、银行贷款利率上升等环境威胁。因此，通货膨胀应作为考察经济环境的一个重要指标。

（三）自然环境

自然环境主要指营销者所需要或受营销活动所影响的自然资源。营销活动要受自然环境的影响，也对自然环境的变化负有责任。自然环境的优劣不仅影响到企业的生产经营活动，而且影响到一个国家的经济结构和发展水平，使人口环境和经济环境等均受到连动影响。为适应自然环境，企业不仅要充分地分析和认识自然环境，而且要努力创造和保护好自然环境。目前，企业面临的自然环境问题及压力主要包括以下几方面。

1. 自然资源短缺的影响

随着人口增多，对自然资源如木材、煤炭、石油、土地、淡水等消耗急剧增加，而这些自然资源本身属于不可再生或短期内不可再生资源，因此，必然会影响企业的生存与发展。例如，由于大量砍伐森林，引发了1998年中国长江流域的特大洪水，结果政府禁止在长江中上游砍伐林木。这就给木材加工企业的生存带来威胁，它们不得不设法寻找替代原材料或转向新的经营业务。

2. 自然资源浪费的影响

现实中，一方面是自然资源短缺；另一方面又存在十分严重的自然资源浪费现象。自然资源的浪费，使得企业生产成本大大提高，从而直接影响了企业产品的竞争力和市场销量，这对于企业占领目标市场和实现目标利润十分不利。企业针对自然资源浪费现象，必须加强宣传，提高认识，努力完善产品设计和技术改造，尽力降低原材料和燃料动力等资源的消耗，减少浪费，提高资源的利用效率，用同样的资源生产出更多更好的产品。

3. 自然环境污染的影响

自然环境污染问题已为全球瞩目。在发达国家，随着工业化和城市化的发展，环境污染问题日益严重。占世界人口总数15%的工业发达国家，其工业废物的排放量约占世界废物排放总量的70%。中国虽属发展中国家，但工业"三废"对自然环境也造成了严重的污染。在这种情况下，公众和政府的环境保护意识越来越强，如果企业不能消除环境污染问题，其营销活动就必然面临巨大的压力。另外，对于环境污染问题的重视，也为那些能进行废物回收或能够开发、研制、生产废物回收系统的企业提供了很好的市场机会。

4. 公众的生态需求增加

由于自然环境的不断恶化，公众的生态意识开始觉醒。这种觉醒通过市场反映出消费者的"绿色需求"，人们对产品的原材料、添加物、包装、储存方式等开始全面关心，希望商品制造及营销过程中的所有环节均符合生态要求。许多传统产品由于不符合现代生态意识，销售逐渐萎缩，而符合环保要求的"绿色产品"市场前景广阔。绿色营销大有可为。

5. 政府的环保立法更加严密

由于公众环保呼声的加强，政府的环保立法更加严密。这些立法已深入企业营销过程的许多环节，如噪声标准、包装材料、添加剂种类、操作者健康情况、保质期、化学物残留量等，都有越来越具体的规定。如果企业的商品和服务不符合这些规定，就会受到严厉的制裁。因此，企业在营销过程中，不仅要自觉提高环保意识，还要严格遵守政府颁布的各项环保法规。

（四）科学技术环境

现代社会科学技术发展突飞猛进。科学技术环境的发展变化极大地促进了生产力发展，对企业营销活动同样有巨大影响。譬如，它对企业的新产品开发、现有产品成本控制、工艺水平、营销方式等许多方面都可能产生重要的影响。这种影响无疑是一柄"双刃剑"：一方面，它可能给企业提供有利的机会；另一方面，它也可能给某些企业的生存带来威胁。一种新技术的应用，可以为企业创造一个明星产品，产生巨大的经济效益；也可以迫使一种成功的传统产品，不得不退出市场。例如，20 世纪 90 年代数码技术的迅猛发展，使电子成像的大规模应用成为可能，从而形成了商机诱人的数码影像市场；与此同时，电子成像技术也在逐步地淘汰化学成像技术（传统相机、冲晒机械等）。因此，营销人员必须时刻关注技术环境的发展变化，抓住可为己所用的机会，警惕和及时应对可能给本企业带来的威胁。

当代科学技术环境的主要特点有以下几方面。

1. 科学技术和工艺的发展速度越来越快

人类正在进入知识经济和信息经济时代，新技术、新发明层出不穷，产品从研发到进入市场，再到被更新的产品淘汰并退出市场的周期不断缩短。1926 年，美国人普遍认为电视机普及家庭"犹如白日做梦"，但这一梦想在 20 年后却成了现实。1948 年，曾有人预言人类实现登陆月球的理想至少还需要 200 年时间，但这个理想 20 年后也实现了。最值得一提的是，现代计算机制造技术的飞速发展，平均 18 个月就会使原先产品的制造成本下降一半，同时新的产品在技术上就会上一个等级。科学技术快速发展缩短了商品的平均寿命。这一方面加速了新产品上市的竞争，使很多企业被迫增加技术开发投入；另一方面企业的产品营销周期也必须大大缩短，在成本核算、价格制定和营销战略上要顺应这种周期的变化特点。

2. 高科技创新领域越来越广泛

当代科学技术在微处理器、通信系统、智能机器人、材料科学、生物工程、医学、太空技术等领域有着长远的发展前景。这些领域内的新技术、新工艺的不断开发所引致的创新机会给企业带来了越来越多的机遇与挑战。面对如此广泛的机遇与挑战，企业应有很好的应对战略。

3. 虚拟化或数字化成为一种潮流

微电子技术和网络技术的迅猛发展，正把人类社会引向一种虚拟化或数字化的生存方式。人们不仅借助计算机网络去传递信息，还利用网络搜寻各种信息。例如，一个消费者想购买某种商品，只要点点鼠标就能轻松获取所需产品的品种、价格、款式等相关信息，而且可以方便地"货比三家"。因此，企业越来越感到，通过信息垄断去刻意创造产品的竞争优势已非常困难，企业之间的竞争更趋于"实质化"。计算机网络的发展，带来的另一个影响是它改变了人们的购物方式，网络购买打破了购物的时空界限，消费者不必再为买一两件小东西，跑遍全城、反复等车、数次排队，花费大量时间。

4. 专利技术和知识产权的保护日益加强

由于世界各国对科技创新的高度重视，各国法律也加强了对专利技术和知识产权的保护，对侵犯他人知识产权的处罚力度逐步加大。这一倾向使企业在仿制产品和运用已有技术时的限制条件增多，产品开发成本加大，在产品开发和营销过程中必须处理的法律事务也增多了，从而增加了产品开发和营销的难度。

（五）政治法律环境

政治环境指企业市场营销的外部政治形势。在国内，安定团结的政治局面，不仅有利于经济发展和人民货币收入的增加，而且影响群众心理状况，导致市场需求的变化。对国际政治环境的分析，应了解"政治权力"与"政治冲突"对企业营销活动的影响。政治权力影响市场营销，往往表现为由政府机构通过采取某种措施约束外来企业，如进口限制、外汇控制、劳工限制、绿色壁垒等。政治冲突指国际上的重大事件与突发性事件，这类事件在和平与发展为主流的时代从未绝迹，对企业市场营销工作影响或大或小，有时带来机会，有时带来威胁。

法律环境指国家或地方政府颁布的各项法规、法令和条例等。法律环境对市场消费需求的形成和实现，具有一定的调节作用。企业研究并熟悉法律环境，既保证自身严格依法管理和经营，也可运用法律手段保障自身的权益。国家的法律法规对企业营销活动起保证和约束的作用。这些法律法规可分为三类：第一类，保护企业利益，以防止不正当竞争，如《中华人民共和国反不正当竞争法》《中华人民共和国广告法》等；第二类，保护消费者利益，使其免受不公平商业行为损害，如《中华人民共和国消费者权益保护法》《中华人民共和国产品质量法》等；第三类，保护社会利益，使其免受失去约束的商业行为损害，如《中华人民共和国专利法》《中华人民共和国环境保护法》等。

（六）文化环境

文化环境（cultural environment）主要由影响一个社会的基本价值（basic values）、观念、偏好和行为的风俗习惯和其他影响力因素构成，主要表现为风俗习惯、社会风尚、宗教信仰、语言文字、文化教育、人生观、价值观以及婚姻观等。文化对所有营销参与者的影响都是多层次、全方位、渗透性的。它不仅影响企业营销组合，而且影响消费心理、消费习惯等，这些影响多半是通过间接的、潜移默化的方式来进行的。影响企业营销决策的文化要素主要有以下几方面。

1. 相对稳定而持续的价值观

在某一特定的社会环境下，人们会有许多信仰和价值观。但其中有些是相对稳定或持续的信仰和价值观，我们称其为核心的价值观。它是在长期的社会生活中自然形成的，并且是一代代继承下来的。例如，中华民族的勤劳勇敢、生活上崇尚节俭、重情义、好客等。营销策划不能远离某一社会固有的价值观念。

2. 发展变化的价值观

在核心价值观以外的次要因素会随着时间的推移和时代的变化而变化。例如，服装穿着上，中国人的传统观念是实惠、适用和美观大方，但服装的款式随时代风尚的变化却发生了根本的改变。发展变化的价值观会为企业带来机会与威胁。

小链接 2-2：大数据为什么这么热

3. 亚文化群体

亚文化（subculture）群体是指从其基本信仰和价值观等方面区别于其他群体的特定人群，如不同的民族文化群体、不同宗教信仰的群体等。营销人员应对不同的亚文化群体投其所好，避之所忌，制定适合其文化特点的营销策略。

二、微观营销环境分析

营销管理工作就是通过创造顾客价值和顾客满意来吸引顾客并与目标市场顾客建

立稳定的关系。然而，营销部门（marketing department）不可能自己完成这一艰巨的任务，营销管理工作还必须依靠企业营销的微观环境中的其他参与者。这些参与者包括以下几方面。

（一）企业

企业作为营销微观环境的首要因素，是指企业的状态，即企业内部环境（internal environment）对企业整体营销的影响。在制订营销计划时，营销管理者必然要考虑到企业的其他职能部门和各个管理层的协调，这包括最高管理层、财务部门、研究与开发（R&D）部门、采购部门、生产部门和会计部门等。

最高管理层要确定企业的使命、目标、总体战略与政策；营销经理主要是在最高管理层制订的计划内作出决策，而且营销计划在实施之前必须经最高管理层批准。

此外，财务部门主要负责为实现营销计划筹集和运作资金；研究与开发部门主要负责设计开发可靠且有吸引力的新产品；采购部门主要负责确定供应商和购买原材料问题；生产部门主要负责生产符合一定数量和质量要求的产品；会计部门主要负责测量收入与成本，进而帮助营销部门了解其达到目标的程度和效果。总之，所有这些部门都对企业营销计划的制订及其实施具有直接影响。因此，营销经理必须与企业其他部门密切合作，才能使营销工作卓有成效。当然，在营销观念主导下，所有这些职能部门必须时刻想着顾客，并且要协同作战，以最终实现顾客价值和顾客满意的最大化。

（二）供应商

供应商是指为企业及其竞争者提供生产上所需资源的企业和个人。供应商供应的资源主要包括原料（raw materials）、材料、燃料、机械设备、技术、信息、资金和劳务等。显然，供应商的行为对于企业的有效营销具有重大影响。这种影响主要体现在三个方面：其一，资源供应的可靠性（reliability），即资源供应的保证程度；其二，资源供应的价格变动趋势；其三，资源的质量水平。

（三）营销中介

营销中介（marketing intermediaries），或称市场中介，是指在促销、销售以及将产品送达给最终购买者方面，给企业以帮助的所有企业和个人。营销中介主要包括以下几种。

（1）转卖中间商（resellers）——为本企业寻找顾客并转卖本企业产品给顾客的批发商和零售商。

（2）实体分配（physical distribution）机构——主要指那些帮助企业储存商品并将其自原产地转运到目的地的企业和个人。实体分配的要素包括包装、运输、仓储、装卸、搬运、库存控制和订单处理七个方面，其基本功能是调节生产与消费之间的矛盾，弥合产销时空上的背离，提供商品的时间效用和空间效用，以利适时、适地和适量地把商品供给消费者。

（3）营销服务机构（marketing services agencies）——主要有营销调研机构、广告代理商、媒体和营销咨询机构等。企业可自设营销服务机构，也可委托外部营销服务机构代理有关业务，并定期评估（evaluation）其绩效，促进提高创造力、质量和服务水平。

（4）金融中介机构（financial intermediaries）——主要包括银行、保险公司、信托投资公司和其他从财务上支持交易，帮助企业规避商品买卖风险的所有机构。在市场经济中，企业与金融机构关系密切，企业间的财务往来要通过银行结算，企业财产和货物要通过保险取得风险保障，而贷款利率与保险费率的变动也会直接影响企业成本，信贷来源受到限制更会使企业处于困境。

（四）顾客

顾客又称用户或消费者，它是企业的目标市场，是企业服务的对象，也是营销活动的出发点和归宿。管理大师彼得·德鲁克一向认为，企业唯一有价值的目标就是创造顾客。企业要进行有效的营销，就必须认真研究顾客市场（customer markets）。顾客市场依不同标准和特点可划分成许多类别，主要包括消费者市场、生产者市场（business markets）、转卖者市场（reseller markets）、政府市场（government markets）和国际市场等。其中政府市场是由政府代理机构（government agencies）组成，这些机构往往为了生产公共服务（public services）或转手给需要这些产品和服务的其他单位，而向企业购买必要的产品和服务。各类市场都有其独特的顾客，他们不同的、变化着的需求，要求企业以不同的方式提供相应的产品和服务，从而影响企业营销决策的制定和服务能力的形成。

（五）竞争者

企业不能独占市场，都会面对形形色色的竞争对手。在竞争性的市场上，除来自本行业的竞争外，还有来自代用品生产者、潜在加入者、原材料供应者和购买者等多种力量。一个企业要想营销成功，就必须能够提供比其竞争对手更大的顾客价值和顾客满意。因此，营销者首先要适应目标顾客的需求；其次，还必须针对自身情况合理定位，以赢得在消费者心目中的战略优势。

从顾客的需求来分析，企业在向目标市场推销其产品或服务时，将面临的竞争主要有四种类型或表现。

（1）欲望竞争。消费者的欲望是多方面的，但在一定时期内，其购买力是有限的。此时，在消费者作出购买决策之前，能满足其各种欲望的各商品经营者之间为争取该消费者成为自己的顾客所进行的竞争，就表现为欲望的竞争。

（2）类别竞争。类别竞争又称平行竞争，它是指为满足相同需要所提供的不同类型但可以互相替代的产品之间的竞争。

（3）产品形式竞争。产品形式竞争指同类产品在不同品种、规格和型号等方面的竞争。

（4）品牌竞争。品牌竞争指相同形式的产品范围内不同品牌之间的竞争。品牌竞争的外在表现是相同形式的产品在不同商标或不同企业之间的竞争，而实际上是其内在的质量、特色、价格、服务、外观和口碑方面的竞争。

（六）公众

企业进行营销所面临的微观环境还包括各种不同类型的公众。按照菲利普·科特勒的解释，公众是指对本组织实现目标的能力有现实的或潜在的兴趣，或者说有直接或间接影响的所有群体（any group）。因此，一个企业必须采取积极措施与主要公众保持良好的关系。公众主要有以下七类。

（1）融资公众（financial publics）。融资公众指影响本企业融资能力的各种金融机构，如银行、投资公司和股票持有者等。企业可以通过发布乐观的年度财务报告，回答关于财务问题的询问，稳健地运用资金，在融资公众中树立信誉。

（2）媒体公众（media publics）。媒体公众包括报纸、杂志、广播电台、电视台及网络等。企业必须与媒体组织建立友善关系，争取有更多更好的有利于本企业的新闻、特写以及社论。

（3）政府公众（government publics）。政府公众指负责管理企业营销业务的有关政府职能部门。企业的发展战略与营销计划，必须和政府的发展计划、产业政策、法律法规保持一致，注意咨询有关产品安全卫生、广告真实性等法律问题，倡导同业者遵纪守法，向有关部门反映行业的实情，争取立法有利于产业的发展。

（4）社团公众（citizen action publics）。社团公众包括消费者协会、环境保护组织或其他公共利益团体等。有时它们可能对企业的营销决策提出问题或质问，与之对抗或漠不关心对企业来说都是不可取的；相反，企业应当尽可能地理解它们的利益，聆听它们的观点，找到一个"共赢"的解决方案。

（5）社区公众（local publics）。社区公众指企业周边地区的居民和社团组织。他们对公司的各项活动可能持积极态度，也可能持消极态度。企业中主管与地方公众关系的员工的主要职责有关注社团、参加社团会议、回答问题以及赞助有意义的事业。积极主动的企业不会无动于衷地坐视地区问题爆发。它们会给社团投资，帮助它们更好地运作，与此同时，企业也将为自身赢得声望。

（6）一般公众（general publics）。这不是有组织的公众，但他们对企业产品和服务的认识以及对企业的印象却对广大消费者的购买决策有很大的影响。

小链接 2-3：海尔沙尘暴里寻商机

拓展阅读 2-1：滴滴出行
高级产品总监——数据
让平台更高效

（7）内部公众（internal publics）。内部公众指企业内部全体员工。企业的营销计划，需要全体员工的充分理解、支持和具体执行。经常向员工通报有关情况，介绍企业发展计划，发动员工出谋献策，关心员工福利，奖励有功人员，增强内部凝聚力。员工的责任感和满意度，必然传播并影响外部公众，从而有利于塑造良好的企业形象。

总之，公众对企业的命运具有重大影响，企业应设立公共关系部门专门处理与各类公众的关系，赢得公众对企业营销的全力支持。

第二节　消费者需求及购买行为分析

一、消费者购买行为分析

消费者购买行为（consumer buying behavior），是指最终消费者（ultimate consumer）的购买行为，他们购买产品和服务是为了他或她自己的消费、家庭的消费，或者是作为礼物送给朋友。消费者的反应是一项营销策略是否成功的最终检验。因此，分析消费者购买行为是每个成功营销计划至关重要的一部分。

（一）消费者购买行为的类型

在错综复杂的因素影响下，消费者购买行为会有很多类型。我们从不同的角度来研究，可以将个人消费者购买行为划分为不同的类型。

1. 按消费者购买目标的确定程度划分

1）全确定型购买行为

全确定型购买行为是指消费者在进入商店之前，已有明确的购买目标，包括产品的名称、商标、型号、规格、式样、颜色以及价格的幅度等，都有明确的要求。他们进入商店后，可以毫不犹豫地买下商品。

2）半确定型购买行为

半确定型购买行为是指消费者进入商店之前，已有大致的购买目标，但具体要求还不甚明确。这类消费者进入商店后，一般不能向售货员明确清晰地提出对所需产品的各项要求，实现其购买目的，而需要经过一定时间的比较和评定阶段。

3）不确定型购买行为

不确定型购买行为是指消费者在进入商店之前，还没有明确的或既定的购买目标，进入商店一般是漫无目的地浏览商品，或随便了解一些商品销售情况，碰到感兴趣的商品偶尔也会购买。

2. 按消费者性格和购买心理状况划分

1）习惯型

习惯型指消费者由于对某种商品或某家商店的信赖、偏爱而产生的经常、反复的购买。由于经常购买和使用，他们对这些商品十分熟悉，体验较深，再次购买时往往不再花费时间进行比较选择，注意力稳定、集中。

2）理智型

理智型也称为慎重型，是指消费者在每次购买前对所购的商品，要进行较为仔细的研究比较。购买感情色彩较少，头脑冷静，行为慎重，主观性较强，不轻易相信广告、宣传、承诺、促销方式以及售货员的介绍，主要靠商品质量、款式。

3）经济型

经济型也称为价格型。此类消费者选购商品多从经济角度考虑，对"大甩卖""清仓""血本销售"等低价促销最感兴趣，善于发现别人不易发现的价格差异。其表现形式有两种：一是有的消费者认为价格昂贵代表着产品的高档质优，从而选购高价商品；二是有的消费者认为价格低廉代表着产品的低档便宜。一般来说，这类消费者与自身的经济状况（economic situation）有关。

4）冲动型

此类消费者的心理反应敏捷，容易受产品外部质量和广告宣传的影响，以直观感觉为主，新产品、时尚产品对其吸引力较大，一般能较快速作出购买的决策。

5）疑虑型

此类消费者一般性格内向，善于观察细小事物，行动谨慎、迟缓，体验深而疑心大。他们选购产品从不冒失仓促地作出决定，在听取销售人员介绍和检查产品时，也往往小心谨慎且疑虑重重；他们挑选产品动作缓慢，费时较多；购买产品时三思而后行，购后还会疑心上当受骗。

6）不定型

此类消费者多属于新购买者。他们由于缺乏经验，购买心理不稳定，因而没有一定的主见，没有固定的偏好，一般是随遇而买或顺便购买。这种消费者，只要销售人员态度热情，服务好，善于介绍，就比较容易被说服而迅速作出购买决策。

（二）影响消费者购买行为的因素

消费者的购买决策不是在真空中发生的，相反，如图 2-1 所示，文化、社会、个人和心理等因素强烈地影响着这一过程。文化因素（cultural factors）包括文化、亚文化和社会阶层（social class），这些因素均对消费者购买决策发挥着极大的影响力。社会因素是指消费者与影响群体之间相互作用的概括，如受到参照群体、家庭、社会角色和地位的影响。个人因素（personal factors）包括性别、年龄和生命周期的阶段、职业、经济状况、个性和自我观念、生活方式等。这些影响消费者行为的个人因素对每个人都是不同的，并且对消费者需求的产品和服务类型有着重要的影响。心理因素包括动机、知觉、学习、信念和态度，这些因素决定了消费者对环境的认知以及他与环境之间的相互作用，并且影响着消费者的最终决定。

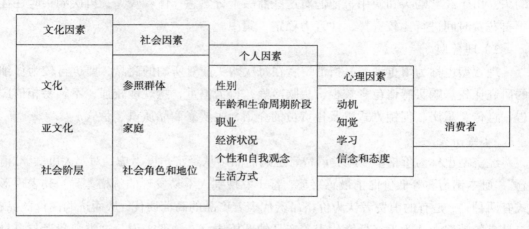

图 2-1　影响消费者行为的主要因素

1. 文化因素

文化因素对于消费者行为具有广泛而深刻的影响，因此营销者必须研究消费者所处的文化群、亚文化群以及社会阶层对其购买行为的重要作用。

1）文化

文化是一个社会的意识形态以及与之相适应的制度和组织，一般是指一个社会的价值观、语言、伦理、习俗、宗教仪式和法律的总和。文化是决定一个人的需求和行为的最基本因素，是区分一个社会群体与另一个社会群体的不可或缺的因素。任何人的欲望和行为，都受到文化的左右，消费行为也不例外。

每一个群体或社会都有其特定的文化，如果不考虑这种差异，就可能导致无效的营销或出现各种的问题。例如，日本曾有一家钟表商，为开拓巴西市场，精心选择最新式样的表，配上精致的礼品盒，还配上一条漂亮的紫色饰带，却受到巴西人的冷落。后来发现问题就出在这条饰带上，因为在巴西紫色表示悲哀。

中国文化价值观是造成中国消费者行为差异的深层原因。从文化的深层面看，对中国消费者行为影响最大的文化价值观有[①]以下几方面。

一是以"根"为本的文化——重家、族、国；生命血统延续；望子成龙、光宗耀祖及投资子孙。

二是中庸文化——阴阳平衡的行为导向；不过为好；福祸相依。

---

① 所罗门，卢泰宏. 消费者行为学[M]. 6 版. 北京：电子工业出版社，2006：542.

三是关系文化——礼尚往来、来而不往非礼也。

四是和文化——和谐、和气、和睦、和平、和满、和贵；天时地利人和。

五是面子与从中——有脸有面；群体舆论。

六是地位与礼——孔子强调举止行为与地位要一致。

文化是动态的，它要适应需求的变化和环境的发展。因此，营销者必须准确把握文化因素的变化趋势（cultural shift），以更有效地营销现有产品或研制有潜在需求的新产品。

2）亚文化

亚文化又称集体文化或副文化，指与主文化相对应的那些非主流的、局部的文化现象，指在主文化或综合文化的背景下，属于某一区域或某个集体所特有的观念和生活方式，一种亚文化不仅包含着和主文化相通的价值与观念，也有属于自己的独特的价值与观念，而这些价值观是散布在种种主导文化之间的。亚文化是一个相对的概念，是总体文化的次属文化。

根据民族、宗教、种族和地理位置等维度，可将一种文化分成几种亚文化。在同一个亚文化群中，人们的态度、价值观和购买决策必然有相似的特点，以区别于其他亚文化群。熟悉目标市场的亚文化特点，有助于企业有针对性地制定营销策略。

所有消费者在同一时间都属于不止一个亚文化细分群体。例如，某消费者可能是住在杭州的回族。因此，营销者应当尽力了解多种亚文化因素间是如何相互联系并共同影响目标市场的相关消费行为的。促销策略不应仅限于单个亚文化因素。

小链接 2-4：井冈山红色旅游

3）社会阶层

社会阶层是由具有相同或类似社会地位的社会成员组成的相对持久的群体。每一个体都会在社会中占据一定的位置，有的人占据非常显赫的位置，有的人则占据一般的或较低的位置。这种社会地位的差别，使社会成员分成高低有序的层次或阶层。社会阶层的类别并不是由某一个因素决定的，而是由职业、收入、受教育程度、财富、价值观念以及其他多种变量的组合共同决定的。

社会阶层提供了一种合适的细分依据或细分基础。在美国，专门售卖顶尖品牌的高档商场 Neiman Marcus 和 Nordstrom 面向上层消费者；走大众品牌路线的 JC Penney 和 Macys 则面向中层消费者；而 Kmart 与 Wal-Mart 更倾向于工人阶层消费者。同时，消费者所处的社会阶层决定了广告使用的媒体。例如，世界著名化妆品雅诗兰黛（Estee Lauder）通常选择类似《时尚芭莎》这样的时尚出版物刊登广告，因为该杂志的读者定位为精英女性——在所属领域中取得成功的女性。但是，应当强调的是，处于某一社会阶层的消费者会试图模仿或追求更高层次的生活方式。因此，以中层消费者为目标市场的品牌，根据中上层生活方式进行定位可能更为合适。

2. 社会因素

人不只是自然人，更是社会人。因此，消费者的行为也会受到社会因素的影响。这些社会因素主要包括参照群体（reference groups）、家庭、社会角色和地位等，现分述如下。

1）参照群体

一个人的参照群体是指那些直接（面对面）或间接影响人的看法或行为的正式或非正式群体。如图2-2所示，参照群体可大致分为成员群体（membership groups）和非成员群体两类。某人所属的对其有直接影响的群体称为成员群体。成员群体分为主要成员群体（primary membership groups）和次要成员群体（secondary membership groups）。主要成员群体之间接触频繁且非正式地相互影响，如家庭、亲戚、朋友、邻居、同学、同事等；次要成员群体是较正式但相互影响较少的群体，如宗教群体、专业协会和其他社团组织等。

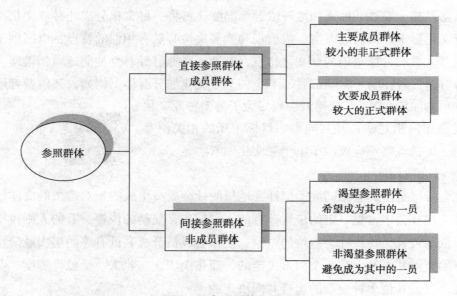

图2-2　参照群体的类型

消费者还间接地受到很多非成员群体的影响。渴望参照群体（aspirational reference groups）是人们希望加入的群体。对于很多细分市场，运动员都是一个渴望参照群体。因此，可口可乐公司为了吸引中国的年轻人，就与姚明、刘翔签约，希望那些想与其保持一致的年轻人会喝可口可乐。非渴望参照群体（nonaspirational reference groups），又称隔离群体（dissociative groups），是人们拒绝接受其价值观或行为的群体。

参照群体的活动、价值观以及目标直接影响消费者的行为，主要表现在以下三个方面。

第一，信息影响。例如，消费者向使用过某种产品或服务的亲戚或同事咨询相关品牌的知识和体验。

第二，功利影响。例如，消费者之所以购买某一品牌的产品或服务，是因为受到了自己所喜欢的某位明星的影响。

第三，价值表达影响。例如，消费者觉得，购买某一品牌的产品或服务有助于向他人展示自己希望成为什么样的人（运动员、成功人士或是好父母等）。

对于受到参照群体影响较大的企业来说，必须设法接触并影响有关的参照群体中的观念领导者（opinion leader）。观念领导者是指在一个参照群体内，由于拥有特殊的技术、知识、个性或其他特点而能对其他人施加重要影响的人。例如，美国克莱斯勒（Chrysler）公司当初为 LH 系列轿车——Concorde、Dodge Intrepid 和 Eagle Vision 等开拓市场时，就是这样做的。它们在 25 个城市确定了 6 000 个具有影响力的企业领导者，并在周末将新型车租借给这些领导者。随后所做的调查表明，其中的 98% 都承诺他们将向朋友推荐和介绍此车，而且也是这样做的。结果第一年克莱斯勒生产的新型车全部售出。

跨文化管理指出，西方文化偏个人导向；东方文化偏集体导向。从影响消费者行为的个人因素和群体因素来看，西方消费者受个人因素影响更大，中国消费者受群体因素影响更大。这与中国人重中庸、面子和关系有关。所以，在中国市场中，应更重视参照群体对消费者行为的影响。[①]

2）家庭

对多数消费者而言，家庭是最重要的社会组织，它强烈地影响着人们的价值观、人生态度、自我观念（self-concept）以及购买行为。在整个市场上，家庭是最重要的消费品购买组织，因此企业要经常研究家庭，研究家庭中的丈夫、妻子和孩子对于不同产品和服务购买的作用和影响。

丈夫或妻子在家庭购买决策方面的影响力与四个因素有关。

其一，角色结构。角色结构是指不同的文化对家庭中夫妻性别角色的不同态度。在世界上的很多文化中，妻子通常被赋予情感和精神支持的角色，而男性则被赋予提供物质支持的家庭领导角色。提供物质支持是为了满足家庭的工具性需要，而情感和精神支持则是满足家庭的情感需求。因此，在购买决策中，妻子扮演情感性角色（expressive roles），而丈夫扮演的是工具性角色（instrumental roles）。

其二，权力结构。权力结构是指夫妻在制定购买决策过程中双方权力的分配状况。一般有三种权力分配类型：一是自主型，即决策分别由丈夫或妻子独立作出；二是丈夫主导或妻子主导决策型，即在购买决策过程中，以丈夫意见为主，或者以妻子的意

---

① 所罗门，卢泰宏. 消费者行为学[M]. 6 版. 北京：电子工业出版社，2006：543.

见为主；三是共同决策型。不同的产品类别决定了这种权力类型的选择，研究表明，女性化妆品、饮料等产品的购买决策通常是自主型的，子女读书、节假日安排、买房等的决策通常是共同决策型，而服装、厨房用品、小孩衣服、食品等通常是妻子主导决策型，家庭保险等是丈夫主导决策。

其三，在购买决策的不同阶段，夫妻双方的决策影响力也不同。例如，洗衣机、洗碗机等电器产品的购买需求一般会由妻子提出，而是否购买以及购买哪个品牌则可能由丈夫作出决定。

其四，具体的家庭特征。具体的家庭特征通过收入水平、夫妻双方受教育水平、夫妻双方的角色压力、个性等多种因素对家庭购买决策中女性角色和地位产生影响。在发达国家中，夫妻地位比较平等，共同协商的购买决策和自主性决策占多数，而在欠发达国家，女性地位较低，丈夫在购买决策中的影响力更大。

如今，孩子对家庭购买决策同样有很大的影响。在双职工家庭中，父母都很忙，因此就鼓励孩子参与家庭决策。单亲家庭的孩子则更早就参与家庭决策了。在中国，由于"一对夫妻只要一个孩子"的政策和随之产生的将独生子女视为"小皇帝"的做法，孩子对家庭购买决策的影响也越来越大。

3）社会角色和地位

一个人一生中可能属于许多不同的群体，包括家庭、俱乐部、组织单位等。每个人在不同的群体内扮演着不同的角色，或拥有不同的身份（status）。而一个人的地位是由其角色和身份共同决定的。例如，一位女士，她面对父母扮演子女的角色，面对丈夫扮演妻子的角色，面对子女扮演母亲的角色，在工作单位要扮演部门经理的角色，等等。每种角色同时也反映了社会给予她的基本身份。人们经常要选择表明其社会身份地位的产品，进而产生相应的购买行为。例如，作为一个部门经理时购买的产品肯定与作为一个女儿的角色购买的产品大不相同。

3. 个人因素

消费者的决策还受个人因素的影响，如消费者的性别、年龄和生命周期的阶段、职业、经济状况、个性和自我观念及生活方式等。

1）性别

不同性别的消费者，其购买行为有很大差异。烟酒类产品较多为男性消费者购买，而女性消费者则喜欢购买时装、首饰、化妆品等。

2）年龄和生命周期阶段

随着年龄和生命周期的变化，人们会购买不同的产品和服务，购买行为也会相应发生变化。食品口味、服装选择、家具和娱乐活动等都常常与人的年龄大小和生命周期有关。表 2-2 列出了家庭生命周期的阶段划分，可供参考。传统的家庭生命周期包括青年阶段、中年阶段和老年阶段，每个阶段又分为几种情况。但现在的家庭越来越多样化，如未婚同居家庭、晚婚晚育家庭、"二人世界"家庭、单身父母家庭等，这使家庭生命周期阶段划分也变得复杂化。因此，营销人员应在具体分析家庭结构、经济能力及购买行为的基础上，确定不同生命周期阶段的目标市场，并为不同的生命周期阶段合理确定产品和营销计划，满足需求。

表 2-2　家庭生命周期的阶段划分

青年阶段	中年阶段	老年阶段
单　　身	单　　身	单　　身
已婚无子女	已婚无子女	已婚无子女
婚后有子女	已婚有子女	已婚，子女在身边
离婚无子女	已婚，子女不在身边	已婚，子女不在身边
离婚有子女	离婚，无子女	
	离婚，有子女	
	离婚，子女不在身边	

3）职业

一个人的职业影响着他主要购买什么样的产品和服务。例如，教师经常要购买专业参考书，运动员需要购买解除肌肉紧张和疲劳的药物，演员需要购买演出服装和化妆品等。因此，营销人员研究各行各业的特殊需要也是了解消费者行为的重要一环。

4）经济状况

一个人的经济状况也将影响产品的选择。经济状况主要取决于可支配的收入、储蓄和购买力。因此，营销者应该经常关注个人的收入水平、储蓄和利率的变化趋势，如果出现经济状况的恶化，企业就要及时采取措施调整营销战略，如重新设计产品、重新进行市场定位以及调整产品价格等，只有这样才能顺利实现预定目标。

5）个性和自我观念

每个消费者都有自己独特的个性。个性是指导致一个人对所处环境作出一贯、持久的反应的独特心理特征。个性可用外向型或内向型、乐观型或悲观型、柔弱或刚强、活泼或文静、好交际或不好交际、占有欲强或弱、防卫性高或低、自信心强或弱等来表示。

在分析消费者品牌选择时，个性是一个很有用的变量。可以假想品牌也有个性，消费者很可能选择和自己个性相符的品牌。品牌个性（brand personality）即人们赋予品牌的一系列拟人化的特质。在某种意义上，品牌个性就是品牌如何定位的表述。明白这一点对制定营销策略至关重要，否则的话，消费者对品牌的看法就可能偏离品牌塑造者的预期。例如，2002 年，上海大众在两厢 Polo 轿车上市前，针对男性爱车族做了大量的宣传，但由于 Polo 外形小巧玲珑，被市场认为是女性专用的"移动香闺"。这种市场定位的偏离进一步表现在市场中，即男性很少为自己选择该款轿车，购买者多为女性。虽然上海大众为纠正错误的市场定位，做了大量的市场公关工作，但效果非常有限。

与个性有关的一个重要概念是自我观念或称自我形象（self-image），它是指消费者心目中对自己个性的认识，是什么样的人；或者认为自己在别人心目中属于什么样性格的人。一般来说，消费者只选购符合自我形象的产品或服务，而拒绝购买不符合其自我观念的产品或服务。因此，营销者必须了解其目标顾客的个性和自我观念，以便在产品和品牌的设计上符合目标顾客的自我形象特征，吸引更多的消费者。

6）生活方式

个性和自我观念是通过生活方式反映出来的。生活方式是一种消费模式，它反映了一个人选择使用时间和金钱的方式。生活方式营销观点（lifestyle marketing perspective）认为，人们会根据自己喜欢做的事、喜欢打发闲暇时间的方式以及所选择的使用可支配收入的方式将自己归入不同的群体中。营销者们所关注的是，他们的产品与具有不同生活方式的各群体之间的相互关系。例如，2007 年，"乐活"——一种健康可持续的生活方式（lifestyle of health and sustainability，LOHAS）迅速席卷中国内地。随着"乐活"的流行，原始生态游、原生态的农家菜馆逐渐火爆起来，各种健康概念食品、用品也都逐渐热销，而且相关的杂志书籍、服务也迅速崛起，甚至有些商家正在探讨修建有机公寓。还有一些已然出现的纯手工制品店，其经营理念是"非大量制造""多样性"和"环保"。

4. 心理因素

消费者购买行为还受心理因素的影响，这些心理因素主要有动机、知觉（perception）、学习（learning）、信念和态度（beliefs and attitudes）等。

1）动机

通常一个人在一定时期内都有许多需求。有些属于生理需求，如饥饿、口渴、不舒适等紧张状态所引起的需求；有些属于心理或精神需求，如感情、受重视、尊重或归属感等方面的需求。当一种需求达到足够的强度时就转化为一种动机。因此，动机是指足以使人采取行动寻求满足的需求。

从动机原理看，动机直接决定着消费者的购买行为，因而营销者必须重视消费者购买动机的研究。心理学家在这方面有很多研究成果可供参考。其中最流行的有西格蒙德·弗洛伊德（Sigmund Freud）动机理论和亚伯拉罕·马斯洛（Abraham Maslow）动机理论。它们在消费者分析方面有很大的区别。

弗洛伊德动机理论在营销上的主要意义是：导致购买行为的动机是非常复杂的，一种购买行为可能同时有许多动机，营销人员应该能够确定哪一（几）个是最重要的、起决定作用的动机；同一动机也可能引起多种购买行为，营销者应认真分析这些购买行为，合理确定自己的目标市场，满足消费者需求。

马斯洛的动机形成理论，就是著名的"需求层次理论"，该理论在营销上的应用意义主要有两个方面：①它提供了一个有效的分析方法，使营销人员能够区别不同的消费者可能购买的产品类别和层次；②营销者认识消费者的需求不是一成不变的，随着时间的推移、生产力的提高，原有的需求得到满足以后，消费者所追求的是高一层次的需求，因此企业必须不断开发新产品，以满足未被满足的需求。

2）知觉

一个人一旦产生了动机就做好了行动的准备，但他的行为如何还受他的知觉状态影响。两个具有相同动机和处于同样客观情境的人，由于他们对客观情境的知觉不同可能会有完全不同的行为。

为什么对同样的情境有不同的知觉呢？心理学认为，人都是从信息流中学习，而信息是人的眼、耳、鼻、舌、身等五种感官搜索的结果。但是我们每个人都是以自己的方式来接收、整理和解释这些感觉到的信息的。知觉就是人们选择、整理和解释所接收信息以对世界形成一个富有意义的看法的过程。人们之所以对同样的刺激会形成不同的知觉，是由于存在三种知觉的过程：选择性注意（selective attention）、选择性曲解（selective distortion）和选择性保留（selective retention）。

第一，选择性注意。人们每天都会接触大量的信息刺激，如每天可能要接触几则到几十则或上百则的广告。但是对每个人来说不可能注意所有信息刺激，而是有选择的注意，即消费者往往只对与其目前需求有关或发生兴趣的刺激引起注意。例如，一位想购买洗衣机的女士，她会特别注意有关洗衣机的广告，而对她不想购买的商品视而不见、听而不闻。

第二，选择性曲解。选择性曲解是指人们总是以支持他们最初相信的对象的方式来解释收到的信息，而不顾事实如何。这是一种先入为主效应。例如，上述购买洗衣机的女士对"海尔"牌洗衣机已经有很好的、很深的印象，当售货员给她推荐了"西门子"等竞争品牌时，她还是认为"海尔"更好，这就是一种扭曲的知觉。

第三，选择性保留。选择性保留是指消费者接触了大量信息后，会很快忘记大多数信息，而只记住那些支持其看法和信念的信息。例如，购买洗衣机的女士可能只记住了"海尔"洗衣机的优点，而很快忘记了关于竞争品牌的优点。

这些知觉过程给营销者的提示在于，促销广告的表达方式必须新颖、生动、刺激强烈，以刺激潜在顾客和有现实需求的顾客，引起他们的注意，形成正确的知觉，产生深刻的印象，否则就不会达到预期的效果。

3）学习

学习是指由于经验积累引起的个人行为的改变。学习理论认为，人类绝大多数行为（包括购买行为）都是学习而来的，即从后天的经验中得到的。学习的过程是通过驱使力（drives）、刺激物（stimuli）、提示物（cues）、反应和强化等交互作用的过程而产生的。

驱动力是一种强烈的使个体采取行动的内在刺激物。当刺激物直接转向某一具体目标的时候，个体的驱动力就变成了一种动机（motive）。提示物是决定一个人何时、何地和作出何种反应的外在刺激物。例如，上述购买洗衣机的女士，在使用过程中认为"海尔"洗衣机物有所值，那么，她对洗衣机和"海尔"的肯定性反应也随之加强。随后，她又想买一台电冰箱，可能就会想海尔公司既然能生产最好的洗衣机，也就能生产最好的电冰箱。这就是刺激泛化（stimuli generalization），即把对洗衣机的刺激泛化到类似刺激物——电冰箱上。与刺激泛化相对应的是刺激甄别（stimuli discrimination），即学习区分相似的产品。例如，有些消费者喜欢可口可乐，而另一些消费者喜欢百事可乐，他们坚持认为这两种品牌的口味不同。

学习理论给营销者的启示在于，营销者可以把学习与强烈驱动力联系起来，运用刺激性提示和提供积极强化等手段来建立对产品的需求。刺激泛化的过程是特许经营和家族品牌的营销策略基础，通过这一过程，消费者把对一个产品的正面反应转移到其他类似的刺激物中。而刺激甄别的过程则是定位策略的基础，有助于企业在消费者头脑中树立良好的品牌形象。

4）信念和态度

通过学习，人们就形成了信念和态度，信念和态度反过来又影响他们的购买行为。信念是指人们对某事物所持有的固有看法。例如购买洗衣机的女士相信"海尔"洗衣机耐用、物有所值。信念一般取决于个体拥有的知识、观点或信仰等。

营销者感兴趣的是人们对于具体产品和服务的信念，因为这些信念反映了产品和品牌的形象，进而能影响人们的购买行为。如果某些信念出现偏差以至阻止了购买，营销者就应该想法纠正这些信念，以利于本企业产品销售。

同时，人们对于宗教、政治、服装、音乐、饮食等很多事物都有自己的态度。态度是指人们对于某一事物或思想观念所持有的喜欢或不喜欢的评价、感觉和倾向。态度一般可从心理上将人们分为喜欢或不喜欢某事物、倾向或远离某事物等类别。营销者应当在产品的设计和销售中迎合消费者的喜好，研究消费者为什么不喜欢并及时改进，确保产品适销对路。

综上所述，我们知道，影响消费者行为的因素有很多，也是非常复杂的。消费者的最终选择往往是上述文化的、社会的、个人的和心理的等多种因素共同作用的结果，作为一个出色的营销管理者应该经常研究这些因素，以确保本企业营销活动的有效性。

（三）消费者购买决策过程

关于消费者购买决策过程，西方营销学者提出了许多模式，这些模式多适合于描述较复杂的购买过程。其中典型的决策模式是将消费者购买决策过程分为五个阶段：

需求认知（need recognition）、收集信息、评价可供选择的方案、购买决策和购后行为（postpurchase behavior）（图 2-3）。

图 2-3 消费者购买决策过程

图 2-3 模式表明，消费者购买决策过程远在实际购买之前即已开始，直到购后很久才结束。它告诉营销管理者，应该研究消费者的整个购买决策过程，而不是只关注购买决定。下面对各阶段分别进行分析。

1. 需求认知

消费者的购买决策过程开始于需求认知。所谓需求认知，就是消费者感到他的实际状态与想要达到的状态之间有一定的差距，从而意识到自己的消费需求。因此需求认知又叫作认知问题或认识需求。消费者需求可能由两种刺激引起：一是人体内部的刺激，如饥饿、口渴、困乏、寒冷等，发展到一定程度必引起需求；二是人体外部的刺激，如看到了介绍某种商品的广告、看到朋友购置的新衣服等，就会产生一定兴趣，进而可能引起需求。

在这个阶段，营销者应当研究消费者，发现消费者产生了什么类型的需求或问题，这些需求或问题给企业带来了什么机会，如何引导或刺激消费者对本企业产品产生需求。在此基础上，营销者应判断引起对产品兴趣的最主要因素，从而制订相应的营销计划。

2. 收集信息

已有需求认知的消费者在购买之前可能要收集更多的信息，也可能不这样做。如果消费者的需求很强烈，而且可供满足这种需求的产品易接近，那么消费者将立即采取购买行动，无须再收集更多信息。如果不是如此凑巧，那么消费者就会将被引起的需求储存在记忆中，或者去收集与此需求相关的信息，以便作出选择。

收集信息的积极程度将视需求的强度大小分为两种情况：一是加强注意（heightened attention），二是主动收集信息（active information search）。所谓加强注意，就是指在需求不很强烈的情况下，消费者收集信息的积极性并不高，但是他们对与满足需求有关的信息的注意力要比以往明显加强，例如有照相机需求的人，他会更注意照相机产品广告，更注意亲戚朋友所使用的照相机等。所谓主动收集信息，就是指在需求强烈的情况下，消费者就不会只停留在注意广告和有关产品上，他们会更积极主动也更广泛地寻找有关信息，如主动阅读报刊、给朋友打电话，甚至给零售店打电话咨询等。

消费者收集信息的来源主要有以下几方面。

（1）个人来源，即消费者从家庭、亲友、邻居及其他熟悉的人那里得到信息。

（2）商业来源，即消费者从广告、售货员、经销商、商品陈列、包装和说明书等处得到信息。

（3）公众来源，即消费者从大众媒体和消费者评价组织等处获得信息。

（4）经验来源，即消费者亲自操作、检查、使用该产品所得到的信息。

上述各类信息来源对购买行为的影响力相对于不同的产品和购买者来说是不同的。一般来说，自商业来源所取得的产品信息虽然量最大，但最具影响力的却往往是个人来源信息或独立权威的公众来源信息。此外，个人来源信息在服务购买中似乎是最重要的。商业来源通常只是将信息传达给购买者，而个人来源信息则起到判断或评价的作用。例如，医生通常会从商业信息中得知某种新药品，但是否购买，则需借助其他医生对该信息的评价。

营销人员要了解消费者可能的信息来源以及通过各种来源得到的信息的影响力，就应该经常地进行调查研究，了解他们是从何处得知本企业产品信息的、哪种信息来源最有影响力，以增加对目标市场的了解，并据以制订有效的传播计划，如某些药物的广告，常以获得良好疗效的患者讲述其亲身感受为内容，这比由企业直接说明该药物的优点对消费者的影响力要大。

3. 评价可供选择的方案

消费者收集到足够的信息后，就会对这些信息进行评估，并在此基础上进行最终的品牌选择。那么消费者如何在众多品牌中进行选择呢？这时，营销者必须了解评价选择的概念和过程。实际上，任何消费者的所有购买情况，都不是简单或单一的评价模式和程序，而可能是几种评价模式同时起作用。以下是消费者评价选择的一般概念和过程。

第一，每一个消费者都要考虑产品的属性，并依据自己的特有需求和欲望确定不同属性的重要程度，必要时可进行打分排队，如照相机的产品属性（product attributes）包括照片的清晰度、特写镜头的拍摄距离、体积大小、操作的难易程度、价格及其他特点。不同的消费者对产品的各种属性的重视程度是不同的，他们一般最重视与其具体需求相对应的那些属性。

第二，消费者对于具有不同属性的品牌形成不同的品牌信念。消费者对于某一具体品牌所持有的信念总和就称为品牌形象。根据消费者的经验和信息选择过程中的感觉、扭曲和记忆的结果，消费者的信念会完全不同。

第三，消费者期望的"完全满意"（total product satisfaction）所要求的产品属性是有不同层次的。例如，对于购买照相机的消费者，他会期望照出很好的照片；期望照相机是中等重量（不太轻也不太重）等。如果我们将能够给该消费者带来最大化满意的不同层次的属性组合在一起，就形成了他的理想照相机。如果市场上确实有这样的照相机，那就是他最愿意选择的照相机。

第四，消费者通过一些评价程序对于不同的品牌形成一定的态度。对于不同类型的消费者和购买决策来说，他们可能会使用一种或几种评价模式（程序）。例如，"重点评价模式""逐项考核模式"和"理想产品模式"等。

消费者如何依据个人消费和具体购买情况来评价购买选择呢？在某些情况下，消费者利用计算和逻辑思维方法；在有些时候，消费者只做很少的评价或没有评价，他们只是冲动购买，或凭直觉购买；有时消费者自己决策，有时与朋友商量；有时需要消费指导或售货员提供购买建议等。

营销管理者应当了解消费者实际上是如何进行品牌评价与选择的，为此，他们要经常调查研究评价可供选择方案的具体过程，以便采取措施来影响消费者的决策。

4. 购买决策

在上述评价阶段，消费者对可供选择的若干种品牌根据合乎自己心愿的程度排出了先后顺序，并形成了购买意图。总的来说，消费者购买决策是购买他最喜欢的品牌。但有了购买意图并不一定实施购买，购买意图发展到购买决策还要受其他两个因素的影响，这两个因素分别是别人的态度和意外情况（图 2-4）。

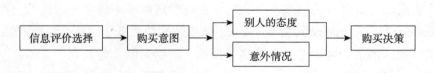

图 2-4　信息评价选择到购买决策的发展过程

（1）别人的态度。例如，打算购买照相机的女士开始想买一台高档贵重的照相机，但如果她的丈夫认为应该购买一台低价的照相机，那么她原有决定的实现机会就会减小。

（2）意外情况。消费者形成购买意图要受许多因素影响，如预期收入、期望价格、期望的产品利益和功效等。但是，意外情况也可能改变购买意图，如打算购买照相机的女士突然下岗，她的心情就会发生变化，也可能需要购买其他急需的物品，朋友们也可能会劝她延迟购买，甚至品牌竞争者也可能立即降价吸引该女士的购买力投向等。在这种情况下，偏好和购买意图并不总是必然导致实际购买决策。

可见，购买意图并不能成为预测实际购买行为的完全可靠因素。购买意图可以显示购买行为的方向，但却不可能将别人的态度和很多意外情况等中间介入因素包括在内。

5. 购后行为

购后行为是指消费者购买产品后依据他们满意或不满意的程度所采取的进一步行动，是消费者购买决策过程的一个必要阶段。根据消费者购后满意与否，可将其购后行为划分为多种可能情形，具体如图 2-5 所示。

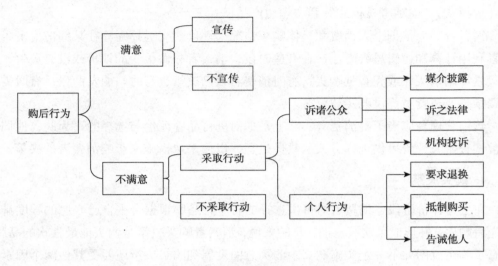

图 2-5　消费者购后行为示意图

是什么决定着消费者满意或不满意的状态呢？这取决于消费者的预期与产品感知功效（perceived performance）之间的关系。如果感知功效低于预期，消费者就不满意；如果基本一致，消费者就满意；如果高于预期，消费者就非常高兴。

消费者的预期是依据从销售者、朋友和其他来源那里收到的信息形成的，如果销售者对产品的功效夸大其词，那么消费者的预期就得不到满足，结果必然造成不满意；预期与功效间的距离越大，消费者就越不满意。因此，营销者必须如实地宣传本企业产品的功效，才可能使消费者购后满意。

不满意的消费者的反应或购后行为是截然不同的。平均来说，一个满意的顾客会将其满意的购买体验告诉 3 个人，而一个不满意的顾客会将其经历告知 11 个人；正所谓"好事无人知，坏事传千里"。也就是说，不满意的顾客不仅自己肯定不再是回头客，而且会对企业产品未来销售起阻碍作用。

综上所述，消费者的购后行为对企业销售的影响是非常显著的。因此企业营销管理者必须经常调查消费者的满意状况，发现问题及时解决。企业应当建立一个收集消费者意见和建议的系统，以便了解企业到底做得好坏和如何改进工作等。例如美国3M 公司的新产品概念中有将近 2/3 是通过听取消费者建

小链接 2-5

议得来的。同时，企业还要千方百计采取措施，提高消费者的满意程度，避免或减少不满意情况出现。

二、组织购买行为分析

组织购买（organizational buying）即组织为了满足购买产品和服务的需要，在可供选择的品牌与供应商之间进行识别、评价和挑选的决策过程。组织购买者，包括营利和非营利的商业性单位、政府机构和各种其他组织，它们购买产品、设备和服务是为了维持组织的运转。组织购买者一般从组织间营销者（business-to-business marketers）手中购买产品或服务。

（一）组织市场的特征

组织市场（organization market）是指购买商品或服务以用于生产性消费，以及转卖、出租，或用于其他非生活性消费的企业或社会团体。与消费者市场相比，具有一些鲜明的特征。

1. 购买者数量少，但购买量很大

在消费者市场上，购买者是个人或家庭，购买者数量众多，但购买量很小；而在组织市场上，购买者为企业或其他组织，其数量必然比消费者市场少得多，但每个购买者的购买量都很大。例如，英特尔公司所生产微处理器的购买者主要是戴尔公司、惠普公司以及联想公司等计算机生产商，买者有限，但每一家的购买数量都相当大。

2. 购买者在地理区域上相对集中

购买者在地理区域上相对集中是由产业布局的区域结构决定的。生产者的这种地理区域集中有助于降低产品的销售成本，同时组织间营销者还应该注意到有些产业在进行地理位置的转移。

3. 需求的衍生性

产业市场的需求带有派生需求的特点，也就是说组织购买者对商品或服务的需求，是从消费者市场对其生产的产品或服务的需求中衍生而来。例如，汽车轮胎制造商把汽车轮胎卖给汽车制造商，汽车制造商再把汽车出售给消费者。由此可见，正是由于消费者对汽车的需求，才派生出汽车制造商对汽车轮胎的需求。

4. 需求缺乏弹性

在组织市场上，购买者对产品的需求受价格变化的影响不大，因为购买者不能对其运营方式做许多变动。当价格下降时，组织不会大量采购；而当价格升高时，需要这种产品的厂商也会继续购买以保证生产顺利进行。

5. 需求波动大

组织需求是波动的需求，而且波动幅度较大。组织对于产品或服务的需求比消费者对产品或服务的需求更容易发生波动。由于组织需求是一种派生需求，所以消费者需求的少量增加能导致组织购买者需求的大大增加。经济学家称为加速效应。有时，消费者需求仅上升 10%，却能在下一阶段引起组织市场需求上升 200%之多；而当消费者需求下降 10%，可能会令组织市场需求发生雪崩。

6. 直接采购

组织购买者通常直接从供应商那里购买产品或服务，而非经过中间商环节，对于那些技术复杂、价格昂贵的产品或服务则更是如此，如服务器或飞机等。

7. 专业性采购

组织采购是由受过专门训练的采购代表来执行的，他们必须遵守组织的采购规定，如对报价、计划和合同的要求。因此，营销者需要提供更多有关其产品的技术资料，并根据采购方的要求提供相应的服务。

（二）组织购买者的主要类型

组织购买者主要包括四种类型的顾客：生产商、中间商、政府及非营利组织。

1. 生产商

生产商首先在购买产品或服务后进行生产，然后将生产出的其他产品或服务进行出售以获得盈利。这些购买者是很多产品的用户，从未经加工的原料到已经被其他厂商生产出来的产品。例如，喜来登酒店购买亚麻布、家具和食品以为其顾客提供所期望的住宿与膳食服务。

2. 中间商

中间商，又称转售商，是指购买产品后，将其转售或租赁给其他组织以获取利润的个体或组织，包括零售商和批发商。零售商主要将产品转售给最终消费者，而批发商则将产品转售给零售商或其他组织购买者。例如，国美电器将海尔生产的冰箱、洗衣机、空调以及 TCL 生产的彩电等放在它的 654 家门店中售卖。

3. 政府

政府市场是由各级各类政府部门构成的市场。各类党政部门每年都需要工商企业提供大量的各种商品和服务，有时是独特的需求，如社会服务和与国防相关的一系列产品。

《中华人民共和国政府采购法》规定，政府采购方式为公开招标、邀请招标、竞争性谈判、单一来源采购、询价和国务院政府采购监督管理部门认定的其他采购方式。公开招标是政府采购的主要采购方式。

4. 非营利组织

非营利组织是指由学校、幼儿园、医院、疗养院、监狱和教堂等组织单位构成的市场。这些组织购买产品和服务是用于提供其他产品与服务，但其运营并不以营利为目的，而是为了满足某种社会需求，向其他人提供帮助、辅导和咨询。

非营利组织的购买特点是：①它们往往是以低预算或固定预算为基础的，一般不能超支。②它们的购买一般要受到严格的控制。例如医院购买食品时，必须要符合病人食用的质量标准，因为这些食品是医院总体服务的一部分内容，如果医院以劣质食品提供给病人，病人就会抱怨诉苦，这有损于医院声誉。③购买决策一般是集体作出的，常常由管理者、专业人员甚至外部咨询顾问一起参与对供应商的评估。

 小链接 2-6：中国企业的购买决策"谁"说的算？

（三）组织采购的主要类型

从采购情况的复杂程度来看，组织采购可分为直接重购（straight rebuy）、调整重购（modified rebuy）和新购（new task）三种类型。

1. 直接重购

直接重购是指组织的采购部门按以往的采购目录，不做任何调整，再次向供应商采购的购买行为。在这种情况下，采购决策最简单。采购者的工作只是从以前有过购销关系的原供应商中，选取那些供货能满足组织需要，并能使组织满意的供应商，向他们继续订货。采用自动重购系统（automatic reordering systems），可以使采购者有效地节省重购时间。

2. 调整重购

调整重购是指组织用户根据本身的需要对以前的采购目录或供应商进行调整或变更后再采购的购买行为。变更的项目可能包括产品的规格、型号、价格、交货条件，也可能寻求更合适的供应商。在这种情况下，购销双方需要重新谈判，因而双方均需有较多的决策人员参加。这时，原有供应商会尽最大努力以保住该客户；其他的供应商则会提供"更加优厚的条件"，以便与该组织建立新的客户关系。

3. 新购

新购是指组织首次采购某种所需产品或服务的购买行为。这是一种最复杂的购买情况。在这种情况下，新购的成本费用越高，风险越大，决策的参与者就越多，需要搜寻的信息量也越大，制定决策所花费的时间也就越长。购买者必须确定产品的规格、供应商、价格条件、付款条件、订购数量、运送时间和次数，以及其他服务条件等。新购由于没有现成的渠道，所以对所有供应商都是非常好的市场机会。供应商应派出得力的销售人员，对购买者尽可能地施加影响，同时向其提供尽量多的有用市场信息和其他服务，努力争取获得订单。

（四）组织购买过程的参与者

韦伯斯特和温德认为，当组织需要购买时，应该先成立一个采购中心（buying center）。这个采购中心由参与购买决策和购买过程的所有个人和部门组成，从其扮演的角色看，可以划分为五类成员：使用者（users）、影响者（influencers）、决策者（deciders）、购买者（buyers）和监督者（gatekeepers）（即把关人）（图 2-6）。

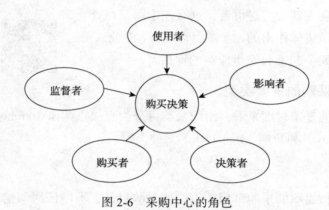

图 2-6　采购中心的角色

1. 使用者

使用者就是真正使用所购产品或服务的组织成员。在许多情况下，使用者一般最先提出购买建议，并协助确定所需产品的品种、规格和型号等。

2. 影响者

影响者指那些通过提供建议和分享专业知识，来直接或间接影响购买决策的人员，如技术人员就是非常重要的影响者。营销者需要分辨谁是采购核心中的主要影响者，并说服其相信他们所提供产品或服务的优越性（superior）。

3. 决策者

决策者是在采购核心中作出最后决策的成员。在常规购买中，购买者常常就是决策者，在更复杂的购买中，一般由采购组织的经理们充当决策者。

4. 购买者

购买者就是负责实施购买行为的人。尽管购买者常常也参与确定和评估各个可供选择的供应商，但是，购买者最主要的作用就是处理一些购买中的细节问题。一旦公司作出了购买决策，营销者就要将精力转移至购买者，与其洽谈一系列细节问题。成功的营销者应该知道，在这一环节提供周到细致的服务是进行再次交易的关键。

5. 监督者

监督者控制着进入采购中心的信息。通常，这个控制者是采购代表，他们负责从销售人员那里收集信息和资料，安排展示时间，并在购买决策过程中控制供应商与采购核心的其他成员进行接触。其他监督者还包括技术人员、电话交换机接线员甚至高层管理者的私人秘书等。

（五）影响组织购买者行为的主要因素

组织购买者在进行采购决策时会受到许多因素的影响。有些营销者认为主要影响因素是经济因素，因为购买者都倾向于选择提供优质低价产品或服务的供应商，所以他们非常重视为购买者提供最大化的经济利益。然而，组织购买者实际上既关注经济因素，同时也关注个人因素。因为，购买人员并非无情的人，恰恰相反他们是有感情的社会人，也具有人性的某些弱点。

组织购买决策最终是由个人而非组织作出。采购中心的每个成员在决策时都会考虑到自己的需求和感觉，试图把组织提供的回报（收入、晋升、认可与成就感）最大化。同时，他们也必须考虑到组织的需求——购买决策过程和结果的"合法化"。组织购买决策既是理性的，又是感性的，因为它们同时要满足组织和个人的需求。

总之，影响组织购买者行为的因素是非常复杂的，营销学者大多认为影响组织购买者行为的因素有四大类，即环境因素、组织因素、人际关系因素和个人因素等，每类因素中又包含若干具体内容（图 2-7）。

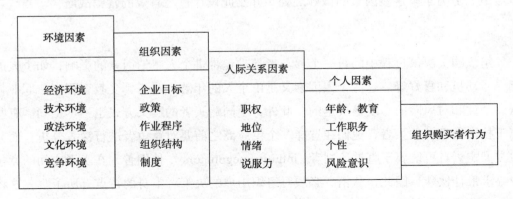

图 2-7 影响组织购买者行为的主要因素

1. 环境因素

影响组织购买者行为的首要因素是当前和预期的经济环境因素，如基本需求水平、经济前景和货币成本等。当经济的不稳定性增加时，组织购买者就会削减新投资，减少存货，降低单位的一般管理费用。

此外，技术环境、政法环境和竞争环境等也影响着产业市场的营销活动。文化环境和风俗习惯等也影响着组织购买者的营销行为与营销战略，特别是在国际营销环境中更为明显。产业营销者必须综合考虑上述这些环境因素，了解这些因素如何影响购买者的行为方式，并将其转化为可利用的机会。

2. 组织因素

每个组织购买者都有其各自的目标、政策、作业程序、组织结构和制度等，产业营销者必须尽可能全面地了解这些组织因素。通常要考虑的主要问题是：有多少人参与购买决策？他们都是谁？他们的评价标准是什么？组织的政策以及对购买者的限制是什么？

3. 人际关系因素

组织购买者的采购工作经常受到各种人际关系的影响。例如采购中心的各个成员由于在权力、地位、情绪和说服力等方面各有不同的特点，他们之间会相互影响。营销者往往觉得很难弄清采购决策程序中存在怎样的人际关系和集团势力。正如有人所说："经理们并没有配戴'决策者'或'不重要人士'等标志，权力总是看不见的，至少对于卖方代表是如此。"参与者之所以能对采购施加影响，可能是因为他们控制着奖惩大权，也可能因为他们受人尊重；是具有专业知识的专家，或者是与其他重要人士（参与者）有特殊的关系等。总之，人际关系因素经常是微妙而难以把握的。营销者应尽最大努力了解这些因素的微妙之处，并据此设计行之有效的营销战略。

4. 个人因素

组织购买决策过程中的每一个参与者都难免带进个人感情因素的影响，如个人的感受、动机和喜好等。这些个人因素又是由个人的年龄、收入、受教育程度、职业特点、个性和对风险的态度等决定的。此外，不同购买者的购买方式也不尽相同。有些属于技术类型的购买者，他们在选择一个供应商之前要对竞争者进行深入分析；而其他类型购买者可能属于直觉谈判者(intuitive negotiators)，他们善于在卖者之间的竞争中寻求最佳伙伴。因此，营销者必须对组织用户的决策者本身的特点有所了解，这将有助于营销业务的开展。

（六）组织购买决策过程

组织购买者要承担很多的责任。他们必须决定同哪些供应商做交易，以及向其购买哪些具体的产品或服务。组织购买者所需采购的产品或服务在价格和重要性上会有很多不同，会涉及小到文件夹、大到价值上百万美元的计算机系统等各类产品和服务。显然，理解这些决策是如何制定的就显得至关重要。美国学者以决策最复杂的新购为准，将组织采购决策过程划分为八个阶段（表 2-3）。至于直接重购和调整重购，由于情况较为简单，只需经过八个阶段中的部分阶段。

1. 需求认知

组织采购过程开始于企业内部有人提出对某种产品或服务的需求。需求认知就是组织内部有人认识到需要购入某些产品或服务才能解决某个问题或满足某种需求。需求认知可能是由内部或外部的刺激引起的。内部刺激的情况包括：企业决定推出一种新产品，需要购置新生产设备和原材料；组织原有设备发生故障而需要购买新的零部件或更新；企业采购经理对现有供应商的产品质量、服务或价格等不满意而需要新的供应商。外部刺激的情况包括：采购人员在某展销会上看到一种新型设备，或者接受了广告宣传的推荐，或者听取了某个推销员的建议等，进而产生需求。事实上，营销者经常在其广告中首先针对组织购买者的现状提出一些问题，然后说明他们的产品能提供何种解决方案，以刺激需求认知。

表 2-3　组织购买决策过程的主要阶段与主要购买类型的关系

购买阶段	主要购买类型		
	新购	调整重购	直接重购
1. 需求认知	是	可能	否
2. 确定总体需求	是	可能	否
3. 确定产品规格	是	是	是
4. 物色供应商	是	可能	否
5. 征求建议	是	可能	否
6. 选择供应商	是	可能	否
7. 正式订购	是	可能	否
8. 绩效评估	是	是	是

2. 确定总体需求

当认识到某种采购需求后，组织购买者就要确定拟采购项目的总体特征和数量。这一步骤对标准化的产品是不成问题的，但对于非标准化的产品，采购人员就有必要同工程技术人员、使用者和其他有关人员共同确定拟购项目的总体特征，如可靠性、耐用性（durability）、价格和其他一些必要的属性，并按其重要程度排出先后次序。

在此阶段，供应商应帮助采购者详细确定总体需求，提供关于不同产品特点和价值的信息，这对争取到订单是有好处的。

3. 确定产品规格

这一阶段，组织购买者需要进一步确定采购项目的详细的技术规格，这项工作经常需要一个价值分析工程团队的帮助。价值分析是降低成本的有效方法，这种方法通过仔细研究产品的每个组成部分，来决定是否需要重新设计，是否可以标准化，是否有更廉价的生产方法等。价值分析工程团队将对高成本的零部件逐一进行检查，对照其使用要求找出是否存在降低成本的可能性。同时，营销者也可以把价值分析作为一个工具使用，通过向购买者展示制造产品的更好形式，使直接重购转化为能给他们提供新业务的新购。

4. 物色供应商

现在购买者就开始努力寻找最好的卖主。一般来讲这一阶段的工作应分两步。首先，通过各种渠道，如翻阅工商企业名录、由其他企业推荐、上网检索、查阅广告或其他有关资料等进行初步选择，列出初步合格的企业名单；其次，对已经列入初步合格名单的供应商进行登门拜访，了解其生产设备、人员配备、管理水平以及其他影响产品质量的环节，从中选出最理想的供应商。通常来说，越是新购，或者所采购的产品项目越是复杂昂贵，选择供应商所花费的时间就越多。

此时供应商的任务是将本企业列入企业名录，并在市场上建立良好信誉；销售人员应当时刻关注组织购买者寻求供应商的过程，确保本企业在备选行列，并争取最好结果。

5. 征求建议

在征求建议阶段，购买者将邀请合格的供应商提出建议。此时一些供应商将提供产品目录或派出销售人员。但当所采购的产品价格昂贵、技术复杂时，则采购人员应要求每个合格的供应商提出详细的书面建议。所提建议应是营销文件而不是技术文件，因此除了说明产品的性能、规格等技术性指标外，还包括定价、支付条件、提供的服务以及供货企业的能力、资源条件和其他能表明其竞争能力的因素。

6. 选择供应商

这时，组织的采购中心将评估供应商提供的建议，并选择一个或几个比较满意的供应商。在选择供应商时，采购中心将首先列举出所期望的供应商的属性特征及其相对重要性。例如在一项调查中，采购经理列出了如下一些影响供应商与客户之间关系的因素，其中最重要的因素有高质量的产品和服务、供货及时、合乎道德规范的企业行为、真诚的沟通与合作、有竞争力的价格等；其他次重要的因素包括维修与服务能力、地理位置、历史业绩和市场上的声誉等。然后，采购中心成员依据这些因素对供应商进行排队，选择出最佳的供应商。

在作出最后决定之前，购买者可能还要和选中的供应商进行谈判，以争取较低的价格和更优惠的条件。最终，他们将选定一家或多家供应商。一般购买者可能倾向于选择多家供应商，以避免完全依赖单一供应商对经营活动的制约。通过多个渠道购货，购买者可以在以后比较他们的价格、服务和履约情况，从其竞争中得到好处。

7. 正式订购

在这个阶段，采购者要准备一个详细的订购单，并将其发给选中的供应商。订购单所列项目包括技术规格、所需数量、交货时间、退货政策和保障条款等。对于维修、修理和操作项目，采购者可能使用一揽子合同，而非定期采购订单。这种一揽子合同适合于建立长期的购销关系，即供应商承诺将按照双方同意的价格定期向购买方重复供货。在这种情况下一般由销售者控制存货，当购买者需要进货时，他就通过计算机自动将订单传递给销售者，销售者立即送货。这种一揽子合同避免了每一次采购都要重新谈判的烦琐而昂贵的程序。

一揽子合同的发展必然导致越来越多的单一渠道供货，以及从该单一渠道购买许多其他类别产品的情况，而这将使供应商与采购者的联系更加密切，使"局外"供货竞争者很难插入。只有当采购方对供应商的产品、价格或服务不满意时，竞争者才有进入的机会。

8. 绩效评估

在这个阶段，采购者将对各供应商的绩效进行逐一审核。采购者可能：要与使用者交流，要求使用者按满意度打分；直接对供应商的有关属性（如产品质量、价格、服务、信誉等）采用加权法进行综合评价；计算由于供货绩效不好而多花费的成本。绩效评估的结果可能导致购买者继续保持、调整或剔除原供应商。因此营销管理者应该随时检查购买者进行评估所考虑的因素，确保购买者的高度满意。

综上所述，组织采购的八阶段模型对产业购买过程进行了简单的描述。实际上，采购过程可能要复杂得多，如在调整重购或直接重购时，其中有些阶段又可能被压缩或简化；每一个组织都以自己的方式购买；每一个购买类型也有独特的要求；采购中心的不同成员可能参与不同的采购阶段；尽管采购过程的某些阶段通常必然发生，但采购者未必总按此固定程序行事，他们也可能再加入其他步骤。

科学技术的进步给产业营销过程带来了巨大的冲击。越来越多的组织购买者通过电子数据交换系统或互联网（Internet）采购所需产品和服务。这种高技术下的采购行为将使购买者方便接触新的供应商、降低采购成本、简化订购程序，并且保证及时进货。反过来，产业营销者也可以在网上与客户共享有关营销信息，促进产品和服务销售，为客户提供服务支持，维持并加强与客户的长期合作关系。例如，联邦快递（FedEx）公司通过 Powership 等自动运送系统为客户提供订单处理、包裹跟踪和发票寄送的系列服务，这一服务体系节省了客户的时间和金钱，同时也巩固了客户对公司的忠诚度，从而实现了公司与客户的双赢。

第三节　市场竞争分析

一、行业竞争分析

哈佛大学教授迈克尔·波特把行业环境这一概念推向战略思想和经营规划的最显著位置，他的理论最初发表在《哈佛商业评论》上。根据他的观点，一个行业的竞争性质和程度集中体现在五种基本的竞争力量。

五种竞争力共同决定一个企业的长期竞争力：同业竞争者的竞争、新进入者的威胁、供应商的议价能力、购买者的议价能力、替代品的威胁。这五种力量的组合解释了为什么有些企业能够持续盈利，而且能够预见到哪些资源将成为稀缺资源，哪些战略可以带来成功。一个对企业吸引力进行五力模型分析的有效途径就是根据波特提供的基础模型构建一个清单。

（一）同业竞争者的竞争

同业竞争发生在生产同类产品的公司之间，尤其是当某个竞争者开始提高它的竞争地位，或者巩固自己的市场地位的时候。公司是互相依赖的，一家公司的行为会影响到其他公司，反之亦然。通常，竞争增加的时候，盈利能力就会下降。在下列情况下，竞争会变得更激烈。

（1）投资高度密集。也就是说，1 美元的销售所需要的固定资产和流动资产数量非常大。高密度投资要求公司以相似的生产能力运作，因此，当市场需求下降的时候，它们会同时面临巨大的降价压力。所以，通常高投资密度行业的利润率远低于那些低投资密度行业。在一个行业中存在着许多小公司或者没有占统治地位的大公司。餐饮业就是个很好的例子。

（2）产品缺乏差别。例如，汽油、大型机械、电视机、汽车轮胎。

（3）消费者很容易在不同商家的产品间进行选择（对消费者而言，做这些选择的成本很小）。

一个行业的同业竞争越激烈，对于现有竞争者和即将进入者而言，就越没有吸引力。

（二）新进入者的威胁

第二种影响行业吸引力的是新进入者的威胁。新的竞争者投入资本，需要获得市场份额，这样就使得竞争更加激烈。新进入者的威胁越大，该行业的吸引力就越小。在下列条件下，进入某个行业比较困难。

（1）当规模经济和经验曲线效果明显时，要获得足够的产量和经验才能产生相对低的单位产品成本。如果行业内现有公司纵向一体化很成功，新进入者面临的壁垒会更高。并且，如果行业内现有公司与利益相关集团共享某些资源，要克服成本上的劣势会更加困难。

（2）这个行业需要较大的初期资本投入。

（3）当现有竞争者的产品之间存在很大的差别。

（4）获得分销渠道非常困难。

研究表明，建立进入壁垒被夸大为维持一个公司持续竞争优势的有效机制。进入壁垒的机制有利于阻止模仿者的进入，但对于具有创新性的进入者而言则收效甚微。这项研究的结果表明，通过成本优势或专有技术来建立进入壁垒时，如果能与有效的创新周期管理相结合，随着时间的推移，可以提高防御者的能力，从而维持竞争优势。

（三）供应商的议价能力

供应商的议价能力是决定行业吸引力的第三个主要因素。它主要通过价格提高或更苛刻的条款体现出来。它的影响可能很大，尤其是当供应商数量有限的时候。在下列条件下，供应商的力量会增大。

（1）更换供应商的成本很高。

（2）替代品的价格很高。

（3）供应商能实质上进行前向一体化。

（4）供应商的产品构成购买者产品附加值的大部分，如金属器皿，它其中的马口铁金属板占到产品附加值的60%以上。

近几年来，随着越来越多的企业与它们的供应商建立起合作伙伴关系，很多行业的供应商的议价能力发生了巨大的变化。曾经的竞争关系变成了合作关系，这就使得交易成本降低，直接使用供应商的先进加工技术也提高了产品质量，即时采购系统也大大缩短了交易时间。某行业主要供应商的议价能力越强，则该行业的吸引力就越小。

（四）购买者的议价能力

一个行业的消费者总是会寻求价廉物美、附加服务好的产品，这就导致了行业内各个企业的竞争。购买者在各个供应商之间进行选择，寻求供应商这样或那样的让步，从中获得实惠。这充分体现在一些大型零售商与其供应商进行议价的案例中，如家乐福、沃尔玛等。

购买者能在他们的议价能力中获得多大程度的好处取决于许多因素包括以下几方面。

（1）购买者的集中程度，因为当几个大规模的买家占据了该企业销售额的大部分时，这些大买家就容易获得让步。汽车制造商对供应商的议价能力就是一个例子。

（2）高转换成本会降低购买者的议价能力。

（3）存在后向一体化的威胁，因此减弱对供应商的需求。

（4）产品对于购买者的重要程度。产品越重要，购买者的议价能力就越低。

（5）购买者的受益程度。如果购买者从产品中的受益很小，而该产品又占据了他们支出的大部分，那么此时购买者的讨价还价能力就相当强了。

（五）替代品的威胁

替代品是指具有同样功能的可选择的产品种类（不是品牌）。例如，塑料瓶与铝罐、数码照片与显影照片、传真或电邮文件与快递文件。替代品为企业通过降价盈利设置了上限，尤其是当供过于求的时候。那么，在食品包装行业里，铝罐是塑料瓶的替代品，反之亦然。任何一方都会限制另外一方的定价。

人物介绍：迈克尔·波特

因此，那些需要决定是否进入或者继续投资于某个行业的营销人员必须弄清楚迅速发展的市场(一个有利的环境，favorable environment）是否有足够的力量来抵消行业的吸引力（不利的竞争情况，competition situation）。有这样一个全面的视角，战略制定者就会考虑其他的因素，包括在多大程度上他们能够有足够的自信来建立和维持竞争优势。

二、企业竞争战略分析

1. 成本领先战略

成本领先战略就是使企业的全部成本低于竞争对手的成本，甚至在同行业中成本最低的战略方法。成本领先战略强调以很低的单位成本为价格敏感的消费者提供标准化的产品与服务，故这种战略也叫价格竞争战略或低成本竞争战略。

这一战略致力于企业内部加强成本监控，通过简化产品、改进设计、节约材料、降低人工费用和生产创新、自动化等，在研发、生产、销售、服务和广告等领域使总成本降到全行业最低，从而获得高于行业平均水平的利润。

成本领先战略可以帮助企业低价渗透，迅速占领市场。较低的经营成本可以提供有竞争力的价格；而有竞争力的价格则可以扩大企业的市场份额，从而提高企业收益。同时，较高的经济效益可以使企业有能力进一步扩大自己的规模，增加自己的产品与服务项目，从而形成新的较低成本，形成良性循环。与竞争对手相比，若企业处在低成本的位置上，则具有在价格竞争中的主动地位，并能在价格战中保护自己；通过使用低价格从对手那里夺取市场份额并攻击那些在其他竞争战略上取得成功的对手，从而获得超额利润。同时，面对购买者要求降低价格的压力，以及在供应商抬高资源价格时，成本领先的企业通常有更大的余地可以与其讨价还价。较低的成本与价格水平对潜在的进入者形成了有效的市场进入壁垒，从而可防止新进入者侵蚀本公司的市场份额。

一般面对以下情况时，成本领先战略效果更显著：①行业内部竞争激烈，价格是最重要的竞争手段；②行业提供的是标准化或同质化产品，难以差异化；③市场同质化，或大多数顾客对产品要求相同；④需求的价格弹性高；⑤消费者转换成本低，具有较大的降价谈判能力。

实施成本领先战略，要求企业具有良好的融资渠道，能够保证资本持续、不断的投入；要求产品易于制造，生产工艺简约；要求拥有低成本分销系统；要求实施严谨、高效的劳动管理。组织落实方面，更先进的技术、设备，更熟练的员工，更高的生产、营销效率，更严格的成本控制，更完善的组织结构和责任管理体系，以及以数量为目标的激励机制，都是实施这一战略的重要保障。

遇到以下情况，成本领先战略也有可能失效。例如：对手开发出更低成本的生产方法、经营模式，或通过模仿形成相似的产品和成本；新进入者后来居上；技术变化降低了企业资源（company resources）的效用，尤其是过度追求低成本，导致降价过度，引起利润率降低；或丧失了对市场变化的预见能力，或降低了产品、服务质量，影响了顾客购买欲望。

2. 差异化战略

差异化战略是一种标新立异的战略。这种战略是指企业采用区别于竞争者的方式，在顾客广泛重视的某些方面，力求独树一帜。通常，一个能够取得或者保持差异化形象的企业，如果其产品的溢价超过为做到差异化而发生的额外成本，就会获得出色的业绩。

差异化战略的指导思想是企业提供的产品与服务在产业中具有独特性，即具有与众不同的特色，这些特色可以表现在产品设计、技术特性、产品名牌、产品形象、服务方式、销售方式、促销手段等某一方面，也可以同时在几个方面。这种产品由于具有与众不同的特色，因而赢得一部分用户的信任，同产业的其他企业一时难以与之竞争，其替代品也很难在这个特定的领域与之抗衡。当企业之间的产品或服务成本愈来愈接近的情况下，市场竞争的重点就在于差异化。

虽然差异化战略与成本领先战略有明显的不同，前者是试图提供一种产品或服务去满足所有顾客，以降低成本，而后者注重的是为不同顾客提供不同的产品，但这并不表示两者完全矛盾。在不同的情况下，企业可以采取不同的战略组合。

小链接 2-7：安德玛靠什么与行业巨头耐克阿迪达斯竞争？

拓展阅读 2-2：光伏产业拒绝乐视小米式"互撕"，差异化竞争才有未来

实施这一战略也有一系列的风险。例如，对手价格很低，顾客就有可能放弃"差异化"选择"价廉"。一旦市场看重的特色重要性下降，或用户对产品特征、差异的感觉不明显，可能会忽略这些差异。一旦遇到大量的模仿，会缩小可感知的差异，特别是产品成熟期，有技术实力的竞争者很容易通过学习降低彼此的差异。过度的差异化也会导致成本上涨，使价格超过消费者的最大承受能力，抵消"差异化"的吸引力。

3. 聚焦战略

聚焦战略是企业在充分分析产品或服务市场的基础上，通过市场细分、集中力量，或主攻某一特定的客户群体，或主攻某个产品系列的一个细分区段，或主攻某一个特定的地区市场，从而使企业的产品或服务占领一定的市场份额。企业实行聚焦战略的依据是其业务的集中化能够以更高的效率、更好的效果为某一狭窄的战略对象服务，从而超过在较广范围内的竞争对手。这种战略的优点在于企业能够控制一定的产品势力范围，在此势力范围内，其他竞争者不易与之竞争，故其竞争优势地位较为稳定。

实施聚焦战略也有一定的风险。例如，一旦以较宽市场为目标的企业执意要进入，或竞争者从中发现了可再细分的市场，本企业就可能失去优势；由于技术进步、替代品出现、观念更新和消费偏好变化等，特定市场与总体市场之间差异变小，企业会失去原来赖以形成优势的基础；在较宽市场上经营的企业与本企业的成本差异扩大，会抵消"集中"形成的成本优势，或抵消集中取得的差异化优势。在同一市场上采用同一战略的企业之间，事实上形成了一个"战略群落"。由于使用的"武器"相同，一般来说只有把"武器"运用得最好的企业才能实现战略效果的最优。需要注意的是，那些采用模糊的、非此非彼的战略的企业往往会"夹在中间"，效果最差。它们试图集所有战略的优点于一身，结果在哪一方面都没有突出的成就。

本 章 小 结

企业的营销环境是不断变化的，这种变化既可为企业提供市场机会，也可能对企业造成环境威胁。因此，企业必须研究营销环境，以期寻找机遇、控制威胁。企业的营销环境可分为微观营销环境和宏观营销环境。

微观营销环境由企业中除营销部门外的其他部门、供应商、营销中介、顾客（客户）、竞争者和公众组成，这些因素构成了企业的价值传递系统，他们与营销部门一起，

通过创造顾客价值和满意来吸引顾客并与顾客建立联系。

宏观营销环境由能为公司带来机遇或造成威胁的各种因素构成，主要包括人口、经济、自然、科技、政治、法律和文化等因素。在人口环境方面，营销者必须认识到人口总量与增长速度、人口地理分布与流动、人口年龄与性别、人口受教育程度与职业结构以及人口家庭情况等因素的变化趋势；在经济环境方面，营销者应集中注意消费者收入水平、消费结构、储蓄和消费信贷以及通货膨胀等因素的变化态势；在自然环境方面，营销者需要了解自然资源的短缺、自然资源的浪费、自然环境的污染、公众生态需求的增加以及政府对环境保护态度的变化；在科学技术环境方面，营销者应该考虑科技变化的速度、创新的领域、虚拟化、数字化发展趋势以及法律对专利技术和知识产权的保护；在政治法律环境方面，营销者必须关注国内外政治环境的变化，熟悉并遵守国家及国际法律规定。在文化环境方面，营销者必须了解人们的核心价值观和次要价值观，满足不同亚文化群体的需要。

购买者行为不仅包括消费者行为，还包括生产商、中间商、政府和非营利组织的采购行为。消费者购买决策过程由下列步骤组成：需求认知、收集信息、评价可供选择的方案、购买决策和购后行为。

影响消费者购买行为的因素包括文化因素（文化、亚文化和社会阶层）、社会因素（参照群体、家庭、社会角色和地位）、个人因素（性别、年龄和生命周期的阶段、职业、经济状况、个性和自我观念、生活方式）和心理因素（动机、知觉、学习、信念和态度）。

组织购买者以采购中心为决策单位，由使用者、影响者、决策者、购买者和监督者构成。为了促成销售，营销者必须了解影响组织购买行为的环境因素、组织因素、人际关系因素和个人因素。

组织购买者行为主要包括直接重购、调整重购、新购三种类型。组织购买决策过程可以划分为八个阶段，即需求认知、确定总体需求、确定产品规格、物色供应商、征求建议、选择供应商、正式订购和绩效评估。

波特五力模型包括同业竞争者的竞争、新进入者的威胁、供应商的议价能力、购买者的议价能力和替代品的威胁。企业竞争战略包括成本领先战略、差异化战略和聚焦战略。

重要名词

营销环境　宏观营销环境　微观营销环境　营销环境分析　消费者购买行为
组织购买者行为　行业竞争分析

即测即练题

 复习思考题

1. 企业营销的宏观环境分析主要有哪些内容？

2. 企业营销的微观环境分析主要有哪些内容？

3. 如何使用列表评价法和矩阵分析法对营销环境进行总体评价？

4. 个人消费者购买决策一般要经历怎样的过程？针对这样的过程，营销管理者应如何确定对策？

5. 影响个人消费者购买行为的内部因素有哪些？

6. 典型的企业购买行为模式的结构如何？

7. 按照波特的观点一个行业的竞争性质和程度集中体现在哪些方面？

8. 企业竞争战略有哪些选择？

 案例

第三章

营销调研与预测——营销信息的获取

【本章提要】

　　通过本章的学习，我们应该掌握营销调研的相关内容，了解营销调研的过程，掌握营销调研的方法，能对调研结果进行分析并学会如何撰写调研报告；了解营销预测的实施过程与相关方法，能对未来的市场需求及影响需求的因素进行分析和预测，为企业营销管理决策提供依据。

 引例

Easy Mac 的成功

　　当卡夫食品有限公司（以下简称"卡夫"）推出新的系列 Easy Mac 方便通心粉时，管理层普遍认为这会是一次成功的尝试，毕竟这种新产品是该品牌的拓展，而卡夫通心粉和奶酪曾经风靡一时，在整个美国饮食文化中占有重要地位。这两个词的使用率仅次于"妈妈"和"苹果粉"。Easy Mac 作为该传统品牌的微波专用产品，在速度和便捷方面满足了消费者的需要。但自 Easy Mac 投放市场以后，并没有达到预期的效果（5%的市场份额），实际份额只是该数字的一半，品牌管理人员大伤脑筋，他们确信 Easy Mac 是一种优良产品，因为它在微波炉中仍然能够保留原有的味道。那到底是什么原因抑制了该产品的发展呢？管理人员对 2 000 多名消费者进行了详细的调研，结果显示人们曾经关注过 Easy Mac，但对该产品的感觉要比期望低些，所以没有购买，这种情况揭示出人们对 Easy Mac 的口味和质量还持怀疑态度，该发现令品牌管理人员极度震惊。他们曾经认为卡夫通心粉和奶酪的品牌效应一定能保证消费者相信 Easy Mac 的质量与口味。此外，卡夫管理人员在仔细研究了市场调研结果以后，发现那些品尝过 Easy Mac 的顾客存在很大的差异，55%的使用者说该产品的口味不错，而 20%的认为不佳。那些没有使用过 Easy Mac 的人，在知道其准备方法之后，他们的想法也会和品尝过的顾客一样。管理人员由此预测，出现问题的原因不在于产品本身，而在于和消费者的沟通。一系列的调研显示，母亲们喜欢 Easy Mac 是因为年纪大一点的孩子可以自己做着吃。Easy Mac 可以培养孩子们的自立意识，由此可以减轻母亲家务劳动的负担。鉴于此，卡夫决定修改其广告方案，重点不是快捷方便，而是集中在"年纪大一点的孩子可以自己动手做"，广告播出以后，调研显示 Easy Mac 在品牌和广告知名度方面都有上升，而且销售量也上升了 30%，成为卡夫通心粉和奶酪拓展业务中最成功的产品。

资料来源：袁连升. 市场营销学[M]. 北京：北京大学出版社，2012.

第一节 营销调研的内容和过程

一、营销调研的概念及作用

（一）营销调研的概念

营销调研又叫市场营销研究，它是指个人或组织，利用科学的手段与方法，对与企业市场营销活动相关的资料进行系统的设计、收集、整理、分析，并提供各种市场调研数据资料和各种市场分析研究结果报告，为企业经营决策提供依据的活动。

从上述定义来看，营销调研的含义应包括如下四个方面。

（1）营销调研是一个过程，是根据特定的调研目的要求所进行的系统的策划、收集、整理和分析活动过程。

（2）营销调研依靠科学的手段与方法，以确保调研结果的客观性和准确性。

（3）营销调研的结果可以是市场调研数据，也可以是市场分析研究报告。

（4）营销调研的功能是为市场经济条件下的企业营销决策提供基本依据。

（二）营销调研的作用

营销调研在营销系统中起着关键的作用，它向决策者提供有关现有营销组合的有效性及是否需要变更的资料。而且，营销调研是管理信息系统和决策支持系统的主要资料来源。著名的市场营销调研专家、美国得克萨斯大学阿灵顿分校的麦克丹尼尔认为，市场营销调研有三个作用：描述、诊断和预测。描述作用是指收集和提供实际情况。例如，该行业在历史上的销售情况怎样？消费者对某一产品或广告的态度如何？诊断作用是指解释资料。例如，包装设计上的变化对产品销售有怎样的影响？预测作用指那些"如果这样做将会怎样"的问题。例如，调研者如何使用描述和诊断研究来预测一个营销决策的结果？

具体而言，市场营销调研的作用可以归纳为四个方面。

1. 市场营销调研可为企业发现市场机会提供依据

市场情况瞬息万变，环境变化难以预测。一些新的产品会流行起来，而另一些产品，则会退出市场。激烈的竞争给企业进入市场带来困难，同时也为企业创造出许多机遇。通过市场营销调研，可以确定产品的潜在市场需求和销售量的大小，了解顾客的意见、态度、消费倾向、购买行为等，据此进行市场细分，进而确定其目标市场，分析市场的销售形势和竞争态势，作为发现市场机遇、确定企业发展方向的依据。

小链接 3-1：红色的杯子

2. 市场营销调研是企业产品更新换代的依据

科学技术的日新月异、顾客需求的千变万化，致使市场的竞争日趋激烈，新产品层出不穷，产品更新换代的速度越来越快。通过市场营销调研，可以发现企业的产品目前处于产品生命周期的哪个阶段，以便适时调整营销策略，对其是否要进行产品的更新换代做出决策。

3. 市场营销调研是企业制定市场营销组合策略的依据

市场的情况错综复杂，有时难以推理，因为现象也会掩盖问题的本质。例如，某产品在南方深受顾客青睐，可在北方却销售不畅，通过市场营销调研可以指出问题所在，或许是因南北方顾客的需求差异所致，或许……只有找到原因，才能制定出产品策略。又如，产品的价格不仅取决于产品的成本，还受供求关系、竞争对手的价格、经济大环境、价格弹性等多因素的影响。毫不夸张地说，市场上产品的价格是瞬息万变的，通过市场营销调研，企业可以及时地掌握市场上产品的价格态势，灵活调整价格策略。再如，产品打入市场，能否制定出切实有效的促销策略至关重要，销售渠道是否畅通无阻亦同样重要。这一切都需要通过市场营销调研来提供市场信息，作为企业制定营销组合策略的依据。

4. 市场营销调研是企业增强竞争能力提高经济效益的基础

通过市场营销调研，企业可以及时了解市场上产品的发展变化趋势，掌握市场相关产品的供求情况，清楚顾客需要什么等。据此制订市场营销计划，组织生产适销对路的产品，增强企业的竞争能力，实现企业的赢利目标，提高企业的经济效益。

二、营销调研的内容

作为市场营销决策的依据，市场营销调研涉及企业市场营销活动的全过程，具有十分丰富的内容。常见的市场营销调研活动包括很多方面：确定市场的特点、衡量市场的潜力、对市场的销售分析、市场占有份额分析、经济趋势研究、对竞争性产品进行研究、对市场行情的分析以及现有产品市场检验等。有学者曾对美国公司市场营销调研活动进行考察，发现大多数企业从事 30 多种不同的营销调研活动，其中有代表性的活动有以下几类。

（1）营销环境调研。营销环境调研包括经济环境调研、政治法律环境调研、社会文化环境调研、人口环境调研、科学技术环境调研和自然环境调研，同时也包括各种微观环境因素调研。

（2）消费者调研。从营销的观点来看，消费者需求是企业一切活动的中心或出发点。因此，营销调研应该以消费者为重点内容，包括消费者数量、消费者的地区分布、消费者的购买动机和购买行为、消费者的品牌偏好、消费者的购买数量、消费者对本企业产品的设计、性能、包装有哪些改进要求等。

拓展阅读 3-1：客户洞察——让客户行为数据记录连接你和顾客

（3）企业社会责任调研。企业社会责任调研包括消费者权益调研、生态环境影响调研、对广告与促销活动的法律限制调研以及社会价值观念和政策调研。

（4）产品调研。产品调研包括对新产品的设计、开发和试验，市场对新产品的认可和潜力，对现有产品进行改进以及对消费者对于产品款式、性能、材料改进以及对消费者对于产品的款式、性能、材料的质量等方面的偏好趋势进行预测，竞争产品调研，现有产品检验和包装设计调研。

（5）销售与市场调研。销售与市场调研包括市场潜力调研，市场份额调研，市场特征的确定，销售分析，销售份额和地区的确定，配送渠道调研，市场测定与存货设计，销售赔偿调研，以及有奖销售与赠送、赠送样品等促销活动的调研。

（6）广告调研。广告调研包括对广告动机、广告版面、广告媒介、广告效果和广告竞争等方面的调研。

（7）竞争情况调研。商品经济社会，是一个竞争激烈的社会。企业要在市场上站住脚，保持和扩大市场占有率，必须对市场竞争情况进行调研，做到"知己知彼"。竞争情况调研包括竞争对手的市场占有率调研、竞争对手的产品特点和服务特色调研等。

由此可见，市场营销调研的内容极为广泛。凡是与企业市场营销活动直接或间接相关的问题，都可以成为市场营销调研的对象。

三、营销调研的过程

市场营销调研是一项十分复杂的工作，要顺利地完成调研任务，必须有计划、有组织、有步骤地进行。在营销调研中建立一套系统、科学的程序是营销调研工作顺利进行、提高工作效率和质量的重要保证。但是，市场营销调研并没有一个固定的、放之四海而皆准的程序可循。一般而言，调研主体要根据调研活动中各项工作的自然顺序和逻辑关系来安排整个调研过程。

从相关文献来看，国内外学者对营销调研过程所涉及的基本环节、顺序等问题已基本达成了共识。一般而言，营销调研按照以下几个步骤进行（图 3-1）。

（一）确定问题和调研目标

准确提出与界定研究问题是整个市场研究过程中最为关键的一步。对研究问题的描述不够清楚或者问题界定不准都可能导致营销调研无法顺利进行、必要的决策所需信息不能取得、大量冗余信息及非必需的预算支出的产生。

当问题出现时，往往涉及的面比较广，如提高公司的竞争地位、改善公司形象等。这些问题的界定过于宽泛，一般不适于作为调研主题，需要进行进一步提炼。这时，可以通过收集分析相关的二手资料或采取探索性调研来缩小问题的范围进而确定真正的问题。例如，某公司近几个月来销售量持续下降，但公司弄不清什么原因，是经济衰退的影响？广告支出不足？消费者偏好发生变化？服务质量下降？等等。问题比较笼统，此时需要分析背景资料来界定问题或以假设的方式提出来。相反，有些调研问题则过于狭窄，这可能导致遗漏有些必要的信息，如对某保健品调研中，调研人员前期没有经过定性研究，就想当然认为消费者对产品功能、价格感兴趣，而忽略了对口味、内包装的了解。结果在新品上市后发现，尽管产品概念独到，价格也适中，但销售量却不理想。在调研中，消费者反映，打开里面的小瓶包装太费事，且味道偏甜，因此产品不太适合。

问题或机会的识别过程的最终结果就是形成调研目标，调研人员必须清楚调研信息使用者（客户）的具体目的是什么。有些客户是想了解某种现象产生的原因，以便采取相应对策；有些客户是准备采取某种行动，但缺乏事实依据，不敢贸然行动，试图通过市场调研来判断行动的效果；还有些客户已经采取了某种行动，但不清楚效果如何，希望通过调研加以了解。作为市场调研人员应当了解这些客户的调研意图。

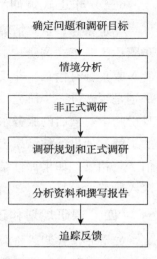

图 3-1　营销调研的程序

小链接 3-2：将落伍变为潮流：形象是关键

（二）情境分析

调研目标确定后，研究人员需要了解、分析问题所处的情境，分析企业本身、市场和竞争者，甚至于产品。情境分析又称背景分析，着重于理清所要研究的问题，具体做法是通过文献研究或大量访问企业和管理人员，获取与企业经营有关的环境信息。

在情境分析中，研究人员还可尝试再次推敲所界定的研究目标，并提出研究假设。所谓研究假设就是一个试验性的推测。如果成立的话，能提示问题的可能答案。例如，某项消费购买研究提出了一个研究假设，即消费者选择超市购买农产品的主要原因是看重农产品的外观和质量。假如研究结果支持该项假设，可能会调整农产品的陈列方式。提出研究假设之后，就转入收集资料，检验这些假设的正确性。

（三）非正式调研

界定目标、了解情境和提出研究假设之后，研究人员就开始收集原始资料，这个步骤称为非正式调研，主要从企业内外部（包括中间商、竞争者、广告代理商和消费者）收集现有信息。非正式调研在营销调研中是一个关键性步骤，因为研究人员需要决定是否做进一步研究。例如，酒店雇用专业人员假扮客人入店住宿，以一般客户的身份暗中对酒店的服务水准进行评估。这种方法可以对酒店的整体经营情况进行深入的了解。如果评估结果表明该酒店的服务水准较高，那么就有可能决定不必再进行评估了。相反，如果评估结果表明服务水准不高，那就需要立刻改善服务水准或进一步深入研究。

（四）调研规划和正式调研

如果非正式调研阶段的结果表明需要继续研究，研究人员还应该决定需要获得哪些信息，以及如何获得这些信息，即拟订调研方案和工作计划。调研方案是对某项营销调研本身的具体设计，主要包括调研的目的和要求、调研的具体对象、调研的内容、提纲、地理区域范围、资料的收集和整理方法等。工作计划是指对某项调研的组织领导、人员配备和考核、完成时间、工作进度及费用预算等预先进行的安排，目的是使营销调研工作能够有计划、有秩序地进行，以保证营销调研方案的实现。一般大型的营销调研需要分别制订调研方案和工作计划；而一些小型的营销调研，可以合二为一，统一考虑调研方案和工作计划。其具体内容主要包括以下几个方面。

1. 确定调研项目

调研项目是依据调研目标，为获得所需营销调研资料而设置的。影响调研目标的因素很多，但调研项目的增加会使调研的工作量相应加大，所以要对有关因素进行取舍。确定调研项目，应从三个方面考虑：确定的调研项目对调研目标有多大的价值？需要取得的资料在当前条件下能否取得？为取得资料而支出的费用是否超出预算？

2. 选择信息来源

确定调研项目后，就应考虑资料来源和获取方式的问题。一般的资料来源有两种方式：一种是文案资料（即寻找第二手资料），另一种是实地调研资料（即寻找第一手资料）。

文案资料和实地调研资料都可用于研究分析。文案资料是指现成的市场信息资料。它包括统计年鉴、商品信息杂志、期刊及企业统计报表、学术调研资料等；实地调研资料是指营销调研人员直接从顾客、生产企业、中间商和竞争者等方面收集得来的最初的、最原始的资料。在利用现有资料进行初步情况分析后，便可根据调研目的确定正式调研时需要补充的资料数据。

营销调研常犯的错误之一是为了收集原始资料而耗费大量资源，不知道这些信息可以从现有的二手资料中获得。一般而言，二手资料比原始资料的收集速度要快，成本也会低很多，尤其通过互联网可获得大量的二手资料。

在确定所需资料后，还要明确收集资料的方式、方法。收集实地调研资料最常用的方法有三种：询问法、观察法和实验法。由于每种方法各有优缺点，在不同阶段研究人员可能会采用一种方法或几种方法。例如，研究购买行为时，可能会先采取观察法提出研究假设，然后用实验法进行检验。不过，在很多情况下研究人员需要对这些方法加以选择。选择哪种方法要根据研究问题本身特点而定，但也会受到营销调研项目完成期限和经费限制的影响。

最后还要估算调研费用。调研费用对调研效果的影响很大。合理的支出是保证营销调研顺利进行的重要条件。

收集资料可以通过人员或机器进行访谈、观察。但是，这个过程在整个研究过程中属于最弱的一个环节。一项营销调研可以设计得非常精密，但如果收集资料的方式不当，有时可能会前功尽弃。

对资料收集人员进行激励并不容易，这是因为这些人大部分属于兼职工作人员，工作单调，报酬也不高。要避免这些问题，就需要适当的培训和督导。例如，培训不佳的访问员可能无法和受访者建立关系，或自行更改问题用词，还有些访问员可能造假，甚至自行填写整个问卷。

机器式资料收集方式包括零售扫描仪、摄像机、录音机和电脑终端（常放在购物中心、机场候机大厅和旅馆大厅）等。这些装置虽然可以剔除资料收集中的人为因素，但也有影响资料质量的问题，如设备的稳定性、受访者的回答和行为受机器装置的影响，以及如何把原始资料转换成为有用的资料形式。

（五）分析资料和撰写报告

营销调研资料的整理分析阶段，是营销调研全过程中又一个重要环节，也是营销调研能否充分发挥作用的关键。它包括资料的整理、资料的分析以及营销调研报告的撰写。

当取得大量的营销调研资料以后，首先要对其进行审核、订正和分类汇总，根据调研目的进行加工整理，然后进行分析。因此，营销调研人员还需掌握统计分析的技术，通过分析调研，在确实弄清市场活动和过程的基础上，分析其动向和发展变化规律，探索解决问题的办法，然后撰写营销调研报告，这是营销调研成果的集中体现。营销调研报告要根据调研的目的和所收集到的信息资料，作出判断性结论，提出建设性意见，使营销调研报告发挥应有的作用。

营销调研的最终产品是研究人员的结论和建议。企业有时并不采用研究的结果和发现，这主要有几个原因。例如，原先需要研究的问题可能定义错误，或者并不急迫，甚至问题已经消失了，或是完成研究的时间过晚而无法使用。研究人员必须追踪，否则无法得知调研项目是否符合企业所需，或研究内容是否有不足之处。

（六）追踪反馈

营销调研报告的撰写与提交并不意味着营销调研过程的结束，有些调研项目还需要进一步实施跟踪研究，以检查研究结论与现实状况是否存在偏差、偏差大小及其原因。这一方面有利于向客户或委托人提出改进建议，保证客户服务质量；另一方面可发现调研工作中存在的问题，从而改进调研机构的工作质量。

第二节　营销调研的方法与实务

一、营销调研的类型

按营销调研目的的不同，一般把营销调研分为探索性调研、描述性调研、因果关系调研和预测性调研四种类型。

（一）探索性调研

当市场营销调研的问题或范围不甚明确，无法确定究竟应当研究些什么问题时，可以采用探索性调研（也称为非正式调研）去找出问题，以便拟定假设确定调研的重点。

例如，某企业最近几个月来产品的销售量明显下降，究竟是什么原因难以确定：是竞争者抢走了自己的生意？还是市场上出现了新的替代产品？是产品质量的下降所影响？还是销售中间商的不卖力所影响？或者是顾客的爱好发生了变化？影响产品销售量的原因很多，一时难以分清，又不可能逐一调研，这时，只有先做探索性调研，对影响销售量明显下降的最主要的原因有所了解，才能作出深入的正式调研。

探索性调研一般都通过收集第二手资料，或请教些内行、专家，让他们发表自己的意见，谈自己的看法，或者参照过去类似的实例来进行，多以定性研究为主。

（二）描述性调研

描述性调研或称为记述性调研，是指为了描述事物状况特征而进行的调研。市场营销调研多属于描述性调研。描述性调研的目的在于说明"是什么"的问题，如对市场潜力、市场占有率和竞争对手的状况描述等。在调查中，收集与市场有关的各种资料，并对这些资料进行分析研究，揭示市场发展变化的趋势，为企业的市场营销决策提供科学的依据。

与探索性调研相比，描述性调研的目的更加明确，研究内容更加具体。

（三）因果关系调研

因果关系调研或称为解释调研，是指为了要去求证某一现象是否与特定的因素有关系，或者是某一现象是否依赖于特定的因素而进行的调查研究。

因果关系调研的目的就是找出关联现象或变量之间的因果关系，也就是为了弄清楚"为什么"的问题而开展的调查研究。它是在描述性调研的基础上进一步分析问题发生的因果关系，弄清楚原因和结果之间的数量关系，要揭示和鉴别某种变量的变化究竟受哪些因素的影响，以及各种影响因素的变化，对变量产生影响的程度。

例如，调查某种商品的价格与销售量、替代品和互补品与该种商品的销售量、居民可支配收入与该种商品的销售量、广告宣传与该种商品的销售量之间的关系，等等。在众多影响销售的因素中，究竟哪一个因素起主导作用，这就属于因果关系调研的任务。

（四）预测性调研

预测性调研是指为了预测事物今后某一特定时期内的发展变化状况而进行的市场调研。它是在描述性调研和因果关系调研的基础上，对市场的潜在需求所进行的估算、预计和推断。预测性调研目的在于说明"将来会是什么"的问题。预测性调研实质上是市场调研结果在预测中的应用。

需要指出的是，上述描述性调研、因果关系调研和预测性调研三类市场营销调研是相互联系的。尽管在特定时期，为了解决某个特定的问题，会强调或突出某一种市场营销调研类型，但是从市场营销调研的基本目的来看，回答市场现状"是什么""为什么"和"将来会是什么"等，是市场营销调研的基本职能和任务。市场营销调研按市场调研目的的分类，如表 3-1 所示。

表 3-1　市场营销调研按市场调研目的的分类

类　型	特　点	目　的	资料来源
探索性调研	初始阶段；情况不明；灵活；省时、省费用；非正式调研	问题的表现与问题的根源；明确进一步调研的重点	第二手资料；观察；访问有识之士
描述性调研	对情况或事件进行描述；事物发展的过程及可能的原因；正式调研	事情是如何发生的；历史与现状；可能的原因；说明"是什么"的问题	第一手资料与第二手资料；定性研究
因果关系调研	两个或多个变量之间的量化因果关系；正式调研	一个变量会以怎样的方式影响另一个变量，以及影响的程度；说明"为什么"的问题	第一手资料与第二手资料；逻辑推理（三种证据：伴随变化、相继变化、没有其他可能的因素干扰）；统计分析
预测性调研	应用理论模型，根据一个或几个变量的变化预测另一个变量；正式调研	如果一个变量改变到某一定程度，另一个变量变化的程度；说明"将来会是什么"的问题	第一手资料与第二手资料变化；理论模型

二、营销调研的方法

在市场调研中，调研资料通常要通过一定的手段、方法来获取，根据资料的性质，可分为二手资料（文案资料）调研的收集方法和实地调研的收集方法两大类。由于营销调研所面临的调研对象非常复杂，因此要根据调研对象的性质和特点及研究目的的需要采用不同的调研方法。

（一）二手资料（文案资料）调研

二手资料（文案资料）调研是指查询并研究与调研项目有关资料的过程，这些资料是经他人收集、整理的有些是已经发表过的。

在营销调研中，调研人员一般是先收集二手资料。二手资料的来源主要有两个：一是内部资料，二是外部资料。内部资料包括企业营销信息系统中储存的各种数据如企业历年销售额、销售增长状况、利润率及竞争者的销售额、利润状况、有关市场的各种数据等。外部资料主要是公开出版的各种报刊、书籍，政府的各类出版物，各类咨询公司、信息中心提供的各种有关数据。一般来讲，调研人员可以以较快的速度和较低的费用得到二手资料，而收集原始资料则成本较高，并且需较长的时间才能完成。

尽管二手资料调研具有省时间、省费用的优点。尤其是互联网出现后，在网上通过各种搜索引擎或信息网站搜索二手资料越来越方便。但是，光靠二手资料有时不能满足决策者对信息的需要。因为有些资料并不是经过文案调研就能得到的，即使能得到某一方面的数据资料，也可能已过时多年，不能作为决策依据。这就是说，二手资料可能存在可获得性、时效性和准确性等方面的问题。因此，为避免这些问题，调研人员还必须进行实地调研，即一手资料的收集工作。

小链接 3-3：市场调查常用二手资料来源简介

拓展阅读 3-2：在社交媒体上利用大数据的 7 种方法

（二）实地调研

所谓实地调研，就是指对第一手资料的调研活动。随着社会经济的发展和营销活动的深入开展，现场收集信息的方法越来越多，一般可归纳为以下三种方法。

1. 询问调研法

询问调研法是企业最普遍采用的、以询问的形式向相关被调研者收集资料、了解情况的一种方法。通过询问调研法可以发现消费者的购买动机、意见或购买动向。其主要形式有面谈调研、电话调研、邮寄调研和留置调研（表 3-2）。

（1）面谈调研。这是调研人员与被调研者面对面交谈的一种方式。由调研人员事先准备好调研提纲或调研表，由被调研者回答。面谈调研法既可采用个人询问，也可

表 3-2　各种类型询问调研的特点

特　点	面谈调研		电话调研	邮寄调研	留置调研
	入户调查	街头拦截			
费用	高	中	中	低	低
时间跨度	中	中	快	慢	中
采用采访者探询	是	是	是	否	否
表明问题的能力	是	是	否	是	否
对受访者的管理控制	低	中	高	不适用	中
总体资料质量	高	中	高中	中低	高
收集大量资料的能力	高	中	中低	低到中	中
处理复杂调研问卷能力	高	中	中	低	中

以座谈的形式进行。调研对象可以是用户、零售商或其他有关人员。这种调研方式的优点是：面对面调研可直接了解消费者的态度；对调研提纲进行及时的修改和补充，具有较大的灵活性；调研人员可向被调研者说明问题的含义，使其回答更准确，还可以当场记录被调研者的回答。但这种调研方式费用较高，尤其在范围较大的地区，耗费更大。另外，被调研者经常不在家难以见面，也影响访问效率。

（2）电话调研。由调研人员针对选择的调研对象，按调研表所列项目用电话进行询问的一种方法。这种方法可以在短时间内调研较多人，收集资料迅速及时，成本低且不受地区大小的限制。但这种方法适用范围受电

小链接 3-4：成功开展小组面谈的经验

话普及率的限制，不能询问较复杂的问题，一般不易取得对方的合作。

（3）邮寄调研。这种方式是将设计好的调研表寄给被调研者，由被调研者按调研表的要求填写寄回。这种调研方式的成本低，调研范围广，被调研者可自由、充分地回答问题。但这种方式的调研表回收率低，影响调研结果。如果调研表不为被调研者正确理解，会出现答非所问的现象。

（4）留置调研。这种方式是由调研人员当面将问卷交给被调研者，说明填表要求和注意事项后，由被调研者自行填写，调研人员定期取回。这种方式的优点是准确率高、被调研者有充分的考虑时间等，但是调研面比较窄。

询问调研法在近些年的重要变化是，传统的方法越来越多地被转移到网上，甚至应用社交媒体进行操作，传统的邮寄访问和电话访问等方法受到冲击，取而代之的是问卷星访问、微信群发访问甚至是网上焦点座谈会等现代方法。

2. 观察调研法

观察调研法是指调研人员在现场对被调研者的情况进行直接观察、记录以取得市场信息的一种营销调研方法。它不是直接向被调研者提出问题并要求回答，而是凭调

研人员的直观感觉或者利用录音机、录像机或其他器材，记录和考察被调研者的活动与现场事实。观察调研法主要采用两种形式。

（1）直接观察法。调研人员直接在现场观察和统计进入商店的顾客及停止在柜台或橱窗观看的人数；从顾客所购买商品的花色品种、品牌、包装等来确定商店应进什么货；从橱窗布置及现场广告对顾客的吸引力来选择广告的内容；从顾客的穿着来研究服装的设计等。

小链接 3-5：北美人在哪里购物

（2）行为记录法。行为记录法即采用各种机器来记录消费者的行为动态。随着现代科学技术的发展，企业可以采用各种仪器来观察消费者的购买行为，如利用"交通流量仪"来测量经过特定路段的交通工具流量，户外广告商利用这种仪器统计了解每天经过某一特定的广告牌的人数，零售商则根据这些信息来决定在哪里开设商店比较合理。又如，调研人员利用外形像台灯、内藏特殊设计的照相机的"阅读器"，记录有关阅读习惯、面对不同大小的广告的停留时间以及品牌记忆的结果性信息。总之，利用观察法，可以较客观地观察和记录被调研者的动作与行为，可以避免观察人员的主观和偏见。由于被调研者未意识到自己被调研，因而所表现的行为是自然的。但观察法只观察到外部表面现象，无法了解消费者的购买动机与意见。另外由于有时需要长期观察才有结果，所耗费的资金就很高。

3. 实验调研法

实验调研法是在一定范围的市场内，对于营销的某个因素，如产品的质量、设计、包装、广告、陈列等用实验的方法来测定顾客的反应，分析第一手信息资料。一般来说，采用实验调研法要求调研人员事先将实验对象分组，然后置于一种特殊安排的环境中，做到有控制的观察。例如，首先选定两个各种条件基本相同的小组，一个作为实验组，置于有计划的变化条件下；另一个作为控制组，保持原来的条件不变。然后比较两个小组的变化以察看条件变化对被实验对象的影响。在剔除外来因素或加以控制的条件下，实验结果与实验条件有关。实验条件是自变量，被实验对象为因变量。常用的实验调研法有以下三种。

（1）实验室实验。实验室实验即在实验室内，利用专门的仪器、设备进行调研。譬如，调研人员想知道几种不同的广告媒体进行促销宣传的优劣，便可通过测试实验对象的差异，评选出效果较好的一种广告媒体。

（2）现场实验。现场实验是在完全真实的环境中，通过对实验变量的严格控制，观察实验变量对被实验对象的影响，即在市场上进行小范围的实验。例如，调研人员想要了解某种产品需求价格弹性，便可选择一个商店，选择几次不同的时间，同一产品安排几种不同的价格，通过分析顾客人数亦即购买数量的增减变化，即可得到所需信息资料。又如，某种产品在大批量生产之前，先把少量产品投放到几个有代表性的市场进行销售试验，看一看那里的销售反应如何，观察和收集顾客对产品反应的有关资料。

（3）模拟实验。模拟实验的基础是计算机模型。模拟实验必须建立在对市场情况充分了解的基础上，它所建立的假设和模型，必须以市场的客观实际为前提，否则就失去了实验的意义。

采用实验法的好处是：方法科学，能够获得比较真实的信息资料。但是此种方法也有其局限性：大规模的现场实验难以控制市场变量，因而影响实验结果的有效性；实验周期较长，调研费用较高。

（三）实地调研需注意的问题

1. 调研问卷的设计

所有形式的调研都需要调研问卷。调研问卷是营销调研的基本工具，是沟通调研人员与被调研对象之间信息交流的桥梁。调研问卷设计就是根据调研目的，将所需调研的问题具体化，使调研者能顺利地获取必要的信息资料，并便于统计分析。问卷设计质量的高低，将直接影响到问卷的回收率，影响资料的真实性和实用性。为此，问卷设计须遵循一些基本原则。

（1）主题明确原则。主题明确原则即要将调研意图准确无误地传达给被调研者，以取得真实的资料。

（2）重点突出原则。重点突出原则即要确定调研的界限，突出调研的重点，不要涉及与调研主题无关紧要的问题。填写调研问卷的时间最好不要超过30分钟。

（3）事实具体原则。这一原则要求所提的问题能够被调研者容易理解，不要提一些含糊不清的问题，以提高调研资料的准确性和真实性。

（4）便于整理原则。这一原则要求问卷在访问完成后，能够方便检查和整理，资料要便于统计分析。

调研问卷的问题有三种基本类型：开放式问题（open-ended questions）、封闭式问题（closed-ended questions）、程度式回答问题（scaled-response questions）（表3-3）。

表3-3 营销调研问卷中的问题类型

类 别	问 题 举 例
开放式问题	根据邮寄清单邮购比在当地零售点购买有什么优势？ 你为什么找专业人员清洗你的地毯？
封闭式问题	你在食用丹麦食品之前加热吗？（ ）是 （ ）否 联邦政府不考虑像我这样的人的想法。（ ）是 （ ）否
程度式问题	既然你的地毯需要专业人员清洗，那么你（选一个）： （ ）一定会买 （ ）可能会买 （ ）不确定 （ ）可能不买 （ ）一定不买

拓展阅读 3-3：问卷星使用指南

开放式问题指被调研者可以用自己的话作出回答。封闭式问题是指被调研者可以从有限的答案列表中作出选择。通常，营销调研者将判断题和多项选择题分开。程度式回答问题是一种衡量被调研者答案强弱程度的封闭式问题，例如 Likert 型量表，即为典型的程度式回答问题。

上述各种问题，在问卷中各有用途。如何使用要由调研的主题和所需资料的种类、问题的性质决定。

2. 抽样方法

从理论上讲，营销调研的方式可分为全面调研和非全面调研。但在实际操作过程中，市场范围大，研究主体复杂，使得采用全面调研这种方式难以实施。所以通常情况下，采用非全面调研，即抽样调研的方式进行调研。

1）抽样调研

抽样调研可分为随机抽样和非随机抽样。随机抽样是按随机的原则抽取样本，即在总体中每一个个体被抽取的机会相等。它完全排除了人们的主观意愿。因而代表性强。非随机抽样是按调研的目的和要求，要根据一定的标准来选取样本，总体中每一个个体抽取的机会并不相等。

（1）随机抽样。随机抽样有以下主要方法。

一是简单随机抽样，又可分为抽签法和乱数表法。抽签法是首先把总体中的个体编好号码，然后混在一起，从中任意抽出，按取得的号码抽样调研。乱数表法，是一种按双位编排的大小数互相间杂的数表，用随机方法编制而得。先把全部样本分别编号，然后在乱数表上任意指出一行、一列或一个数按其号码任意挑选，即可得出样本。

二是分层随机抽样，是首先将总体按一定特征分为不同的层，然后在每一层中再取一部分个体作为样本。例如对消费者进行调研，首先可把消费者按职业、年龄、性别或收入分层，然后在每一层中抽样。

三是整群随机抽样，是指将调研总体分为若干群，使每个群体内具有相似比例的各种个体，即各群的调研对象构成相同，群内个体的特征保持差异性。整群随机抽样法的优点是调研地区可以集中，节约费用开支，所以应用也比较广泛。

四是系统随机抽样，又称等距随机抽样或机械随机抽样。就是在总体中每隔一定距离，机械地抽取一个样本作为调研对象。这一方法比较简单易行，还具有统计推测功能，因此在实际工作中比较常用。

小链接 3-6：分层抽样让宝马 5 系列获得成功

（2）非随机抽样。非随机抽样也有几种方法。

一是任意随抽，也称便利抽样，就是根据调研人员的方便与否来确定样本。例如到街上访问调研，遇到谁就调研谁。

二是配额抽样。配额抽样是先将总体按调研特点分层，并规定各层的样本配额，在配额的限度内由调研人员抽取样本的方法。

三是判断抽样，判断抽样是基于调研者或专家的主观判断来选择样本，所以难免带有主观片面性。

2）抽样误差

抽样调研中存在两类误差：一类是由于抽样的随机性而引起的样本与总体之间的差别，这种误差是必然存在的，但也是可以计算的，而且可以根据调研的要求，控制其误差的范围。另一类是工作误差，是由调研者与被调研者引起的，如调研者问卷设计不当，调研人员训练不够、缺乏技巧，调研者对被调研者的回答施加影响，调研者对不完整的答案主观推理，调研者闭门造车，不经调研主观臆想。同时还存在被调研者引起的误差，如由于被调研者疏忽而遗漏，或者未能寻找所需资料，或者他给予偏误的回答。此外，还存在对调研结果进行加工、处理过程中产生的误差，这类误差只要注意采取正确措施，是可以避免的。

第三节　调研结果的分析与报告

一、调研结果的分析

（一）数据资料的审核与整理

1. 数据资料审核

数据资料审核是对调查获取的各种资料（原始资料和整理资料）进行审查和核实。市场调查资料审核对获取有效的有价值的信息具有重要意义。数据资料审核的内容有以下几点。

（1）完整性审核。审核市场调查资料的完整性就是检查应报送的单位有无遗漏、报送的资料是否齐全。如果有遗漏，应及时查明原因加以补报。只有掌握被调查现象全面的而不是残缺不全或被歪曲的资料，才能对现象进行科学的预测。

（2）准确性审核。对市场调查资料的审核要首先审核它的准确性。审核的方法有逻辑审核和计算检查。逻辑审核就是检查市场调查资料内容是否合理，各个项目之间有无相互矛盾的地方。计算检查就是检查调查表中各项数字在计算方法和计算结果上是否有误，数字的计量单位有无与规定不符的地方等。

（3）及时性审核。审核市场调查资料的及时性就是检查各种市场调查资料，是否按规定及时提供。如果迟报，应对迟报的原因进行分析，并提出改进意见，以求做到各单位按时或提前上报，提高市场调查资料的质量。

（4）协调性审核。对市场调查资料进行协调性审核就是要检查各种调查资料或各部分调查资料之间，是否连贯、是否一致、是否对立、是否有明显的差异，如果有不连贯、不一致，或者是对立或有明显差异，则要弄清楚是实际情况还是什么原因引起的，以保证调查质量。

2. 数据资料整理

数据资料整理是运用科学方法，对调查所得的各种原始资料进行审查、检验和初步加工综合，使之系统化和条理化，从而以集中、简明的方式，反映调查对象总体情况的工作过程。数据资料整理的步骤如下。

（1）设计调查资料整理的方案。其包括确定具体的分组、汇总指标、综合统计表；选择资料汇总的方式；确定资料审核的内容和方法；确定与历史资料衔接的方法和组织工作、时间进度的具体安排等内容。

（2）调查资料的审核。对获取的各种资料进行核实与校对。二手资料侧重于来源、出处与真实性的审校，原始资料侧重于逻辑性、客观性、数字的准确性等方面的审校。

（3）调查资料的分组与汇总。通过分组与汇总，使分散的、零星的、无规律的资料变成系统的、有规律的资料，以便可以清楚地说明问题。

（4）编表与绘图。使枯燥的信息数据变得形象、生动，便于对比分析和理解。

（5）资料的系统积累。把信息进行入账或建立数据库的处理，便于今后历史地分析问题、掌握规律，对现象把握得更透彻。

（二）数据的处理

数据的处理是指对资料的分组、汇总和编表、绘图等工作。未经过处理的资料通常是分散的、零星的、无规律的资料，经过分组、汇总、编表与绘图等加工处理，使无味的、无生命力的信息变成系统的、有规律的资料，从而可以清楚地说明问题，使枯燥的信息数据变得形象、生动，更有利于对比分析和理解。数据的处理的步骤有以下几点。

（1）资料的审核和整理。检查数据是否符合逻辑性，是否出现登记误差、是否有漏登、错登，是否存在计算误差。

（2）缺失数据的处理。对缺失数据采取弥补措施，进行恰当的技术处理。

（3）数据的编码和录入。将计算机无法识别的信息变成计算机可以识别的信息加以输入和处理。

（4）数据的显示（包括制表和制图）。对已处理的信息以清晰、明了、生动的方式表达出来。

（三）数据的分析

1. 聚类分析

聚类（cluster）分析是一种新兴的多元统计的方法，最早被运用在分类学中，形成了数值分类学科。以后，随着统计软件的发展，聚类分析被引入统计分析中，形成了聚类分析这样一种多元分析方法。聚类分析主要用于辨认具有相似性的事物，并根据彼此不同的特性加以"聚类"，使同一类的事物具有高度的相同性。聚类分析应用的范围也很广，涉及宏观经济和微观经济的各个层面。在宏观层，聚类分析与因子分析（factor analysis）等相结合，可以确定景气指数等国民经济预警指标。在微观层，企业可以通过聚类分析了解市场细分的原则，了解不同细分市场的特征，也可以借此确定主要竞争对手。

聚类分析可以对变量进行聚类，即 R 型聚类；也可以对样本进行聚类，即 Q 型聚类。实际中遇到较多的聚类问题是 Q 型聚类问题。例如，根据人们阅读刊物和参加业余活动等情况，将人的兴趣划分几类；根据学生成绩、办事效果等把学生的理解能力划分几类；等等。

目前，有许多软件都携带聚类分析模块，所以操作运行都比较简单。在比较通用的软件中，一般有两种聚类分析的模块，即动态聚类和系统聚类。动态聚类方法简单、占用内存少，适合大样本的聚类分析处理。动态聚类的实质其实是分步类法，也就是先选定一批凝聚点，然后让变量或样本向最近的凝聚点靠拢，这样凝聚成类，形成初步的分类。最后会对凝聚点的选点进行调整，一直调整到比较合理为止。一般动态类聚都要经过多次迭代才能形成比较理想的结果。

系统聚类方法相对比较复杂，首先要对数据进行转换，变换方法有平移变换、极差（或极值）变换、标准变换、对数变换等，如果选取聚类方法，聚类方法一般有七种，分别是最短距离法、最长距离法、重心法、类平均法、可变类平均法、可变法、离差平方和法。各种方法之间有所差异，选择的时候主要看不同方法分类情况是否清晰，也就是是否能从 Dendrogram 图中比较清晰地对变量和样本进行分类，如果可以，那么这种方法就不失为一种好方法。SAS（统计分析系统）、SPSS（统计产品与服务解决方案）等系统软件的聚类分析提供的聚类方法就是 Q 型聚类问题的系统聚类法。

2. 判别分析

判别分析（discriminant analysis）是由费歇尔（R.A.Ficher）于 1936 年提出的。判别分析是一种统计判别和分组技术。它可以就一定数量样本的一个分组变量和相应的其他多元变量的已知信息，确定分组与其他多元变量信息、但未知分组类型所属的样本进行判别分组。通俗地说，判别可以用来解决如下问题：已知某种事物有几个类型，现在从各类型中各取一个样本。由这些样本设计出一套标准，使得从这种事物中任取一个样本，可以按这套标准，判别它的类型。

判别分析的应用范围如下。

（1）信息丢失。

（2）直接的信息得不到。

（3）预报。

（4）破坏性实验。

3. 因子分析

因子分析是把多个指标化为少数几个互不相关的综合指标的一种多元统计方法。指标体系中指标间的信息重叠被认为是对社会经济现象综合认识的精确性相对降低的一个重要原因。指标间的信息重叠是指用多个指标同时反映和测量同一个理论概念时，由于指标间存在着包含关系或因果关系，从而形成对概念解释效力的交叉和重复。指标间的信息重叠越严重，对指标评价结果的高估或低估程度也就越大，人们对指标在研究现象时相对独立作用的认识便越模糊。因此判定和消除指标体系中指标间的信息重叠，不仅对新指标体系的建立和完善有着特殊的意义，而且对于增强研究学科的科学性同样有着重要作用。

（1）因子分析一般用于以下几个目的。

①识别内在因子，用这些内在因子来表示一系列因子之间的相互关系。例如，可以用对一系列生活方式的句子进行评分的方法来衡量消费者的心理状况，之后对这些评分进行因子分析，找出构成消费者的心理状况的主要因素。

②几个互补相关的新变量来取代原有的一系列存在相互关系的变量，供后续的多元变量分析使用（如回归或判断分析）。例如，在识别出心理因子之后，这些因子可以用来解释忠诚消费者之间的差别。

③识别重要的变量，与因子相关度越高的变量就越重要。

（2）因子分析在市场调查中的应用范围。

①市场细分分析。运用因子分析方法找出将消费者分群的内在因子。例如，新产品购买者可以按他们更注重的是哪一个因素来分群（是经济性、方便程度、性能、舒适性，还是豪华程度等）。

②产品研究。运用因子分析来决定影响消费者选择的品牌特性。例如，牙膏品牌可以从防蛀牙、洁白牙齿、味道、口气清新及价格上予以评价。

③广告研究。用于了解目标市场的媒介消费特征。比如说速冻食品的购买者可能花很多时间看电视，或收听流行音乐。

④价格研究。可运用因子分析来决定对价格反应敏感的消费者的特征。比如说，他们可能是以家庭为中心、朴素的消费者。

（3）因子分析的步骤。

①计算所有变量的相关矩阵。相关矩阵是因子分析直接要用的数据，根据计算出的相关矩阵还应该进一步判断应用因子分析方法是否合适。

②提取因子。其中包括确定因子的个数和求因子解的方法。

③进行因子旋转。通过坐标变换使因子解的实际意义更容易解释。

④计算因子值。因子值是各个因子在每个样本上的得分值，有了因子值可以在其他的分析中使用这些因子。

二、调研报告概述

（一）调研报告的含义

调研报告是市场调研研究成果的一种表现形式。它是通过文字、图表等形式将调研的结果表现出来，以使人们对所调研的市场现象或问题有一个全面系统的了解和认识。撰写调研报告是市场调研的最后一步，也是十分重要的一步。调研数据经过统计分析之后，只是为我们得出有关结论提供了基本依据和素材，要将整个调研研究的成果用文字形式表现出来，使调研真正起到解决社会问题、服务于社会的作用，则需要撰写调研报告。调研报告是调研结果的集中表现。能否撰写出一份高质量的调研报告，是决定调研本身成败与否的重要环节。

调研报告撰写的意义归纳起来有三点。

（1）调研报告是市场调研所有活动的综合体现，是调研成果的集中体现。调研报告是调研与分析成果的有形产品。调研报告是将调研研究的成果以文字形式表达出来。因此调研报告是市场调研成果的集中体现，并可用作市场调研成果的历史记录。

（2）通过市场调研分析，透过数据现象分析数据之间隐含的关系，使我们对事物的认识能从感性认识上升到理性认识，更好地指导实践活动。调研报告比起调研资料来，更便于阅读和理解，它能把死数字变成活情况，起到透过现象看本质的作用，有利于商品生产者、经营者了解、掌握市场行情，全面而透彻地把握市场动向，在确定经营目标、编制计划以及控制、协调、监督等各方面都能起到积极的作用。

（3）调研报告是为社会、企业、各部门管理服务的一种重要形式。一个好的调研报告，能对企业的市场活动提供有效的导向作用，调研的结果为企业决策提供依据。许多管理者并不一定涉足市场调研过程，但他们将利用调研报告进行业务决策。所以，如果调研报告写得拙劣不堪，再好的调研资料也会黯然失色，甚至可能导致市场活动的失败。

（二）调研报告撰写的特点

（1）针对性。针对性包括选题上的针对性和阅读对象的明确性两方面。一是调研报告在选题上必须强调针对性，做到目的明确、有的放矢，围绕主题展开论述，这样才能发挥市场调研应有的作用。二是调研报告还必须明确阅读对象。阅读对象不同，他们的要求和所关心的问题的侧重点也不同。针对性是调研报告的灵魂，必须明确要解决什么问题、谁是读者等。针对性不强的调研报告必定是盲目的和毫无意义的。

（2）科学性。调研报告不是单纯报告市场客观情况，还要通过对事实做分析研究，寻找市场发展变化规律。这就需要写作者掌握科学的分析方法，以得出科学的结论、适用的经验、深刻的教训，以及解决问题的方法、意见等。

（3）时效性。调研报告对市场情况做反应，要迅速及时，以适应瞬息万变的市场变化。市场调研滞后，就失去了其存在的意义。因此，调研报告的价值有一定期限，调研者要随市场情况变化而不断对市场做调研分析研究。

（4）新颖性。调研报告要紧紧抓住市场活动的新动向、新问题，提出新颖的观点。如果你的观点都是别人已经知道或已经提出的，人云亦云而没有独到的见解，就失去了调研报告存在的价值。

（三）调研报告的类型

由于市场调研的内容极为广泛，不同的调研所要解决的问题不同，因而作为调研结果表现形式的调研报告也具有不同的类型。由于分类标准的不同，调研报告的类型划分也是多种多样的。按调研报告的内容，调研报告可分为描述性报告和探索性报告两类。按技术角度，调研报告可分为初步报告、一般报告和技术报告三类。从性质上，调研报告可分为普通调研报告、学术研究报告和学位论文三类。从作用上，调研报告可分为应用性调研报告和学术性调研报告。从表达形式上，调研报告可分为书面调研报告和口头调研报告。一般最常用的分类如下。

1. 按调研报告的内容及其表现形式划分

（1）纯资料性调研报告，以对问题的简单描述为主要目的，它通常以公布调研所得的各项资料为主，不加以任何解释。这些资料可供社会各界人士广泛使用，使用者可根据自己的研究选择相应的资料。大型调研多是以这种报告方式为主。

（2）分析性调研报告，则以资料的分析和研究为主，它通常以文字、图表等形式将调研过程、方法及分析结论表现出来，目的是使人们对该项调研及结论有一个全面的了解。我们通常所说的调研报告主要是指分析性调研报告，因此，本章所述内容主要也是针对此类报告。

2. 按企业开展经营活动的需要划分

（1）市场商品需求的调研报告，主要包括消费者数量及其结构、家庭收入、个人收入及家庭按人口平均收入，用于商品支付购买力的大小以及购买力的增减变化等，潜在需求量及其投向。其中，包括城乡人民存款额的增减及尚待实现的购买力的大小等，消费者在消费支付中吃、穿、用等大类商品所占比重的变化情况，需求层次的变化情况，不同消费者对商品的质量、品种、花色、款式、规格等的不同要求，消费者的心理变化等。

（2）市场与消费潜量的调查报告，主要指企业地区销售额以及销售额的变动趋势给企业带来的影响。商品价格调查主要包括商品成本、市场价格变动情况、消费者对价格变动情况的反应等。

（3）商品销售渠道的调查报告，主要包括对商品的流转环节、流通路线、运输、储存等一系列属于市场营运问题的调查。

（4）市场商品供给的调查报告，主要包括商品生产的状况、商品资源总量及其构成、产品的更新换代速度、不同商品所处市场生命周期的阶段等。

（5）商品价格调查报告，主要包括商品成本、市场价格变动情况、消费者对价格变动的反应等。

（6）市场竞争情况的调查报告，主要包括对竞争的对手、手段，各种竞争产品质量性能等。

（7）经营效益的调查报告，主要包括各种推销手段的效果、广告效果以及变化原因等。

三、调研报告的撰写

在市场营销调研项目基本完成后，调研人员必须写出客观、准确、完整的调研报告。不管前面做的各项工作如何成功，如果调研报告失败，就意味着整个调研失败。因为，决策者或调研机构委托者只对反映调研结果的调研报告感兴趣，他们往往通过调研报告来判断整个市场调研工作的优劣。

市场营销调研报告的主要内容包括调研的目的与方法、调研结果的分析、得出的结论、对策建议、附件（有关的图表、附录）等。

（一）导言部分

导言部分指的是标题页、目录和前言等内容。

（1）标题页。标题页，也就是通常所说的封面，包括客户的单位名称、市场调研的单位名称和报告日期，目的在于点明报告主题。调研报告的题目应尽可能贴切、醒目，具有吸引力，简明准确地表达调研报告的主要内容。有的调研报告还采用正、副标题形式，一般正标题表达调研的主题，副标题则具体表明调研的单位和问题。

（2）目录。一般的调研报告都应该编写目录，以便读者查阅特定内容。目录包含报告所分章节及其相应的起始页码。通常只编写两个层次的目录，较短的报告也可以只编写第一层次的目录。

（3）前言。前言是对该项调研项目的简明介绍，内容要简短、切中要害，使阅读者既可以从中大致了解调研的结果，又可以从后面的文字中获取更多的信息。前言一般包括必要的背景、信息、重要发现和结论，有时可以提出一些合理化建议。

（二）报告的主体

首先应简明扼要地指出该项调研活动的目的和范围，以便阅读者准确把握调研报告所叙述的内容。

其次是调研方法说明，包括资料的来源、收集资料所采用的方法及采用这些方法的原因，以及调研步骤、材料的统计方法等内容。

再次是调研结果的描述与说明，要使用严谨和有效的方法呈报调研结果。如果其中采用较多的形象化的方式，如表格和图形，就必须清楚有效地加以分析，以便保证这些形象化的方式能够有效地说明问题。

最后是调研结果与结论的摘要。

（三）结论与建议

调研是为了解决一定的问题而进行的，不是为了调研而调研，因此要根据调研结果得出结论，并结合企业或客户的具体情况，指出其所面临的优势与困难，提出解决方法即建议。结论与建议是撰写综合分析报告的主要目的。这部分包括对引言和正文部分所提出的主要内容的总结，提出如何利用已证明为有效的措施和解决某一具体问题可供选择的方案与建议。结论和建议与正文部分的论述要紧密对应，不可以提出无证据的结论，也不要有没有结论性意见的论证。对建议要作出简要说明，使读者可以参考报告中的信息对建议进行判断、评价。建议应该以调研结果为基础，不应受个人感情所支配，针对调研获得的结果提出可以采取哪些措施、方案或具体的行动步骤。

（四）附件

附件是调研报告的附加部分，是对正文的补充或更为详细的专题性说明。附件内容包括数据汇总表、原始资料、背景材料和必要的工作技术报告，如为调研选定样本的有关细节资料及调研期间所使用的文件副本等。通常将调研问卷、抽样名单、地址表、地图、统计检验计算结果、表格、制图等作为附件内容，每一内容均需编号，以便查找。

拓展阅读 3-4：婴儿纸尿裤市场分析

第四节　营销预测实施过程与方法

营销预测是指通过对市场营销信息的分析和研究，寻找市场营销的变化规律，并以此规律去推断未来的过程。

一、营销预测的步骤

市场营销预测应该遵循一定的程序和步骤，以使工作有序并有效统筹和协作。其过程大致包括以下六个步骤。

（一）确定预测目标

明确目标是开展市场预测工作的第一步，因为预测的目标不同，预测的内容和项目、所需要的资料和所运用的方法都会有所不同。具体来说，确定目标就是要确定预测的目标要求、时间要求、精度要求、应用要求。

（二）收集、整理资料

资料是预测的基础，必须做好资料的收集工作。收集什么资料，是由预测的目标决定的。对收集到的资料要进行认真的审核，对不完整和不适用的资料要进行必要的推算与调整，以保证资料的准确性、系统性、完整性和可比性。对经过审核和整理的资料还要进行初步分析，观察资料结构的性质，作为选择适当预测方法的依据。

（三）选择预测方法

市场预测的方法有很多，各种方法都有自己的适用范围和局限性。要取得较为正确的预测值，必须正确选择预测方法，其原则主要是考虑预测的目标、预测时间的长短、占有历史统计资料的多少及完整程度、产品生命周期和行业发展周期等。

（四）提出预测模型

预测模型是对预测对象发展规律的近似模拟。因此，在资料的收集和处理阶段，首先应收集到足够的可供建立模型的资料，并采用一定的方法加以处理，尽量使它们能够反映出预测对象未来发展的规律，然后利用选定的预测技术确定或建立可用于预测的模型，如用数学模型法，则需确定模型的形式并获得模型的参数；如用趋势外推法，则要确定反映发展趋势的公式；如用概率分析法，则要确定预测对象发展的各种可能结果的概率分布；如用类推法，则要找到可以应用于预测的历史的或他人的经验规律等。

（五）评价和修正预测结果

市场预测毕竟只是对未来市场供需情况及变化趋势的一种估计和设想，由于市场需求变化的动态性和多变性，预测值同未来的实际值总是有差距的。确定了预测方法就可以建立模型，根据模型算出预测值。每种预测方法算出的预测值的精确度是不相同的，如果预测结果的误差过大就应当放弃，重新进行预测；如果预测结果的误差在可接受的范围之内，则应通过对预测误差的进一步分析来修正预测结果。

小链接 3-7：康师傅方便面的成功之道

（六）编写预测报告

经过预测之后，要及时写出预测结果报告。报告要把历史和现状结合起来进行比较；既要进行定性分析，又要进行定量分析，尽可能利用统计图表和统计方法来描述，做到数据真实准确、论证充分可靠、建议切实可行。

二、营销预测的方法

（一）定性预测法

定性预测法也称判断分析法或经验判断法。这是依靠预测者的个人的经验和知识、凭个人的主现判断来预测今后发展的趋势和状态的方法。一般是在缺少可以利用的历史统计资料的情况下进行的，侧重于对市场的性质进行分析，受具体判断人的主观影响很大。通常由预测者集体来进行。集体预测是定性预测的重要方法，能集中多数人的智慧，克服个人的主观片面性。

在实际工作中，由于影响市场发展的因素错综复杂，资料难以数量化。甚至根本不可能用数量指标表示。例如，一定时间内市场形势的发展变化情况，国家某项政策出台对消费倾向、市场前景的影响，我国加入世界贸易组织后对我国企业的利弊影响等。这种情况下的预测，一般只能采用定性预测方法。另外，企业经营活动中的分析经营环境、制订战略规划、技术开发或新产品研制等，往往也只能采用定性预测方法。定性预测要求预测者具有从事预测活动的经验，同时要善于收集信息、积累数据资料，尊重客观实际，避免主观臆断，才能取得良好的预测效果。

定性预测方法简便，易于掌握，而且时间快、费用省，因此得到广泛采用。特别是进行多因素综合分析时采用定性预测方法，效果更加显著。但是，定性预测方法缺乏数量分析，主观因素的作用较大，预测的准确度难免受到影响，因此，在采用定性预测方法时，应尽可能结合定量分析方法，使预测过程更科学、预测结果更准确。定性预测的具体方法如下。

1. 德尔菲法

德尔菲（Delphi）法，又称专家意见法，是由美国兰德公司于 20 世纪 40 年代末创造的一种预测方法。它是充分发挥专家们的知识、经验和判断能力，并按规定的工作程序来进行的。其主要特色在于整个预测过程是背靠背进行的，即任何专家之间都不发生直接联系，一切活动都由工作人员与专家单独交流来进行，从而使预测具有很强的独立性和较高的准确性。

2. 集中意见法

集中意见法是将业务、销售、计划等相关人员集中起来，交换意见，共同讨论市场变化趋势，提出预测方案的一种方法。许多企业为了避免依靠某一个人的经验进行预测而产生偏差，就集合有关人员共同研究进行预测，如对销售量的预测，可组织企业的业务人员、企划人员、销售人员共同分析研究市场情况，提出销售量的预测方案；对进货批量和进货次数的预测，可组织仓储人员、业务人员等进行分析研究，提出预测方案；对资金的来源、运用和资金周转的测算，可组织财务人员、业务人员共同研究，提出预测方案。它的优点是：在市场的各种因素变化迅速时，能够考虑到各种定量因素的作用，从而使预测结果更接近现实。它能够与其他定量预测方法配合使用，取长补短，使预测值可靠和准确。它与德尔菲法既有共同之点，也有不同之处：它是面对面讨论的办法，能够相互启发、互为补充，简便易行，没有繁复的计算。在缺少历史资料或对其他预测方法缺乏经验的情况下，它是一种可行的办法。

运用此方法在选择人员时要慎重，一般选择具有丰富经验、对市场经营情况相当熟悉并有一定专长的人员，如经济分析人员、会计人员、统计人员和有关部门的主要业务（key business）干部，要选择有独立见解的人，不要选择没有主见的人。

3. 市场试销法

市场试销法又称为销售实验法，指通过试销手段向某一特定的地区或对象市场投放新产品或改进的老产品，在新的分销途径中取得销售情况的资料，用其进行销售预测。这是市场预测行之有效的方法之一。因为市场试销法要求顾客和用户直接付款进行购买，所以能够真实地反映出市场需求情况，其结果比较准确。

采用市场试销法，首先要拟订试销方案，选择试销的特定时间及特定实验市场，实验的范围可以由窄变宽，逐步扩大。这种预测方法的应用范围很广，如企业试制了一种新产品或改变了老产品的款式、价格、包装等，需要了解各地区的可能需求情况等，均可采用此法。尤其用此法对一些低值易耗品（nondurable goods），如灯泡、日光灯管、洗衣粉、香皂、钻头、油石，以及鞋油、牙膏、烟、酒、糖、茶等商品进行短期预测，可以获得比较理想的答案。但是，采用这种方法要花费较多的费用和时间。

小链接 3-8：免费试吃——打胜月饼营销战？

（二）定量预测法

定量预测法，也称统计预测法，是指在数据资料充分的基础上，运用数学方法，有时还要结合计算机技术，对事物未来的发展趋势进行数量方面的估计与推测。定量预测方法有两个明显的特点：一是依靠实际观察数据，重视数据的作用和定量分析；二是建立数学模型作为定量预测的工具。随着统计方法、数学模型和计算机技术日益为更多的人所掌握，定量预测的运用会越来越多。

市场预测中的定量预测方法，是在分析影响市场供求变动因素的基础上，找出相关变量之间的因果关系，建立起数学模型，通过运算来得到预测结果。如果变量之间的关系能确定地描述，则称变量之间存在因果关系；如果变量之间的关系不能确定地描述，就称变量同为相关关系。不论变量之间存在的是因果关系或是相关关系，都可采用定量预测分析方法进行预测。

定量预测方法的运用，要求有充分的历史资料；影响预测对象发展变化的因素相对稳定；能在预测对象的某一指标与其他相关指标的联系中找出规律性，并能以此作为依据建立数学模型。实际工作中，由于社会经济现象错综复杂，不可能把所有变动因素都纳入数学模型；有些数据难以取得或取得数据成本太高，使定量预测方法的运用也存在一定的局限性。

1. 时间序列分析法

时间序列分析法就是将过去的历史资料和数据，按时间顺序排列起来形成一组数字序列的方法。例如，按年度排列年产量，按季度或月份排列企业产品销售量等。

时间序列分析法的特点是：假定影响未来市场需求和销售量的各种因素与过去的影响因素大体相似，且产品的需求形态有一定的规律。因此，只要对时间序列的倾向性进行统计分析，加以延伸，便可以推测出市场需求的变化趋势，从而作出预测。这种方法简单易行，应用较为普遍，但经济事件的未来状态不可能是过去的简单重复，因此这种方法适用于短期预测或中期预测。如果时间序列的数据随时间的变化波动很大，或者市场环境变化很大，国家的经济政策有重大变化，经济增长发生转折，一般不宜采用这种方法。

经常使用的时间序列分析法有简单平均法、加权平均法、指数平滑法、移动平均法和季节指数调整法等。

2. 回归分析法

回归分析法，或称计量经济模型法，是在大量实际数据的基础上，寻求随机性后面的统计规律的一种方法。客观事物或经济活动中的许多因素是相互关联、相互制约的。也就是说，它们的变化在客观上存在着一定的关系。通过对所占有的大量实际数据进行分析，可以发现数据变化的规律，找出其变量之间的关系，这种关系叫回归关系。有关回归关系的算法和理论，称为回归分析法。

回归分析法研究的内容是：从一组数据出发，确定变量间的定量关系；对这些关系式的可信程度进行统计检验；从影响某一个量的许多变量中，判断哪些变量的影响是显著的，哪些变量的影响是不显著的；利用所得的关系式对设计、生产和市场需求进行预测。

回归分析法根据其自变量的多少和自变量与因变量之间的因果关系可划分为一元线性回归法、二元线性回归法、多元线性回归法、非线性回归法等。一般来说，该种方法要求数据最好是大样本，也就是 30 个以上，在个别情况下，对样本数量有更高的要求。

本 章 小 结

营销调研是个人或组织，利用科学的手段与方法，对与企业市场营销活动相关的市场情报进行系统的设计、收集、整理、分析，并提供各种市场调研数据资料和各种市场分析研究结果报告，为企业经营决策提供依据的活动。市场营销调研可为企业发现市场机会、进行产品更新换代以及制定市场营销组合策略提供依据。同时，市场营销调研也是企业增强竞争能力、提高经济效益的基础。

作为市场营销决策的依据，市场营销调研涉及企业市场营销活动的全过程，具有十分丰富的内容。有代表性的市场营销调研活动包括营销环境调研、消费者调研、企业社会责任调研、产品调研、销售与市场调研、广告调研和竞争情况调研。根据市场营销调研目的的不同，市场营销调研一般分为探索性调研、描述性调研、因果关系调研及预测性调研。此外，还可以通过不同纬度对市场营销调研进行分类。

市场营销调研是一项十分复杂的工作，要顺利地完成调研任务，必须有计划、有组织、有步骤地进行。一般而言，营销调研按照确定问题和调研目标、情境分析、非正式调研、调研规划和正式调研、分析资料和撰写报告、追踪反馈6个步骤进行。

在市场调研中，调研资料通常要通过一定的手段、方法来获取，根据资料的性质，可分为实地调研的收集方法和二手资料（文案资料）调研的收集方法两大类。二手资料是现成的资料，实地调研是针对某个问题而收集得到的资料。实地调研的收集方法有询问调研法、观察调研法和实验调研法。观察调研法不会侵犯被观察者，但无法对所观察的行为进行解释。询问调研法可分为面谈调研、电话调研和邮寄调研等。一旦资料收集完毕，研究人员首先用统计分析的方法分析这些资料。然后准备向管理层提交带有结论和建议的书面报告。最后研究人员要了解建议是否已经得到实施以及使调研活动更成功的该做而未做的事。问卷调研的难点在于样本的选择、问卷的设计。

 重要名词

营销调研　情境分析　非正式调研　营销预测　德尔菲法　集中意见法

即测即练题

复习思考题

1. 简要说明营销调研都包括哪几个步骤。
2. 营销调研资料收集的方法包括哪几类？各有什么特点？
3. 问卷设计应遵循哪些基本原则？
4. "营销调研工作不仅仅是给营销经理提供资料"，这种说法对吗？为什么？
5. 营销预测的方法有哪些？

案例

第四章

企业战略与营销战略——建立良好的顾客关系

【本章提要】

通过本章的学习，我们应该了解企业战略与战略规划的过程，掌握市场营销战略及其计划的过程，了解企业战略规划与营销计划的关系，熟练掌握市场营销计划的实施、反馈与控制的要点。

 引例

蚂蚁金服农村战略：小县域，大生态

蚂蚁金服，全称是蚂蚁金融服务集团，成立于 2014 年 10 月 16 日。蚂蚁金服旗下品牌包括支付宝、支付宝钱包、余额宝、招财宝、蚂蚁小贷及筹备中的网商银行等品牌。2015 年 7 月 9 日，在浙江桐庐召开的第二届中国县域电子商务峰会(以下简称"县域峰会")上，蚂蚁金服集团向与会的千余名县长亮出了蚂蚁金服农村战略、成绩单以及阶段目标。当互联网金融来到农村时会发生什么？

2014 年 10 月刚一成立，蚂蚁金服就宣布将农村化作为重要战略之一。经过大量调查和实验后，蚂蚁金服认为，单个产品和服务很难改变农村金融服务匮乏的局面。因此，集团从内部对各个涉农业务进行了系统化梳理和编队，采取集群化、矩阵化的下乡模式。在这个编队中，涉及支付、理财、融资等多个业务板块的打通。在县域峰会上，蚂蚁金服向外界亮出了集群式下乡的成绩单：除配合阿里巴巴集团的农村淘宝项目让支付下乡外，还在浙江建德、桐庐等地建起了"支付宝县"，让农民可以在手机上方便地获取挂号、缴水电费等各种公共服务；成功向农户放出了纯信用贷款，解决农民的融资需求；通过村淘点卖出了基金等理财产品，余额宝在 2014 年就增加了 2 000 万农民用户，帮农民增收 7 亿元，再加上招财宝等理财服务，增加了农民的财产性收入。

据蚂蚁金服副总裁、网商银行行长俞胜法介绍，在前期探索的基础上，未来蚂蚁金服在农村金融领域会加大力度并加快节奏。根据规划，蚂蚁金服将在 3~5 年内支持 10 万名农村淘宝合伙人创业，截至 2015 年，已有超过 1 500 名农村淘宝合伙人获得授信。

在 3~5 年内投放 10 亿元专项资金支持回乡大学生创业，其中 2016 年计划投放 1 个亿。

同时，网商银行和蚂蚁小贷将协同农村淘宝，发放基于互联网大数据的信用贷款，让农户可以无担保、无抵押地在线获取生产资金。另外，"支付宝县"的模式也将被复制到全国，首期目标是覆盖 300 个县，让农民通过手机便利地享受现代生活服务。

资料来源：蚂蚁金服农村战略：小县域，大生态[EB/OL]. [2015-07-10]. https://www.hishop. com.cn/ecschool/o2o/show_22292.html（有改动）.

第一节　企业战略与战略规划过程

一、企业战略

安德鲁斯（K.Andrews）是美国哈佛商学院的教授，他认为企业总体战略是一种决策模式，决定和揭示企业的目的和目标，提出实现目的的重大方针与计划，确定企业应该从事的经营业务，明确企业的经济类型与人文组织类型，决定企业应对员工、顾客和社会作出的经济与非经济的贡献。

企业战略和组织结构一样，也是有层次性的。上一层级的战略会指导与规范下一层级的战略，而下一层级的战略则呼应与支持上一层级的战略。如此环环相扣，紧密呼应。而形成高度一致与协调的战略层级，也可称为战略网。企业战略受到人才、资金两方面资源的制约。要想在每个事业领域都采取最优战略是不现实的，这是企业必须进行战略选择的第一个理由。第二个理由是企业所拥有的若干经营事业之间并不是完全独立的，通常不同的事业之间有协同效果。不管是技术、商标品牌、市场网络还是经验，都可以在不同的事业之间转移和共享。

一般而言，就一个具有多个事业部门的企业而言，可以粗略地将整个企业分为三个结构层级：关系企业总体战略的高管层、各个事业部层以及各事业部以下的各个职能层。在这个组织层级架构下，战略层级可以分为企业总体战略、经营层战略和职能层战略三个层级。

1. 企业总体战略

企业总体战略也称公司层战略，是整个战略网的最高层级战略。企业总体战略是企业战略的总纲，是企业最高管理层指导和控制整个企业的一切行为最高行动纲领。企业总体战略包括企业战略决策的一系列最基本的因素：企业宗旨与使命、企业资源与配置、企业组织结构与组织形式、企业从事的行业或业务、企业发展速度与发展规模、企业的投资决策以及其他有关企业命运的重大决策。从战略管理的角度，企业总体战略涉及两个重要的问题：①在各种不同的企业活动中，应当如何确定资源配置？企业内部某个单位应当得到哪些资源？各自应当得到多少？企业内部各个部门都在争夺资源,企业战略管理的一个重要任务就是使企业内部的资源和企业经营规模相适应,并取得相应的经营成果。②在各种不同的企业活动中,应当如何确定战略管理职能的范围、组合与重点? 一系列的战略问题,如开发新业务的时机与方式,确定现有业务应当放弃或者扩展以及进行这种调整的时机与速度,每一项战略行动中基本战略方法的选择——是扩展、维持、转向还是收缩,都是企业总体战略所必须解决的。

企业总体战略是企业战略中最高层次的战略,它通过选取和管理不同市场上的不同业务来赢得竞争优势的行动,帮助公司进行新的有望提高公司价值的战略定位。企业总体战略主要包括多元化战略、一体化战略、并购战略、全球化战略等。它根据企业目标,选择企业可以竞争的经营领域,合理配置企业经营所必需的资源,使各项经营业务相互支持、相互协调。企业总体战略描述公司总方向,主要是在增长、多种业务和产品种类管理等方面的选择,包括总的战略方向、业务组合(business portfolio)选择、内部资源配置。企业总体战略是为了确保企业持续竞争优势的基本战略选择,它是拥有若干事业领域的企业在各自独立的事业战略之外的、更高层次上的、为了确保竞争优势所采取的战略方针。它决定企业在哪些事业领域,以一种什么样的事业组合竞争,不同事业间如何分配资源,等等。它是市场上企业与竞争对手竞争的基本方针,目标是使企业的经营活动能在所有竞争对手中技高一筹,使企业在与竞争对手的竞争中占据有利的位置。企业总体战略是企业环境管理的基础,从小的零售店铺到大企业集团,都离不开企业总体战略。因为,企业的事业范围一经确定,在该范围内企业如何开展活动就必须遵循一定的方针,而这个基本方针就是企业总体战略。

2. 经营层战略

经营层战略又称业务层战略、事业部战略、竞争战略,属于第二层的战略,与企业相对于竞争对手而言在行业中所处的位置相关。它是在总体战略指导下,经营管理某一个战略经营单位(SBU)的战略计划(strategic planning),是总体战略之下的子战略。重点是怎样在市场上实现可持续的竞争优势或者是改进一个战略经营单位在其从事的行业中,或某一特定的细分市场中所提供的产品和服务的竞争地位。经营层战略是在企业总体战略的制约下,指导和管理具体经营单位的计划与行动的战略层次,通常发生在事业部或战略经营单位层次,重点强调公司产品或服务在某个产业或事业部所处的细分市场中竞争地位的提高,包括竞争战略和合作战略。经营层战略的核心是一种企业专有的商业模式,能够帮助它在同对手的竞争中获得竞争优势。根据阿贝尔(Abel)的观点,业务定义的流程包括三方面的决定:①顾客需求或公司想要满足的对象;②顾客群体或公司想要满足哪些人;③独特竞争力或如何满足顾客。这三项决定是经营层战略选择的基础,因为它们决定了企业在哪个领域竞争和如何进行竞争——企业打算如何为顾客创造价值。

　　企业经营层战略是企业内部各部门在企业总体战略指导下的某个特定经营单位的战略计划。从企业外部来看，企业经营层战略的目的是使企业在某一特定的经营领域取得较好的成果；寻求竞争优势；划分消费者群体；使自己的产品区别于竞争对手的产品；实现企业的市场定位；使企业市场经营活动适应于环境变化的要求。从企业内部来看，企业经营层战略是为了对那些影响企业竞争成败的市场因素的变化作出正确的反应，需要协调和统筹安排企业经营中的生产、销售、财务、研究与开发等业务活动。企业总体战略与经营层战略的区别在于，前者主要是针对那些跨行业多种经营的企业而言，这些企业对不同的顾客、技术和产品都有不同的战略；对于从事单一行业经营的企业来说，除非它打算转向多种经营，否则它的企业总体战略与经营层战略是合二为一的。经营层战略是在总体战略的指导、制约下管理具体经营单位的计划和行动，是为企业整体目标服务的一种局部性战略。企业经营层战略的重点是要改进一个经营单位在它所从事的行业中，或某一特定的细分市场中所提供的产品和服务的竞争地位，涉及企业在自己的经营领域中扮演什么角色以及在经营单位内如何分配资源的问题。因此，经营层战略的主要问题是该业务的竞争优势，也就是该业务应该发展何种核心竞争力，以便取得竞争优势，从顾客的角度来看，也就是哪些核心竞争力能满足市场中顾客的需求，并带来最大的顾客价值。经营层战略另一个重要的问题是决定业务的范围，即界定业务所要进行竞争的战略领域，如应该进入哪些细分市场。

3. 职能层战略

　　职能层战略是企业各个职能部门在公司层战略和经营层战略的指导下制定的战略，包括市场营销战略、生产战略、财务战略、研究与开发战略、人事战略等。职能层战略是企业内主要职能部门的短期战略计划，目的在于使职能部门管理人员更清楚地认识到本职能部门在实施企业总体战略中的职责和要求，有效地履行研究与开发、营销、生产、财务、人力资源等方面的经营职能，保障企业总体战略的实现。职能层战略为营销、研究与开发等职能领域所采用，通过使公司资源产出最大化来实现公司和事业部的目标与战略。相对于其他层级的战略，职能层战略主要是为各个职能部门的人员提供一种指导原则。企业职能层战略是为贯彻和实施企业总体战略与企业经营层战略，在企业特定的职能管理领域制定的战略，重点是提高企业资源的利用效率，使其最大化。与总体战略和经营层战略相比较，企业职能层战略更加详细、具体，它是由一系列详细的方案和计划构成的，涉及企业管理和经营的所有领域，包括财务、生产、销售、研究与开发、公共关系、采购、储运、人事等各个部门。实际上，企业职能层战略是企业经营层战略的具体化，使得企业的经营计划更为可靠、充实与完善。职能层战略的主要目的是探讨在事业单位各职能领域内（如研发、生产、营销、人事、财务），如何实现该职能的最大生产力。通过该职能生产力的提高，支持经营层战略的执行。战略层级最主要的观点，在于各个战略层级不是单独存在的，而是彼此相互支持的。因此职能层战略必须支持经营层战略，而经营层战略必须支持公司层战略。另外，公司层战略规范经营层战略，经营层战略也会规范职能层战略。在一个企业内部，企业总体战略的各个层次之间相互配合、相互联系，各战略层次都构成了其他战略层次得以发挥作用的环境和条件。

小链接 4-1：五大职能战略及其任务

二、战略规划过程

在企业管理实践中，一项正式的计划对于日常的管理活动是大有好处的。有了计划，它可以使管理层事先对企业管理过程进行系统的思考；可以强制企业深化其企业目标和政策，使企业各方面的力量达到最佳组合；还可以为企业管理提供明确的操作规程标准等。一个精心策划的计划有助于企业参与其中并对环境变化作出迅速的反应，有助于对突然的变化做好充分的准备。

企业计划通常主要有年度计划、长期计划和战略计划。年度计划和长期计划主要是用于控制企业的现实业务，指导现实业务正常运行。而战略计划主要用于指导企业适应不断变化的环境并寻找有利的市场机会。因此战略计划（strategic planning）是这样一种管理过程：在企业自身的目标、能力与不断变化的营销机会之间，发展和保持一种战略性适应的过程。从静态的计划过程来看，企业战略计划过程可分为以下几个阶段（图 4-1）。

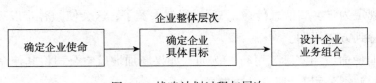

图 4-1　战略计划过程与层次

（一）确定企业使命

企业使命是指企业所追求的目标和发展方向，反映一个企业存在的特定理由，揭示本企业和同行业其他竞争者在目标上的差异，界定企业的主要产品和服务范围，以及企业所能满足的消费者的基本需求。任何企业为了在多变的市场环境中求得生存和发展，都必须有一个明确的目标和发展方向。因此，在企业制订战略计划时，首先要确定企业使命，以促使企业各个部门为实现企业使命而共同努力。

当然，企业使命会随着时间的推移和组织成长而不断变化，这就要求企业必须重新研究自己的使命。在规定、调整企业使命或确定正式使命时，一般要回答下列问题：本企业经营的业务是什么？谁是我们的顾客？顾客价值是什么？我们的业务单位应该是什么？本企业应该向哪个方向发展？是什么让公司和其他企业区别开来？等等。这些问题看起来似乎简单，但实际上很难准确而恰当地回答。

对于成功的企业来说，它们总是不断地提出并全面而认真地回答这些问题。按照传统观点，企业是用产品术语（如"我们制造家具"）或技术术语（如"我们是一家化工企业"）来规定它们的使命的。实际上使命的表述应当符合市场导向的要求。一个市场导向的使命表述应该以"满足顾客的基本需求"（而不是"制造家具"或"化工加工"）来限定本企业的业务。表 4-1 可以帮助我们进一步理解市场导向与产品导向的使命表述的不同。

表 4-1   产品导向下与市场导向下的业务定义

企业名称	产品导向下的业务定义	市场导向下的业务定义
Revlon	我们制造化妆品	我们传播生活方式和自我表现；成功和身份；回忆、希望和梦想等
Disney	我们经营主题公园	我们提供兴趣、幻想和娱乐……
Wal-Mart	我们经营折扣店	我们提供产品和服务进而为顾客传递价值
Xerox	我们制造复印机、传真机和其他办公设备	我们提供丰富的商务服务，帮助顾客扫描、储存、恢复、修改、分发、打印和出版文本资料
O.M.Scott	我们销售草种和化肥	我们提供绿色和有益于健康的庭院
Home Depot	我们销售工具和家用修缮器具	我们提供建议和解决方法，以使每个家庭成员变得心灵手巧

此外，企业在确定使命时还要注意如下一些问题。

（1）应该避免将使命规定得过于狭窄或过于宽泛。例如，生产铅笔的企业如果将自己的使命规定为"生产信息传播工具"，那就太宽了，这会使顾客难以理解，也会使本企业职工感到方向不明。

（2）企业使命应当实际、可行。例如，如果新加坡航空公司将其使命定为"成为世界上最大的航空公司"，那就是自欺欺人。

（3）企业使命应当具体。许多企业使命表述往往是为公共关系目的而确定的，因此缺乏具体的和可操作的指标。例如，"我们想通过生产高质量的产品，附带低价位的最佳服务，使本企业变成该产业领域的领导企业"，这个表述似乎很好，但实际上它太笼统。而"天国"公司的使命表述就非常具体："我们的使命是通过超越顾客的期望（最佳味道、百分之百天然热茶和冰茶、富有（天国）艺术和哲学的包装）和最有价值的茶道……培育和控制美国茶叶市场。"

（4）企业使命应该与市场环境相适应。例如，"美国女士童子军"公司以前曾规定的使命是"为年轻的女性准备做母亲和太太的职责"，在今天的环境下它就不能成功地招募员工。

（5）应依据企业特有核心能力确定企业使命。例如麦当劳可以进入太阳能商务领域，但那不是充分利用自己的核心能力，即为广大消费者提供低价食品和快捷服务。

（6）企业使命还应该具有刺激鼓动性。例如当 IBM 销售额达到 500 亿美元时其总裁约翰·阿克斯曾说，IBM 的使命是在 20 世纪末成为销售额达到 1 000 亿美元的企业；同时，微软公司的长期使命是"创造指头信息"，即将信息放在每个人的指尖。这两个企业使命相比较，显然微软公司的使命更具有鼓动性。

研究表明，富于幻想的企业多是在赚钱以外确定它们的目标。例如，迪士尼公司的使命就是"让人们快乐"。但即使如此，利润也不可能不是这些企业使命表述的一部分，相反它是一个必然的结果。据研究，自 1926 年到 1990 年期间有 18 家幻想型企业在股票市场上的表现以 6：1 的比率超过了其他公司。

（二）确定企业具体目标

企业使命需要转化为各个管理层次的具体目标，形成一套不同层次的目标体系。这一系列的目标反映了企业在一定时期内某个或某些方面要达到的水平，它们来源于企业使命，是企业使命的具体化。每一个管理人员都应有自己的目标，并负责实现该目标，这个过程被称为"目标管理"（management by objectives）。图 4-2 给出了美国孟山都（Monsanto）公司的企业目标和不同层次的营销目标。

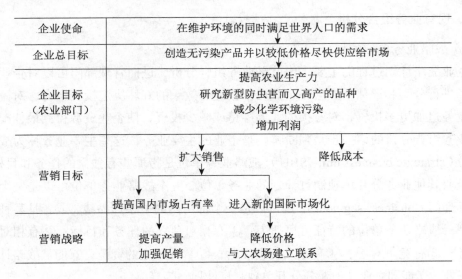

图 4-2　Monsanto 公司使命与目标体系

对于营销目标也应当尽可能详细具体或数量化。从这个意义上看，将"提高我们的市场占有率"作为一个目标，就不如规定为"在下一年度将我们的市场占有率提高 15%"更有用。因此，企业目标的确定要符合一定的要求。

第一，目标层次化。既要有全局目标，又要有部门单位目标，甚至具体到每个人都应该有相应的目标，形成完整的目标体系。

第二，目标数量化。确定的目标尽量要用具体的数值来描述，便于操作和考核。

例如，销售量、投资收益率达到多少，成本降低多少等。

第三，目标协调性。企业上下级目标之间，同级别目标之间都要互相协调，形成合理的目标体系。

第四，时间上的连续性。既要有长远目标，又要有年度近期目标，甚至具体到各个季度和月份，且各个目标在时间要能接续起来。

第五，先进合理。目标既不能定得过低，没有挑战性，也不能定得过高，以免达不到目标打击雇员的积极性，造成一系列的不良后果。

（三）设计企业业务组合

在明确了企业使命和企业目标的基础上，管理者现在必须对业务组合进行分析和规划。所谓业务组合（business portfolio）就是指企业经营的业务范围和所有产品的组合，将企业的有限资源用于效益高和发展前景良好的业务或产品上。最好的业务组合是找到最能发挥企业优势、回避劣势、适应环境和有效利用市场机会的组合。为了完成这项工作，企业必须：①分析现有业务组合，确定对哪些业务应追加投资，投资多少，或不再投资；②决定企业的成长战略，为现有业务组合增加哪些新的产品或业务。

1. 现有业务组合分析

1）战略业务单位的划分

企业战略计划过程的主要工作就是业务组合分析，进而管理部门可以对企业的各项业务进行分类和评估。然后，企业可根据经营效果的好坏决定投资组合，对盈利丰厚的业务追加更多投资，对亏损的业务维持或减少投资，使企业资源得到最佳配置。

业务组合分析的第一步是判断哪些是企业的主要业务，这些主要业务称为战略业务单位（strategic business unit，SBU）。战略业务单位是指那些有独立的任务和目标的，能同企业其他业务分开单独制订计划的业务单位。一个战略业务单位可以是一个企业的业务部门（business segment），也可以是一个部门内的一条产品线，或者是某种产品或品牌。战略业务单位的特征可概括为：①有相对独立的任务和目标；②有相对独立的业务；③有竞争对手；④有专人负责经营；⑤掌握一定的资源；⑥能从战略计划中得到好处；⑦能同企业其他业务分开单独制订计划，等等。

2）战略业务单位的评估

业务组合分析的第二步是评估各个战略业务单位的吸引力（现实效益和前景），以便作出资源配置的决策。如何评估和分析战略业务单位的吸引力呢？有些企业采取非正式的方法，即由经验丰富管理者首先观察企业业务和产品的具体组合，然后使用判断法决定每一战略业务单位应该有多大贡献、应投资多少。有些企业使用正规的业务组合计划方法，即波士顿咨询集团法（the Boston consulting group approach，简称 BCG法）和通用电气公司法（the General Electric approach，简称 GE 法），这是最有名的两种方法。

（1）波士顿咨询集团法。波士顿咨询集团是美国一家著名的管理咨询机构，该公司建议用"市场增长率—市场占有率矩阵"（growth-share matrix）对战略业务单位进行评估（图4-3），又称四象限法。图中用纵坐标表示市场增长率，即产品销售额的年增长率；用市场增长率可测量市场吸引力的大小。横坐标表示相对市场占用率，即战略业务单位的市场占有率与最大竞争对手的市场占有率之比；用相对市场占有率可测量企业在市场中的地位优势。该矩阵通过四个象限将企业的所有战略业务单位分割为四大类：明星类（stars）业务单位；金牛类（cash cows）业务单位；问题类（questions marks）业务单位和狗类（dogs）业务单位。

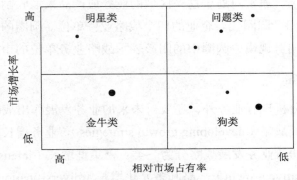

图4-3　市场增长率—市场占有率矩阵

企业对所有业务或产品加以归类后，结合企业各种业务或产品在整个企业中的地位，就可以对不同类的业务或产品采取相应的战略：明星类采取维持或发展战略，问题类采取维持、发展、收割战略，金牛类采取维持、发展、收割战略，狗类采取收割、放弃战略。每一种战略的实施，都是要通过投资来最终达到优化资源配置的目的。

（2）通用电气公司法。通用电气公司提供了一套更为复杂的投资组合分析方法，称为"战略业务计划方格"（strategic business planning grid），如图4-4所示。该方法也使用两维坐标建立分析模型。其中纵坐标表示行业或市场的吸引力，分为大、中、小三个档次；横坐标表示企业在所处产业中的业务力量（business strength），分为强、中、弱三个档次。最好的业务单位当然是那些处在具有较高行业吸引力和很强业务力量交叉区域的业务单位。

GE法认为，除了市场增长率，还有许多因素影响着行业吸引力。在评估行业吸引力时要考虑的

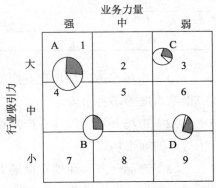

图4-4　通用电气公司战略业务计划方格

因素包括市场规模、市场增长率、行业利润、行业的成本结构、竞争激烈程度、周期性、季节性、规模经济效益、学习曲线、技术壁垒和环境影响等。

在评估企业业务力量时也不是简单地使用相对市场占有率来测量，而是要考虑相对市场占有率、价格竞争力、产品质量、顾客的了解程度、推销效率、地理优势等因素。

企业可将上述两类因素进行评估，评出各个因素的权数和分数值（如 1~10 分），再进行加权平均，即可得出行业吸引力和企业业务力量的综合评分。然后利用图 4-4 GE 法进行分析。

GE 方格共有九个格子，可以分为三个区域。第 1、2、4 号方格是一区，即最佳区，应进行大力投资；第 3、5、7 号方格是二区，即中等区，维持投资；第 6、8、9 号方格为三区，即最差区，通常对处于这一区域的业务或产品采取收割或放弃的战略。图中的 A、B、C、D 四个圆圈代表企业的四个战略业务单位。圆圈的大小表示该战略业务单位所在行业的相对规模，圆圈中的阴影表示战略业务单位的市场份额。

2. 业务增长战略

企业除了评估分析现有业务外，还要对未来的业务发展作出战略设计和规划，即制定企业的业务增长战略（developing growth strategies）。业务增长战略主要是指新业务发展战略。企业的新业务发展战略分为三类：密集型增长（intensive growth）战略、一体化增长（integrative growth）战略和多元化增长（diversification growth）战略。

1）密集型增长战略

密集型增长战略是指利用现有业务内的市场机会实现业务增长的战略。因此，如果企业现有产品和现有市场还有盈利潜力，可采用密集型增长战略。密集型增长战略的实现形式有三种，其特征可用"产品/市场扩展方格表"给予简要概括（表 4-2）。

表 4-2 产品/市场扩展方格表

市　　场	产　　品	
	现有产品	新产品
现有市场	（1）市场渗透	（3）产品开发
新市场	（2）市场开发	（多元化增长战略）

（1）市场渗透。增加现有产品在现有市场上的销量，可以采用加强广告宣传、加强推销力度等多种手段。

（2）市场开发。以现有产品打入新市场，如从本地市场打入外地市场、从国内市场打入国际市场等。

（3）产品开发。在现有市场上提供新产品或改进后的产品，以满足市场上的不同需求。例如可口可乐公司向茶饮料市场的进军。

2）一体化增长战略

一体化增长战略是指企业利用与现有业务有直接联系的市场机会求得发展的战略。与企业现有业务的直接联系方面主要有上游企业、下游企业和竞争企业，如与制造商业务有直接联系的企业主要有供应商、中间商和同行业的制造商等。因此一体化增长战略可以分为三种形式（图4-5，以制造商为例）。

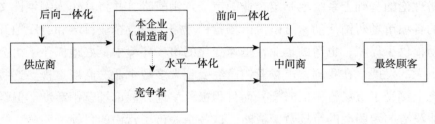

图 4-5　一体化增长战略模式

3）多元化增长战略

多元化增长战略是指企业利用与现有业务无关的方面出现的市场机会而得以发展的战略。多元化增长战略根据企业现有资源的利用情况，可分为以下三种形式。

（1）同心多元化。同心多元化即企业利用原有的技术特长并以其为核心，发展与原产品结构相似而用途不同的产品。如柴油机厂发展拖拉机、收割机和小型卡车等。同心多元化战略有利于发挥企业原有技术优势，风险小，容易成功。

小链接 4-2：某纸品制造商的"一体化"战略

小链接 4-3：恒大腾讯联手"借壳"多元化战略再升级

（2）水平多元化。水平多元化即企业利用原有的市场优势，在原来已占领的市场上，发展技术、性质及用途完全不同的产品。如农机厂发展农药和种子。

（3）综合多元化。综合多元化即企业将业务扩展到与其原来业务、技术、市场和产品毫无关系的行业中。这样做的好处是可以减少因某行业不景气带来的威胁。

第二节　市场营销战略与计划

一、市场营销战略

"市场营销"的概念自20世纪初出现以来，已逐步受到企业界的普遍重视和广泛运用。但在20世纪70年代以前，大多数企业市场营销活动的开展更注重战术上的运用，对市场营销活动缺乏整体认识，也没有意识到应该用统一的营销战略来指导具体的市场营销活动。直到20世纪五六十年代，西方企业才逐步意识到市场营销战略的重要性，理论界也对市场营销战略展开了广泛和深入的研究。到目前为止，已经形成了一套较为成熟的市场营销战略理论。其中最主要的理论有 SWOT 理论、市场竞争战略理论、STP 理论、企业营销定位战略理论、营销组合理论、业务投资组合理论、目标市场营销战略理论、市场发展战略理论等。（其中"市场竞争战略"已在第一章第二节详细介绍，其他营销战略将在后面分别介绍）与此同时，西方的企业也开始在市场营销战略理论的基础上系统地制定企业的市场营销战略，并将其作为纲领性文件来指导企业的各项市场营销活动。可以说市场营销战略为西方企业科学和有序地开展市场营销活动提供了保障，也帮助企业在迅速变化的市场环境中更好地抓住了机会，从而取得了更大的发展。在我国，市场营销已经受到大多数企业的高度重视。这些企业不但从观念上接受了市场营销的概念，而且积极科学地开展市场营销活动。但是，仍有不少企业没有制定明确的市场营销战略，这些企业市场营销的目标不明确，强调具体手段，热衷于营造概念，而对营销活动的开展也显得盲目和无序。究其根本，是对战略的重要性认识不够，同时也没有掌握科学制定市场营销战略的方法。

（一）市场营销战略的概念

在市场营销学领域中，对市场营销战略的定义及其本质的描述有很多种。我们认为，市场营销战略是指对市场营销的全局性的高层次的重大问题的筹划与指导。市场营销战略是指企业确定的在未来的某个时期欲达到的市场营销活动目标，以及为了实现这一目标而决定采取的长期的、全局的行动方案（action program）。这一定义包含两层含义。

（1）明确的战略目标。营销战略目标是企业在未来一定时期内营销活动所要达到和实现的主要目标。战略目标必须通过一定数量指标来实现，包括营销规模指标、营销效益指标、市场销售指标、营销成长率指标等。由于营销外部环境不断变化，特别是在市场交换过程中，潜在的交换方——目标顾客最终是否愿意和企业进行交换，都不是一个企业所能控制的，企业必须依据自己拥有的资源和目标顾客的需要来确定企业的市场营销目标与营销任务。

（2）可行的战略方案。企业不仅需要确定长期的市场营销任务和目标，而且需要在可能实现目标的诸方案中，选定对本企业来说，在一定的环境条件下相对最好的方案，也就是需要为达到预定的市场营销目标确定一个使企业的资源能够被充分合理地利用、能使目标顾客在一定时期的需要能被充分满足的行动方案。根据上述定义，我们认为市场营销战略的本质是在动态的市场和公司环境内作出正确的营销决策，在特定的时间和限定的资源范围内，通过系统的程序获得可持续发展的生存竞争优势。

（二）市场营销战略的特点

市场营销战略与企业的其他战略一样具有一些共同性，但同时还具有自己的特点。

（1）长远性。市场营销战略既是企业谋取长远发展要求的反映，又是企业对未来较长时期内如何生存和发展的全盘筹划。

（2）全局性。战略问题是全局问题。市场营销战略对企业的生产经营活动尤其是市场营销活动具有指导意义。市场营销战略一旦制定，企业各部门、各环节、各岗位就都要为实现这个战略而努力，都要服务于这个全局战略。

（3）应变性。这就是说战略制定后并不是一成不变的，它应根据企业外部环境和内部条件的变化适时地加以调整，以适应变化后的情况。

（4）观念性。市场营销战略的表述不是长篇大论，也不是数学模型，而是关键而简明的语言。这种观念使企业形成一种奋发向上的群体意识，并由这种群体意识产生企业整体行为规范，使企业内部的物质、制度和精神等要素达到动态平衡与最佳结合点，从而促进企业的发展。

（5）逆向思维性。中国企业的传统思维是先考虑原材料的供应，然后寻找技术，等产品生产出来后再为其寻找市场。这在卖方市场还能行之有效，但在如今的买方市场已经行不通了。市场营销战略则要求企业首先重视市场，强调市场需求是产品开发的前提和基础，先考虑市场再考虑产品。

（6）影响因素的多元性。市场是由购买者、购买力和购买动机等诸多要素相互影响构成的。影响或决定以上市场要素的因素又是多种多样的，如政治、法律、经济、技术、社会文化、地理、竞争等。这些因素相互依赖、相互作用，使市场呈现出变幻莫测的态势，给企业市场营销战略制定带来了一定的难度。

（7）竞合性。企业与市场的关系是竞争与合作的复杂统一体。市场营销战略的焦点在于达成企业目标。随着环境动荡的加剧与新经济时代的到来，仅凭一己之力孤军奋战的企业在市场上已经举步维艰，有你无我、势不两立的竞争战略更使诸多企业陷入重重困境。20世纪80年代以来，竞争战略越来越被竞合战略所替代，战略联盟、虚拟企业、战略外包等竞合策略日益成为企业战略选择的重要内容。

（8）顾客导向性。市场营销战略是以顾客为导向的战略。它从发现和分析市场的需求出发，根据市场需求作出从企业生产什么、如何生产、怎样参与竞争到如何销售以及提供何种售后服务的一系列决策。

（三）市场营销战略是企业整体战略的"神经"

现代企业要制定总体发展战略，企业的市场营销部门还必须根据企业总体发展战略和环境变化制定相应的营销战略。如果说企业总体发展战略是确定企业生存和发展的"根本"，那么营销战略就是这个"根本"的"神经"或"枢纽"。营销战略既是企业战略的一个重要组成部分，又是实现企业根本发展战略的重要保证。这就是说，营销战略的制定及实施，可以极其迅速地体现于企业发展战略中，影响和制约企业整体的发展。

在现实生活中，企业总体发展战略是企业通过环境分析及对其本身力量的分析和估计所作出的整体规划。它关系到企业的主要力量在较长时期内的使用方向、重点和方法，是所属战略经营单位营销活动的轴心。营销战略则是集中解决在市场决策上所制订的计划，它结合或概括了市场营销中每一个重要的策略，是企业战略不可或缺的组成部分。营销战略是企业整体战略的"神经"。因此市场营销战略与企业发展战略、企业技术进步战略共同构成了现代企业最重要的三大战略。

（1）总体发展战略和阶段发展战略。企业战略分为总体发展战略和阶段发展战略。总体发展战略指企业在整个发展期间的战略，它是由企业的根本性质及其与环境的密切关系决定的。它的最大特点是总体性和稳定性，主要确定企业的生存、成长和发展等重大问题。阶段发展战略是企业发展中一定阶段的战略。营销战略实际上是一种阶段发展战略。它的最大特点是阶段性和相对稳定性。营销战略的这种阶段性和相对稳定性表明：一方面，在一定的营销活动阶段，它是市场营销活动的统帅、灵魂；另一方面，相对于企业总体发展战略来说，它又是实现企业战略目标的具体行动与策略。换句话说，营销战略既是企业整个营销活动的总规划，又是将总体发展战略转化成阶段发展战略的一种战术手段。

（2）营销战略和总体发展战略相互影响与相互制约。企业营销活动的影响因素有市场环境因素和企业自身因素，这些因素的变化反映到企业营销活动中，就会引起营销战略的变化，形成营销战略阶段性的特点。某企业在 20 世纪 70 年代以生产收音机为主，到了 90 年代就可能要重新寻找目标市场，开发新产品，而这家企业的营销战略也会随之变化。因为营销战略是在企业总体发展战略的基础上形成的，是企业总体发展战略在企业发展到一定阶段的表现。企业或公司一旦确定了企业总体战略目标，也就表明了通过市场营销活动所要达到的目的。企业战略应包括营销战略，否则就会使总体发展战略流于形式，难以操作实施；同样，只有营销战略而没有总体发展战略也是不现实的，可能使营销战略成为无本之木、无源之水。营销战略和企业发展总体战略是企业战略的重要内容，二者缺一不可。企业的总体发展战略通过战略规划过程来实现；企业的市场营销战略通过营销管理过程来实现。不管怎样，企业必须建立和开发信息系统，制定目标市场开拓战略、营销组合战略，增强竞争意识。

二、市场营销计划

（一）市场营销计划的概念及内容

1. 市场营销计划的概念

市场营销计划是企业在研究市场发展前景、市场营销状况，以及对企业进行 SWOT 分析的基础上，对企业市场营销目标、财务目标、市场营销战略、市场营销行动方案以及预计损益表进行确定和控制，使企业的营销工作有序地开展和进行。

2. 市场营销计划的内容

通过制订战略计划，企业可决定对每个业务单位想要做什么。营销计划包括决定营销战略，该营销战略将有助于企业实现其总的战略目标。每项业务、每种产品或品牌都需要详细的计划。那么一个营销计划到底包括哪些内容呢？这里重点讨论产品或品牌的计划。表4-3列举了一个典型的产品或品牌计划的主要部分。

小链接 4-4：制订营销计划

表 4-3　营销计划的主要内容

内容结构	目　　的
计划概要	提出一个关于计划的主要目标和建议的简单提要，用于管理考核，帮助高级管理者尽快确定计划要点。营销计划的内容应依据这个概要
目前营销情况	描述目标市场和企业在该目标市场的定位，包括有关该市场状态、产品情况、竞争态势和分销等方面的信息
机会与威胁分析	评估产品将面临的主要机会与威胁，帮助管理者对可能影响企业及其战略的有利因素和不利因素进行预期分析
营销目标	描述企业在计划期可能实现的营销目标，讨论可能影响企业实现目标的主要问题。例如，如果企业目标是获得 15%的市场份额，那么，这里就要讲清如何实现这个目标
营销战略与策略	概括关于每一营销组合要素的具体策略，这些策略是如何对上述提到的威胁、机会和主要问题作出反应的
行动方案	说明营销战略将如何被转化为具体的行动方案，并回答如下问题：即将做什么？何时完成？由谁负责实施？需要多少费用？
预　算	列出一份支持性营销预算，即项目损益报告。该预算将计算预期的收益（销售数量和平均净价）和预期的成本（包括产品、分销和营销等）。该预算一旦被高层管理者批准，它就成为原材料采购、产品生产安排、人力资源计划和营销管理等的依据
控　制	概括将被用于过程控制与管理，以及高层管理者检查实施结果的方法，发现未实现目标的产品

1）计划概要

营销计划概要向管理者提供简要的计划的核心内容和目标。从编写顺序上来说，一般是最后书写的一部分，因为它是营销计划各部分要点的一个简短回顾，从内容上看，简单明了即可，无须过于细致，因为具体的内容在此后的各部分中会有详细的描述。

2）目前营销情况

目前营销情况主要是对企业所面临的市场营销机会和潜在问题进行分析，集中说明企业现在的处境和发展方向两方面问题。现在的处境指企业的长短处、市场容量和增长率、细分市场、新产品开发、竞争者等。发展方向指消费者市场的发展趋势，企业和行业所面临的环境因素，对销量、价格和投资的回报的预测。

3）机会与威胁分析

机会与威胁分析主要是对可能不利的市场趋势和可能出现的发展机会的正确分析与预测，以便企业管理人员在企业兴衰的重大问题上主动采取适当的对策，抓住时机，迎接挑战。在营销中广泛采用的是 SWOT 分析方法。

SWOT 分析即对研究对象四个方面的环境因素（S、W、O、T）进行分析。S（strength）表示影响研究对象发展的各种优势，一般指研究对象自身所包含的、能使其在发展中具有优势的各种因素；W（weakness）代表研究对象自身的缺点，会对其发展造成一定的不利影响；O（opportunity）指研究对象在所处的大环境中，其发展时所能够利用的各种机遇，通过抓住机遇来促进自身的发展；T（threat）代表研究对象所面临的各种威胁或者挑战，包括来自外部的竞争等。从整体上看，SWOT 可分为 SW 和 OT 两部分，SW 代表内部因素，SW 分析主要是分析研究对象的内部条件，着眼于研究对象的自身实力及其与竞争对手的比较；OT 代表外部因素，OT 分析主要是分析研究对象的外部条件，强调外部环境的变化及其对研究对象可能产生的影响。

4）营销目标

营销目标是营销计划的核心部分，是指企业在营销活动中预期完成的营销任务和预期取得的营销成果。营销目标的确定为企业营销活动指明了方向，规定了任务，确定了标准，从而增加了营销工作的目的性，它将决定随后的策略和行动方案的拟订。在确定营销目标的过程中，必须遵循以下原则。

（1）营销目标要形成一个有机的目标体系。在总目标之下应建立相应的中层目标，并将其分解为具体目标。同时应该注意各项目之间的协调和平衡，使之相互配合。

（2）确定营销目标应具有先进性和可行性。没用先进性，即缺乏一定的难度，则没有鼓励作用；若没有可行性，则目标无法实现。

（3）营销目标应具有一定的弹性。任何营销目标都应思考各种可能出现的情况变化，要有一定的伸缩性，应灵活作出调整。

5）营销战略与策略

营销战略与策略主要指企业为实现市场营销目标所灵活运用的逻辑方式或推理方法。营销战略与策略是营销计划目标得以实现的规划。它必须凭借企业各个层级和部门的有效分工与通力合作，企业所有的价值链环节都要参与其中，采购、生产、销售、广告、物流和财务等都要形成相应的战略。

一般而言，企业营销战略与策略包括：目标市场战略、产品定位战略、定价策略、渠道策略、广告策略、促销策略、市场调研策略等。

6）行动方案

行动方案是对市场营销策略的落实，是实现营销战略和目标的根本保证。行动方案要解决这样几个问题：要完成什么任务？完成任务需要多少时间？谁来负责执行该任务？完成该任务需要花多少费用？如市场营销管理人员想通过促销活动来提高某商品的市场占有率，他就有许多行动方案，包括做广告、选媒体、计算费用等。

7）预算

预算是指对整个市场营销管理活动的预算。在营销计划开展的时间内，要编制相应的财务方案。在收入方面要预算销售量和平均实现价格，以此得到预算收入，在支出方面要包括生产、销售、物流和广告等各项费用的预算，在收入预算和支出预算的基础上形成损益分析。一般而言，预算要由上级或者其他管理部门审核批准。预算通过后也可以成为营销计划的检测和控制工具之一。

8）控制

控制是市场营销计划的最后一个环节，它是对整个计划的监督和检查，并将监督和检查结果反馈给决策者。这可以显示企业实施市场营销计划、实现预期目标方面的表现和结果。该结果应包括销售收入、成本、利润和消费者的态度、偏好行为等。

一般来说，市场营销计划应包含上述八项内容，但在实际经济活动中，由于管理机构和管理人员的素质、风格、创造性不同，各企业完全可以有不同的市场营销计划，表现的形式也可以是多样化的，可以是直接的计划，也可以是营销方案等。但无论以哪种形式表现，在制订市场营销计划时都应考虑以下几点。

第一，制订市场营销计划需要掌握大量且真实准确的市场营销活动方面的信息。市场营销活动中的信息主要来源于企业的内部和外部。内部信息主要从企业的推销员、中高层管理人员和股东那里获得；外部信息主要从顾客、经销商、代理商、竞争者以及政府那里获得。无论是内部信息还是外部信息都存在好坏之分。市场营销管理人员一定要学会收集信息和检理信息，把有用的和无用的信息区分开，再对有用的信息进行处理，把准确完整的信息集中起来并使用好，把残缺不全的信息保管好、补充上。

第二，制订市场营销计划应该符合市场营销计划的客观要求，即要符合市场营销计划内容上的要求。当然，在制订具体市场营销计划时，要考虑企业的特点和性质，应该按企业的性质和特征有重点地选择计划的内容，不可牵强附会、僵化呆板。重点要计划和描述好企业的发展机会与出路，以此来鼓励职工努力奋斗，实现预期目标。

第三，制订市场营销计划中的目标时应将其锁定在通过努力奋斗可以实现的位置上。营销人员绝不可好高骛远、好大喜功，一定要在市场细分的基础上确定目标市场，实现产品定位。在制订目标和产品定位上，要做到：①目标的可衡量性，指目标能够被衡量的程度。②目标的可达到性，指通过有效的努力使目标实现的程度。③目标的可盈利性，指实现目标有利可图的程度。④目标的可行性，指确定的目标能操作的程度。

第四，制订市场营销计划时一定要客观地分析企业的内外部环境，并对内外部环境进行优劣性分析。企业营销管理人员要努力学会分析环境、改造环境、利用环境和创造环境，善于分析和观察环境变化中的市场，在市场中找感应、找需求，从而适应市场环境，满足市场要求，实现企业的价值，确保企业的发展。

第五，制订市场营销计划时一定要反映出自己企业的特色服务或自创的品牌，用特色服务或品牌战略开展一系列的营销活动。特色服务和品牌能够帮助消费者辨认某个销售者或某群销售者的产品或服务，并使之同竞争对手的产品和服务区别开来。市场营销人员一定要学会用自己的服务和品牌创造自己的营销计划。

（二）市场营销计划的作用

随着商品经济的发展和科学技术的高速发展，各企业生产的产品在技术性能上没有过多的差异，消费者对商品的选择性加强，如何确保企业在激烈的市场竞争中成长和发展，这就要求企业制订有效的营销计划。市场营销计划有以下作用。

（1）市场营销计划有利于企业实现预期目标。由于市场营销计划详细说明了企业预期的经济目标，这样就可以减少企业经营的盲目性，同时，又可以根据计划执行情况不断调整行动方案，采取相应措施，力争达到预期目标。

（2）市场营销计划有利于企业节约成本和费用。由于市场营销计划确定了实现市场营销计划活动所需要的资源，从而企业可根据资源的需要量，测算企业所要承担的成本和费用。这样，有利于企业精打细算，节约费用开支。

（3）市场营销计划有利于企业各有关人员完成各自的任务。由于市场营销计划描述了将要进行和采取的任务与行动。这样，企业就可明确规定各有关人员的职责，使他们有目的、有步骤地去争取完成或超额完成自己所接受的任务。

总之，市场营销计划对任何生产经营企业来说，都是至关重要和不容忽视的。只有详细而有策略地制订好企业营销计划，企业生产和经营的目的才能得以顺利而有效的实现。

（三）市场营销计划的类型

根据企业经营产品组织结构在贯彻现代市场观念上不尽相同，营销计划在不同的企业有着不同的形式。一般来说，可以从以下几个方面进行分类。

1. 按计划的时间长短分类

按计划时间长短，市场营销计划可分为短期计划、中长期计划、专项计划。

（1）短期计划：主要以年度计划为主（也有半年计划甚至季度计划）。短期计划的制订多以产品的季节性或生命周期为依据，如对于时装等季节性更换的产品和更新升级快速的高科技产品，大多适用短期计划。

（2）中长期计划：一般有 3 年、5 年的，也有 10 年、20 年的，要根据各企业的具体情况来制订。目前大多数企业实行中长期计划。

（3）专项计划：是企业为某个产品所做的单项计划，或者是企业为了解决某种特殊问题而制订的计划。它一般具有独立性、限时性、针对性和灵活性等特点，因此，专项计划日益成为营销计划的必要补充，被广大企业所采用。

2. 按企业的机构职能分类

按企业的机构职能，市场营销计划可分为公司整体计划、职能部门计划和利润中心计划。

（1）公司整体计划：是指整个企业的经营计划，是企业营销计划的高度概括，包括企业的营销任务、营销目标、发展战略、营销组合决策、投资决策等，但不包括整个业务单位的活动细节。企业计划既可以是年度的计划，也可以是长期的计划。

（2）职能部门计划：是指企业内部各职能部门根据公司计划的目标编制的部门计划，分为人事计划、财务计划、生产计划、销售计划等。各职能部门也要根据部门的计划制订子计划，如销售部门可下设广告、市场拓展、市场调研计划等。

（3）利润中心计划：是指企业在经营管理体制上采取按产品大类或者细分市场来设置独立核算事业单位的形式，包括品牌计划、产品计划、事业部计划等。

3. 按企业营销计划的内容分类

1）产品营销计划

（1）产品销售计划。这是以产品销售为主要内容的营销计划，包括主产品、副产品、多种经营产品可重复使用的包装物品，通过对共性质、特点的分析和市场需求的把握，制定出相应的营销策略。

（2）新产品上市计划。新产品试制成功，投入市场试销或上市，应编制上市计划方案，使新产品能够迅速打入市场。

（3）老产品更新换代计划方案。

（4）产品结构调整及产品最佳组合计划方案。

（5）产品市场生命周期分析及其不同阶段的策略计划方案。

（6）出口产品销售计划方案。

2）市场信息、调查、预测计划

（1）有关市场信息方面的计划方案：包括市场信息收集、整理、存储、传输计划，企业市场信息系统建立计划，市场信息网络及与外部信息联网的计划等。

（2）有关市场调研方面的计划方案：包括用户调研、产品调研、竞争对手调研、流通渠道调研、技术服务调研及未来市场领域分析研究等方面的计划。

（3）有关市场预测方面的计划方案：包括市场预测计划、市场环境监控系统计划等。

3）促销方案

（1）人员推销计划：包括推销人员选拔、培训计划，推销人员考核、奖惩计划等。

（2）广告宣传计划：包括宣传计划，广告计划，广告预算，产品样本、目录等的设计、制作、分发、反馈计划，不同广告媒体选择及建立计划等。

（3）营业推广方面的计划：营业推广总体设计计划及其单项计划，包括促成交易的营业推广计划、直接对顾客的营业推广计划等。

（4）公共关系方面的计划：包括公共关系的目标、对象、活动方式及发展方面的计划等。

4）分销渠道设计方案

（1）销售网络建立与发展计划。

（2）有关流通渠道完善计划：包括与仓储、运输、银行、保险、海关、广告、邮电、旅游等部门建立广泛的横向经济联系的计划等。

（3）建立或参加企业集团、企业群体、科技生产联合体以及发展横向经济联合的计划等。

5）综合营销计划方案

企业市场营销计划是个完整的计划体系，在现实的市场营销活动中，必须把上述计划全部组织在计划体系之中，进行综合平衡、全面安排，使之能统筹兼顾、相互协调。同时，还要把营销观念、营销方针、目标战略、市场营销因素及组合等定性计划以及提高企业市场营销竞争能力、市场开拓能力、适应环境能力、提高经济效益能力等方面的措施列入计划，组成综合营销计划。

第三节　市场营销计划的实施、反馈与控制

一、市场营销计划的实施

企业策划和确定市场营销组合后，下一步就是付诸实施，以尽快占领目标市场，实现企业营销目标，于是市场营销管理的全过程就由分析、计划、实施和控制四大职能构成。图4-6就表明了市场营销管理四个职能之间的关系。

市场营销计划实施的步骤如下。

（一）制订行动方案

为了有效地实施市场营销战略，必须制订详细的行动方案。这个方案应该明确市场营销战略实施的关键性决策和任务，并将执行这些决策和任务的责任落实到个人或小组。另外，还应该包含具体的时间表，定出行动的确切时间。

（二）建立组织结构

企业的正式组织在市场营销执行过程中起着决定性的作用，组织将营销战略实施

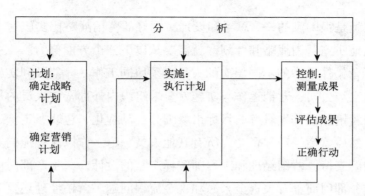

图 4-6 分析、计划、实施和控制之间的关系

的任务分配给具体的部门和人员，规定明确的职权界限和信息沟通渠道，协调企业内部的各项决策和行动。企业的营销战略不同，相应建立的组织结构也应有所不同。

组织结构具有两大职能，首先是提供明确的分工，将全部工作分解成管理的几个部分，再将它们分配给各有关部门和人员；其次是发挥协调作用，通过正式的组织联系沟通网络，协调各部门和人员间的行动。

（三）设计决策和报酬制度

为了实施市场营销战略，还必须设计相应的决策和报酬制度。这些制度直接关系到战略实施的成败。就企业对管理人员工作的评估和报酬制度而言，如果以短期的经营利润为标准，则管理人员的行为必定趋于短期化，他们就不会有为实现长期战略目标而努力的积极性。

（四）开发人力资源

市场营销战略最终是由企业内部的工作人员来执行的，所以人力资源的开发至关重要。

（五）建立企业文化

企业文化是指一个企业内部全体人员共同持有和遵循的价值标准、基本信念和行为准则。企业文化对企业经营思想和领导风格、对职工的工作态度和作风均起着决定性的作用。

企业文化和管理风格一旦形成，就具有相对稳定性和连续性，不容易改变。因此，企业战略通常是适应企业文化和管理风格的要求来制定的，企业原有的文化与风格不宜轻易改变。

（六）市场营销战略实施系统各要素间的关系

为了有效地实施市场营销战略，企业的行动方案、组织结构、决策和报酬制度、人力资源、企业文化和管理风格等五大要素必须协调一致、相互配合。

计划的实施是很困难的——思考和设计一个好的营销战略比实施这个战略要容易得多。要成功地实施营销战略和计划，就需要从以下三个方面努力。

（1）处于营销体系中的不同层次的人员必须协同工作，才能顺利实施营销计划和战略。例如在宝洁公司，营销运作与实施就要求组织内外部全体人员的每个决策和活动协调一致。营销经理首先对有关目标市场细分、品牌化、包装、定价、促销和分销等进行决策；然后营销经理和企业内所有其他人员一道工作以赢得他们对所策划的产品和项目计划的支持。营销经理和工程师解释产品的设计，与生产部门讨论生产和存货水平，与财务部门商量有关资金来源和现金流程问题。营销经理还要与企业外部有关部门和人员友好合作，如为了吸引公众，他们要与广告代理共同策划广告活动和媒体；销售部门要尽力敦促零售商推广宝洁公司的产品，提供宽敞的货位或货架等。

（2）要想成功地实施营销战略与计划，企业应将人员、组织结构、决策和奖惩系统以及企业文化等整合为有内聚力的行动方案来支持其营销战略。在企业组织的所有层次上，企业都要配备具有所需技术的、有进取心的和有个性的职员；在实施营销战略过程中，企业的正式组织结构发挥着重要的作用。决策和奖惩系统也同样非常重要。例如，如果企业奖励的是获得短期利润成果的经理，那么对于他们建立长期的营销目标就只有很小的刺激。

（3）要成功地实施营销战略与计划，企业的营销战略还必须与企业文化、价值体系和全体员工的共同信念相适应。经对绝大部分成功的美国企业研究发现，这些企业在强烈的市场导向目标基础上，都具有几乎像宗教信仰一样的企业文化。例如沃玛特（Wal-Mart）、微软（Microsoft）、诺德斯特龙（Nordstrom）、花旗（Citicorp）、宝洁（P&G）、迪士尼（Walt Disney）和Hewlett-Packard等企业，"雇员都有这样的强烈信念，即在他们的心中都知道什么对本企业是正确的"。

二、市场营销组织

企业必须建立一个能够实施营销战略与计划的营销部门。如果企业很小，一个人就可能包揽所有的营销管理工作，包括市场调研、顾客服务和其他活动等。但随着企业规模的扩大，为了计划和实施营销活动，就有必要形成一个营销管理部门。在大型企业内，这个部门由许多专家组成，如产品经理、销售经理和销售人员、市场调研人员、广告及其他方面的专家等。

现代营销部门的组织形式主要有以下几种类型。

（一）功能型组织形式

功能型组织（functional organization）形式是比较普遍的营销部门组织形式。它的特点是按照营销活动的各种功能分别由不同的专业人员担任经理，由营销副总经理统一领导，以便协调各功能专业人员的活动。图 4-7 中列出了五个专业职能，在实践中，企业可以根据需要增设其他功能的专业人员，如顾客服务、营销计划和实体分销等。

图 4-7　功能型组织结构

这种组织形式的优点是便于管理，但当产品增多、市场扩大时，它的不足会显露出来。例如，①由于无人对某个产品或某个市场负完全责任，因此所制订的营销计划中可能遗漏不被专业人员重视的产品或市场；②各功能专业群体为了争取更多的预算和更重要的地位而使营销副总经理经常面临如何协调的问题。

（二）地区型组织形式

在全国范围市场上销售产品的企业可将其销售人员（有时也将其他功能的专业人员）按照地理区域进行组织（geographic organization），如图 4-8 所示。该图表示所有营销职能由营销副总经理统一领导；销售业务专设全国销售经理 1 人统一管理，下属 4 名大区销售经理，每一名大区销售经理下属 6 名地区销售经理，每一名地区销售经理领导 4 名分区销售经理，每一名分区销售经理领导 20 名销售员。

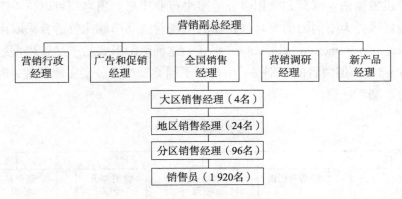

图 4-8　地区型组织结构

这种组织形式的优点是构成一个分布全国的（或全球的）销售网络，而且销售网络自上而下的控制幅度逐步扩大，使较高层次的主管人员有更多的时间管理其下属，使形成的网络在管理上较为严密和有效。但地区层次的划分必须既有利于扩大产品销售，又有利于企业的统一管理。

（三）产品管理型组织形式

当企业生产和经营的产品种类很多，产品之间的差异又很大时，就会超出功能型组织形式的处理能力。这时候，企业可以按照产品或品牌建立市场营销组织。这种组织形式不是代替功能型管理组织，而是在功能型管理组织基础上增设一个产品管理的层次，即形成产品管理型组织（product management organization）形式。

产品管理组织由一个产品主管经理领导，由他监督管理若干个产品线经理，每一个产品线经理监督管理若干个产品品牌经理，每个产品品牌经理负责管理一个产品品牌，如图4-9所示。

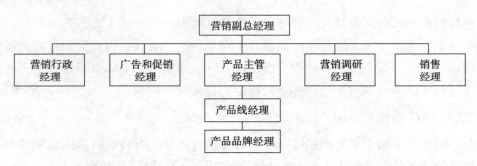

图 4-9　产品管理型组织结构

（四）市场管理型组织形式

很多企业往往将产品出售给不同类型的市场，如钢铁公司可以将钢材出售给铁路、建筑、机械制造、家具和公用事业等多个行业用户。当客户可以按不同的购买行为或产品偏好区分为不同的类型时，企业的市场营销部门就比较适合采取市场管理型组织（market management organization）形式。这种组织形式与产品管理型组织形式基本相同（图4-10）。但两者的区别是，由按照不同类型产品分别实施管理，现改为按照不同类型的市场实施管理。

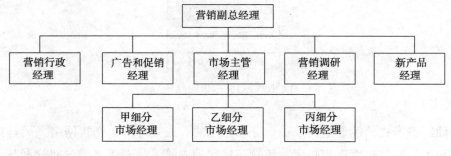

图 4-10　市场管理型组织结构

市场管理型组织形式是在功能型组织形式的基础上增设市场管理机构，由一位市场主管经理负责监督管理若干细分市场经理（如甲、乙、丙等细分市场）。市场主管经理的职责与新产品经理的职责类似。市场主管经理要为自己管辖的市场制订长期、年度营销计划，分析市场发展的状况和企业向该市场应提供的新产品。市场主管经理的工作业绩是由市场占有率的增长而不是由在该市场所获得的利润量来决定的。

这种组织形式的最大优点是，由它所组织的营销活动是为了满足不同类型顾客的需要，而不是集中于营销功能、销售地区或产品的本身，从而有利于贯彻市场导向的现代营销观念。

（五）综合型组织形式

那些生产许多不同类型产品的大型企业，它们会覆盖许多不同的地理区域和顾客市场，这些企业往往不采取单一的组织形式，而是采取综合型组织（combination organization）形式，即由功能的、地理的、产品的及市场管理的结构等有机结合的组织形式。

综合型组织形式的优点是能确保每种功能、每种产品和每个区域市场获得有效的管理，但其缺点是增加了管理的成本层次，降低了组织的灵活性。

小链接 4-5：阿里巴巴集团启动生态系统组织变革

三、市场营销控制

市场营销控制（marketing control）是指测量和评估营销战略与营销计划的执行结果，采取正确的营销行动以保证最终实现营销目标的过程。由于在营销计划实施过程中经常会发生不可预见的现象，因此营销部门必须进行连续性的营销控制。这个控制过程可分为四个阶段（图 4-11）。

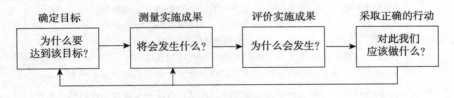

图 4-11 营销控制过程

首先，管理者要确定具体的营销目标；其次，用此目标测量营销战略和计划的实施成果（绩效），评估期望与现实之间出现差异的原因；最后，管理者会采取正确的行动以弥补这个差异。这时候，可能要改变原行动计划或者改变原定目标。

营销控制可以分为行为控制（operation control）和战略控制（strategic control）两个层次。

（1）行为控制。行为控制是指检查相对于年度计划的执行情况和经营过程的绩效，以在必要的时候采取正确的行动（措施）。它的目的是保证企业年度计划规定的销售额、利润和其他目标的实现。当然，还包括依据利润原则选择不同的产品、不同的地区、不同的市场和渠道等。

（2）战略控制。战略控制是指监控企业的基本战略与市场机会的匹配程度是否最佳。营销战略与营销项目可能很快就过时，因此每个企业都应该定期地重新评估它的总体市场。这种战略控制的主要工具之一就是营销审计（marketing audit）。

营销审计是指对企业的营销环境、目标、战略和具体活动等加以综合的、系统的、独立的和定期的检查与考核，以便确定问题所在，寻求新的营销机会，并为改进企业经营状况提出行动计划和建议。可见，营销审计并非只关心有问题的方面，而是涉及了企业主要的营销领域。它要评估审计企业的营销环境、营销战略、营销组织、营销系统、营销组合、营销效率和创利能力以及营销职能等各个方面。营销审计一般由一个客观的和经验丰富的外部机构来完成。表 4-4 列举出营销审计人员可能要询问的一些问题。审计完毕，管理者就要决定哪些行动富有意义，决定如何和何时付诸行动等。

表 4-4　营销审计中的问题

审计类型	主 要 问 题
营销环境审计	1. 宏观环境：有哪些人口的、经济的、自然的、技术的、政治的和文化的因素为本企业提供了威胁与机遇？ 2. 市场与顾客：市场规模、增长潜力、区域分布和利润前景如何？ 　　　　　　主要的细分市场是什么？消费者如何进行购买决策？ 　　　　　　消费者是如何依产品的质量、价值和服务为企业排队的？ 3. 营销系统中的其他因素：本企业的主要竞争者是谁？ 　　　　　　竞争者的战略及它们的优势和劣势是什么？ 　　　　　　本企业的分销渠道现状如何？ 　　　　　　有哪些因素正影响着供应商？ 　　　　　　哪些公众提出了问题或机会？
营销战略审计	1. 企业的使命与营销目标：企业使命的定义清楚吗？是市场导向吗？ 　　　　　　企业确定了明确的营销目标吗？ 　　　　　　这个目标能指导营销计划的制订与实施吗？ 2. 营销战略：企业具有一个确保实现目标的营销战略吗？ 3. 预算：企业有足够的资源支持确定的细分市场和营销组合要素吗？
营销组织审计	1. 标准结构：营销活动可以按照职能、产品、市场和区域建立理想的组织结构吗？ 2. 职能效率：营销和销售可以进行有效的沟通吗？对营销人员进行了很好的培训、控制管理、激励和评估吗？ 3. 交叉职能效率：营销人员是否与其他职能部门（如研发部、采购部、人力资源部、信息技术部等）进行了很好的合作？
营销系统审计	1. 营销信息系统：营销情报系统是否能提供及时而准确的信息？ 　　　　　　本企业在使用有效的营销调研系统吗？ 2. 营销计划系统：企业已有年度计划、长期计划和战略计划吗？ 　　　　　　这些计划已经实施了吗？ 3. 营销控制系统：年度计划目标实现了吗？管理者是否定期地分析产品、市场、渠道和销售利润？ 4. 新产品开发：企业是否已确立新产品开发的有效程序？ 　　　　　　本企业已有开发成功的新产品了吗？

续表

营销效率审计	1. 利润分析：就不同的产品、不同的市场、不同的渠道来说，其利润如何？企业应该进入、拓展或退出某业务细分市场吗？ 2. 成本/效益分析：企业的营销活动已经超越预算成本了吗？如何减少成本？
营销职能审计	1. 产品：企业产品线目标是什么？ 某些现有产品应该逐步淘汰（或增加新产品）吗？ 某些产品由于其质量、属性或风格的改进而大有成效吗？ 2. 价格：企业定价政策和定价程序合理吗？ 现有价格与顾客感觉价值一致吗？ 3. 分销：企业的分销目标和分销战略是什么？ 应改变现有分销渠道（或增加新渠道）吗？ 4. 促销：企业是否有最佳的广告、营业推广和公共关系计划？ 销售团队是否达到规模？ 是否有很好的培训、控制管理和激励机制？

本 章 小 结

从静态来看，企业战略计划过程可分为确定企业使命、确定企业目标、设计企业业务组合、计划营销与其他职能战略四个阶段。

拓展阅读 4-1：新日：绿色交通领航者

企业在设计业务组合时，首先，可采用波士顿矩阵法和通用电气法对现有业务组合进行分析；其次，制定企业的新业务发展战略，可分为三类：密集型增长战略、一体化增长战略和多元化增长战略。

营销控制与营销分析、营销计划、营销计划实施、营销组织紧密相连。常见的营销组织形式主要有功能型、地区型、产品管理型、市场管理型和综合型等类型。在营销控制过程中，首先，管理者要确定具体的营销目标；其次，用此目标测量营销战略和计划的实施成果（绩效），评估期望与现实之间出现差异的原因；最后，管理者会采取正确的行动以弥补这个差异。营销控制可以分为行为控制和战略控制两个层次。

 重要名词

战略计划 业务组合 市场营销组合 营销部门 营销控制

 即测即练题

复习思考题

1. 企业战略计划过程主要分为哪几个阶段?
2. 如何对现有业务组合进行分析? 波士顿咨询法与通用电气公司法有何区别?
3. 业务增长战略主要分为哪几种类型?
4. 请举例说明市场营销管理过程。
5. 营销部门的组织形式主要有哪几种类型? 它们各有哪些优缺点?

案例

第五章

选择和聚焦目标顾客
——从市场聚焦到顾客、差异化利益点

【本章提要】

> 通过本章学习，我们需要了解如何评估和选择细分市场，掌握目标市场的类型及选择目标市场考虑的因素，了解市场定位的内涵及依据、市场定位战略的类型，掌握实施市场定位战略的步骤。

 引例

为何穿牛仔？男人更多的是为了彰显男人坚韧的硬汉形象，女人更多追求的是魔鬼一般的曲线身段。

李维斯（Levi's）的目标市场以男性为主，品牌定位是坚固；商标的图像中就是两匹马各拉着牛仔裤的一条裤管往两个相反的方向使劲拽；其在推广李维斯501时，用一个吊在空中练习拳击用的硕大沙袋作为主画面，寓意李维斯牛仔裤的品质就像这个拳击沙袋一般，任凭你折磨、捶打，坚固耐磨，"李维斯501，天生抗打磨。"

Lee 牌牛仔的目标市场是女性，品牌定位是贴身；女性平均试穿十几件牛仔才可能选中一件称心的，贴身是女性最关心的，大多数女性都需要一种在腰部和臀部很贴身且活动自如的牛仔装；为此，其独家开发了曲线型牛仔迎合了女性的这种潜在需求，凸显了女性的身材和线条，为女性的性感和魅力增色良多。

牛仔天生就是用来流行的，离开了酷和炫，其存在的价值将贬损一半；看看可口可乐、百事可乐、耐克等流行前线品牌，围绕核心定位的每一个传播动作的目的就是引发人们疯狂地追随，同样，作为流行风向标的牛仔装也必然需要走好这座独木桥。

第一节　STP 战略及其过程

STP 是营销学中营销战略的专用术语，它们是市场细分、目标市场、市场定位和

传播定位（communication positioning）等术语的英文字头简称，它们是构成公司营销战略的核心要素。

企业要想使自己的营销效果最好或效率最大化，首先就要设计好 STP 战略，而且要遵循一个程序，即先进行市场细分，再选择目标市场，然后进行市场定位，最后传播确定的市场定位，为市场所知。

一、市场细分

市场细分是美国著名市场学家温德尔·斯密于 1956 年提出的概念。市场细分是指企业按照消费者的需求特性，把整个市场划分为不同的子市场，以用来确定目标市场的过程，如汽车市场可分为作为交通工具的客户群、追求安全的客户群、追求时尚的客户群等。随着消费者的需求日益多样化和复杂化，市场细分的必要性和重要意义越来越明显。

但是，科学合理的市场细分不是以细分为目的，而应以发掘市场机会为目的。有些企业曾实行"超细分战略"，许多市场被过分地细分，导致产品价格不断增加，影响产销数量和利润。于是，随着市场细分过细带来的成本问题以及对规模经济的考量，一种被称为"反细分战略"的概念应运而生。所谓反细分战略并不是反对市场细分，而是"异中求同"地将许多过于狭小的市场组合起来，以便能以规模营销优势达到以较低的成本和价格去满足这一市场的需求。

此外，随着互联网逐渐渗透人们的日常生活中，消费者对于网络社区、群组、联盟和社团的参与越发普遍和频繁，在这过程中消费者逐渐将自己划分到各个社区，出现"自我细分"（self-segmentation）的现象。这时的细分标准通常包括共同的性格特点、兴趣爱好或个人需求，相较于客户关系管理（CRM）数据中如魔方般复杂的人口统计学、心理学等各种变量，这种"自我细分"似乎更精确，也更能反映客户的属性，因此，这样的"自我细分"也大大削减了企业客户界定和分类（从巨大市场中筛选出潜在客户）所需的成本、时间和繁重工作，为企业提供了更准确的潜在购买行为指引，其效果远优于依靠客户居住地或政治倾向进行分类的方法。

社区还具备传统的细分法难以比肩的优势。首先社区内的成员互动是营销人员最理想的情报中心，他们能够收集到未经市场研究公司过滤的最直接的客户反馈。其次，企业可以参与到品牌对话中，而不是每天与 3 000~5 000 条有如地毯式轰炸的客户留言作战。企业只要遵守社区规定，就可以尽情与客户互动，而不会吃到"拒访拒电，请勿发送电邮"的闭门羹。最后，热情的参与者可以为产品开发提供指引，找到服务或其他领域中存在的瑕疵，帮助企业提升品牌形象。以戴尔的客户社区为例，该社区不仅提供产品建议并提示存在的问题，而且帮助客户学会如何让电脑物尽其用。

企业可以利用三种方法合理利用自我细分社区：①加入社交网络。通过进入第三方平台的消费者社区或者自建的企业品牌社区并与社区消费者互动，了解其消费行为，便于为企业的营销决策提供支持。②追踪在线信息行为。企业通过个性化操作和协同过滤加深对细分群体的了解，如收集客户的个人兴趣、点击流量、曾经访问的页面等。③大规模定制。大规模定制即企业提供基础产品和服务，客户根据自身需要量体裁衣，企业凭借对客户选择的分析，让市场细分变得易如反掌。

二、目标市场

从一系列细分后的市场中选择出最适合本企业进入的市场，企业选出并决定为之服务的那个（些）市场即为企业的目标市场。在确定目标市场之前，企业必须首先对不同的细分市场进行评估，然后决定有多少个和哪一个可以作为本企业的目标市场。

三、市场定位

目标市场确定后，企业就要在目标市场上进行定位了。市场定位是在企业全面了解、分析竞争者在目标市场上的位置后，确定自己的产品应该在顾客心里占据独特的、有价值的位置的营销活动。关于市场定位的具体理论将在后续展开。

四、传播定位

对于确定好的定位，企业要做的就是如何将自己的定位传播出去。在这个"酒香也怕巷子深"的时代，传播定位旨在让企业将其为目标消费者提供的核心价值传达给消费者，让定位转化成真正的市场消费力，做到企业利润最大化。

第二节　市场细分与目标市场选择

一、市场细分的模式

按照顾客对产品不同属性的重视程度划分，有三种市场细分的模式。

（1）同质偏好，即所有消费者具有大致相同的偏好。顾客对产品不同属性的重视程度大致相同，现有产品品牌基本相似。

（2）分散偏好，即所有消费者的偏好各不相同。不同品牌定位于市场上各个空间，通过突出差异性，来满足消费者的不同偏好。

（3）集群偏好，即不同消费群体有不同的消费偏好，但同一消费群体的偏好大致相同，这种市场细分也被称为"自然细分市场"。

二、市场细分的方法

（一）单一变量细分法

单一变量细分法，是指根据市场调研结果，把选择影响消费者或用户需求最主要的因素作为细分变量，从而达到市场细分的目的。这种细分法以公司的经营实践、行业经验和对组织客户的了解为基础，在宏观变量或微观变量间，找到一种能有效区分客户并使公司的营销组合产生有效对应的变量而进行的细分。例如，玩具市场需求的主要影响因素是年龄，可以针对不同年龄段的儿童设计适合不同需要的玩具，这早就为玩具商所重视。除此之外，性别也常作为市场细分变量而被企业所使用，妇女用品商店、女人街等的出现正反映出性别标准为大家所重视。个体消费者市场细分的主要变量及举例一览表如表 5-1 所示。

表 5-1　个人消费者市场细分的主要变量及举例一览表

地理类变量	世界区域或国家	北美、西欧、中东、中国、印度、加拿大、墨西哥等
	国内区域	沿海地区、华北地区、东北地区、西部地区、珠江三角洲等
	城市（人口规模）	50 万人以下，50 万~100 万人，100 万~200 万人，200 万~300 万人，等
	地区人口密度	城市、城郊、乡镇和农村
	地区气候	北部地区，中部地区，南部地区
人口统计类变量	年龄	6 岁以下，6~11 岁，12~19 岁，20~34 岁，35~49 岁，50~64 岁，65 岁以上
	性别	男性，女性
	家庭规模	1~2 人，3~4 人，5 人以上
	家庭生命周期	单身青年；已婚青年，无小孩；已婚青年，有小孩；已婚中老年，有子女；已婚中老年，子女 18 岁以上；单身中老年
	收入	月收入 500 元以下；500~1 000 元；1 000~1 500 元；1 500 元以上
	职业	专业技术人员；经理；政府官员；业主；职员；售货员等
	受教育程度	小学及以下；初中；高中或中专；大学；研究生等
	宗教信仰	天主教；东正教；伊斯兰教；佛教；犹太教等
	种族（race）	黑人；白人；黄种人
	民族（nationality）	汉族；回族；藏族；维吾尔族；朝鲜族；布依族等
心理类变量	社会阶层	下层；中下层；工薪层；中层；中上层；上层；上上层等
	生活方式	节俭朴素型；崇尚时髦型；爱阔气讲排场型等
	个性	内向型；外向活跃型；易动感情型；爱好交际型；专横跋扈型等
行为类变量	购买理由	一般购买理由；特殊购买理由
	利益寻求	质量；服务；经济廉价；舒适；速度等
	使用者情况	未使用者；曾使用者；潜在使用者；初次使用者；常使用者
	使用频率	少量使用；中量使用者；大量使用
	品牌忠诚度	游离忠诚者；转移忠诚者；适度忠诚者；绝对忠诚者
	购买准备阶段	不知道；知道；了解清楚；已有兴趣；希望拥有；打算购买
	对产品的态度	有热情；肯定；冷淡；否定；有敌意
	营销因素	价格；产品质量；售后服务；广告宣传；销售推广等

（二）主导因素排列法

主导因素排列法是指用一个因素作为主导因素对市场进行细分，如按性别细分化妆品市场、按年龄细分服装市场等。这种方法简便易操作，但有时难以反映复杂多变的顾客需求。

拓展阅读 5-1：麦当劳瞄准细分市场需求

（三）综合因素细分法

综合因素细分法，是指用影响消费者需求的两种或两种以上的因素进行市场细分，如用生活方式、收入水平、年龄三个因素可将妇女服装市场划分为不同的细分市场，如图 5-1 所示。

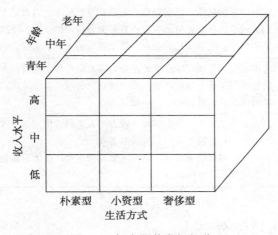

图 5-1 妇女服装市场细分

（四）多阶段细分法

当细分市场所涉及的因素是多项的，并且各因素是按一定的顺序逐步进行，可由粗到细、由浅入深，逐步进行细分，这种方法称为多阶段细分法。此时的市场细分结果将会变得越来越具体，如某地的皮鞋市场就可以用此细分法做如下细分（图 5-2）。

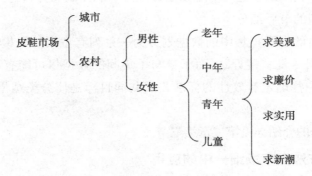

图 5-2 多阶段细分法

在产业市场细分中往往更多使用多阶段细分法。用于产业市场细分的主要变量如表 5-2 所示。

表 5-2　用于产业市场细分的主要变量

地理变量	产业类别：我们应重点关注购买这些产品的哪一类别的产业 公司规模：我们应重点关注多大规模的企业 公司位置：我们应重点关注哪一地区的需求
业务变量	技术：我们应重点关注有怎样技术的客户 使用情况：经常使用者；一般使用者；不常使用者；非使用者 顾客接受能力：需要更多服务的客户；需要较少服务的客户
采购方式	采购职能单位：高度集中采购单位；分散采购单位 权力结构：技术决策导向；财务决策导向；营销决策导向 现有关系的性质：已有稳定关系的企业；追求更合意的企业 购买政策：喜好租赁的企业；喜好服务合同的企业，系统购买者 采购标准：追求质量的企业；追求服务的企业；追求廉价的企业
处境变量	急迫情况：需要尽快送货的企业；需要尽快提供优质服务的企业 具体应用：部分应用本企业的产品；全部应用本企业的产品 订购规模：大量订购者；小量订购者
购买者特点	买卖者间相似性：我们应关注对方的人员和价值观念与我们是否相似 风险意识：冒险型客户；避险型客户 忠诚度：对供应商及其产品高度忠诚的企业；低度忠诚的企业； 　　　　不忠诚的企业

三、聚类方法与市场细分

（一）聚类方法概述

客户市场细分主要分为事前细分和事后细分，事前细分基于客户特征变量，如年龄、性别、所属行业、受教育水平等对客户进行细分，但这样的细分忽视了客户的态度及决策等行为，而事后细分则主要基于客户的需求、对产品的态度等心理描述特征以及决策等行为，运用因子分析对变量指标降维，利用聚类分析得到细分类群结果。聚类方法就是典型的事后细分。

聚类分析的目的在于把集中的数据划分为一系列有意义的子集（或称类），使得每个子集中的数据尽量"接近"，而子集与子集间的数据尽可能有"很大差异"。许多文献中提出了一些确定有效性的标准，其共同目标是使分类结果达到类内紧密、类间远离。

关于聚类方法的介绍详见第三章第三节。

（二）聚类方法在市场细分中的应用

聚类方法作为市场细分的重要工具广泛应用于企业的市场细分战略及行业研究

中，目前在 SPSS 和 SAS 等分析工具中均有聚类分析的工具包，使得聚类分析使用起来更加便捷。接下来对于聚类方法的应用，这里将以其在中国消费者分群中的应用为例，结合 SPSS 分析工具进行介绍（小链接 5-1）。

小链接 5-1：基于聚类方法的中国消费者细分

聚类分析是根据生活形态所抽取的 11 个评价因素为基础变量，对 70 684 个样本在评价因素上的得分进行非谱系聚类分析，将其区分为意识导向互异的 14 个分众群体，分析采用 SPSS 分析工具。然后对其分众集中度进行了纯度检验。表 5-3 是旋转后各因子（主成分）与组别的均值结果。根据表中每一类群消费者的因子的特征，我们最终将消费者的生活形态分为 14 个类别，即组别 1 为经济头脑族，组别 2 为求实稳健族，组别 3 传统生活族，组别 4 为个性表现族，组别 5 为平稳小康族，组别 6 为工作成就族，组别 7 为理智事业族，组别 8 为随社会流族，组别 9 为消费节省族，组别 10 为工作坚实族，组别 11 为平稳求进族，组别 12 为经济时尚族，组别 13 为现实生活族，最后组别 14 为勤俭生活族。

表 5-3　旋转后各因子（主成分）与组别的均值结果

组别	因子（主成分）										
	C1	C2	C3	C4	C5	C6	C7	C8	C9	C10	C11
1	−0.48	0.07	0.34	0.16	−0.42	−0.58	−0.42	0.38	**0.83**	**1.16**	0.12
2	**0.95**	**1.25**	0.24	−0.62	−0.29	−0.19	**−0.96**	−0.23	0.27	−0.50	−0.25
3	0.43	−0.22	0.28	−0.04	**0.74**	**1.10**	−0.02	−0.25	**−0.81**	−0.61	−0.18
4	−0.41	0.29	0.11	−0.35	−0.17	0.62	0.63	**−0.97**	**0.95**	−0.09	−0.21
5	**−0.69**	−0.29	0.31	−0.02	−0.59	0.48	0.84	**0.90**	0.20	−0.54	−0.56
6	−0.60	−0.37	0.39	0.01	0.16	−0.24	−0.02	**−1.10**	−0.44	−0.04	**1.25**
7	0.14	0.36	−0.58	**1.09**	**−0.70**	0.68	−0.21	−0.09	−0.23	0.33	0.15
8	0.11	−0.20	−0.47	0.39	**0.98**	0.09	−0.07	0.10	0.60	0.22	−0.01
9	0.13	0.56	**0.74**	**1.00**	0.13	**−0.97**	0.60	−0.46	−0.60	−0.52	
10	−0.21	−0.64	**0.77**	−0.47	−0.16	0.24	−0.58	−0.06	−0.60	**1.02**	**−0.74**
11	−0.69	0.37	0.05	−0.50	−0.16	0.14	−0.51	**0.94**	−0.27	−0.55	**1.03**
12	−0.39	−0.47	**−1.21**	−0.38	−0.34	**−0.64**	−0.31	−0.40	−0.34	−0.39	**−0.68**
13	**1.29**	**−0.86**	0.29	−0.27	−0.53	−0.40	0.28	0.26	−0.40	**0.53**	
14	0.50	**0.65**	−0.16	−0.56	0.35	−0.33	**0.90**	0.40	−0.51	0.79	0.10

表 5-4 的判别分析的均值检验结果显示 F 值的 C7 最小为 1 854.244，C10 最大为 2 582.377，Sig. 值均极低。说明这些变量在不同类群中均值不同是由于类群间差异所致，而不是有随机误差引起的，表明各组中均值差异显著。

表 5-5 为判别回代检验结果。从表 5-5 中数据可以看到，包含组别 14 变量的判别函数进行分类的小结。可以看出"经济头脑族"的 4 313 个样本中，有 4 157 个样本被

表 5-4　判别分析的均值检验结果

	Wilks' Lambda	F	$df1$	$df2$	Sig.
C1	0.681	2 508.498			0.000
C2	0.728	1 995.762			0.000
C3	0.708	2 208.101			0.000
C4	0.729	1 987.380			0.000
C5	0.711	2 169.445			0.000
C6	0.701	2 279.276	13	69 509	0.000
C7	0.743	1 854.244			0.000
C8	0.695	2 342.666			0.000
C9	0.707	2 219.665			0.000
C10	0.674	2 582.377			0.000
C11	0.686	2 444.727			0.000

表 5-5　判别回代检验结果

组别	略称	n	回代比率/%	N	N总体比率/%
1	经济头脑族	4 157	96.4	4 313	6.2
2	求实稳健族	3 397	94.5	3 595	5.17
3	传统生活族	4 213	96.0	4 388	6.31
4	个性表现族	4 477	92.3	4 850	6.98
5	平稳小康族	4 092	94.1	4 350	6.26
6	工作成就族	4 418	94.9	4 655	6.70
7	理智事业族	4 592	90.0	5 105	7.34
8	**随社会流族**	**9 356**	**96.5**	**9 697**	**13.95**
9	消费节省族	4 209	93.7	4 493	6.46
10	工作坚实族	3 856	92.4	4 172	6.00
11	平稳求进族	4 157	92.7	4 486	6.45
12	经济时尚族	5 713	96.3	5 935	8.54
13	现实生活族	4 347	92.1	4 722	6.79
14	勤俭生活族	4 191	88.0	4 762	6.85
合计	—	65 175	93.7	69 523	

判别正确，分类错判率为 3.6%。"求实稳健族"的正确判别率为 94.5%。占总体比率 13.95%的最大族群"随社会流族"的正确判别率为 96.5%。其他族群的正确判别率如表 5-5 所示。总体 69 523 个样本中 65 175 个样本被正确判别，各组群的平均正确判别率为 93.7%。考虑到分群的量化功能，过多将导致操作烦琐，过少将引起分群纯度下降，14 分群的数据结果说明每一群内的同质性极高。为避免可能会融入主观判断，14 分群的名称的产生是基于测试语句中的关键词综合提取并经多人反复验证后得出。

四、评估及选择细分市场

一般来说，企业在评估细分市场时必须分析以下三个因素：细分市场的规模和增长潜力、细分市场结构的吸引力、企业目标和资源。

（一）细分市场的规模和增长潜力

企业首先必须收集和分析关于各细分市场目前的销售量、增长率和期望利润率等资料，只有具有适当规模和增长潜力的细分市场才值得企业去投入。当然，所谓适当规模是相对的，是相对于企业实力而言的。大企业应选择销售量大的细分市场；而小企业选择该类市场就不恰当了，因为小企业可能缺少服务于大的细分市场所需要的技术和资源。小企业应选择有潜在利润的规模较小而被大企业看作不值得经营的细分市场，即利基市场，才是适当的。增长潜力大的细分市场往往是众多企业趋之若鹜的目标，在这种市场上，小企业可能会感到强大的竞争压力。因此，企业要对细分市场的规模和增长潜力进行反复论证，避免进入不适当的细分市场。

（二）细分市场结构的吸引力

一个有适当规模和增长潜力的细分市场，并不一定是企业理想的目标市场，因为从盈利观点来看，它未必有吸引力。因此企业也需检验一下影响细分市场长远吸引力的结构因素。波特认为这种结构因素主要有五个因素或五种力量，图 5-3 就是波特提出的五种力量模型。该模型表示的是 9 个细分市场（3 个顾客群乘以三种可能的产品）。

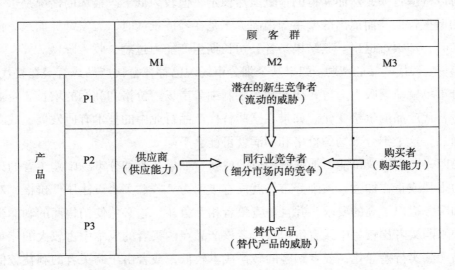

图 5-3　波特"五力"模型

现在就从位于中间部分的细分市场结构的吸引力加以分析。企业应分别从五个群体对于长期盈利的影响进行评估。这五个群体包括同行业竞争者、潜在的新生竞争者、替代产品、购买者和供应商。这五种力量对本企业的长期盈利将分别形成五种威胁（图 5-3）。

第一，细分市场内激烈竞争的威胁。如果某个细分市场已经有了为数众多的、强大的或竞争意识强烈的竞争者，该细分市场就失去了吸引力。如果出现下述情况就更糟：该细分市场处于稳定或者萎缩的状态；生产能力不断大幅度扩大；固定成本过高；撤出市场的壁垒过高；竞争者投资很大等。这些情况往往会导致价格战和广告争夺战，不断推出新产品等，因此企业要守住这一细分市场就必须付出高昂的代价。

第二，新生竞争者的威胁。如果某个细分市场可能吸引新的竞争者，它们会增加新的生产能力和大量资源，并争夺市场占有率，这个细分市场就不会具有吸引力。

关键问题在于新的竞争者能否很容易地进入该细分市场。如果新的竞争者进入这个细分市场遇到森严的壁垒，并且遭受到细分市场内原有企业的强烈报复，它们便很难进入。保护细分市场的壁垒越低，原来占领细分市场的企业的报复心理越弱，这个细分市场就越缺乏吸引力。

某个细分市场的吸引力的大小因其进退难易的程度不同而有所区别。根据行业利润的观点，最有吸引力的细分市场应该是进入的壁垒高、退出的壁垒低的市场。在这样的细分市场，新的公司很难打入，但经营不善的公司可以安然撤退。如果细分市场进入和退出的壁垒都高，那里的利润潜量就大，但也往往伴随着较大的风险，因为经营不善的公司难以撤退，必须坚持到底。如果细分市场进入和退出的壁垒都较低，公司便可以进退自如，然而获得的报酬虽然稳定，但较为低下。最坏的情况是进入细分市场的壁垒较低，而退出的壁垒却很高。于是在经济景气时，大家蜂拥而入，但在经济萧条时，却很难退出。其结果是各公司长期生产能力过剩，收入降低。

第三，替代产品的威胁。如果某个细分市场现已存在替代产品或有潜在替代产品，该细分市场就缺乏吸引力。替代产品会限制细分市场内价格和利润的增长。企业应密切注意替代产品的价格变化。如果在这些替代产品行业中的技术有所发展，或者竞争日趋激烈，这个细分市场的价格和利润就可能会下降。

第四，购买者议价能力加强所构成的威胁。如果某个细分市场中购买者的讨价还价能力很强或正在加强，该细分市场就没有吸引力。若购买者设法压低价格，对产品质量和服务提出更高的要求，并且使竞争者相互争斗，这必然使销售商的利润受到损失。如果购买者比较集中或有组织，或者该产品在购买者的成本中占较大的比重，或者产品无法实行差异化，或者顾客的转换成本较低，或者由于购买者的利益较低而对价格敏感，或者顾客能够向后实行联合，购买者的讨价还价能力就会加强。销售商为了保护自己，可选择讨价还价能力最弱或者转换销售商能力最弱的购买者。较好的防卫方法是提供顾客无法拒绝的优质产品供应市场。

第五，供应商议价能力加强所构成的威胁。如果生产某细分市场所需产品的任何一种必不可少的原材料、设备、能源和其他资源的供应商有可能提高价格，或降低质量，或减少供应量，则这种细分市场就没有吸引力。因为供应商讨价还价能力的加强，将直接威胁企业的盈利能力。如果供应商集中或有组织，或者替代产品少，或者供应的产品是重要的投入要素，或转换成本高，或者供应商可以向前实行联合，那么，供应商的讨价还价能力就较强。企业有效的防卫办法是与供应商建立良好的关系并开拓多条供应渠道。

（三）企业目标和资源

评估细分市场，除了分析上述两个因素外，还必须考虑企业的目标和资源能力。某些细分市场虽然有较大的吸引力，但如果不符合企业的长远目标，也只能放弃。因为这些细分市场不能推动企业完成自己的目标，甚至会分散企业精力，影响主要目标的实现。

即使该细分市场符合企业目标，企业还要考虑是否具备在该细分市场获胜所需的技术和资源。如果企业在该细分市场中的某个或某些方面缺乏必要能力，并且也无法创造条件去获得这些必要的能力，企业也只能放弃这个细分市场。

如果企业在各方面均已具有在该细分市场获得成功所必须具备的技术和资源，还须考虑这些能力和竞争对手比较是否有压倒性的优势。如果企业无法在该细分市场具有某种形式的相对优势，就意味着将在竞争中失利，这种细分市场也不宜选为目标市场。

五、目标市场选择与营销战略

拓展阅读 5-2："斯航"成为明星

（一）目标市场选择的模式

通过对所有细分市场的评估，企业会发现一两个或多个值得进入的细分市场。这时企业就要作出抉择，考虑从中选择哪些和多少细分市场作为目标市场。这就是所谓确定目标市场。

在选择目标市场时有五种可供参考的模式。如果用 P 表示产品种类，用 M 表示市场类别，这五种模式可用图 5-4 表示。

1. 单一细分市场模式

这是最简单的模式，即无论从产品角度还是从市场角度，企业的目标市场都高度集中于一个细分市场上，企业只生产一种产品，供应一个消费者群体。选择单一细分市场模式，企业经营对象单一，可以集中力量，在一个细分市场上获得较高的市场占有率；如果细分市场选择恰当的话，也可获得较高的投资收益率。因此有些小企业或新成立的企业往往采用这种模式。但同时也应注意，采用该模式由于目标市场单一，因而经营风险较高。

	M1	M2	M3
P1			
P2	/////		
P3			

（a）单一细分市场模式

	M1	M2	M3
P1		/////	
P2	/////		
P3			/////

（b）选择性专业化模式

	M1	M2	M3
P1			
P2	/////	/////	/////
P3			

（c）产品专业化模式

	M1	M2	M3
P1	/////		
P2	/////		
P3	/////		

（d）市场专业化模式

	M1	M2	M3
P1	/////	/////	/////
P2	/////	/////	/////
P3	/////	/////	/////

（e）全面覆盖模式

图 5-4　目标市场选择的五种模式

2. 选择性专业化模式

这是指企业结合自身优势，选择几个均有吸引力的、相互之间很少有或没有任何联系的细分市场，作为目标市场。也就是说，企业可以有选择地生产几个联系不大的产品，满足几个不同市场的需求，可以分散企业的经营风险。但选择这种模式往往需要以较强的实力作为基础。

3. 产品专业化模式

这是指企业只生产一种产品，但满足各类消费者需求的模式。例如，计算机制造商既向企业、学校、机关团体等销售计算机，也向个人消费者销售计算机，就属于产品专业化。企业采用这种模式，有利于其在某个产品方面尽快树立起很高的品牌声誉，但也存在新产品、新技术替代的风险。因此采用这种模式的企业应该有很强的产品研发实力。

4. 市场专业化模式

这是指企业面对同一顾客群体，生产他们所需要的各种产品。例如，某企业为大学实验室提供其需要的一系列产品，包括显微镜、示波器、化学烧瓶、本生灯等，就属于市场专业化模式。选择这种模式，有助于发挥和利用与顾客之间的关系，降低交易成本，并在这类顾客中树立良好的形象。但一旦这类顾客的购买力下降，企业的收益就会有滑坡的危险。

5. 全面覆盖模式

这是指企业为所有细分市场提供各种不同的产品，分别满足各类顾客群体的不同需求。例如，某大型自行车生产企业生产各种不同类型、规格、型号的自行车，力求满足社会上所有消费者的需求。显然，只有实力雄厚的大公司才有可能选择这种模式。

（二）目标市场营销战略的类型

企业确定目标市场的模式不一样，目标市场的营销战略也不一样。一般来说，有三种目标市场营销战略供企业选择。

选择细分市场的五种模式，从其覆盖面大小来看，实际上可分为三个类型：一是单一细分市场，其覆盖面最小，只覆盖一个细分市场；二是全面覆盖，其覆盖面最大，包括全部细分市场；三是从单一细分市场向全面覆盖过渡的形式，其覆盖面介于两者之间，包括其他三种模式。在这种过渡类型中，选作目标市场的细分市场的个数虽已超过一个，但并没有达到全面覆盖。针对所选定的不同类型的目标市场，企业采取何种战略去占领目标市场呢？目标市场营销战略一般可概括为以下三种类型（图5-5）。

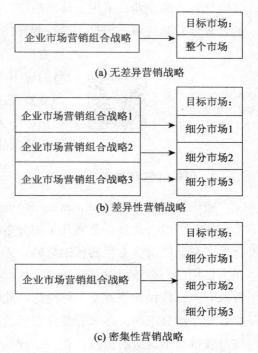

图 5-5　目标市场营销战略的类型

1. 无差异营销战略

无差异营销（undifferentiated marketing）战略是指企业不区分组成目标市场的各细分市场上需求的差异性，而是针对各类购买者的相同需求，发展单一产品，策划并实施一种营销组合计划，以服务和占领目标市场的营销战略。例如，美国可口可乐公司在以前很长一段时间内曾只推出一种口味、包装、销售方式都相同，甚至连广告词也相同的可口可乐饮料，去满足全世界所有消费者的共同需求。这种战略的优点是易于形成规模经营，有利于降低生产和营销成本，提高企业利润率；缺点是产品单一，不能适应复杂多变的市场需求，竞争能力薄弱，也容易丧失潜在的市场机会。

2. 差异性营销战略

差异性营销（differentiated marketing）战略是指企业针对不同细分市场上需求的特点，分别策划和实施不同营销组合计划，利用产品与市场营销的差异化，占领每一个细分市场的营销战略。例如，计算机市场至少可以分为两个细分市场，即家庭用户和非家庭用户，根据各细分市场需求的特点，企业采取不同的营销组合方案，分别提供家用计算机和非家用计算机，满足差异性需求，该企业采取的就是差异性营销战略。

差异性营销战略的优点是：企业通过提供差异性的产品，可以更好地满足各类消费者的不同需求，有利于提高产品竞争力，增加产品销售量。因此，越来越多的企业，特别是较大的企业，采用了这种战略，取得了很好的效果。小链接 5-2 给出了纳爱斯的差异性营销战略。但是，推行差异性营销战略必然会导致生产费用、研发费用、管理费用、存货费用及销售费用等大量增加，因此，这一战略的应用必须限制在一定范围内，即销售额的扩大带来的利益要超过总费用的增加。同时，对于实力不强的企业，特别是小企业，应慎重采用这种战略，或者采取适中的差异性营销战略。

小链接 5-2：纳爱斯的差异性营销战略

3. 密集性营销战略

密集性营销（concentrated marketing）战略又称集中性营销战略，它是指企业在目标市场范围内，选择一个或几个细分市场，集中有限的人力、物力和财力，实行专业化生产和营销组合方案的营销战略。无差异营销战略或差异性营销战略都是以整个市场为目标的。企业面对若干细分市场，无不希望尽量占领全部市场，但是，如果企业资源有限，这种希望就是一种空想。此时，明智的企业家宁可集中全力于争取一个或少数几个细分市场，在部分细分市场若能拥有较高的占有率，远胜于在所有的细分市场都获得微不足道的份额。在一个或几个细分市场占据绝对优势地位，不但可以节省市场营销费用，增加盈利，而且可以提高企业与产品的知名度，并可迅速扩大市场。通常，一些小企业和新企业为了在与大中型企业竞争中求得生存，它们往往采用密集性营销战略，实践证明是有效的。但是，采用这种战略时，应注意其风险性。由于市场比较单一和狭小，一旦市场情况发生突变，企业就有可能马上陷入困境，甚至难以为继。

（三）影响目标市场营销战略的因素

在选择目标市场营销战略时，企业要考虑许多因素。一般来说，一个企业究竟采用哪种战略，应根据企业资源、产品变异性、产品所处的生命周期阶段、市场变异性（market variability）和竞争对手的营销战略等具体情况来决定。

1. 企业资源

企业资源包括企业拥有的技术、资金、厂房设备、管理、生产、销售和人力资源等所有要素总和。如果企业资源有限，无力覆盖所有细分市场，那么就应该选择集中性营销战略。

2. 产品变异性

要选择最好的战略还要依据企业所经营产品的变异（product variability）程度。如果产品的功能、品质和形态等基本相同或类似，即变异性很小，购买者并不重视其区别，如煤气、电力、钢铁等，一般适宜采用无差异的市场营销战略。如果产品的变异性较大或很大，如机械设备、汽车、照相机、家用电器等，购买者选购时很重视产品的差异，因此这类产品一般适宜采用差异性或集中性营销战略。

3. 产品所处的生命周期阶段

当企业将一种新产品导入市场时，它们通常只介绍一种或少数几种产品款式，因而在市场导入阶段适宜采用无差异营销战略，或集中力量为某一细分市场服务，进行集中性市场营销。当产品进入成熟阶段时，企业通常都采用差异性营销战略，以开拓新的市场。

4. 市场变异性

如果多数购买者都有相同的偏好，且他们在一定时期内的购买数量基本相同，对市场营销刺激的反应方式也相同，就表明市场变异性很小或几乎是同质的，如食品盐市场。对于此类市场，企业应采用无差异营销战略；反之，则宜实行差异性营销战略。

5. 竞争对手的营销战略

考虑竞争对手的营销战略，对于本企业选择最佳的目标市场营销战略是非常重要的。当竞争对手已经实行差异性营销或集中性营销战略时，本企业再继续采用同样的战略与之抗衡，往往是非常艰难的，容易败下阵来。当竞争对手采用无差异营销战略时，如果条件有利，企业可对市场进行有效的细分化，实行差异性营销战略，或者是集中性营销战略，以获得市场细分的优势。

第三节　市场与品牌定位的过程、战略与方法

一、定位理论

定位理论的产生源于人类各种信息传播渠道的拥挤和阻塞，可以归结为信息爆炸时代对商业运作的影响结果。科技进步和经济社会的发展，几乎把消费者推到了无所适从的境地。首先是媒体的爆炸，传统的报刊、广播、电视、电话，现代的互联网，社交媒体甚至自媒体等，使消费者目不暇接。其次是产品的爆炸，仅电视就有大屏幕

的、小屏幕的，平面直角的、超平的、纯平的，从耐用消费品到日用品，都给人以眼花缭乱的感觉。再就是广告的爆炸，电视广告、广播广告、报刊广告、街头广告、楼门广告、电梯广告，真可谓无孔不入。因此，定位就显得非常必要。

定位是由著名的美国营销专家艾尔·列斯与杰克·特劳特于 20 世纪 70 年代早期提出来的。按照艾尔·列斯与杰克·特劳特的观点，定位是从产品开始，可以是一件商品、一项服务、一家公司、一个机构，甚至于是一个人，也可能是你自己。定位并不要你对产品做什么事情，定位是你对产品在未来的潜在顾客的脑海里确定一个合理的位置，也就是把产品定位在你未来潜在顾客的心目中。定位可以看成对现有产品的一种创造性试验。"改变的是名称、价格及包装，实际上对产品则完全没有改变，所有的改变，基本上是在做修饰而已，其目的是在潜在顾客心中得到有利的地位。"

定位理论体系全球开创者鲁建华先生认为，定位理论的核心是"一个中心两个基本点"，即以"打造品牌"为中心，以"竞争导向"和"消费者心智"为基本点。以"打造品牌"为中心，即指明企业的本质就是打造品牌，定位理论的所有概念、观点、体系都是服务于打造品牌这个目的的。坚持"竞争导向"的观点从实战的角度出发，认为竞争比顾客更重要，从满足、服务顾客的角度看营销，营销必然走向趋同，没有差异，最终只有沦落到打价格战的深渊；而从竞争看营销，营销就会有活力，营销必然走向创造顾客、创造需求的新境界，不断引领企业开创新的未来。坚持"占据消费者心智"的观点认为消费者的既有认知会让其选择地接受信息，甚至消费者心智中的既有认知会影响其对事物的判断，进而影响消费者的选择决策，因此企业竞争的目的就是设法进入消费者的心智认知并占据一席之地，即认知决定成败。

除此之外，菲利普·科特勒认为，所谓市场定位就是对公司的产品进行设计，从而使其能在目标顾客心目中占有一个独特的、有价值的位置的行动。市场定位的实质是使本企业和其他企业严格区分开来，并且通过市场定位使顾客明显地感觉和认知到这种差别，从而在顾客心目中留下特殊的印象。

定位是对产品在未来的潜在顾客的脑海里确定一个合理的位置。定位的基本原则不是去创造某种新奇的或与众不同的东西，而是去操纵人们心中原本的想法，去打开联想之结。定位的真谛就是"攻心为上"，消费者的心灵才是营销的终级战场。消费者有五大思考模式：消费者只能接收有限的信息；消费者喜欢简单，讨厌复杂；消费者缺乏安全感；消费者对品牌的印象不会轻易改变；消费者的想法容易失去焦点。掌握这些特点有利于帮助企业占领消费者心目中的位置。

二、市场与品牌定位的过程及内容

（一）市场与品牌定位的过程

市场定位的主要任务就是在市场上，让自己的企业、产品与竞争者有所不同。要做到这一点，其实极不容易，让消费者从心里记住你，要从以下三个方面开展工作。

1. 确立产品或服务的特色

市场定位的出发点和根本要素就是要确定产品或服务的特色。首先要了解市场上竞争者的定位如何，它们要提供的产品或服务有什么特点。其次要了解顾客对某类产品各个属性的重视程度。显然，费大力气去宣传那些与顾客关系并不密切的产品特点是多余的。最后，还得考虑企业自身条件。有些产品属性，虽然顾客比较重视，但如果企业力所不及，也不能成为市场定位的目标。

2. 树立品牌形象

企业所确定的产品特色，是企业有效参与市场竞争的优势，但这些优势不会自动地在市场上显示出来。要使这些独特的优势发挥作用，影响顾客的购买决策，需要以产品特色为基础树立鲜明的品牌形象，通过积极主动而又巧妙地与顾客沟通，引发顾客的注意与兴趣，求得顾客的认同。有效的市场定位并不取决于企业是怎么想的，关键在于顾客是怎么看的。市场定位成功与否的最直接的反映就是顾客对企业及其产品品牌所持的态度和看法。

3. 巩固品牌形象

顾客对企业的认识不是一成不变的。由于竞争者的干扰或沟通不畅等各种原因，会导致品牌形象模糊，顾客对企业的理解会产生偏差，态度发生转移。所以建立品牌形象后，企业还应不断向顾客提供新的论据和观点，及时矫正与市场定位不一致的行为，巩固品牌形象，维持和强化顾客对企业及其品牌的看法与认识。

（二）市场与品牌定位的内容

一个企业的市场与品牌定位可以在许多方面表现出来，主要体现在产品实体定位、服务定位以及心理定位这三个方面。

1. 产品实体定位

它是市场定位的核心内容，是指通过产品实体本身来表现产品的特色或个性，如性能、构造、成分、包装、形状、质量等，这些特色或个性可以在第一时间内给购买者以感性的认识，也是消费者进行理性认识的关键内容。产品实体定位是买卖双方沟通的最重要的介质。

2. 服务定位

服务定位是指企业产品的服务或服务企业必须准确把握目标顾客对服务质量有哪些希望和要求，并努力使服务的质量达到或超过目标顾客的希望和要求的一种定位过程。服务产品的质量比有形产品更加难以控制，这是由服务本身的特点决定的。因此，重视服务的质量管理，这就对企业的市场定位在服务上提出了新的要求。

3. 心理定位

心理定位是满足消费者某一方面心理需求的过程。心理定位的要素包括企业形象、品牌形象、人员形象和产品形象等。这些要素会给消费者带来特殊的心理满足，如买高档产品带来的荣耀感、买名牌产品产生的信赖感、买个性化产品带来的自我张扬和释放等。心理定位是市场定位很重要的一个方面，心理评价往往比实际评价高得越多，由此引发的销售势能就越大，如可口可乐的"活力"心理诉求；万宝路的"奔放"心理诉求；喜之郎果冻的"浪漫"心理诉求等，都给消费者留下了深刻美好的心理感受。

（三）市场与品牌定位的依据

市场与品牌定位的基本要求就是明确地显示企业的竞争优势。竞争优势的表现方式是多种多样的，因而市场和品牌定位的依据也有多种。

1. 根据产品属性定位

产品属性具有广泛的含义，包括产品在用料、制造工艺、功能特性、规格品种、造型、产地、价格、历史传统等方面能使广大购买者感兴趣的各种特征。例如，汰渍（Tide）洗衣粉以强力的多用途的家用洗涤剂定位；真丝衬衣、貂皮大衣以用料定位；瑞士手表、法国香水等以产地定位；孔府家酒、文君酒等以历史传统定位；夏利汽车以省油定位等，都属于根据产品属性定位的情况。

2. 根据产品提供给顾客的利益定位

这里所说的利益是指与竞争产品相比较而言的，是竞争者没有或不能提供的产品利益或功效。例如，高露洁牙膏以减少蛀牙定位；海飞丝洗发水以去头皮屑定位；麦当劳以快餐定位等。再如，美国的米勒（Miller）啤酒公司在 1975 年推出了一种低热量的 Lite 牌啤酒，将其定位为喝了不会发胖的啤酒，迎合了那些经常喝啤酒而又担心发胖的人的需要。

3. 根据产品使用范围和场合定位

例如，Arm and Hammer 烘焙小苏打被定位为冰箱除臭剂和去污剂出售，有的公司则将小苏打定位为调味汁和肉卤的配料，还有的公司试图将小苏打定位为冬季流行性感冒患者的饮料。我国某曲奇饼厂家最初为其产品定位为家庭休闲食品，后来发现不少顾客购买是为了馈赠，又将其定位为礼品。大家耳熟能详的"今年过节不收礼，要收就收脑白金"的脑白金被成功定义为送给长辈的最佳礼品。

4. 根据使用者类型定位

例如，美国"强生"（Johnson & Johnson）公司通过将其儿童洗发水产品转定位为经常洗发并喜欢柔和型洗发水的成人使用，使得其市场占有率从 3%提高到 8%。

5. 根据产品类型特点定位

例如，一些人造黄油产品被定位为"真正的黄油"，而有些被定位为西餐"烹饪用油"。Camay 香皂被定位为"洗浴油"，而不定位为香皂。这些都属于产品类型特点定位。

6. 根据多因素综合定位

这是一种将两个或几个因素结合在一起考虑的市场定位战略。

三、市场与品牌定位战略及其实施方法

了解了市场与品牌定位的概念、内容和依据之后，企业首先需制定市场定位的总体战略，然后具体实施市场定位战略。

（一）市场与品牌定位战略

1. 迎头定位

这是一种与市场上占支配地位的、也即最强的竞争对手直接"对着干"的定位。例如，美国花旗银行（Citibank）就在广告中将其"通行卡"（VISA）直接与"美国运通卡"（American Express）进行比较说："你最好携带 VISA 卡，因为他们没有携带 Express。"在美国排名第二的出租汽车公司"爱维斯"（Avis）也成功地实施了迎头定位战略，直接与"赫尔兹"（Hertz）公司竞争，提出："我们承认第二，但我们更加努力！"百事可乐在进入市场时，采取的也是 "你是可乐，我也是可乐"这种定位战略，与可口可乐展开面对面的较量，也取得了成功。

2. 避强定位

这是一种避开强有力的竞争对手的定位战略，其优点是风险小。例如，美国"七喜"（Seven-up）饮料就将其产品定位为"非可乐"（un-cola），是除了"可口可乐"和"百事可乐"以外的另一种选择。AIM 牌牙膏专门对准儿童牙膏市场，因而能在"佳洁士"（Crest）和"高露洁"（Colgate）两大品牌统霸的牙膏市场上拥有 10%的市场占有率。

3. 重新定位

重新定位通常是指对那些销路不好、市场反应差或形象不清晰的产品进行二次定

位，优点是能摆脱困境，重新获得增长与活力。

重新定位的具体原因主要有：其一，初次定位后，随着时间的推移，可能是企业决策的失误，也可能是对手有力的反击或出现新的强有力竞争对手，选择与本企业相近的市场位置，致使本企业原来的市场占有率下降造成企业困境。其二，由于顾客需求偏好发生转移，原来喜欢本企业产品的人转而喜欢其他企业的产品，因而市场对本企业产品的需求减少。在这种情况下，企业就需要对其产品进行重新定位。

所以，一般来讲，重新定位是企业为了摆脱经营困境，寻求重新获得竞争力和增长的手段。但是，重新定位也可作为一种战术策略，并不一定是因为陷入了困境，相反，可能是由于发现新的产品市场范围引起的。例如，某些专门为青年人设计的产品在中老年人中也开始流行后，这种产品就需要重新定位。

（二）市场与品牌定位战略的实施方法

每一个企业都必须通过确立独特的竞争优势，提供不同的产品，来吸引细分市场上的潜在消费者群体。市场与品牌定位一般分为三步（图 5-6）。

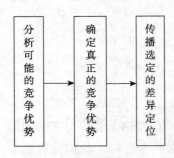

图 5-6　市场定位实施步骤

1. 分析可能的竞争优势

消费者通常要选择为其提供最大价值的产品和服务，因此赢得和留住顾客的关键是要比竞争对手更多地了解他们的需求与购买过程并为其传递更多的价值。从某种意义上讲，市场定位就是为选定的目标市场提供更大的价值，如较低价格或者较高价格附加更多的利益等，以此来获得竞争优势。但是，定位不能是空洞的承诺，如果企业将其产品定位为"最佳质量和服务"，那么企业就必须保证做到这一点，为目标市场提供所承诺的最佳质量和服务的产品。这样，市场定位实际上就应以"提供物"（offering）的差异化或特色化为基础，才能最终使本企业提供给顾客的价值大于竞争对手。那么，企业以什么样的方式使自己的"提供物"富有特色呢？一般可以从以下几个方面寻找差异。

1）产品差异

有些产品，如汽车、商用机械和家具等，差异非常明显。对于这类产品，企业就会面对大量的产品设计参数，它们应该向市场提供竞争者还未提供的具有不同标准或可选择属性的产品。产品的差异可以表现在产品特色、性能质量、一致性、耐用性、可靠性、可维修性（reparability）、风格和设计等许多方面。

（1）产品特色。产品特色是指在产品基本功能的基础上附加一些新的特色以区别于竞争对手。例如汽车制造商提供比竞争对手更多的颜色供顾客挑选，虽然其汽车本身没有什么特色，但丰富的色泽选择会使人感到它与众不同；也可提供附加的空调器、电话或 CD（激光唱片）播放机等。再如，某航空公司提供更宽阔的座位和免费使用飞机电话，也体现其产品特色。

（2）性能质量。性能质量是指产品的主要特点在运用中的水平。例如洗衣机在使用时运行更平稳无噪声；汰渍洗衣粉有更强的清洁力而又不损伤衣物等，这些就意味着它们比其他产品性能质量高。

（3）一致性。一致性是指产品的设计和使用与预定标准的吻合程度。例如一种洗衣皂是否像厂家和售货员承诺的那样能彻底去污且留有清香，如果是，即符合一致性质量要求；否则就是一致性很差。产品的一致性质量差意味着产品的预定性能指标无法实现，这会使顾客感到失望。

（4）耐用性。耐用性是指产品的预期寿命。一般来说，市场寿命周期或使用周期较长的产品，顾客都较重视其耐用性也愿意为其支付更高的价格。而有些产品就不一定强调耐用性差异。例如，汽车、住宅、电冰箱、空调机、手表等，如果耐用性强，消费者就愿意购买；对于技术更新快的产品，如计算机、照相机和胶卷等产品，若强调其耐用就意义不大。

（5）可靠性。可靠性是指在一定时间内产品将保持不坏的可能性。反映可靠性的最重要指标是产品的返修率。返修率越低说明产品可靠性越强，消费者就越可以避免产品损坏和修理，就愿意购买；否则，消费者就不愿意购买。

（6）可维修性。可维修性是指产品出了故障或用坏后可以得到修理的容易程度。理想的可维修性是指用户花少量的甚至不花钱或时间，自己能动手修复产品，他们只要将坏掉的零部件拆下来，换上好的零部件就可以了。此外，企业提供免费、及时、专业的上门维修保养服务，也是吸引顾客购买产品的好办法。

（7）风格。风格是指产品给予顾客的视觉和感觉效果。正如人有不同风格，产品也同样如此。如佳能的"你好色彩"数码照相机炫酷风格吸引时尚张扬年轻一族；欧式住宅给人古典高雅的生活享受。风格具有创造某种难以仿效的独特优势，一个具有独特风格的产品总会吸引购买者，让人爱不释手，甚至价格高也不在乎。例如，有的房地产公司专门开发不同风格的住宅，来吸引顾客，其效果就很好。因此，企业应在这方面有较多的投资，创造良好的产品风格。

（8）设计。设计是指从顾客需求出发，能影响一个产品外观和性能的全部特征的组合。因此上述的所有差异都是设计参数，设计必须兼顾一切，力求完美。从企业角度看，设计良好的产品应该是容易生产和分销的；从顾客角度看，设计良好的产品应该是看上去令人愉快的，同时又是容易开启、安装，容易使用、维修和处置的。

另外，有些产品可能只有很小的差异，如食用鸡、钢铁、阿司匹林等。但即使在这类产品中，企业也能发现一些有意义的差异。例如，我国的德州扒鸡作为一个品牌鸡，就在苏软和香味方面占有优势，根据这个差异它们制定了较高的价格。

2）服务差异

除了物质产品差异外，企业还可以对其所提供的服务实施差异化。当物质产品差异化困难时，取得竞争优势的关键往往在于服务的增加和服务质量的提高上。服务的差异化也可以表现在多方面，如订货方便、送货、安装、用户培训、咨询服务、维修等。

（1）订货方便。订货方便是指如何使顾客方便地向公司订货。如网上购物，不出门户只需在电脑上进行几步操作即可完成订货，这就是一种特色服务。

（2）送货。送货是指企业如何将产品或服务送达给顾客，包括速度准确性和文明送货等。顾客总是喜欢选择那些在及时送货方面有良好声誉的供应商，如我国工商银行近几年在各处设立了自动取款机，就为顾客提供了很大的方便，顾客在何时何地都能取到所需现金。

（3）安装。安装是指为确保产品在预定地点正常使用而必须做的工作。特别是那些较重型的产品，如空调设备的安装更是这样，没有安装就无法使用产品。服务良好的安装，还包括需要转移使用地点的搬迁。提供良好的安装服务的企业可能会吸引更多的顾客。

（4）用户培训。用户培训是指对购买过产品的用户或者客户单位的员工进行培训，以便使他们能够正确有效地使用供应商提供的产品。例如，麦当劳快餐公司要求每一个新加入的特许经营者，必须到其在伊利诺伊州的麦当劳大学参加两周的培训，以便学习如何正确地管理他们的特许店。

（5）咨询服务。咨询服务是指供应商向购买者无偿或有偿地提供有关资料、信息系统或提出建议等服务。例如，计算机公司供给某单位一批计算机后，可帮助其建立计算机管理系统，提出如何使用和管理计算机与这个系统等建议，这就会赢得好的市场声誉，赢得客户。

（6）维修。维修是指购买本企业产品的顾客所能获得的维修保养服务的水准。对于像汽车、家用电器、通信工具等产品，在进入市场的同时，其维修网络也必须建立起来。在一定程度上，维修网络和维修水准是顾客选择的重要标准，没有这种维修网络，消费者是不会购买这类产品的。

当然，除此以外，企业还可以设计出更多的服务，以实现服务差异化，取得竞争优势。例如，提供比竞争对手更好的产品担保或保修条件；对老顾客实行更优厚的奖励等。

3）人员差异

这是说，企业可通过聘用和培养比竞争对手更好的人员来获得强大的竞争优势。例如，新加坡航空公司之所以享誉全球，在很大程度上是因为其拥有一批美丽高雅、服务热情的航空小姐。国际商用机械公司的雇员都是专家，迪士尼乐园的雇员都精神饱满等，它们都因此而获得了竞争优势。

人员差异主要体现在以下几方面：从理想的角度看，能力是指员工应具有所需要的技能和知识，即称职；礼貌是指待客热情友好，尊重别人，体贴周到；诚实可信是指员工能实事求是地传递信息，介绍商品；可靠是指能始终如一、正确无误地提供服务，保持企业的服务质量；负责是指员工能对顾客的要求或问题迅速作出反应；善于沟通是指员工要善于理解顾客并清楚地为顾客传达有关信息。

4）形象差异

形象差异（image differentiation）是指通过建立营销企业的个性形象或品牌形象，使顾客从企业获得一种与众不同的印象，从而对营销提供物产生好感或购买欲。这就是说，即使竞争产品和服务看上去都一样，企业也能通过企业形象或品牌形象的差异来获得竞争优势。形象差异是通过一些标志、文字和视听媒体、气氛和事件等来表达的。

（1）标志。标志是指那些可被明确地辨认的企业或品牌的标识，它可以是一种文字、符号，也可以是特定的颜色（如可口可乐的红色、百事可乐的蓝色、雪碧的绿色），甚至可以是音乐或声响。它们能帮助顾客用简略的方法记住企业或产品，也可以使他们从中感受到企业的独特个性。

（2）文字和视听媒体。有了形象标志，还要通过文字和视听媒体来传播企业或品牌的个性，包括设计各种类型的富有吸引力的广告、年度报告、小册子和商品目录等。

（3）气氛。气氛是指在组织生产或传送产品或服务的场所创造一种独特的环境，从而使人们产生相关的心理共鸣，达到确立形象的目的。例如，麦当劳在其餐厅里布置了一种卡通式的环境，使店内充满天真活泼的气氛；银行希望显得十分华贵友善，它们就必须选择适当的建筑设计、内部设计、布局、颜色、材料和家具摆设等。

（4）事件。事件是指企业通过由其资助的各类活动营造某种形象。例如，万宝路公司一贯赞助体育活动以维护其男性化的形象；美国电话电报公司和国际商用机械公司明确它们自己是文化事业，一直充当交响音乐会和艺术展览的资助者。通过这样一些事件，企业在公众心目中就能形成一种特定的形象。

总之，企业或品牌形象不会一夜之间就在公众头脑中生根，一个强势形象的确立需要创造力和刻苦的工作。首先，它必须传达一个特定的信息，这个信息包括产品的主要优点和定位；其次，它必须通过一种与众不同的途径传递这个信息，从而使其与竞争产品相区分；最后，它必须产生某种感染力，从而能触动公众的心和头脑。

2. 确定真正的竞争优势

假如一个企业经分析发现了多个潜在的竞争优势，那么现在它就必须选择确定真正的竞争优势（right competitive advantages），并据此形成本企业的市场定位战略。这时需要做好两个方面的工作，即决定向市场推出多少个差异点和向市场推出什么差异点。

1）向市场推出多少个差异点

企业可能会面对许多差异点，但企业不可能全面出击，它必须根据具体情况决定向目标市场推出多少差异点。从这方面的决策来看，一般有三种情况，即单一利益（one benefit）定位、双重利益定位（two benefits）和多重利益定位。

（1）单一利益定位。单一利益定位是指企业对每一种产品只设计和推出一个差异点作为市场定位，并盯住这一定位。许多营销者认为单一利益定位是最可取的。美国一个广告人将其称作独特销售定位（USP），认为一个品牌应当选择一个属性差异并鼓吹其为同类属性中的"第一名"，这样，购买者就容易记住。例如，佳洁士牙膏就总是不断地宣传产品的防蛀牙，沃尔沃（Volvo）轿车总是宣传它的安全性等，就是最好的例证。单一利益定位的种类主要有"最好的质量""最好的服务""最大价值""最先进的技术"等。

（2）双重利益定位。双重利益定位是指企业为每种产品创造两个差异点，并依此进行市场定位。当出现两个或多个企业都号称在某同类产品属性上是"第一名"时，就有必要采取这种双重利益定位。例如"飘柔"洗发水就是以洗发和护发双重利益合一进行市场定位，而且在广告中也是反复强调这个特点，消费者对其有很深的印象。

（3）多重利益定位。多重利益定位是指企业为每种产品创造两个以上的利益差异点，并依此进行市场定位。出现这种多重利益定位的原因在于市场细分的程度越来越细，一个细分市场可能很小，这时企业为了吸引更多的细分市场，就有必要扩展它们的定位战略。例如有些牙膏被定位于"洁齿""防酸"和"爽口"三重利益合一；而天津蓝天集团公司甚至将其"蓝天牌"牙膏定位于"消炎""止血""脱敏""清除口臭"和"防治溃疡"等六重利益合一，号称"六必治牙膏"。当然，多重利益定位不是说利益越多越好，否则会出现适得其反的效果。

一般来说，在决定向目标市场推出多少个差异点时，既要避免定位过高或过低，又要避免定位混乱。定位过高，就会造成顾客远离产品，影响市场推广，如有的房地产商一味地开发"豪华"别墅或住宅，就使绝大多数工薪阶层望而却步。定位过低，就不能使顾客真正感觉到该产品的差异点所在，不能体现出定位的效果。定位混乱是指由于定位差异点太多或定位差异点变换太频繁而使顾客对产品的印象模糊不清，这同样不能起到定位的作用。

2）向市场推出什么差异点

并非所有的差异点都是有意义或有价值的，也不是说每一个差异点都是差异化战略的手段。每一个差异点都可增加顾客利益，但同时也会增加企业的成本，因此企业必须谨慎选择向目标市场推出的那个（或几个）差异点。

一般来说，被选中的差异点应符合一些标准。

（1）重要性：该差异能向目标顾客提供较高价值的利益。

（2）有特色：该差异是其他企业所未提供的；或者是该企业以一种明晰而与众不同的方式提供给目标顾客的。

（3）优越性：顾客通过该产品差异获得利益要比通过其他途径获得相同的利益有明显的优势。

（4）可沟通性（communicable）：该差异是可以沟通的，是购买者能够看得见的。

（5）不易模仿（preemptive）：该差异是竞争对手难以模仿的。

（6）可接近性（affordable）：为获得该差异的成本是顾客所能接受的。

（7）可盈利性：企业可以通过向市场推出该差异来获取利润。

3. 传播选定的差异定位

市场定位战略的选择和实施是一个过程，它需要具体的措施与行动，而不是坐而论道。企业一旦最后选定了差异点，确定了市场和品牌定位战略，还必须采取有效的措施向目标顾客传播（communicating and delivering）这个定位，以使顾客尽快地详细了解企业产品定位，吸引顾客购买。这就是说，企业所有市场营销组合力量都应该支持已明确的市场和品牌定位战略。例如，如果企业已选择"最佳质量与服务"这一定位战略，它就必须向市场传播这个定位。于是企业要据此设计一套营销组合战略和具体的战术策略。它必须生产高质量的产品，确定较高的价格，通过最好的分销商分销产品，选择最好的媒体播放产品广告；此外，企业还要聘用和培训更多的服务人员，寻找有良好声誉的零售商，甄选能传播这种"超值服务"的销售和广告用语，等等。这是创造和实施一个稳定而可信的"最佳质量和服务"定位的唯一途径。

企业常常发现，实施定位战略比提出一个定位战略要艰难得多；创建或改变一个定位往往要花很长时间，而花费多年所创建的定位由于某种原因很可能很快就消失。因此，企业一旦创建了理想的定位，它就必须通过稳定的绩效和有效的沟通措施来维持该定位。它必须经常密切关注定位的实施过程，并随着时间和环境的变化，特别是消费者需求和竞争者战略的变化，适当调整战略。当然，这种调整应避免突然性的改变，以免消费者出现错觉。

第四节　STP 战略与市场营销组合的关联和相互影响

上述我们基本了解了 STP 战略内容及其过程，STP 战略如何实施并达到目标，这需要市场营销组合策略的协同和帮助，因此在介绍营销组合策略之前，这里先简要讨论一下 STP 与营销组合的关联及其相互影响。

一、市场营销组合的特点

根据第一章对于市场营销组合的概念的介绍，市场营销组合实际就是将多种营销手段结合到一起，从而达到帮助企业实现营销目标和营销战略的一种策略方式。企业营销的关键因素分为可控因素与不可控因素，其中可控因素指的是企业的内部环境因素，通常会从产品、价格、渠道和促销四个方面进行控制，而不可控因素多是指企业所遇到的经济、政治、法律等外部环境。一般情况下，企业会通过调整内部环境因素，同时适应外部环境因素来达到顾客满意度，从而实现企业的营销发展目标。市场营销组合主要有四种营销策略，分别是产品策略、价格策略、分销策略、促销策略。

产品策略指的是针对怎样开发适合当地市场的产品所做的决策，包括产品的开发、设计、计划、发展以及产品的交货期等。而能对这一策略产生影响的是产品本身的特性，像质量、包装、品牌等。价格策略是针对当地市场为产品的价格所做的决策，包括确定定价目标、制定产品价格原则与技巧等。除了要制定符合当地市场的价格之外，在同等产品之下能对价格产生影响的是必须附加到产品之上的成本考虑，包括运输成本、存储成本、中间商的成本等。分销策略指的是使产品能够到达更多消费者手中的途径与方式，包括选择合适的批发商、零售商，确定商品的基本价格以及批发零售价格与折扣策略。促销策略指的是为了使商品融入当地、扩大销量所制定的决策，也就是营销方案，包括广告投放、宣传方式、人员的推销等，这是最直接也是最直观的营销策略。

市场营销组合作为企业的一种重要的营销管理方法，具有层次性、整体协同作用以及应变能力的特点。

（一）营销组合的层次性

市场营销组合由许多层次组成，就整体而言，市场营销组合的四个策略是一个大组合，其中每一个策略又包括若干层次的要素。这样，企业在确定营销组合时，不仅更为具体和实用，而且相当灵活；不但可以选择四个要素之间的最佳组合，而且可以恰当安排每个要素内部的组合。其中产品组合（product mix）策略不仅要对产品整体概念有深刻的认识，还要求对产品的生命周期、产品的组合策略、新产品的开发等有科学的把握。其中价格策略主要有成本导向定价法、需求导向定价法、竞争导向定价法三种。而渠道策略也随着网络的高速发展产生了新的渠道策略，促销策略中也包括推式策略和拉式策略以及混合策略。因此市场营销组合也是一个将各种各样的策略、方法、手段归结为一个统一系统内的多层次系统。

（二）营销组合的整体协同作用

企业必须在准确地分析、判断特定市场营销环境、企业资源及目标市场需求特点的基础上，才能制定出最佳的营销组合。所以，最佳的市场营销组合的作用，决不是产品、价格、渠道、促销四个营销要素的简单数字相加，即 $4Ps \neq P+P+P+P$，而是使它们产生一种整体协同作用。就像中医开出的重要处方，四种草药各有不同的效力，治疗效果不同，所治疗的病症也相异，而且这四种草药配合在一起的治疗，其作用大于原来每一种草药的作用之和。市场营销组合也是如此，只有它们的最佳组合，才能产生一种整体协同作用。从这个意义上讲，市场营销组合又是一种经营的艺术和技巧。

（三）营销组合的应变能力

市场营销组合作为企业营销管理的可控要素，一般来说，企业具有充分的决策权。例如，企业可以根据市场需求来选择确定产品结构，制定具有竞争力的价格，选择最恰当的销售渠道和促销媒体。但是，企业并不是在真空中制定的市场营销组合。随着市场竞争和顾客需求特点及外界环境的变化，必须对营销组合随时纠正、调整，使其保持竞争力。总之，市场营销组合对外界环境必须具有充分的适应力和灵敏的应变能力。

二、STP 战略与市场营销组合的关联

STP 战略与市场营销组合的关联主要体现在它们既有区别，分别属于不同层次的理论，又互不分离、互相作用。

（一）两者均是重要的营销分析手段

市场营销组合指的是企业在选定的目标市场上，综合考虑环境、能力、竞争状况对企业自身可以控制的因素，加以最佳组合和运用，以完成企业的目的与任务。营销组合策略奠定了营销策略组合在市场营销理论中的重要地位，它为企业实现营销目标提供了最优手段，即最佳综合性营销活动。STP 理论是战略营销的核心内容，它在一定的市场细分的基础上，确定自己的目标市场，最后把产品或服务定位在目标市场中的合理位置上。二者都是经典的市场营销分析理论。

（二）STP 战略是市场营销组合决策的基础

STP 理论是指企业在一定的市场细分的基础上，确定自己的目标市场，最后把产品或服务定位在目标市场中的确定位置上。4P 营销理论实际上是从管理决策的角度来研究市场营销问题，对产品、价格、渠道、促销四个可控因素的归纳。因此只有确定了目标市场才能更好地实施市场营销组合策略，STP 是市场营销组合定制的基础。

（三）市场营销组合是实施 STP 战略的具体手段

市场营销组合是产品、价格、渠道、促销等多要素或手段的组合，这些要素或手段属于策略或战术层面，它们反映企业如何通过产品组合、价格定位、销售渠道和促销手段等来满足顾客需求，实现企业利润，是实现企业战略的手段和方法。STP 是市场细分、目标市场、市场定位和传播定位。这些是企业的战略决策，市场细分、目标市场、市场定位及其传播定位是企业的长期发展方向，如企业的主要顾客群是什么，企业的特色产品和形象是什么，这些是 STP 的内容，属于战略层面。营销组合策略是在 STP 战略的基础上形成的，反过来又是为 STP 战略服务的，没有很好的营销组合策略的实施，就不会实现 STP 战略。

三、STP 战略与市场营销组合的相互影响

STP 战略与营销组合策略应该是相互作用和相互影响的。从程序上看应该在企业整体发展战略确定后，确定企业的 STP 战略，接着策划实施营销战略的营销组合策略。营销组合策略必须与本企业确定的目标市场和市场定位完全一致化，有什么样的 STP 战略就有与其适应的可实施的产品策略、价格策略、渠道策略、促销沟通策略等，如营销组合中的促销沟通策略必须使用目标市场（顾客）容易接受的手段，更要与定位传播战略一致，广告或其他所有媒体传播的信息必须与定位一致，这是一个系统工程。

当然，一旦 STP 战略和营销组合确定下来，营销组合中的各个工具开始发挥作用，肯定影响 STP 战略效果以及营销效果。营销组合策略发挥作用的好坏，在很大程度上影响 STP 战略实现程度，如目标顾客满意度如何、忠诚度如何。

这里我们以小米手机为例，说明 STP 战略与市场营销组合间的相互影响关系。

小米手机是由小米公司开发设计的、高性能的、具备互联网基因的智能手机，"为技术而生"是其上线之初的设计理念，在小米手机开始销售的时候，市场上大部分手机都是采用线下实体销售的模式，小米手机的出现打破传统以线下销售为主的销售模式，开始采用线上营销。小米的每款手机都具有极高的性价比，成为当下的热门机型，得到了广大消费者的喜爱，产品连年畅销。

（一）市场细分与市场营销组合策略

从产品角度看，通过市场细分，它们发现将小米手机瞄准手机"发烧友"群体。拥有小米手机的用户大部分是刚走进大学校园或者刚刚毕业的年轻人，这部分人群对价格特别敏感，但同时又需要手机配置做到最好。因此在价格策略上主攻中低端市场，同等配置情况下的手机，其价格比竞争对手低，在市场上 3 000~4 000 元的手机高配置，小米手机的价格只有 1 999 元。在产品策略上是在产品设计之初大量征集"发烧

友"的建议，用这种方式取悦用户，让用户觉得小米手机特别亲近。

（二）目标市场选择与市场营销组合策略

通过对各个年代的人群分析，小米手机确定了 20 世纪 90 年代出生的人群是小米手机重点进入的主战场，特别是在校大学生，于是重点对该市场进行品牌宣传和市场推广。由于目标市场主要针对年轻人，这就决定了小米手机的渠道策略就是以网络和社交媒体为主。小米官方网站和网购平台是小米销售的主要平台，并且在每一次新品发布之前，伴随着各种形式的宣传，优惠券、抽奖等惊喜活动，可以在短时间内刺激消费者的购买欲望，从而促进销售。

（三）市场定位与市场营销组合策略

从第一代小米手机开始发布，小米手机就确立了服务差异化战略，小米手机以网络营销为主，通过网络进行配送和取件，全国到达，让广大消费者放心购买，并且小米手机论坛、MIUI 论坛、米聊论坛也为网友们提供了很好的服务。在产品策略上体现为可以免费更换系统等适应年轻人追随新潮的特点，并且也适应了当下互联网时代，在渠道策略上多采用网络渠道进行销售。随着市场定位的确定，小米手机在促销策略上采取饥饿营销的方式，设定网上抢购时间，限量多次抢购；并且通过微博进行口碑营销，给自身带来好口碑。

由此可见，STP 战略与市场营销组合策略是相互影响的，尽管在某种程度上说 STP 是战略问题，市场营销组合是战术层面，但只有二者的完美配合才能实现完美的高效市场营销。

拓展阅读 5-3：宝洁公司的 STP 营销战略

本 章 小 结

STP 是营销学中营销战略的三要素。在现代市场营销理论中，市场细分、目标市场、市场定位是构成公司营销战略的核心三要素。其中 STP 过程分为市场细分、目标市场、市场定位和传播定位四个阶段。

其中市场细分的方法分为单一变量细分法、主导因素排列法和综合因素细分法三个方法。聚类方法与市场细分关系密切。最后评估及选择细分市场从细分市场的规模和增长潜力、细分市场结构的吸引力、企业目标和资源三个方面进行评估。目标市场选择的模式有五种，分别为单一细分市场模式、选择性专业化模式、产品专业化模式、市场专业化模式和全覆盖模式。企业确定目标市场的模式不一样，目标市场的营销战略也不一样。有三种目标市场营销战略供企业选择——无差异营销战略、差异性营销战略、密集性营销战略。

在市场与品牌定位过程中，市场与品牌定位的过程分为确立产品或服务的特色、树立品牌形象、巩固品牌形象三个过程。一个企业的市场与品牌定位可以在许多方面表现出来，主要体现在产品实体定位、服务定位以及心理定位这三个方面。企业需要制定市场与品牌定位的总体战略，然后具体实施市场与品牌定位战略。其中总体战略包括迎头定位、避强定位、重新定位。市场与品牌定位的具体实施方法包括分析可能的竞争优势、确定真正的竞争优势、传播选定的差异定位等。

STP 与市场营销组合关联紧密，首先两者均是重要的营销分析手段，其次 STP 战略是市场营销组合决策的基础，最后市场营销组合是实施 STP 战略的具体手段。

 ## 重要名词

STP 战略　目标市场　市场细分　市场定位　市场营销组合

 ## 即测即练题

 ## 复习思考题

1. 如何理解 STP 战略及其过程？
2. 市场细分的方法有哪些？你如何理解聚类方法与市场细分的关系？
3. 如何进行目标市场的选择？你认为影响目标市场营销战略的因素有哪些？
4. 请描述产品与品牌定位的过程。
5. 你认为 STP 与市场营销组合的关联是什么？你是如何理解的？

 ## 案例

第六章

规划产品并使产品适合营销

【本章提要】

因为各种各样产品的存在，企业为消费者带去了利益，并从中获得收益。在本章的学习中，我们将首先解决"是什么？"的问题，掌握产品的内涵、外延及利益层次，了解产品组合策略，认识包装策略及产品的创新与开发，掌握产品生命周期特性与相应的产品策略，掌握产品组合调整的相关策略，了解服务作为一类特殊产品的性质及服务质量管理。

 引例

小米手机的沉浮

2007年，苹果发布第一代iPhone，搭载着iOS操作系统，iPhone为手机市场创造了新的需求增长点，吸引了不少消费者。

随后不同的品牌开始进入智能手机市场，截至2011年，市场上3 000元以上的高端产品线被苹果、三星、htc等大牌厂商抢占，1 000元以下的手机市场则被国产中华酷族和诺基亚等品牌抢占。此时，高端机市场中的苹果和三星占据大部分市场，为了避开强大的竞争对手，小米采取避强的产品策略，选择1 000～3 000元的中低端产品线断层进入手机市场。

之后，小米发布了第一代1 999元的小米手机，打着"为发烧而生"的口号，带着不错的手机配置，吸引了一批手机发烧友的目光。2011—2013年，随着极具性价的产品不断推出结合独特的饥饿营销策略，小米手机爆红。

在中低端市场站稳脚跟后，小米开始同时向高端市场和低端市场延伸产品线。此外，它也试图扩大产品组合来满足更多需求不同的消费者。具体来说，小米共有三个不同系列：小米、小米Note和红米。小米的一款手机往往分成高配版和低配版等不同版本，通过价格和配置的变化满足不同顾客的需求。

2016年起，随着三、四线城市消费品牌化，OPPO和vivo横空出世，定位于低端市场，以分别做音乐手机和拍照手机为口号，以低价和流量明星吸引了一批消费者，对小米等手机品牌造成了一定的冲击。

2019年初，继续维持着3 000元左右的中低价，搭载着骁龙855和索尼4 800万超广角AI三摄的高性价比的小米9一经上线又吸引了一大波关注。

2019年世界移动通信大会期间，三星和华为分别展示了自家的折叠屏手机，作为一次创新性的突破，其为智能手机带来了新的交互方式，也有利于新技术与智能手机更好地融合，这些优势则可能为智能手机打开更广的市场，打破增长天花板。智能手机市场竞争激烈，变幻莫测，而在这样的市场上，小米是否能够继续曾经的荣耀，我们都不得而知。

资料来源：丁晨. 中国智能手机市场后入者的产品策略——以小米、华为、联想手机为例[J]. 品牌，2015（8）：6-7.

手机市场的较量就是产品的较量，精准的产品定位、合适的产品策略对于手机企业的重要性不言而喻。手机市场没有永远的胜利者，想要持续经营下去，企业就要做到不断地探索产品的内涵，开辟对产品更深层次、更多维度以及更加创新的理解。此外，适时的产品创新和正确的应用产品组合、产品延伸及产品渗透策略等，对于企业而言也是十分重要的。

第一节　产品的内涵、外延与利益层次

一、产品的内涵及外延

现代市场营销学认为，产品是指人们通过交换而获得的需求的满足，它能为消费者（或用户）带来有形与无形的利益。例如，消费者购买一架相机，并非为了买一个具有机械性能的匣子，而是为了满足艺术爱好或娱乐的需求。值得注意的是，有形物品已不能涵盖现代观念的产品，如服务也能满足人们的某种需求，所以在现代观念下，服务也是产品。因此，产品的内涵已从有形产品扩大到服务、人员、地点、组织和观念等；产品的外延也从其核心产品（core benefit or services）向形式产品（actual product）、延伸产品（augmented product）拓展。

二、产品的利益层次

基于上述市场营销学对产品的理解，产品的策划者应在三个或更多的层次上思考他们提供给市场的产品和服务。从产品的整体概念来看，通常它可分为三个层次，即核心产品层、形式产品层和延伸产品层。这种层次性可以用图6-1来形象地表示。

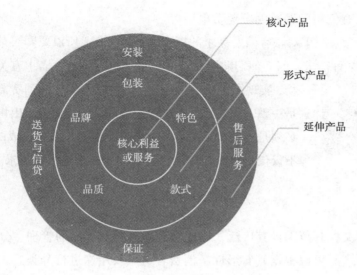

图 6-1　产品的三个层次

1. 中心层——核心产品

它是指向购买者提供的最基本的利益或服务。核心产品要解决的问题是：购买者实际上要购买的是什么？购买者要购买某种产品或服务并不是为了占有或获得该产品或服务本身，而是为了满足某种需要。例如，购买洗衣机并不是为了获得装有某些机械、电器零部件的一个箱子，而是这种装置能代替人力洗衣服；购买电视机是为了满足文化娱乐或消遣的需求。这就是产品的核心内容。因此，在设计产品时，营销人员必须首先定义产品将为顾客提供什么样的核心利益或服务。

2. 第二层——形式产品

它是核心产品借以实现的外在形式，即外观，或者说产品出现于市场时，可以为顾客识别的形式产品，通常表现在五个方面：品质、产品特色、款式、品牌、包装。不论是物质产品还是无形服务，都有形式产品。例如，一架索尼照相机的形式产品为它的名称、零部件、款式、特色、包装以及其他属性等，所有这些方面的组合才最终实现了产品的核心内容——以方便、高质量的方式抓拍和保留重要的时刻。因此，营销人员应从满足顾客的核心利益需要出发，寻求实际利益得以实现的合理形式，进行产品设计。

3. 第三层——延伸产品

它是指顾客购买形式产品时所能得到的附加服务和利益。例如上述的索尼照相机，不仅是涉及机身的形式产品，还要包括附加的服务，如使用说明书、及时的维修服务、保证和保修期以及有任何问题时的全免费电话等。

延伸产品的观念来源于对顾客消费需求的深入认识。顾客之所以要购买某项产品或服务，是为了满足某种需求，因而他们购买时希望能得到与满足该项需求有关的一切事物，实现顾客价值最大化。可见顾客的某项消费需求实际上是一整个系统。基于这种理解和认识，企业所出售的产品也必须是一整个系统，即由有关的实物和服务组成的整体，而不仅仅是一个物体而已，这样才能满足市场需求。

拓展阅读 6-1:《体验——从平凡到卓越的产品策略》

三、产品类别

根据产品的定义，其范围极其广泛，因此合理地分类对产品的管理、分析和开发等具有重要意义。产品可以根据其有形性、消费者类型及用途进行分类。

1. 根据产品有形性进行分类

根据产品有形性，可以将产品分为有形产品（tangible products）和无形产品（intangible products）。

（1）有形产品，即指那些看得见、摸得着，具有实物形态的产品。例如汽车、彩电、服饰等。

（2）无形产品，即指那些没有具体实物形态的产品，包括服务、劳务、组织甚至观念，如理发、共享单车、网约车、医疗服务、政府服务等。随着知识付费时代的来临，各种各样的"知识"作为一种无形产品同样受到了越来越多人的欢迎。

小链接 6-1

2. 根据产品的消费者类型和用途进行分类

（1）个人消费品（consumer product），即指由最终消费者购买的用于个人消费或使用的产品和服务。个人或家庭生活所需要的消费品种类繁多，为了营销方便，通常要对其进行再分类。一般按照消费者的购买方式和购买习惯将其分为四类，即便利品（convenience）、选购品（shopping）、特殊品（specialty）和非寻求品（unsought）等。而且不同类别的消费品也具有不同的营销特点（表 6-1）。

①便利品。便利品是指消费者经常购买的、购买比较和购买时间最少的个人消费品和服务。它可具体划分为日用品（staples）、冲动购买品（impulse products）和应急用品（emergency products）等。

日用品是指经常购买或使用的低价商品和服务，如卫生纸、牙膏、报纸、肥皂、佐料、干洗等。

表 6-1　个人消费品类别及营销特点

营销特点	个人消费品的种类			
	便利品	选购品	特殊品	非寻求品
消费者购买行为	经常购买；很少计划；很少比较和选择	不常购买；较多的计划和选择；依价格、质量、样式比较品牌	较强的品牌偏好和忠诚；特殊的购买努力；较少品牌比较和低价	几乎没有产品认知；或即使知道也很少购买兴趣，甚至抵制
价格	低价	高价	高价	不同价格
分销	广泛分销，购买地点便利	在较少的渠道中选择性分销	在各市场区域内的一个或几个批发店独家分销	不同价格
促销	由厂商大规模促销	厂商和中间商的广告和人员推销	由厂商和中间商仔细确定目标的促销	由厂商和中间商主动地广告和人员促销
举例	牙膏，香皂，杂志，清洁剂，清洗衣物	家具，电视机，服装，女子美发，电视节目等	奢侈品，如钻石、高档服装、名牌车；特殊入场券	人寿保险，献血，殡葬用品

冲动购买品是指消费者事先没有购买计划和购买心理准备，因看到广告宣传或实物，或经过触摸，或受其他消费者的影响，而引起购买欲望导致购买行为的商品和服务，如儿童玩具、糖果点心、杂志、公园里的娱乐游戏等。

应急用品是指消费者紧急需要时所购买的便利品，如应急药品、自行车修补、雨具等。

②选购品。选购品是不太经常购买，但在购买时要仔细比较其适用性、质量、价格和样式等的产品和服务，消费者往往要花费大量的时间和精力收集信息，才作出购买决策。选购品具体分为同质选购品和异质选购品。

同质选购品是指其质量被消费者认为完全相同，而售价有显著差别的选购品。对于这类选购品比较的对象就是价格。

异质选购品是指质量因素有重大差别的选购品。例如，时装在消费者看来款式是否新颖、面料是否适宜、裁剪是否合体、缝纫是否精细等可能比价格上的差别更重要，如果前述质量因素有不满意之处，则即使价格再便宜，顾客也会敬而远之。

③特殊品。它是指那些有特定的购买群体，并且他们愿意花费特别的精力去购买的，具有独特特征或品牌标识的产品和服务。如特定品牌和类型的轿车、定做的服装、专业俱乐部、专家的医疗服务或法律服务等。通常消费者并不比较特殊品，他们有时会花费大量的时间和精力，去购回想要的特定产品。

④非寻求品。它是指消费者目前尚不知道或虽然知道而尚未有购买兴趣的产品和服务。绝大多数新型改进品或创新品在消费者通过广告了解它们之前都属于非寻求品。再有，像人寿保险和殡葬用品也属于非寻求品，人们知道它但并无兴趣购买。

（2）产业用品（industrial product），即指由个人或组织购买的用于生产其他产品或满足商务活动需要的产品和服务。相较于个人消费品，产业用品在购买目的、购买的数量、购买方式上有很大区别，因此其市场营销策略也应具有明显的特点。

产业用品的类别比消费品要复杂得多，并且，由于其科技含量越来越大，其市场营销活动比个人消费品需要更多的技术知识和专业知识。产业用品购买者的购买规模、购买行为、使用方式和业务性质等均有很大差异，因此它的分类方法与个人消费品不同，通常按照产业用品进入生产过程的程度以及它们的相对成本分为以下三类。

①原材料和零件（materials and parts）。它是指那些完全进入产品制造过程的产业用品，具体包括原料（raw materials）、材料（manufactured materials）和零件。

原料是指从未经过加工，但一经加工制造就可以成为实际产品的物品，如小麦、水果、蔬菜、鱼类、原木、原油、铁矿石等。

材料是已经部分加工，尚需经继续加工才能成为成品的物品，如棉纱、面粉、生铁、橡胶等。

零件是已经过部分加工，通常不需进一步加工即可装配于其他产品之上成为产品的一部分的物品，如轮胎、压缩机等，它们可分别被装配于汽车和电冰箱产品上，构成产品的一部分。绝大多数材料和零件要直接卖给产业用户。价格和服务是该类产品营销的主要因素；品牌和广告不是很重要。

②资产品目（capital items）。它是指直接服务于购买者生产或经营活动的产业用品，包括主要设施或设备（installations）和附属设备（accessory equipment）。

主要设施或设备是产业购买者投资的主要支出，包括建筑物（厂房和办公室等）和固定设备（锅炉、汽轮机、发电机、大型计算机系统和电梯等）。主要设施由于其价值较大、使用时间长，且在生产过程中起着举足轻重的作用，因此通常由供需双方的高层管理人员直接谈判，通过购销合同书成交，一般不经过中间商。主要设施或设备的销售与提供修理和补充配件的技术服务关系很大，比价格因素更重要。而且，供应商给购买者以不同形式的财务支持，已被证明是一种对买卖双方均为有利的促销方式。

附属设备是指协助购买者完成生产经营活动所需的各种产品和服务，包括各种便携式设备或工具（如手钻、装卸用叉车）和办公设备（办公桌、书柜、传真机、复印机等）。附属设备往往比主要设施或设备价值小，使用寿命短，对生产过程的帮助也简单得多。因此，一般不需由高层管理人员作出决策，而且由于通用程度大，用户广泛，大多通过中间商卖给使用者。广告或其他传播手段对附属设备的促销有明显的影响。

③物料与服务（supplies and services）。物料与服务是维持企业生产经营活动所必需，但其本身完全不进入生产过程的产品。其中物料又称供应品，可分为经营管理用物料（operating supplies）和维修保养用物料（repair and maintenance items）。前者如润滑油、燃料、纸张和铅笔等；后者如油漆、钉子和扫帚等。物料是产业领域中的便

利品，因为在购买这些产品时同样不进行过多比较，花费的精力也最小。由于物料单价低、顾客众多、地区分散，因此通常都通过中间商分销。由于大多物料已相当标准化，因此用户对品牌的忠诚度不高。价格和销售服务是选购时主要考虑的因素。

作为产业用品的商务服务（business services）包括产品维修保养服务（如擦洗窗户，修理计算机或打字机等）和企业咨询服务（如法律顾问、管理咨询、广告顾问等）。维修通常需要签订合同，除维护工作常由小型专业公司提供外，修理服务则大多由原设备的制造商提供。企业咨询服务是纯粹的非实体服务，购买者选购时主要考虑的是咨询者的声誉及业务技术水平。

第二节　产品组合策略

产品组合计划工作往往是公司战略计划人员的职责。他们根据企业经营目标，结合公司销售人员提供的信息，对公司产品组合的宽度、长度、深度和相关性进行最优决策。

一、产品组合的概念

产品组合（product mix）是指一个企业提供给市场的所有产品线和产品项目的整体结构或组合，也就是通常所说的企业的业务经营范围（图6-2）。现代企业，特别是大中型企业所经营的产品线都不是唯一的，而是多条产品线。例如，美国的雅芳（Avon）公司经营的产品范围就包括化妆品、珠宝、时装、家庭用品和健康食品5条产品线，每条产品线又包括7个分支产品线（sublines）。其中化妆品产品线包括口红、眼线、香粉、护肤、护发等分支产品线；每一产品线和分支产品线内又有许多产品项目。总起来说，雅芳公司的产品组合包括5条产品线和1 300个产品项目。

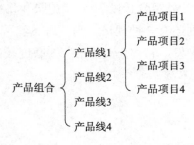

图6-2　产品组合示意图

那么产品线多少为最佳，选择什么样的产品线，产品线是否需要设分支产品线，各产品线的内部和外部之间应如何搭配等；换言之，这就要求经营管理者必须对产品组合的宽度（width）、长度（length）、深度（depth）和关联度（consistency）等方面作出决策。

产品组合的宽度指的是一个企业全部产品线的数量，产品数量越多，则产品组合越宽；反之，产品组合越窄。

产品组合的长度指的是企业所有产品线内的产品项目总数，产品项目总数越多，则表明产品组合越长；反之，产品组合越短。每一条产品线内的产品项目数量称为该产品线的长度。

产品组合的深度指的是企业每个产品项目下的产品规格、形式或花色品种的数量。在每个产品项目开发下的产品形式、规格或花色品种越丰富，说明产品组合越有深度；反之，就没有深度。

产品组合的关联度指的是企业所有产品线之间在其最终用途、生产要求、分销渠道或其他方面相互关联或密切的程度。

以宝洁公司为例可见其产品组合具体情况（表 6-2）。

表 6-2　宝洁的产品组合

产品组合长度	产品组合宽度								
	洗发护发	个人清洁	个人护理	家居清洁	护肤和化妆	口腔护理	妇女婴儿护理	食品饮料	厨房家电
	海飞丝、潘婷、飘柔、沙宣、伊卡璐	舒肤佳、玉兰油沐浴露、玉兰油香皂	吉列、博朗（电动剃须刀、剃毛脱毛器、电吹风）	碧浪、汰渍	玉兰油、SK-II	佳洁士、欧乐-B	帮宝适、护舒宝	品客	博朗（食物料理机、果蔬榨汁机、蒸汽熨斗）、金霸王

通过对宝洁产品线组合的分析，我们得知，从"洗发护发"到"厨房家电"宝洁共有 9 条产品线，故其产品组合宽度为 9。"洗发护发"这条产品线下共有 5 个产品项目，故"洗发护发"系列的产品组合长度为 5，"护肤和化妆"系列的产品组合长度为 2。假如对于"海飞丝"系列还有 7 种规格，则"海飞丝"系列的产品深度为 7。而在宝洁的产品组合中，"洗发护发"和"个人清洁"关联度较高；相较之下，"洗发护发"和"食品饮料"的关联度则不高。

二、产品组合决策

企业在进行产品组合决策时，首先要考虑影响产品组合决策的因素。这些因素主要有：企业的生产条件（包括资金、技术、设备和原材料等）；市场需求量和需求的增长潜力；市场竞争状况等。在此基础上对企业的产品组合决策的四个方面（宽度、长度、深度及关联性）作出决策。

1. 产品组合的影响因素

（1）企业生产条件。企业拥有的资源包括人、财、物、管理、营销和信息等，这些是支撑企业产品组合的基础。

（2）市场需求。产品的内涵是满足需求，因此在对产品组合作出决策前，考虑市场需求十分必要。当然，不仅要考虑现实的需求，潜在需求以及市场的发育程度同样需要考虑。

（3）市场竞争状况。通常一个市场竞争激烈的产业也是一个成熟的产业，企业继续追加投资或贸然进入，风险相对较大；而一个竞争较弱的市场，往往处于萌芽阶段，前途未卜，风险和困难仍然不容小觑。当然这也不是绝对的，对于那些规模效应明显的产业，如汽车业、家电业等，尽管市场竞争很激烈，但企业仍需做大做强，不断扩充产品线的长度，以更好地满足消费者需求，提升市场竞争力。

2. 产品组合策略类型

基于以上影响企业的各个因素的不同，企业在选择产品组合策略时也有所区别。具体而言，企业主要采取以下产品组合策略。

（1）全线全面型策略，即经营更多的产品以满足市场的需要，如小米，其提供的产品除了手机外，还有个人电脑、互联网电视、智能家居、灯具、电饭煲、自行车、平衡车等；还有空气净化器、体重秤、血压计、水质检测笔等智能硬件；移动电源、插线板、耳机、音响、电池、存储卡、保护套、后盖、贴膜和一些小配件；还有服装、箱包等周边产品。

（2）市场专业型策略，即指向某一专业市场提供所需的各种产品，而不在乎产品线之间的关联度，如三一重工就是专门针对建筑业的工程机械市场，提供的产品包括推土机、挖掘机、搅拌机、混凝土输送泵等。

（3）产品系列专业型策略，即指专门经营某一类产品的生产，并将其产品推销给各类顾客，如格兰仕在很长一段时间里就只生产经营微波炉这类产品，并成为世界第一大制造商。

（4）有限产品系列专业型策略，即指集中经营有限的甚至单一的产品线以适应有限的或是单一的市场需求，如三诺生物作为市场上血糖仪的一大供应商，其产品包括家用血糖仪、医用血糖仪等不同规格的血糖监测仪器，并在很长一段时间里专门为糖尿病等慢性疾病患者或是医疗机构提供血糖监测仪器。

（5）特殊产品专业型策略，即指生产某些市场上有竞争力的特殊产品，如老干妈在创立初期靠的就是一款口味的麻辣酱，在调味料市场打开了销路。

小链接 6-2：迪士尼的产品组合

第三节　产品包装策略

一、包装的概念与类别

产品包装（packaging）有两层含义：一是静态的含义，指产品的容器和其他包扎物，如包装袋和包装箱等；二是动态的概念，指盛装或包扎产品的活动。在实际工作中，两者往往很难分开，故统称为包装。按照市场营销学的观点，包装是整体产品的一部分，是形式产品，因此应将包装定义为"是为某项产品设计和制作容器或包装物的活动"。

产品包装按其特征可分为以下几类。

（1）按包装在流通中的作用，可分为运输包装（工业包装）和销售包装（商业包装）。

（2）按产品包装的结构，可分为件装（个装）、内装和外装等。

（3）按包装器材的类别，可分为纸或纸制品包装、塑料制品包装、木包装、金属包装、玻璃包装、陶瓷包装、草编包装、棉纺制品包装等。

（4）按包装技术和方法，可分为防水、防潮、防锈、缓冲、防虫、防鼠、通风、压缩、真空及耐寒包装等。

（5）按产品类别，可分为金属产品、化工产品、机电产品、配件、电工材料的包装，或者分为一般产品、危险品、长大超重和精密产品包装等。

（6）按产品的销地，可分为出口包装和国内包装等。

二、包装的构成要素

构成包装的要素主要有商标或品牌、形状、颜色、图案和材料等。其中，在包装中占据最显要和突出位置的是商标或品牌；最具销售刺激作用的是颜色；对包装成本影响最大的是材料的选择；对消费者的使用、存储和携带影响最大的是形状；同时，图案也是包装构成中一个不可或缺的因素，它向顾客传递了情感性和功能性信息。

此外，在产品包装上还有标签（labeling）。标签是指附着或悬挂在产品上和产品包装上的文字、图形、雕刻及印制的说明。产品标签的内容一般包括：制造者或销售者名称和地址；产品名称；商标；成分；品质特点；包装内数量；使用方法和用量、编号；储藏应注意的事项等。

标签的功能有许多，主要功能有以下几个。

（1）辨别产品或品牌，这是标签最基本的功能。例如，L——"李宁"服装；SHELL——壳牌汽油等。

（2）告知产品的基本信息，如谁生产制造、产地是哪儿、何时生产、如何使用和如何安全地使用等。

（3）它还通过有吸引力的图案起到促销的作用。

三、包装的作用

1. 保护产品

包装可以保证产品在生产领域转移到消费者手中，直至产品被消费掉以前，使产品的使用价值不受外来影响，产品实体不致损坏、散落溢出或变质腐烂。

2. 提高产品储运效率

产品包装可以使产品形体规范、美观，使重量、体积合理，这不仅便于搬运和携带，而且能充分利用运输设备和库房，提高储运效率。

3. 促进产品销售

产品包装具有识别和推销功能。产品经过包装后，可与同类竞争产品相区别，使其不易仿制、假冒、伪造。同时，良好的包装装潢具有广告和推销的功能，起着"沉默推销员"的作用，它能引起消费者的注意，激发其购买欲望。

小链接 6-3: 故宫美妆又刷屏，都是包装太美惹的祸？

4. 便于使用

适当的包装还起着便于使用和指导消费的作用。根据商品在正常使用时的用量加以包装，并在包装上说明用法和用量，就方便于消费者使用。同时，适当合理的包装结构设计也起着便于使用的作用，如拉环式、掀纽式"易拉罐"，拉链式包装盒，喷射式包装容器等。

5. 提高产品价值，增加企业收入

精美的包装不仅可以使好的产品与好的包装相得益彰，而且能够抬高产品的身价，使消费者或用户愿意出较高的价格购买，从而使企业增加销售收入。例如，我国东北地区的人参，过去只用 10 千克装的木箱包装出口，自改用精巧的小包装后，售价平均提高了 30%。

四、包装设计的基本要求

包装设计是指对产品包装的材质、结构、图案、颜色等所做的构想和计划。一般来说，产品包装设计应符合以下要求。

（1）既要保护产品，又要造型美观大方，图案生动形象，不落俗套。

（2）包装的档次应与商品的价值或质量水平相配合。贵重商品、艺术品、化妆品的包装，要能烘托出商品的高贵、典雅和艺术性，如珍贵的首饰和玉雕、牙雕应等配以各种镶嵌、雕刻、编织的名贵手工艺包装盒，而不能用一般化的包装盒。当然，也不能单纯追求包装的华贵，导致"金玉其外，败絮其中"。

（3）包装要能显示商品的特点或独特风格。对于以外形和色彩表现其特点或风格的商品，如服装、装饰品、食物等的包装，应考虑能向购买者直接显示商品本身，以便于选购。常用的方法是全透明包装、开天窗包装或在包装上附彩色图案等。

（4）包装的造型与结构设计应科学合理，为运输、销售、携带、保管和使用等提供方便。

（5）包装上文句的设计要有利于增加顾客的信任感并能指导消费。产品的性能、使用方法和使用效果常常不是直观所能显示的，需要用文字来表达。文字设计应根据顾客的心理和商品的特点对不同商品有不同的侧重点，如食品类的包装上应说明用料、使用方法，药物类商品应说明成分、功效、服用量、禁忌和是否有副作用等。同时也要考虑购买者可能存在的疑虑，在包装上进行针对性的说明，以增加顾客对商品的了解和信任，如药品"没有副作用"，油脂类食品"无胆固醇"或"不含黄曲霉"等，当然，文字说明必须与商品的性质完全一致，并有可靠的科学化验数据，或使用效果证明。

（6）包装设计要适应不同民族、风俗习惯、宗教信仰和心理上的需要。不少国家和地区、不同民族和宗教对某些图案或色彩有禁忌，设计包装时必须充分考虑到这一点。例如，喜庆时中国人都喜欢用红色，而日本人却喜欢互赠白色毛巾；埃及人喜欢绿色，忌讳蓝色，而法国人最讨厌墨绿色（法西斯军服的颜色），偏爱蓝色（蓝色象征自由）。

五、包装决策的程序

为一种新产品开发一个好的包装需要做好许多决策，这些决策主要可概括为以下几方面。

（1）构建包装概念（packaging concept）。要弄清楚应为产品设计一种什么形态的包装，其目的和基本功能是什么。它主要是为了保护产品，还是导入一种新的分销方法？体现产品的一定质量，还是其他什么目的？例如，某食品公司对其"什锦果酱夹心饼干"，管理部门确定其包装的主要功能有两个方面：一是保护产品在流通过程中不破损、不变质；二是显示产品的特色，使购买者直观地了解饼干的颜色、形状。以此作为包装设计的依据。

（2）确定包装的具体因素（specific elements）。这些因素包括包装的大小、形状、材料、色彩、文字说明以及品牌符号或图案等。这些包装因素必须达到最佳搭配，共同支持产品的市场定位和营销战略。包装必须与产品的广告策略、定价策略和分销策略等协调一致。

（3）包装使用的实验。包装设计出来后，最好经过使用实验，以考察包装是否能满足各方面的要求；如有不妥，在正式使用前可作出改进。包装实验主要有四种。

①工程实验。它指检验包装在正常的运输、贮存和携带的情况下的适用性。如磨损程度、变形程度、密封程度、褪色程度等。

②视觉实验。它指确定包装的色彩、图案是否调和悦目，造型是否新颖，包装上的文字说明是否简明易懂等。

③经销商测试。为了扩大盈利，经销商都希望包装引人入胜并能确实保护产品，避免各种损害或污染带来的困扰。

④消费者测试。它指用来了解包装是否能被消费者认可，并根据消费者的意见及时对包装加以改进。

六、包装策略

所谓包装策略，就是指对产品包装的形式、结构、方法、使用材料等所采用的各种对策。常见的包装策略有以下几种。

1. 统一包装策略

统一包装策略又称类似包装策略或产品线包装策略，它是指企业所生产的各种产品的包装外形采取相同的图案、近似的色彩、相似的外形、共同的特征，使消费者易于辨认或联想到同一企业的产品，借以提高企业声誉。这种包装策略的优点是可以节约包装设计费用，利于增加消费者信任，壮大企业声势。但是，这一策略只适用于具有相同品质的产品，对品种差异大、质量水平悬殊的产品则不宜采用，否则就会增加低档产品的包装费用或对优质产品产生不良效果。

2. 一揽子包装策略

一揽子包装策略又称成套包装策略，它是指将数种有关联的产品组合在一起包装，一起出售，以便于消费者一揽子购买。如节日礼品包、化妆品包、组合工具箱等。这一策略的优点是方便消费者购买、使用和携带，同时还可以扩大产品的销售，并在新旧产品组合包装时，有利于新产品的销售。但要注意一定是有关联的产品，不能硬性搭配。

3. 等级包装策略

等级包装策略是指将产品分成若干等级，对高档优质产品采用优质包装装潢，一般产品采用普通包装装潢，使包装产品的价值与质量相符，表里一致，方便不同层次消费者选购。

4. 再使用包装策略

再使用包装策略又称双重用途包装策略，它是指原包装的商品用完后，空的包装容器可移作其他用途。例如，印有游览图、服装式样的包装纸可以保存和利用，空罐、空瓶、空盒等可以改装其他物品等。这种包装策略可以使消费者感到一物多用而引起购买欲望，而且包装容器的重复使用也起到了对产品的广告宣传作用，使用该策略时应避免因成本加大引起商品价格过高而影响产品的销售。

5. 附赠品包装策略

附赠品包装策略又称"万花镜式"包装策略，它是指通过附赠某种别致的小商品，以吸引顾客购买和重复购买的策略。如儿童玩具附赠连环画、识字图；儿童食品附赠小玩具；商品包装内附有奖券或赠券等。

6. 创新包装策略

创新包装策略又称变换包装策略，它是指在不改善产品质量的前提下，通过改变包装装潢来促进产品销售的策略。当一种产品的包装已使用较长时间，而且销售不畅时，就应在调研的基础上改进包装装潢设计，变换包装，以刺激顾客购买。这种做法有时可起到同改进产品质量相同的效果。

第四节　产品创新与开发

营销计划面临的主要挑战之一是需要不断创新产品的各种观念并成功地把它们付诸实施。但产品的创新与开发面临着巨大的风险，稍有不慎，可能会对企业造成毁灭性的打击，杜邦在"可仿"的合成皮革上损失了 1 亿美元；施乐公司在计算机上冒险成了一场灾难；摩托罗拉耗资 50 亿美元建立的铱星移动通信系统从正式宣布投入使用到终止使用不足半年时间；福特在爱迪塞尔汽车上，估计损失至少 2 亿美元，这些案例都为工商管理学生提供了经典的失败案例。下面较为详细地描述福特汽车公司开发爱迪塞尔汽车失败的全过程。

小链接 6-4：福特汽车公司爱迪塞尔汽车开发备忘录

上述案例最主要的启示是什么呢？企业高层管理者必须深刻认识产品创新与开发的本质，并从战略的高度对产品的创新与开发进行有效的组织。

一、产品创新的概念与类型

（一）产品创新的概念

经济合作与发展组织（1993）提出，产品创新是为给用户提供新的或者更优质的服务而发生的产品技术的变化；清华大学傅家骥教授（1992）认为，产品创新的目的在于获取新的或者性能得到改善的产品；浙江大学许庆瑞教授（2000）则指出，技术创新的内容包括产品创新和工艺创新，产品创新是事物本身的变革，即推出一种新产品或服务。总的来说，产品创新最终都要为消费者或客户带来新的利益、新的满足。而这种在产品整体概念中，能给消费者或客户带来新利益、新满足的就是新产品，其是产品创新的果实。

产品创新是相对的，新的发明创造当然是产品创新，而对市场上现有的产品有所改善，采用了本企业的商标的也是产品创新，在企业现有产品系列中增加新的品种也是产品创新。此外，产品创新的相对性，还表现在产品创新的判定标准因范围的不同而各异，如就一个国家来说是产品创新，而从国际来说可能就不是创新，因为其他国家早已出现了。

所以，企业可以通过两条途径进行产品创新：一是购买，即整体购买另一家企业或专利，或从其他企业购买生产许可证或特许经营权；二是本企业自己开发新产品，或在自己的实验室开发，或委托独立的研究机构或新产品开发公司为本企业开发新产品。后者是本书叙述的重点。

（二）产品创新的类型

按新颖程度，产品创新一般可分为如下四类。

1. 开发全新产品

开发全新产品是指采用新原理、新结构、新技术、新材料制成前所未有的新产品。全新产品的产生一般需要经过很长的时间，花费巨大的投资，拥有先进的技术水平以及一定的需求潜力，市场风险较大，因此绝大多数企业不容易提供这样的全新产品。根据有关统计，新产品中一般只有 10%是真正的全新产品。

2. 开发换代产品

开发换代产品是指在原有产品基础上，部分采用新技术、新材料制成性能有显著提高的新产品。例如，黑白电视机改成彩色电视机，传统彩色电视机改为直角平面电视机等。

3. 开发改进产品

开发改进产品是指对原有产品的结构、性能、采用的材料、花色品种、包装或款式等方面作出改进产生新产品。例如，在普通牙膏中加入某种药物，在服装尺寸比例方面作出某些调整以适应新的时尚等。这类产品与原有产品的差距不大，创新比较容易，进入市场后也容易为市场所接受。

4. 开发仿制产品

开发仿制产品是指企业仿制市场上已有的新产品，有时也可能有局部的改进和创新，但基本原理和结构无大变化。这类创新的产品对市场来说并非新产品，而对于第一次生产的企业来说却是新产品。仿制产品不需要太多的资金和尖端的技术，因此比研制全新产品要容易得多。但企业应注意对原产品的某些缺陷和不足加以改造，而不应全盘照抄。

除此之外，企业将现行产品投向新的市场，对产品进行市场再定位，或通过降低成本生产出同样性能的产品，则对市场或企业而言，也可以称之为产品创新。企业开发产品创新一般是推出上述产品的某种组合，而不是进行单一的产品变形。

二、消费者采用新产品的过程及其类型

1. 消费者采用新产品的过程

营销管理者为了在早期的市场渗透中建立一个有效的战略，就必须了解潜在消费者怎样认识、试用或拒绝新产品。消费者采用新产品的过程一般经历五个阶段。

$$知晓 \Rightarrow 兴趣 \Rightarrow 评价 \Rightarrow 试用 \Rightarrow 采用$$

（1）知晓阶段。知晓阶段，即人们刚刚认识新产品，但还缺乏有关新产品的完整的信息。人们认识新产品的信息主要来源于相互间的口头传播和广告。

（2）兴趣阶段。兴趣阶段，即消费者知晓了新产品后，被激发起对新产品的兴趣，便会积极寻求有关情报，并产生购买试用的动机。

（3）评价阶段。评价阶段，即消费者根据所了解到的知识，开始权衡是否值得去使用该产品，也就是判断使用该产品会带来什么利益和可能的风险。

（4）试用阶段。试用阶段，即消费者开始少量地试用新产品，在试用中不断评价产品的效用，决定是否要大量地采用该产品。

（5）采用阶段。采用阶段，即消费者试用新产品后得到了满意的效果，便会经常重复购买该产品，对该产品正式表示接受。

消费者采用新产品过程的模式对企业的启示是：在营销过程中，必须尽可能地向消费者提供商品信息，让消费者尽快了解新产品的出现，并尽可能在价格、包装及分销渠道方面便利消费者试用。一个好的新产品，只有在为消费者所充分了解和信任的前提下，才会被接受和采纳。

2. 新产品采用者的类型

尽管消费者采用新产品的过程大体是一样的，但由于个性特征和其他因素的影响，有的人接受和采用新产品可能快些或早些，有的人就慢些或晚些。据此，罗杰斯将新

产品采用者分为五种类型（图 6-3）：创新型、早期采用型、早期多数型、晚期多数型和迟钝型。

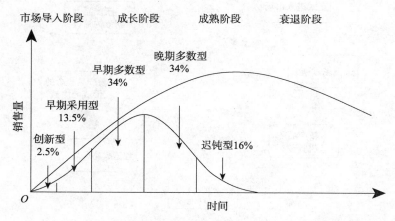

图 6-3 新产品采用者的类型及其与产品生命周期的关系

罗杰斯认为，这五种采用者的价值导向是不同的。创新型是冒险型的，他们愿意冒风险试用新创意。早期采用型是尊贵型的，受尊贵所支配，他们是观念领导者，因而采用新创意较早。早期多数型的态度慎重，虽然他们不是观念领导者，但比一般人先采用新创意。晚期多数型是持怀疑态度，他们要等到大多数人都已试用后才采用这种创意。最后是迟钝型，他们受到传统束缚，趋于保守；他们怀疑任何变革，只在创新的自身变为传统事物后才采用它。

对于新产品使用者类型的分析表明，在新产品刚刚进入市场时，立即就愿意采用的人总是少数。但是，这少数人却有较强的社会号召力，往往是许多人模仿的对象，他们对于传播和扩散新产品的影响，有极为重要的作用。从企业营销角度看，在新产品刚刚进入市场时，最关键的就是动员和说服这部分人来购买使用。企业的广告、分销渠道、价格和产品包装，也应该尽量根据这些人的特点来设计。

三、新产品开发的程序

新产品开发的程序一般来说包括八个阶段，如图 6-4 所示。

（一）新产品创意的产生

新产品开发开始于新产品创意的出现，即系统地收集新产品创意。新产品创意也就是新产品的构思、设想。任何一个企业为了发现最好的产品创意，他们总是要收集许多创意。在美国"吉列"（Gillette）公司，平均每 45 个仔细开发的新产品创意中有 3 个进入产品开发阶段，而最后只有其中 1 个创意能进入市场。对于医药公司来说，平均每开发一个成功的新药品，就需要 6 000～8 000 个原始创意的支持。

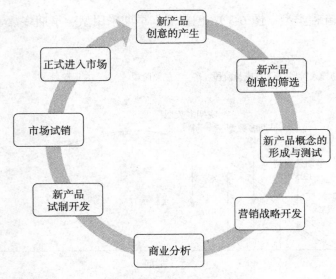

图 6-4　新产品开发的程序

新产品创意的来源是多方面的，主要包括企业内部来源（internal sources）、顾客、竞争者、分销商和供应商及其他方面等。

（1）企业内部来源。许多新产品创意来自企业内部，来自正规的研究与开发，来自企业内的科学家、工程师、设计师、生产人员和高层管理者等，此外，企业的销售人员也是新产品创意的来源。在这方面日本丰田公司做得非常成功，他们的所有雇员每年能提出大约 200 万个创意，平均每人 35 个建议，而且其中的 85%都能用于本企业实践。

（2）顾客。顾客的需求和欲望往往是寻找新产品创意的最佳起点，企业可以通过调查了解顾客的需求和欲望，分析顾客的问题和抱怨，进而发现能很好地解决这些问题的新产品。企业的产品设计工程师或销售人员也可以和顾客直接见面交流，以获得一些建议。

（3）竞争者。企业的竞争对手也是新产品创意的很好来源。企业可以通过观察竞争者的广告、查看竞争者的产品和其他信息来获得其新产品的有关线索。例如，美国福特汽车公司当初在设计它的 Taurus 车型时，就曾拆分了 50 余种竞争对手的汽车，逐个部件分析，寻找有仿效价值的部分或需要加以改进的部分。最后，他们在仿效了奥迪、丰田和宝马等车型的有关优越部分的基础上，设计制造了新型福特汽车品牌——Taurus，推向市场后一举成功。

（4）分销商和供应商。分销商或经销商由于更接近于市场，他们可以向制造商传递关于消费者的问题和新产品需求的信息。供应商可以将可用来开发新产品的最新概念、技术和材料等方面的信息，尽快介绍给生产企业。这些都可以使企业在开发新产品创意方面得到有益的启发。

（5）其他方面。例如，有关的贸易杂志、展览会、学术研讨会；政府主管部门；新产品咨询机构；广告商；市场调研公司；科研机构和大专院校及专利发明人等。

（二）新产品创意的筛选

企业面对大量生成或收集来的新产品创意，并不是马上投入试制开发，而是要经过认真的筛选，即分析每个新产品创意，看其是否与企业的目标、发展战略和资源相吻合，尽快放弃不符合这一标准的创意，选择符合这一标准的可行的新产品创意。

创意筛选过程一般分两步进行。第一步，由企业主管人员将新产品创意填入一张标准的表式内，以便于新产品委员会审核，表的内容主要是上述列举的因素。然后，新产品委员会根据一套标准对创意逐个进行审查，剔除不合标准的创意，保留合乎标准的创意。第二步，对经筛选剩下的创意进行更细致的审查，具体方法是利用加权评分表评出等级。评分表的格式举例见表6-3。

表6-3　产品创意等级评分表

产品成功必要因素	相对权数（1）	产品能力水平等级评定（2）					得分 （3）＝（1）×（2）
		很好	好	一般	差	很差	
		5	4	3	2	1	
产品的独特优点	0.20	V					1.00
市场需求	0.15		V				0.60
质量好坏	0.15			V			0.45
绩效成本比率	0.15			V			0.45
性能优异	0.10		V				0.40
营销资金支持	0.10				V		0.20
市场竞争能力	0.10		V				0.40
采购和供应	0.05				V		0.10
合计	1.00						3.60

评分等级标准为：2.01以下为差；2.01～3.50为一般；3.50以上为好的创意。

应该注意的是，尽量避免两种错误：漏选与错选。漏选是指未能认识到某项好的创意的开发价值而轻率舍弃；错选则是把没有发展前途的创意仓促投产。这两种错误都会对企业造成损失，在筛选阶段应特别注意。

（三）新产品概念的形成与测试

1. 新产品概念的形成

经过筛选后保留下来的产品创意还要进一步发展成为产品概念。在这里，应当明确产品创意、产品概念和产品形象之间的区别。所谓产品创意，就是指企业从自己的角度考虑能够向市场提供的可能产品的构想；所谓产品概念，就是指企业从消费者的角度对这种创意所做的详尽的描述；产品形象则是消费者对某种现实产品或潜在产品所形成的特定印象。企业必须根据消费者的要求把产品创意发展为产品概念。企业在确定最佳产品概念，进行产品和品牌的市场定位后，就应当对产品概念进行测试。

2. 新产品概念的测试

概念测试就是让目标市场顾客对新产品概念进行评价，以确定该概念是否有很强的消费吸引力。它一般需要向消费者呈现一个精心设计的概念说明书，说明新产品的功能、特性、规格、包装、售价等，有时还附有图片或实物模型。

（四）营销战略开发

营销战略开发是指企业要依据产品概念为新产品设计一个初步的基本营销战略，以便做好将新产品导入市场的准备。这一营销战略一般包括以下三部分内容。

（1）描述目标市场的规模结构和行为；预先计划的产品定位；预计在开始几年内的市场销售额、市场占有率和利润目标等。

（2）阐述产品预定价格、分销渠道和第一年的市场营销预算等。

（3）预计今后的长期销售额、利润目标以及营销组合战略。

（五）商业分析

商业分析（business analysis）就是对新产品未来的销售量（额）、成本和利润等的估计，进而确定这些因素是否符合企业的发展目标要求。如果答案是肯定的，那么，该新产品概念可以进入下一步具体产品开发阶段。

（六）新产品试制开发

如果产品概念通过商业分析证明其有开发价值，就将其移至研究开发部或工程部，进入新产品试制开发阶段。新产品试制开发就是将新产品概念发展为实物产品以确认该产品概念能够转化为切实可行的产品。因此这个阶段与前几个阶段相比需要较大金额的投资。

这个阶段需要做好两项工作。第一项工作是，根据新产品概念制造出一种或几种实物原型（prototype）即样品，以供进一步测试和选择。第二项工作是，对准备好的原型，必须进行一系列严格的功能测试和消费者测试。功能测试主要是检查新产品是否符合有关技术条件、质量特性，以确保产品运行的安全性和有效性。例如，新飞机必须能安全飞行；新的药品不能产生危险的副作用等。功能测试可以在实验室或现场条件下进行。消费者测试是请消费者试用新产品，并征求他们的意见。消费者测试也可采用灵活多样的形式，可以将消费者带进一个营销实验室测试，也可以将样品送到消费者家中，请其试用，过一段时间再征求试用者的意见。

最后，只有当试制出来的实物原型经过改进后达到下列三点要求时，才可认为产品试制开发取得了成功，可准备投入批量生产。这些要求是：①消费者认为该样品已具备产品概念说明中所描述的主要属性；②在正常使用情况下，该样品能正常安全地执行其功能；③该样品能够在预算的制造成本范围内生产出来。

（七）市场试销

市场试销是指将小批量的新产品投放到选定的有代表性的市场内销售，以检验该新产品及其营销方案在真实的市场环境中的可行性，为大规模营销做好准备。

市场试销可以使企业获得多方面的好处，主要有：①可以用少量的试销费用，避免大量的损失，如销售量低于盈损平衡点，企业可及早停止向市场大规模推进，避免发生重大损失；②可以试验各种市场营销组合方案的优劣，以便选择或改进营销方案；③可以使企业发现以前被忽略的缺点，向企业提供进一步推广的线索，并增加对细分市场的了解。

（八）正式进入市场

新产品经过市场试销为企业提供了大量的信息，据此企业可以对是否大规模推出新产品作出最后决策。决策的主要类型和基本依据如表 6-4 所示。

表 6-4 决策的主要类型和基本依据

试用率	重购率	营销决策
高	高	新产品正式进入市场
高	低	重新设计
低	高	增加广告与促销努力
低	低	放弃

如果新产品试销的结果理想的话，如表 6-4 中的第一种情况，试用率和重购率都高，企业就可决定将新产品导入市场，进入完全商品化阶段。这时企业要做好以下四个方面的具体决策。

（1）时机决策。时机决策，即新产品初次大规模上市要选择适当的时机。假如新产品将替代本企业另一种产品，在正常情况下，最好推迟到老产品存货销售完时再推出；如果新产品是季节性产品，最好在旺季推出；如果新产品还可以进一步改进或者整体经济形势不景气，那么该新产品也最好不要急于推出，可等到下一年度。

（2）地点决策。地点决策，即企业必须决定将新产品推向单一的地区，或几个区域，或全国市场，或国际市场。如何进行地点决策，主要取决于市场潜力、企业在当地的信誉、供货成本、对该地区的了解程度、该地区的影响力以及竞争状况等多种因素。实际上没有几个企业有百分之百的自信心、资本和能力可以把新产品一步推向全国或全球市场。一般的做法是随着时间的推移实施一个有计划的市场扩展战略。尤其是中小企业，他们往往会选择一个有吸引力的城市或地区迅速占领市场。但大企业也可能会将其新产品很快地导入几个地区或全国市场。

（3）目标市场决策。目标市场决策，即选取最有希望的购买群体尽快达到高销售量，以吸引其他更多的顾客。理想的新产品的潜在购买者应具有这样一些特点：他们将是最早的采用者；他们是大用户；他们将是观念的领导者；与他们接触的成本较低。

（4）导入市场战略决策。导入市场战略决策，即决定如何或用什么方法将新产品导入市场，包括如何纳入正常的商品分销渠道、采用怎样的导入价格、是逐一品牌导入还是同时导入多个品牌、采取何种促销方式及促销力度多大、如何分摊营销预算到各营销组合要素之中、如何管理及谁来管理市场导入项目等。这一般需要一个很好的实施计划作为保障。

拓展阅读 6-2：《创造突破性产品》

小链接 6-5：互联网产品研发——敏捷迭代，小步快跑

拓展阅读 6-3：腾讯设计完整流程图

第五节　产品生命周期特性与产品策略

产品在不同的生命周期具有不同的特点，相对应地也应采取不同的营销策略。因此了解产品生命周期的概念及阶段，恰当把握企业不同阶段的产品策略，可以为企业创造更多的利润。

一、产品生命周期的概念

产品生命周期指的是产品从投入市场到退出市场为止的全过程，即产品在市场上的销售时间，而非使用寿命。

对于企业而言，研究产品生命周期也有着十分重要的意义。

（1）产品生命周期理论揭示了任何产品都和生物有机体一样，有一个诞生—成长—成熟—衰亡的过程，不断创新，开发新产品。

（2）借助产品生命周期理论，可以分析判断产品处于生命周期的哪一阶段，推测产品今后发展的趋势，正确把握产品的市场寿命，并根据不同阶段的特点，采取相应的市场营销组合策略，增强企业竞争力，提高企业的经济效益。

（3）产品生命周期是可以延长的。

二、产品生命周期阶段特征与对应的产品策略

产品生命周期一般分为四个阶段：介绍期（投入期）、成长期、成熟期和衰退期，如图 6-5 所示。

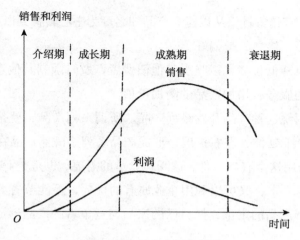

图 6-5　产品生命周期各阶段

（一）介绍期（投入期）

在这一阶段，产品刚进入市场，消费者对新产品还不了解，一些技术问题还没有完全解决，无法形成规模效应，成本较高，风险较大，容易成为"夭折"产品。此时企业易犯的错误是"不准确"，因此，企业的营销策略要突出一个"准"字。其具体策略如下。

（1）准确地为产品定位。介绍期的产品定位，既要为产品选择目标市场，又要考虑这种产品与市场现有的与此类似或相近的产品之间的显著区别，开始塑造产品和商标的风格。

（2）看准市场机会，确定投入市场的时机。

（3）确定合适的分销渠道。

（4）看准行情，确定合适的价格。

（5）看准消费者的消费行为特点，确定正确的广告和促销策略。

（6）看准技术上的特点和消费者的确切需要，努力设法有针对性地解决某些技术问题。

（7）看准消费者购买和使用的困难，提供完善的服务。

（二）成长期

在这一阶段，产品已被证明是令人满意的并被广大消费者所接受。因此，产品的销售额和利润迅速增长，新的竞争者开始进入市场。企业在这一阶段容易犯"得意忘形"的错误，并且可能因为营销不当，管理不善而使产品"未老先衰"。因此，此时企业的营销策略应突出一个"稳"字。其具体策略如下。

（1）迅速占稳并巩固扩大自己的市场，然后设法进入新的市场部分。

（2）改进产品设计、质量，增加新的特色和功能，扩大产品用途。

（3）稳定开辟新的分销渠道，扩大商业网点。

（4）改变广告的宣传方针，从以建立产品知名度为中心转移到以建立产品信赖度、树立产品形象为中心，建立品牌偏好。

（5）在适当时机降低价格，以吸引其他消费者，及时限制其他竞争者进入。

（6）提供完善的服务，增加产品的附加价值。

（7）开始考虑围绕这种产品开发系列产品。所谓系列产品，就是以现有产品及其生产工艺为基础，上下延伸，左右扩展，形成产品系列。既然产品在成长期已为市场所接受，就要着手利用这个有利条件，这既是竞争的需要，也是企业长远发展的需要。这样，既可把握市场需求，又可以利用企业原有的优势，还能节省开发费用。

（8）稳定地完善产品的定位，使自己的产品与竞争者的产品形成显著的区别。

（三）成熟期

产品进入成熟期以后，已被大多数潜在购买者接受，销售量由加速增长变成减速增长，最终停止增长。价格水平相对稳定，利润达到最高峰，利润增长率开始下降，产品已达经济规模，再降低成本几乎没有潜力。在这一阶段，企业容易犯的错误是"过分保守"，面对成熟期的特点，企业要突出一个"创"字。其具体策略如下。

1. 市场开拓策略

传统的观点认为市场开拓仅限于产品介绍期和成长期，到成熟期则主要是守业，巩固已有阵地，维持市场份额即可。事实上，在产品介绍期开拓市场是为企业争得一块营销阵地；在成长期开拓市场是为企业扩张其阵地；在成熟期开拓市场则是为企业维持继续稳定增长的趋势，取得全面的胜利。所以，在这一阶段的市场开拓主要表现为寻求新的消费者。具体可以选择寻求新的细分市场，或者发展产品的新用途。

2. 产品再生策略

改进现有产品，可通过对产品做某种改进而吸引新的使用者，或者使原有顾客增加购买和使用的频率，从而使处于停滞的销路回升。具体有以下几种产品再生的手段。

（1）设计改良。设计改良，即改善原有产品的设计，增加其魅力，提升市场竞争力。

（2）质量创新。质量创新，即提高产品质量，强化产品独特的功能，对产品的一些特殊性能进行改良，最终更好满足消费者特定需要的同时，又可摆脱竞争者的模仿。

（3）风格调适。风格调适，即定位调适，强调在产品已有风格（该风格已受到原有顾客的承认）的基础上，强化这种风格，保持这种风格。

（4）对名牌商标进行深度开发和综合利用，扩大名牌商

小链接 6-6：杜邦公司成功延长产品成熟期

标的范围。如上海乒乓球厂生产的"红双喜"乒乓球成为国际乒联指定的国际比赛用球，成为世界名牌。上海乒乓球厂把"红双喜"的商标扩大到球网、球台、球拍上，形成"红双喜"名牌商标系列，很快被市场接受。

（5）与消费者建立新的联系，为顾客提供更完整的服务，即售前、售中、售后服务，以便为客户提供更多的方便，从而在竞争中取得主动。例如，美国巴克斯特国际公司生产经营的医用器材已进入成熟期，他们制定了一项"价值环节"服务，这不仅可以大大改善医疗设备的分发情况，也为使用设备的医院大大降低了设备的保管费用。巴克斯特公司因此销量和生产额大大增加。

（6）国际市场经营策略，即外向化策略，同样的产品在不同的国家，因技术、经济、社会等方面的差距而表现出不同的产品生命周期阶段，则这种方式可能为产品寻得新的生机。

（7）新产品及时投放。每一种产品的市场生命周期都有结束之时，企业为了提高自身竞争能力，在不断改进产品，延长产品生命周期的同时，也应该未雨绸缪，高瞻远瞩，早做准备，不断开发新产品，并及时将新产品投放市场。

（四）衰退期

在产品衰退期，因为技术进步、竞争加剧，消费者的需求和偏好发生变化，结果导致销售量和利润的下降。这一时期的主要特征是已形成的巨大的生产能力和日益减少的销售量之间的矛盾。此时易犯两个错误：一是贸然舍弃，使新旧产品衔接不上，造成损失；二是犹豫观望，勉强支撑，结果造成资源、时间、效率、声誉的损失。在这一阶段，企业要突出一个"转"字，可采取以下策略。

（1）收割策略。收割策略，即利用剩余的生产能力，在保证获得边际利润的前提下，有限度生产一定量的产品，逐步集中在一个或几个市场上。

（2）放弃策略。放弃策略，即撤退老产品，或把生产老产品的生产线、生产部门卖给其他企业。

第六节　产品组合调整

为使产品组合的广度、深度及关联性处于最佳结构，提高企业竞争能力和取得最好经济效益，企业应面向市场，对所生产经营的多种产品进行最佳组合的谋略。其具体策略有以下几种。

一、扩大产品组合策略

扩大产品组合策略包括拓宽产品组合的广度和加强产品组合的深度。

拓宽产品组合的广度是指增加一条或几条产品线，扩大产品经营范围，实现产品多样化。当企业预测现有产品线的销售额和利润率在未来几年要下降时，就应该考虑在产品组合中增加新的产品线或加强其他有发展潜力的产品线，弥补原有产品线的不足。新增加的产品线，既可以与原有的产品线有关，也可以是不相关的，目标是提高企业的市场占有率。

加强产品组合的深度是指在原有的产品线内增加新的产品项目，增加企业的经营品种。如果增加的品种与竞争者相近，企业营销组合策略就应具有一定特色，或者为消费者提供更多售前、售中、售后服务，或者在价格上给予优惠，等等。

二、缩小产品组合策略

缩小产品组合策略，即缩减产品线，缩小经营范围，实现产品专业化。市场繁荣时，扩大产品组合策略可能会为企业带来更多的利润。但市场也有疲软的时候，特别是原料和能源供应日趋紧张，许多企业往往又会采取缩小产品组合策略，从产品组合中剔除那些获利小的产品线或产品项目，集中力量经营那些获利最多的产品线和产品项目。

三、产品线延伸策略

产品线延伸（stretching）就是企业延长其产品线，使其超出现有产品线范围的行为。产品线延伸的目的在于开拓新的市场，增加顾客；或为了适应顾客需求的改变，配齐该产品线的所有规格和品种，使其成为完全产品线。产品线延伸策略有三种选择：向下延伸（stretching downward）、向上延伸（stretching upward）和双向延伸（stretching both way）（图 6-6）。

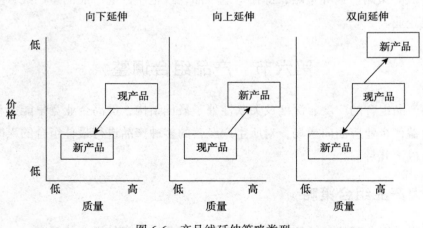

图 6-6　产品线延伸策略类型

向下延伸是指企业原来生产高档产品，以后决定增加生产低档产品。公司可能出于如下原因而向下延伸其产品线。

（1）公司在高档产品市场上受到打击，决定以开拓低档产品市场作为反击。

（2）公司发现高档产品市场增长缓慢。

（3）公司最初步入高档市场是为了树立质量形象，然后再向下延伸以扩大市场占有率。

（4）公司增加低档的产品项目是为了填补市场空隙。

应该注意的是，该策略使用不慎可能损害高档产品的声誉。

向上延伸指企业原来生产低档产品，由于某种原因而决定进入高档产品市场。采用此策略的企业可能是被高档产品较高的增长率和较高的利润率所吸引，或者为了重新进行产品线定位。由于改变产品在顾客心目中的地位是相当困难的，采用此策略的企业应在技术、营销能力等方面确定已具备足够条件。

双向延伸是指企业原来生产中档产品，后来决定同时一面增加高档产品的生产，一面增加低档产品的生产。

四、产品现代化策略

这一策略强调把现代化科学技术应用到生产经营中去。现代社会科技发展迅猛，产品开发日新月异，产品的现代化成为一种不可阻挡的大趋势，产品线也必然需要进行现代化改造。产品线的现代化改造主要有两种方式可以选择：一是逐步实现现代化改造；二是全面更新。逐步实现现代化改造可节省投资，但缺点是竞争者很快就会觉察，并有充足的时间重新设计其产品组合；全面更新可避免以上缺点，但是资金耗费较大。

五、产品线特色化策略

产品线特色化策略是指企业在产品线中选择一个或少数几个产品项目，使其成为具有特色的产品。这一策略有两种情况：一方面，企业可以将产品线低端的促销型品种变成有特色的产品，如美国西尔斯公司宣传将出售一种特别廉价的缝纫机，以此来吸引顾客；另一方面，也可以将处于高档一端的某个产品项目变为特色化产品，以提高整个产品线的身价，如人头马推出价格比正常的 XO 要高几十倍的路易十三来提高整条产品线的地位。

第七节　服务的概念与服务质量管理

一、服务的概念与特点

1. 服务的概念

现实生活中服务业无处不在，无论是法院、公安等政府部门，还是博物馆、大学、基金会等私有的非营利部门，又或者是航空公司、银行、电影公司等商业部门，它们都属于服务行业。随着人们生活水平的日益提升，对服务水平的要求也日益增加，理解服务并对其进行适时的管理和提升显得越来越重要。

服务（service）是一方能够向另一方提供的、本质上无形的任何活动或利益，其结果不会导致任何所有权的发生。而且，服务可能与某种有形产品产生联系，也可能毫无联系。许多提供纯服务的企业正在通过互联网来接触消费者。

2. 服务的特点

服务有以下四个主要特点。

（1）无形性（intangibility）。与有形产品不同的是，服务在购买之前往往是看不见、尝不到、摸不着、听不见也闻不出的。例如，购买者去医院看病之前是无法预知结果的。所以，为了减少不确定性，购买者会努力寻求服务质量的标志或依据。这时购买者所看到的场所、人员、设备、宣传资料、符号和价格等都有可能成为购买者作出判断的依据。因此，服务提供者的任务就是"化无形为有形"，管理会影响购买者作出判断的依据。

（2）同步性（inseparability）。有形产品是先制造出来，然后再运到仓库中储存，之后再进行销售，最后进行消费的。相较之下，对于服务而言，则往往是生产与消费同时进行的。例如，理发服务不能储存，而且只能在理发师在场时生产，并同时销售出去，在这种情况下，服务的提供者也就成为服务的一部分。

（3）异质性（variability）。由于服务质量与何时、何地和由谁来提供服务有着密切的关系，因此服务具有极大的可变性。例如，某些医生对患者很细心、有耐心，但个别医生则不会设身处地地为患者着想。

（4）易逝性（perishability）。服务不能储存，所以在需求发生变动时，企业可能就要面临易逝的问题。例如，有些医生对预约之后无法履约的患者索要额外的费用，原因在于为一个患者留出时间后医生就无法为其他患者服务。

二、服务的分类

根据服务活动的本质，即服务对象是人还是物，以及服务效果是有形的还是无形的进行分类，将服务分为四类：人体服务（people processing）、所有物服务（possession processing）、精神服务（mental processing）和信息服务（information processing）（表 6-5）。

表 6-5　服务的分类

服务效果 ＼ 服务对象	人	物
有形	人体服务 （1）美发 （2）旅客运输 （3）医疗服务	所有物服务 （1）货运 （2）熨烫与干洗服务 （3）维修与保养
无形	精神服务 （1）教育 （2）广告/公共关系 （3）心理治疗	信息服务 （1）会计 （2）银行 （3）法律服务

1. 人体服务

与此相关的服务，无论是旅行、吃饭、保持健康还是变漂亮，消费者为接受这些服务，都需要将身体作为服务要素投入，若不投入自己的身体，服务则无法进行。简而言之，就是消费者必须进入"服务工厂"（service factory），获取服务提供者为他们提供的利益，当然也有可能是服务提供者携带必要的工具，在消费者选择的地点为他们提供价值。

2. 所有物服务

所有物服务指的是针对顾客所有物进行的有形服务。例如，帮助消费者给房间做卫生、维修各类家电，或者是帮助治疗生病的宠物。

3. 精神服务

这类服务的对象是人的精神，服务的目的是矫正人的态度或影响人的行为。例如，我们常见的教育、新闻和咨询服务以及宗教活动。精神服务需要消费者投入，包括时间和精力，当然，有时消费者只需与服务提供者保持信息沟通即可。虽然都是针对人的服务，但精神和人体两类服务相差很大。例如，一个旅客可以轻轻松松地睡觉就得到服务，即到达目的地，但如果参加在线学习，最好课程结束后再睡，否则可能什么都学不到。

4. 信息服务

针对这类服务，服务提供者可以利用信息与沟通技术（information and communication technology，TCT）对信息进行处理。当然，专业人士也可以利用他们的大脑来处理信息。作为服务结果的信息通畅是无形的，但通过各种方法，可以将这些信息转化为有形的"物"，如报告、书籍或者是各种格式的文件。有些服务对信息收集和加工高度依赖，如财务、法律、市场调查、管理咨询和医疗诊断服务。

三、服务质量管理

1. 服务质量的概念

不同于以往对质量的定义，现代社会中，将卓越的服务质量定义为持续满足或者超越顾客期望的高标准服务绩效。顾客在未体验前会因为受到品牌、广告、口碑等因素的影响，对服务绩效形成预期，而顾客在实际体验后，又会对服务绩效形成一个真实的感知，顾客服务绩效期望与真实的服务绩效感知之间是否一致，决定了顾客是否满意。满意的期望–差距模型如图 6-7 所示。

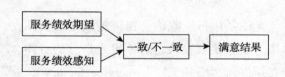

图 6-7　满意的期望–差距模型

资料来源：OLIVER R L. Satisfaction：a behavioral perspective on the consumer[M]. New York：McGraw-Hill，1997：110.

但是，顾客满意仅是一种短暂的、暂时性的评价，是对一次消费体验直接的、即时的反应。服务质量是指顾客对企业相对稳定的态度和信念。当然，随着次数的增加，服务质量会与多次满意度评价的变化方向一致，服务质量又会进一步影响顾客的行为意向，如口碑、重复购买意向等。

2. 服务质量问题的识别与纠正

了解服务质量后，我们再来学习一个用于识别和纠正服务质量问题的模型——服务设计和传递中的差距模型。图 6-8 框架结构直观地显示了发生在服务设计和服务传递各个阶段的五种服务质量差距。

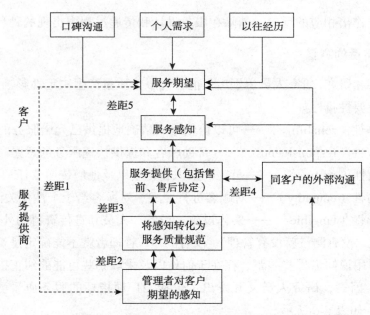

图 6-8　服务设计和传递中的差距模型

（1）差距 1——知识差距（knowledge gap）。它是高层管理者对顾客期望的理解与顾客实际需要和期望之间的差距。

（2）差距 2——标准差距（policy gap）。它是管理者对顾客期望的理解与为服务传递所制定的质量标准之间的差距。之所以称为标准差距，是因为管理者制定的标准没有能够准确反映出他们对顾客期望的理解。制定低于顾客期望的标准的典型原因包括成本考虑和可行性考虑。

（3）差距 3——传递差距（delivery gap）。它是特定的传递标准和服务提供商在这些标准上的实际表现之间的差距。

（4）差距 4——沟通差距（communications gap）。它是企业宣传的与实际传递给顾客的服务之间的差距。这个差距是由两个小差距造成的。第一个是内部沟通差距，是企业广告所宣传的以及销售人员所认为的产品特性、服务表现、服务质量水平与企业实际能够传递的服务之间的差距；第二个是过度承诺差距，其产生的原因是市场销售人员为了吸引更多顾客，扩大销售收入，从而作出一些服务生产能力所无法达到的承诺。

（5）差距 5——服务质量差距（service quality gap）。它是顾客所期望的服务与他们对实际所得到的服务的感知之间的差距。

在这个模型中，差距 1 和差距 5 代表了顾客与组织之间的外部差距。差距 2、差距 3 和差距 4 则是发生在组织内部各个职能领域和部门之间的内部差距。针对不同的差

小链接 6-7

距，管理者应作出相应的反应，消除在服务设计和传递过程中出现的种种差距。

3. 服务质量的测量

通过观察和研究，研究人员识别出可能会对服务质量产生决定性影响的五种因素，各因素根据重要性排序如下。

（1）可靠性（reliability）——可以信赖地、精确地提供已允诺服务的能力。

（2）响应性（responsiveness）——帮助顾客和提供快速服务的意愿。

（3）可信性（assurance）——员工的知识和礼貌以及他们传递信任和信心的能力。

（4）移情性（empathy）——对顾客进行照顾、对顾客给予个性化关注的能力。

（5）有形性（tangibles）——实体设施、设备、人员和宣传资料的外观等。

人们常说"没有测量就没有管理"。没有测量，管理者就不能确定是否存在服务质量差距，更不用说知道哪些差距、存在于何处以及采取哪些可能的纠正措施。因此，基于以上五个因素，研究人员又开发出了包括 21 项指标的服务质量测量模型——SERVQUAL，如表 6-6 所示。

表 6-6　SERVQUAL 服务质量测量模型

SERVQUAL 模型的属性指标	
可靠性	**移情性**
提供所承诺的服务	关注每一个顾客
处理顾客服务问题时诚恳可靠	员工对顾客很关心
从一开始就提供足够水准的服务	将顾客的最大利益放在心上
在承诺的时间提供服务	了解顾客需要的员工
保持无差错记录	方便的营业时间
员工具有回答顾客问题的知识	**有形性**
响应性	现代化的设备
让顾客知道自己将会在何时得到服务	有视觉吸引力的设施
向顾客提供快速而及时的服务	有着整洁职业外表的员工
热心帮助顾客	有视觉吸引力的、与服务有关的材料
随时准备响应顾客的要求	
可信性	
可以向顾客传递信息的员工	
使顾客对交易放心	
始终保持礼貌的员工	

小链接 6-8：互联网时代的产品策略

本 章 小 结

产品是指人们通过交换而获得的需求的满足，它能为消费者带来无形与有形的利益。产品由三个层次构成，即核心产品、形式产品和延伸产品。产品策略要求对产品组合、产品线、产品包装等制定协调的决策。

产品分类方式多种，根据产品有形性，产品可以分为有形产品和无形产品。根据消费者类型和用途，产品可以分为个人消费品和产业用品。个人消费品又可以分为便利品（日用品、冲动购买品、应急用品）、选购品（同质选购品、异质选购品）、特殊品和非寻求品。产业用品又可以分为原材料和零件（原料、材料、零件）、资产品目（主要设施或设备、附属设备）、物料与服务（经营管理用物料、维修保养用物料）。

绝大多数公司不只是销售一种产品，一个产品组合可以根据宽度、长度、深度和关联度来衡量。这四个维度是企业开发营销战略的工具，即决定哪一条产品线应该发展、维持、收获还是放弃。

除了产品本身，产品包装同样影响着消费者对产品质量的感知。一般而言，产品包装能够保护产品，通过集中零碎的小产品或者是合理标识产品等提高产品储运效率；具有特色的包装也能促进产品销售，适当的包装设计也能便于消费者使用。除此之外，精美的包装还能提升产品价值，增加企业收入。

企业需要不断地创新，但其中也蕴含着巨大的风险。根据新颖程度，产品创新分为四类：开发全新产品、开发换代产品、开发改进产品、开发仿制产品，从前往后，产品创新的程度依次减弱。了解潜在消费者怎样认识、试用或拒绝新产品及新产品采用者的类型，有利于企业在前期顺利地渗透市场。

传统的产品开发需经历八大步骤：新产品创意的产生、新产品创意的筛选、新产品概念的形成与测试、营销战略开发、商业分析、新产品试制开发、市场试销和正式进入市场。随着互联网时代的来临，我们面对的是数字产品，相较于传统的产品，数字产品开发的流程有所不同。

从产品投入市场到退出为止的全过程称为产品生命周期，其包括四个阶段：介绍期、成长期、成熟期和衰退期。不同时期的产品特点不同，相应的产品策略也有所不同，总的来说就是四个字："准""稳""创""转"。

服务作为一类特殊的产品，是一方能够向另一方提供的、本质上无形的任何活动或利益，其结果不会导致任何所有权的发生。对于服务质量的管理，企业可以基于服务差距模型，找出服务差距，对症下药，也可以通过服务测量模型——SERVQUAL 对服务质量进行定量的测量。

重要名词

产品的利益层次　有形产品　无形产品　产品组合　产品线　产品创新
新产品开发　产品生命周期　产品延伸　服务质量
服务差距模型　SERVQUAL 服务质量测量模型

即测即练题

 复习思考题

1. 产品的整体概念包括哪几个层次？
2. 企业如何设计产品组合？如何调整现有的产品组合？
3. 企业如何进行产品包装决策？
4. 产品创新有哪些类型？请简述新产品开发的流程。
5. 请简述产品生命周期各个阶段的特点及相应的产品策略。
6. 选择一个你最近接受的服务，运用服务质量差距模型对其进行分析及评价。

案例

第七章

品 牌 管 理

【本章提要】

　　"渠道为王"的时代已经走远，而品牌作为企业存在与发展的灵魂，正在为企业提供着源源不断的生命力和延续性。本章将介绍品牌的概念及品牌化，了解品牌资产和品牌价值评估，认识品牌命名决策、品牌使用者决策，掌握品牌战略决策。

 引例

李宁的品牌年轻化

　　2018 年 2 月，运动品牌李宁在纽约时装周上突然红了，"中国李宁" 4 个字反复在微博、微信、Instagram 等社交媒体上传播。一时，中国民众的民族自豪感大规模高涨。而对李宁品牌自身来说，纽约时装周上的亮相，标志着李宁历经 5 年 "艰难" 的改造之后，品牌形象正式转变。在许多消费者眼里，现如今的李宁就是潮牌的代表之一，除了附着其中的象征着年轻人的潮流气息，还有着对中国体育精神—— "一切皆有可能" 的不懈追求。这些融合在一起，形成了李宁独特的品牌体验（图 7-1）。在此之前，无论是更改 logo 还是更改 slogan，它都没有传达和实现这一转变结果。

　　在纽约时装周之后，李宁公司的生意显而易见地变得更好了。在李宁公司截至 2018 年 6 月 30 日的中期财报中显示，李宁 2018 年上半年的收入达到 47.13 亿元，较 2017 年同比上升约 17.9%。对零售品牌来说，接近 20% 的销售增长属于亮眼的业绩表现。可谁又能想到，在此之前，李宁连续三年亏损达 31.52 亿元。

　　没有更换设计师，亦没有加大品牌的宣传，李宁具体做了什么完成了自救。

　　首先，李宁的设计师团队表示，他们的初衷并非要把李宁改造成一个潮牌，就算是现在，李宁仍然是一个运动品牌，他们只是在方向上发生了改变，在设计里面融合一些时尚的元素、街头的元素，把这种更潮流的元素跟运动的 DNA 结合在一起。但这些经典复古和代表街头文化的服饰，都来自李宁的经典文化，也就是 20 世纪 90 年代的那种领奖文化，这也符合创始人李宁先生本人体操王子的形象。

图 7-1　"中国李宁"品牌在纽约时装周上的亮相

　　这样一个方向的转变，也是李宁整个设计团队在不断探索、日积月累中摸索出来的。其实从 2015 年开始，李宁就做了大量的年轻消费者调研，尝试去重新定义消费者，所以李宁的品牌策略从那时候开始就发生了变化。刚开始对于消费者的新定义还有很多的缺陷和不足，但经过几年的努力，李宁的品牌在潮流方向上累积了越来越多的心得，品牌态度也从原来的传递传统体育理念，转变得更与时代接轨，越来越年轻化，整体产品也体现出年轻化的趋势。

　　此外，李宁也在产品、渠道、品牌营销上作出了改变。

1. 调整产品线，增加年轻元素

　　从创立之初，李宁就非常重视产品的原创和研发设计。在此次品牌年轻化的转变中，李宁就抓住了年轻消费者"看似叛逆，实则追求真性情"的生活态度，结合年轻消费者喜爱的配色和服装材质，在专业运动产品之外，设计新的产品线，开发一些真正会跟年轻消费者真实生活在一起的产品。

2. 重视电商运营，多渠道推广

　　李宁改变原先单一的推广渠道，实行多渠道推广，使产品更易触达年轻消费群体，具体如电商销售、合作潮牌店、合作买手店等。除此之外，李宁也关闭及改造低效店和亏损店，推进商场店铺位置优化和扩面整改，针对年轻消费者对"体验"的追求，增开高效盈利的、具有体验概念的大型店铺，提升渠道效率。

3. 依靠李宁做品牌营销

　　除了在营销领域大手笔地花钱，李宁本人也身体力行。他一改高冷的体操王子形象，在 2015 年开通了微博，调侃瑞士蒙特勒市的李宁雕塑正面比自己帅，称王祖贤为"王老师"，调侃买家秀和卖家秀……俨然成了一个成熟段子手。他甚至还尝试了直播，登上了《朗读者》的舞台，借助一切媒体渠道走进今天的年轻人当中，宣传自家的产品。

在知乎"怎样看待国产运动品牌李宁参加纽约时装周？"这个话题下最高赞的一条回答是：怎么看？买呗。这或许可以证明，在今天这个个性张扬的时代，喊出"一切皆有可能"的李宁，依然是一个值得年轻人购买的品牌。

资料来源：河南综合频道.李宁究竟做了什么使李宁品牌实现逆转[EB/OL]. [2019-02-23]. http://www.sohu. com/a/296814021_100169069（有改动）；

WangYu.李宁：改造之后品牌形象正式转变李麒麟接手 Snake[EB/OL]. [2019-02-01]. http://www. chinairn.com/ hyzx/20190201/105618760.shtml.

品牌能给予消费者产品功能以外的附加价值体验，这样的一种价值体验在现如今的年轻消费群体中显得日益重要。品牌的成功塑造也必不可少地来源于企业对于品牌更深的理解，品牌价值的开发和管理，以及在具体实施过程中，对于品牌名称、使用者的决策和品牌策略的选择。

第一节　品牌与品牌化的概念

一、品牌的概念

"品牌"（brand）一词来自古挪威语 brandr，意思是"打烙印"，用于标识和宣示权益，即通过一个 logo，表示产品的所有权属。现代市场营销学意义上的品牌概念起源于西方，代表性观点分为两类：一类是基于符号差异化，这主要以美国市场营销协会 AMA 为代表；另一类是基于消费者关系，认为其是产品与消费者之间的独特关系，代表着消费者对产品或服务价值和利益的情感认同（奥美公司）。两者都有道理，但前者更为学术界所认可，即品牌是指用来识别一个销售商或一群销售商并与其竞争对手区别开来的商品或服务的名称（name）、术语（term）、记号（sign）、符号（symbol）、设计（design）或它们的组合。

要深入理解品牌概念，就应进一步区分品牌名称（brand name）、品牌标志（brand mark）、商标（trade mark）和品牌化等概念。

品牌名称是指品牌中可以用语言称呼的部分，如万宝路（Marlboro）、可口可乐（Coca-Cola）、雪佛兰（Chevrolet）、迪士尼（Disney）等，都是美国乃至世界著名的品牌名称；海尔、红塔山、茅台和李宁等，是中国著名的品牌名称。

品牌标志是指品牌中可以被认知，但不能用语言称呼的部分，如记号、符号和其他特殊的设计等，都是品牌标志。美国米高梅电影公司就是用一只怒吼中的狮子作为品牌标志；而李宁服装是用李姓拼音字头 L 的艺术设计作为品牌标志（图 7-2）。

图 7-2　品牌标志

品牌不同于商标。商标是指品牌向政府有关主管部门注册登记后，所获得的在法律保护下的品牌名称和品牌标志的专用权。因此，商标是一个法律术语，而品牌是一个市场营销学概念。

品牌与品牌化也不同。品牌化是一个动词，它是指企业为其产品规定品牌名称和品牌标志等，并向政府有关主管部门注册登记，向市场广泛推广的一系列具体营销活动。

拓展阅读 7-1:《品牌的起源》

在现代营销中，品牌是企业向市场传递信息的工具，一个内涵丰富的品牌可以从下面六个方面体现。

1. 属性

品牌最基本的含义就是代表特定的商品属性。例如，韩国品牌 Lock&Lock 保鲜盒代表的是安全优质、密闭、保鲜性能好。

2. 利益

品牌体现着某种特定的利益，消费者购买商品实际上是购买利益，这就需要将商品属性转化为顾客所追求的利益。需要指出的是这里的利益包含两层含义——功能性利益和情感性利益。如商品属性的耐用可以转化为功能性利益："这种全自动洗衣机给我提供了很大的方便"；制作优良可以同时转化为功能性利益和情感性利益："皮尔·卡丹穿着很舒服，并让我很有自信。"

3. 价值

品牌还体现了该制造商的某些价值感。例如，梅赛德斯-奔驰体现了高性能、安全、威信等，该品牌营销者必须推测出在寻找这些价值的特定的汽车购买群体。

4. 文化

品牌象征一定的文化。例如奔驰品牌就蕴含着"有组织、高效率和高品质"的德国文化。

5. 个性

品牌代表了一定的个性，这就像一个人，总要有有别于他人的地方。有人说奥迪没有自己的品牌个性，为了弥补这一点，奥迪努力标榜"不追随、自由"。

6. 使用者

品牌还体现了购买或使用这种产品的是哪一种消费者。事实上，产品所表示的价值、文化和个性，均可以反映到使用者身上。

二、品牌化的概念

品牌化决策是指应否对产品起名字、使用标志的一种决策。

产品要不要品牌，主要是根据产品的特点和权衡使用品牌对促进销售的作用大小确定的。若作用很小，甚至使用品牌所开支的费用超过可能的收益，可以不使用品牌。一般而言，在以下情况下企业可以不使用品牌：未经加工的原料产品、农产品，如煤、木材、大米、玉米等；商品本身并不具有因制造者不同而形成不同质量特点的商品，如电力、糖等；生产简单、选择性不大、价格低廉、消费者在购买习惯上不是认品牌购买的小商品，如梳子、鞋垫等；临时性或一次性生产的商品。

需要指出的是，在品牌化决策中有两种趋势。其一，传统上不用品牌的商品纷纷品牌化。像"莱阳梨"、"华都"猪肉、浙江"中兴"大米等。其二，超市里许多日用品不再使用品牌，即无品牌产品（generics），是无品牌、包装简易、不太昂贵的普通商品。由于使用的产品配料少，用于产品的标签和包装费用较少，以及产品的广告宣传费用压到了最低限度，售价可能低于在全国范围内做广告的品牌产品，以取得价格优势，同时也是对抗折扣商店竞争的有效手段。

三、品牌化的意义

消费者通常将品牌看作产品的重要组成部分，品牌化能给产品带来附加价值。品牌化已经成为现代市场经济的重要标志，今天，至少在发达国家或地区，已很难找到没有品牌的商品。品牌化能为生产经营者和消费者都带来好处。这主要体现在以下两个方面。

对于企业，品牌化：

（1）有助于产品宣传和产品陈列。

（2）有助于吸引更多的品牌忠诚者，增加市场份额。

（3）有利于产品线的扩充。

（4）有助于企业进行市场细分。

（5）转化为商标的品牌，能得到法律的保护，防止他人仿制、假冒或抄袭。

（6）良好的品牌有助于树立良好的企业形象。

对于购买者，品牌化：

（1）有利于消费者识别、挑选和购买所需要的产品，提高购物效率。

（2）有利于帮助消费者了解产品质量好坏。

小链接 7-1：网易考拉全球工厂店项目

（3）消费者易于消除对新产品的顾虑。

（4）有利于顾客寻找生产企业或中间商，便于联系重复购买，便于修理及更换零件，无形中，消费者利益受到了保护。

第二节　品牌资产与品牌价值评估

一、品牌资产的概念

在探索品牌作为资产的本质以及品牌价值来源的过程中，西方文献中先后有 brand asset、brand equity、brand value 等关联概念出现，在引进我国后也存在争议。目前基本形成一致，都使用品牌资产（brand equity）和品牌价值（brand value）术语。那什么是品牌资产？一直以来也有争议，我们倾向于品牌权威学者、美国加州大学伯克利分校的大卫·艾克（David A.Aaker，1991）教授的观点，他认为品牌资产是一组与一个品牌的名字及符号相关的资产和负债，它能增加或减少某产品或服务所带给该企业或顾客的价值；在此，"带给企业的价值"是财务收益，而"带给顾客的价值"是顾客利益。

所以品牌资产是赋予产品或服务的附加价值；它反映在消费者关于品牌的想法、感受以及行动的方式上，同样它也反映品牌带来的价格、市场份额以及盈利能力。强化品牌资产能够提高消费者支付的溢价，减少消费者的信息搜寻成本，提升营销沟通的效率和效果，增加消费者对延伸产品的认同感。英国知名品牌价值咨询公司"品牌金融（Brand Finance）"发布"2020 年全球最具价值品牌年度报告（Global 500 2020）"，美国品牌囊括前四位，分别是亚马逊（Amazon）2 207.91 亿美元，谷歌（Google）1 597.22亿美元，苹果（Apple）1 405.24 亿美元，微软（Microsoft）1 170.72 亿美元。第五位是韩国的三星（Samsung Group）944.94 亿美元。中国的工商银行、中国平安和华为进入前十名，分别名列第六、第九和第十位。品牌资产作为企业软实力的一部分，其重要性不言而喻。可口可乐公司前任总裁曾说过，即使可口可乐公司全球的厂房在一夜之间化为灰烬，但只要可口可乐这个牌子还在，公司就可以迅速振兴。

小链接 7-2：品牌资产的驱动因素

品牌资产也是一个多维的概念，对于品牌资产的价值评估也将围绕品牌资产的各个维度展开。

二、品牌价值与品牌价值评估

品牌价值是与品牌资产既有密切联系又有区别的不同概念，那么怎么理解或界定品牌价值？目前，品牌价值尚未形成一个规范统一的定义。综观国内外现有相关文献，可以归结为以下几类观点。

（1）品牌权力观。品牌权力观，即品牌价值的实质是品牌权力。

（2）品牌多维收益观。品牌多维收益观，即品牌价值是品牌为企业、顾客和社会等多方面带来收益的价值总和。

（3）企业财务增值观。企业财务增值观，即品牌价值是由于企业长期的营销努力创建品牌而产生的财务方面价值的增加。

（4）消费的信号传递机制。该观点认为，品牌价值体现了消费者对产品的忠诚度、企业的产品承诺以及企业产品受喜欢程度。

（5）不同研究视角的品牌价值。该观点从三个角度阐释品牌价值内涵：企业角度、消费者角度、企业与消费者两方面的综合角度。

我们认为品牌价值是品牌资产为企业、消费者及社会三个维度所带来的超额价值。品牌价值在于为企业提供超额经济利益、为消费者提供产品和服务质量的总体认知、提升客户让渡价值、节约社会资源、提升公众的信任度等。

于是，品牌价值评估应该是基于品牌资产的各个维度，对品牌资产的价值进行评估。测量一个品牌的实际价值是很困难的，但一个强势品牌往往就是具有很高市场价值的资产（equity）。国际上的品牌评估机构也定期进行品牌价值评估。

高价值的强势品牌资产能够为企业带来许多竞争优势，如产品性能感知的改善、更大的贸易合作和支持、更高的忠诚度、营销传播更高的有效性、对竞争性营销行为更高的抵抗力、可能的特许经营机会、对营销危机更高的抵抗力、品牌延伸的机会、更大的边际利润、员工招募与保留更容易、消费者对涨价的反应弹性较小、更大的金融市场回报、消费者对降价的反应弹性较大。

Aaker 于 1991 年提出资产评估的五要素模型（图 7-3），他认为品牌资产是由以下五种要素构成的。

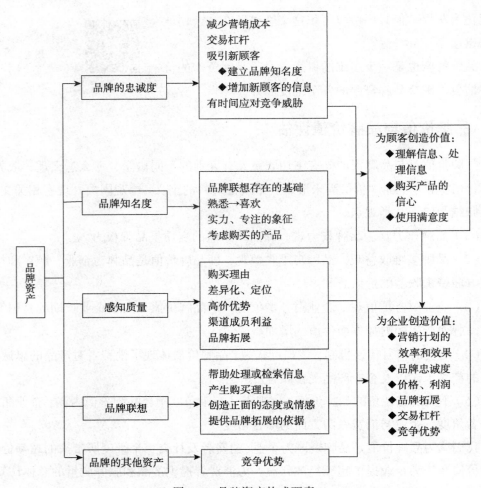

图 7-3　品牌资产构成要素

资料来源：AAKER D A. 管理品牌资产[M]. 吴进操，常小虹，译. 北京：机械工业出版社，2012.

（1）品牌的忠诚度。在任何行业，争取新顾客都需要付出高昂的代价，而维持老顾客则成本相对较低，特别是老顾客十分喜欢该品牌时。对于忠诚度高的顾客群，品牌地位稳固，不易受到竞争对手的攻击。竞争对手也不会轻易把资源花费在忠诚于其他品牌的顾客群上。另外，顾客忠诚度越高，对经销店的影响也越大，因为顾客希望随时都能买到某一品牌的产品。

（2）品牌知名度。人们往往喜欢购买熟悉的品牌，熟悉的品牌让人产生舒服的感觉，就像顺应自己的习惯一样舒适。而且，在人们心中，熟悉的品牌是被普遍认可的，比较可靠、有质量保证的，也因为这样，人们往往会选择知名的品牌，不会选择不知名的品牌。如果顾客只考虑品牌产品，只在看中的几个品牌中选择，那么品牌的知名度就显得特别重要，不知名的品牌很难被选中。

（3）感知质量。说到某个品牌，人们往往对其总体质量有一个感知，这种感知不一定建立在详细了解产品规格的基础上。不同行业，顾客对质量的感知是不一样的。惠普、IBM 的感知质量不同于所罗门兄弟（Solomon Brothers）、美的微波炉和格兰仕微波炉的感知质量也是不同的。

感知质量可以直接影响顾客的购买决定和品牌忠诚度，特别是购买者不想或难以进行详细分析时。感知质量还可以支持品牌的高价优势，高价优势反过来又能创造毛利，而毛利也能再次投资于品牌资产。另外，感知质量是品牌扩展的基础。如果一个品牌能在一个环境中得到广泛认可，我们就有理由认为，该品牌在其他类似环境中同样具有优秀的质量。

（4）品牌联想。品牌名称的价值往往取决于具体的品牌联想。例如，看到麦当劳叔叔，往往会产生积极的态度或感觉，然后联想到麦当劳。"捷豹"（Jaguar）的联想会让拥有捷豹和驾驶捷豹的体验"与众不同"。强烈的品牌联想是品牌扩展的基础："好时"（Hershey）的品牌联想甚至让好时巧克力奶这款饮料有了竞争优势。

如果一个品牌在该类产品的核心特征上具有良好的定位（如服务支持或技术优势），那么竞争对手将无从攻击。加入竞争对手发起正面攻击，直接宣布其产品在这一方面的优势，就一定会面临信誉问题。例如，一家存在竞争关系的百货公司宣布自己已经在服务方面超过以服务闻名的诺德斯特龙公司（Nordstrom），这恐怕很难让人相信。到头来，他们只是寻找其他方面竞争。由此可见，品牌联想是遏制竞争对手的重要壁垒。

（5）品牌的其他资产。前面提到的都是顾客对品牌的感知和反应，而品牌的专利、商标、渠道关系等作为品牌的其他资产也对品牌形成竞争优势起到十分重要的作用。

对于企业而言，商标可以防止竞争对手采用相像的名称、标志或包装迷惑顾客，从而保护品牌资产。一个强势的专利会直接影响顾客对品牌的选择，使品牌避开竞争。而一个业绩记录良好的品牌还可以控制分销渠道。

资产想要发挥作用，就必须与品牌建立关联。例如，分销渠道要想成为品牌资产的组成要素，其建立就必须基于品牌，而不是企业。例如，宝洁公司或者菲多利公司（Frito-Lay）。企业无法直接接触商店货架，不能随便用一个品牌替换另一个品牌。如果一项专利的价值很容易由一个品牌名称转移到另一个品牌名称，那么它对品牌资产的贡献就很低。同样，如果一组门店地址换成其他品牌名称照样能够很好地经营，那么它们就对品牌资产没有什么贡献。

第三节　品牌命名决策

每个品牌首先要有自己的名称，否则无法与外界进行交流和沟通。而且，好的品牌名称是企业的宝贵财富。美国美孚石油公司曾动用 7 000 余人，耗资 1 亿美元给自已找到一个满意的名称——埃克森，即说明了品牌命名的重要性。

一、影响品牌命名的因素

一个好的名称可以大大增加产品营销的成功率，但找到一个最好的品牌名称并非易事。它需要认真地分析产品性质、特点、产品的功效、产品的目标市场和已确定的营销战略等。

一般来说，一个理想的品牌名称应考虑如下一些要求。

（1）它应能够体现出产品的功效、利益和质量。例如，美国的国民银行 Nations Bank 意味着其服务于国民、大众；零售连锁店 Usave 告诉消费者，"为你省钱"；又如，三九胃泰明显表明其功能和提供给消费者的利益。

（2）它应该文字简短，容易拼写、辨认和记忆。例如，Tide、Aim、Sony、李宁、海尔（由过去的"琴岛–利勃海尔"简化而来）等品牌名称。但有时也不排除稍长一点的名称，如美国的"Love My Carpet"，就是一种地毯清洁器品牌名称。

（3）品牌名称应该特色鲜明。例如，柯达（Kodak）、熊猫等名称。

（4）应该便于或易于翻译成外文名称。例如，日本松下（National）电器，在西方国家的品牌名称就不得不换成 Panasonic；海尔名称的出现，也是为了容易打入国际市场；美国新泽西州的"标准石油公司"（Standard Oil of New Jersey）的现有品牌名称 Exxon，当初曾在 150 多个国外市场，用 54 种语言实验了几个名称，花费大约 1 亿美元才最终选定的。他们发现 Enco 在日本语发音中意味着"阻塞的机器"（a installed engine），因此被放弃。

（5）它还应能够易于注册登记并受到法律保护。如果品牌名称违反了有关法律，它就不会被批准注册。

二、品牌名称决策

该决策应在上述考虑品牌名称决策影响因素基础上，在下述两个方面进行决策：一是名牌命名将使用什么类型；二是企业决定所有的产品使用一个或几个品牌，还是不同产品分别使用不同的品牌。

（一）品牌命名的类型决策

这方面的决策有很多选择。

首先，按品牌文字类型，品牌名称可以分为文字品牌名和数字品牌名。文字品牌名是品牌命名的常用选择。但是在应用中文还是外文的决策上，不同的企业有不同的选择。这方面的例子很多，如家乐福、奔驰、可口可乐、"only""sports"等。数字品牌名是以数字或数字与文字结合组成的品牌名称。例如，"7-11""999 胃泰""555 香烟"" 5 号香水"等。数字命名容易为全球消费者接受。

其次，按品牌名称的字意来源，品牌名称可以分为企业名称、人物名称、地名名称、动物名称、植物名称等。企业名称就是将企业名称直接用于品牌的名称。这是比较常见的选择。例如，壳牌、华润、联想、腾讯等。人物名称是指以商品的发明、创造者或以对这个商品有名气的特殊爱好者取名。例如，"张小泉"剪刀"东坡鸡""路易威登"等。地名名称就是以产品的出产地或所在地的山川湖泊的名字作为品牌的名称。例如，"茅台酒""青岛啤酒""五常大米"等。动物名称就是以动物名为品牌名。例如，"熊猫""小天鹅""金丝猴"等。植物名称就是以植物的名字作为品牌名称。例如，"苹果电脑""草珊瑚含片""西瓜霜润喉片"等。

（二）使用一个或几个品牌名称

一个企业品牌命名决策，还要考虑所有产品使用一个还是几个品牌。一般有以下四种可选择的品牌决策。

1. 个别品牌

个别品牌（individual brand names）就是企业决定每个产品使用不同的品牌。这样可以为各个产品寻求不同的细分市场定位，有利于增加销售额、对抗竞争对手、分散风险，使企业的整个声誉不至因为某种产品表现不佳而受到影响。最典型的要属宝洁公司，光其洗发护发用品就拥有不同的品牌并各自有不同的细分市场。例如，飘柔（柔顺）、伊卡璐（清香）、海飞丝（去屑）、潘婷（滋养）等。

2. 统一品牌

统一品牌又称家族品牌（blanket family name），即企业所有产品使用同一品牌。这样的好处有：由于不需要进行"品名"的调查工作，不需要为建立品牌名称认知和偏好而花费大量的广告费，因此引进一个产品的费用较少，并且如果制造商声誉良好，则新产品就可利用品牌效应而畅销。

3. 分类品牌

分类品牌是企业根据产品大类使用几大品牌，每类下属的各个产品使用统一品牌，这样做有利于在不同大类产品领域中树立各自的品牌形象。

4. 企业名称＋个别品牌

企业多把这种策略用于新产品的开发。在新产品的品牌名称上加上企业名称，可以使新产品享受企业的声誉，而采用不同的品牌名称，又可以使各种新产品显示不同的特色。例如，海尔"小小神童"洗衣机、三九胃泰等。

三、品牌使用者决策

品牌名称确定后，下一步还要做品牌使用者决策（brand sponsor）。通常一个制造商可以有四种品牌使用者选择，即制造商品牌（manufacturer's brand）、中间商品牌（store brand or distributor brand）、特许品牌（licensed brand）和联合品牌（co-brand）等。

（一）制造商品牌

制造商品牌是指制造商使用自己创建的品牌的情况。例如，IBM、摩托罗拉、福特等。制造商品牌是工商业舞台的主角，大多数制造商都创立自己的品牌，我国的情况更是如此。

（二）中间商品牌

中间商品牌是指由产品或服务的转卖中间商（reseller）创立并拥有的品牌。这时，制造商可以将其产品大批量地卖给中间商，中间商再使用自己的品牌将货物转卖出去。在最近几年，美国有越来越多的零售商或批发商创立了自己的私人品牌，并与传统的制造商品牌分庭抗礼，展开激烈的竞争，这就是所谓品牌竞争。例如，西尔斯（Sears）就创立了几个自己的品牌——DieHard 电池；Craftsman 工具；Kenmore 器具和 Weather beater 油漆涂料等。沃玛特（Wal-mart）拥有 Sam's American Choice 和 Great Value 等饮料和食品的品牌，并与其他全国性品牌竞争。

在美国的超级市场中，其所有杂货类产品的 40%都使用私人品牌；在英国的超级市场中，有 36%使用私人品牌；在法国是 24%。可见，制造商品牌昔日那种优势正在削弱，私人品牌正异军突起。

（三）特许品牌

特许品牌是指拥有盛誉的制造商将其著名品牌（商标）租借给别人使用，收取一定的特许费。其依据在于注册商标是一种工业产权。在最近几年，名称和特色符号（characters）的使用许可已经成为一个重要的产业。在美国，每年的特许品牌产品销售额已达 700 亿美元，大约占所有玩具零售额的一半，其品牌是来自播放的著名电视剧或电影并经特许。例如，《狮子王》（*The Lion King*）和《星球大战》（*Star Wars*）等。

（四）联合品牌

联合品牌也称品牌联合，它是指两个或更多的品牌共同为一个联合产品和/或以某种方式共同销售，也就是不同企业共同创建的一个品牌名称。从直观上看，联合品牌主要表现为在单一的产品或服务中使用了多个品牌名称或标识等，如由索尼公司和爱立信公司联合生产的手机使用"Sony Ericsson"作为品牌名称。联合品牌产生的基础是各方都期望品牌联合后，另一个品牌能强化整体形象或购买意愿。

这种联合品牌的情况已有多年，而最近几年发展得更快。例如，皮尔斯堡（Pillsbury）

与纳比斯卡（Nabisco）合作创立了 Pillsbury Oreo Bars Baking Mix 品牌；福特（Ford）
和艾迪保尔（Eddie Bauer）共同创建了一个跑车品牌——the Ford Explorer 等。

联合品牌有许多好处。它可以产生更广泛的顾客吸引力，创造更大的品牌财产价
值；它还有利于一个企业将其现有品牌扩展到单独挺进比较困难的产品和市场。例如，
"健康选择"（Healthy Choice）这一谷物类产品品牌与早餐品牌"凯洛格"（Kellogg）
合作以后，拥有"健康选择"品牌的康阿格拉（Con Agra）公司就顺利地将其主食产品
打入早餐市场；反过来，"凯洛格"在谷物类产品中也可以使用"健康选择"品牌名称。

当然，联合品牌也有其局限性。这种关系通常都涉及复杂的法律合约和租赁合约。
合作双方在其广告宣传、促销活动和其他市场营销活动等方面必须谨慎从事、友好合
作，否则就会出现不利的情况。

第四节　品牌战略决策

一个企业在进行品牌战略决策时有四种选择，即品牌线性延伸（brand line
extension）、品牌扩展（brand extension）、多品牌决策（multi-brands strategy）和创新
品牌（new brand）（图 7-4）。

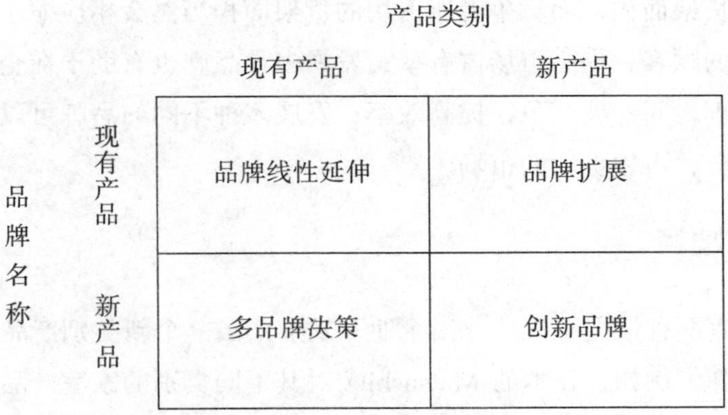

产品类别

		现有产品	新产品
品牌名称	现有产品	品牌线性延伸	品牌扩展
	新产品	多品牌决策	创新品牌

图 7-4　品牌战略决策类型

一、品牌线性延伸

品牌线性延伸是指将现有产品成功的品牌名称延伸使用到企业其他产品项目上；
其他产品可以是不同形式、不同味道、不同颜色、不同营养成分或包装类型。例如一
种酸奶品牌——Dannon 在其成为名牌后，将其延伸使用到不同味道的酸奶、减肥酸奶
和经济型包装的酸奶等。

二、品牌扩展

品牌扩展是指将现有产品成功的品牌名称延伸使用到一种新的或革新过的产品类别（category）。例如，日本的本田（Honda）就使用其公司名称 Honda 覆盖了不同类型的产品，包括它的汽车、摩托车、除雪机、剪草机、海上机械和雪车等。我国的海尔集团公司在"海尔"电冰箱品牌创出名后，逐渐地将海尔延伸到空调机、电视机、微波炉和电脑等其他类别的产品。娃哈哈集团公司利用其成功的"娃哈哈"品牌推出了饮用水、碳酸饮料、乳品、果汁饮料、茶饮料、香瓜子、医药保健品、罐头食品、童装等。

三、多品牌决策

多品牌决策是指企业在同一产品类别当中创立不同的品牌，使用不同的品牌名称。这个决策是由宝洁公司首创的。宝洁公司在其每一类别产品中都使用几个不同的品牌，如洗发类产品中，就有飘柔、海飞丝和潘婷等品牌。现在，宝洁公司还生产八种不同品牌的洗涤剂。

制造商采用多品牌决策的主要原因是：多种不同的品牌只要被零售商接受，就可以占用更大的货架面积，而竞争者所占用的货架面积当然会相应缩小；多种不同的品牌可吸引更多的顾客，提高市场占有率；发展多种品牌也有助于在企业内部各个产品部门、产品经理之间开展竞争，提高效率；发展多种不同的品牌可以使企业深入各个不同的市场部分，占领更大的市场。

四、创新品牌

创新品牌有两种情况。其一，当企业开发生产出一个新类别产品时，它可以创建一个全新的品牌。例如，日本的 Matsushita 对其不同类别的家庭产品就使用完全不同的品牌名称——Technics、Panasonic、National 和 Quasar 等。其二，当企业认为现有的品牌名称的声誉已变得弱化，于是需要创立一个新的品牌以替代弱化的品牌。

当然，创新品牌也应该有限度，不是越多越好。太多的新品牌可能会导致企业的资源分散，成本过高，不利于品牌的推广。在有些产业领域，如消费品的包装物品，消费者和零售商就担心已有太多的品牌，而且没有什么差别。因此，像宝洁和其他大型消费品经销商就开始转向"大品牌"战略（mega brand strategies），即剔除或放弃相对弱势品牌，保留并发展那些在同类产品中能获得第一位或第二位市场占有率的品牌。

拓展阅读 7-2：中国内地品牌管理研究现状及发展趋势

本 章 小 结

品牌战略决策包括品牌定位、品牌命名决策、品牌使用者决策和品牌战略决策的选择。

品牌是一个名称、术语、记号、符号、设计，或者是这些元素的结合，以识别某个销售商或某一群销售商的产品或服务，使其与他们的竞争者区别开来。品牌内涵体验在六个方面：属性、利益、价值、文化、个性、使用者。

并非所有企业都适合品牌化，但品牌化对于企业而言能更好地帮助企业在竞争激烈的市场中生存下去，相对地，品牌化也有利于消费者节约选择的时间，在信息不对称等情况下降低选择的风险。

品牌资产应该根据因品牌而产生的独特的营销效果来定义。也就是说，与没有进行品牌识别的产品或者服务相比，营销为有品牌的产品或服务带来的，因为其品牌而产生不同的结果。

对于企业而言，可选择的品牌战略主要有四种：品牌线性延伸、品牌扩展、多品牌决策和创新品牌。根据品牌的新旧和所发展的产品类别的新旧选择不同的品牌战略。

 重要名词

品牌 品牌标志 品牌化 品牌资产 品牌价值 品牌线性延伸
品牌扩展 多品牌决策 创新品牌

 即测即练题

复习思考题

1. 选择一个你熟悉的品牌，说明其内涵。
2. 请简述品牌化的意义。
3. 品牌命名有哪些决策方案？并举例说明。

4. 品牌战略决策有哪些选择？并举例说明。

 案例

第八章

为多品类商品进行定价并调价

【本章提要】

　　通过本章学习，掌握定价的原则、依据、基本方法以及定价策略，了解掌握价值链对于定价和竞价的影响，充分理解多品类商品定价、调价的规则。

 引例

"双十一"大促定价的背后

　　天猫商城"双十一"销售额从 2009 年 0.5 亿元，到 2019 年在一小时零三分的时间突破了千亿大关。如此快速的增长，来源于天猫推出的"双十一"疯狂促销网购节。

　　"双十一"大促的定价策略是：产品打折、发放购物券、发放红包。从而降低产品价格，获取更高销售量。

　　而这样的定价策略其实也是利用最基本的经济学原理，即典型的价格歧视策略，把对价格敏感度较高的消费者，通过低价折扣的方式拉拢过来，实现消费者剩余向商家剩余转化的过程。

　　如一些互联网产品通过计算消费者的行为数据，提供不同时段的消费价格。Uber 和滴滴在高峰时间的加价，算是典型。有媒体报道，Uber 的定价策略甚至还会细分至富人到富人区，还是富人到穷人区，价格都不尽相同。

　　未来在人工智能的不断学习和消费者行为大数据不断丰富的前提下，产品/服务的定价策略，理应不会像现在这样千篇一律。哪怕消费的是同一种产品，付出不同的价格，未来可能成为常态。

　　未来的定价不再是基于"成本＋利润"这样的供给原则，而是基于消费者愿意付出的最高价位区别定价。

　　也即是说，未来的定价，将从"供给侧"转到"需求侧"来主导。

第一节　产品定价的基本原则和依据

　　价格是商品价值的货币表现，企业定价就是企业依据产品成本、市场需求以及市场竞争状况等影响因素，为其产品制定适宜的价格，使其产品在保证企业利益的前提下，最大限度地为市场所接受的过程。产品定价是一门科学，也是一门艺术，为自己的产品制定一个合适的价格，是当今每一个企业都要面对的问题。虽然随着经济的发展和人民生活水平的提高，价格已不是市场接受程度的主要因素。但是，它仍然是关系企业产品和企业命运的一个重要筹码，在营销组合中，价格是唯一能创造利润的变数。价格策略的成功与否，关系着企业产品的销量、企业的盈利，关系着企业和产品的形象。因此，企业经营者必须掌握定价的原理、方法和技巧。

一、产品定价的基本原则

价格的本质是顾客感知价值的体现，是潜在顾客对产品及其已知的替代品的所有利益与所有成本的差额，故产品定价的基本原则是使产品的价位处在用户愿意支付的价格与产品的成本之间。

用户愿意支付的价格也就是顾客（用户）感知价值。顾客的感知价值等于顾客总体价值与顾客总体成本的差值，顾客总体价值是指顾客期望从市场供应品中获得的经济、功能、心理等一系列利益的可感知的货币价值；顾客总体成本是指顾客预期对给定的市场供应品进行评价、获取、使用和处置时所产生的一系列的费用。

企业在定价的过程中必须坚持评估每个竞争对手的总顾客成本与总顾客价值，了解他们提供的产品在顾客心目中的地位。对顾客感知价值处于劣势的产品，可以尽力提高总顾客价值和尽力降低总顾客成本。如果在所有的功能和利益上，公司能提供的都优于竞争者，那么公司就可以定更高的价格，获得更高的利润；或者指定相同的价格，得到更大的市场份额。

小链接 8-1

二、产品定价的依据

（一）内部因素

1. 成本

产品成本是企业定价的基础，是价格策略中的重要因素。许多企业都为能成为其所在产业领域的"低成本生产者"而努力工作。因为如果企业成本低就有条件确定较低的价格，从而能带来较多的销售额和利润。

企业的成本有两种形式，即固定成本（fixed cost，FC）和变动成本（variable cost，VC）。其中固定成本是指不随生产和销售水平变动的费用支出；有时又称其为企业一般管理费（overhead）。例如，企业要按月支付的利息、上层管理人员的工资、房地产租金、水电费、办公费及其他相对固定的开支。变动成本是指随着生产和销售水平变动的费用支出。例如，原材料耗费、一般人员工资和包装费等，其耗费总量和单位耗费一般要随着产量的多少而变动。企业总成本（total cost，TC）就是在一定生产总量下的固定成本和变动成本之和，即

$$TC = FC + VC$$

从这个角度看，管理者确定的价格至少要包括与一定生产水平相适应的总生产成本。为此，企业要仔细分析并控制其总成本。如果企业的成本高于竞争对手的成本，那么它就不得不确定较高的价格或者赚取较少的利润，它就处于竞争劣势地位。

2. 市场营销目标

一般来说，在确定价格之前，企业必须确定一个价格策略。如果企业认真地选择了目标市场和市场定位，那么，包括价格策略的市场营销组合策略就会非常明确。例如，如果通用汽车公司（General Motors）决定生产一种新型跑车以在高收入细分市场与欧洲的跑车竞争，那么，这种车的价格一定是很高的。因此，价格策略在很大程度上取决于市场定位。

同时，企业还可能考虑其他营销目的或目标。企业的目标越清楚，价格决策就越容易。企业经营的目标主要有如下几类。

1）生存

如果企业的能力有限，或遇到太激烈的竞争，或很难改变消费者的需求，那么该企业可能将生存（survival）作为其主要目标。于是，为了维持正常业务，企业应采用较低的价格，希望以此增加需求。在这种情况下，生存比利润更重要。当然，生存只是一个短期的目标，从长期来看，企业必须学会如何增加价值以尽快走出危机或面对淘汰。

2）利润

利润（profit）目标有以下几种表现形式：①以利润最大化为目标。利润最大化一般包括两个方面的含义：其一是指追求企业长期总利润最大化。当然，在某些特定情况下，企业也可以对某些产品定高价以获取短期利润最大化。其二是指从企业的整体经营效益来衡量的利润最大化。一般地说，某一企业新进入某一市场，或是企业的某一种产品新进入市场时，为了开拓市场争取顾客，经常采用低价策略，使某一产品或某一市场在一定时期内没有盈利；此外，当企业生产和销售多种产品时，有些产品的价格可能会定得很低，赔钱出卖，目的在于招揽顾客，并借以带动其他产品的销售，从而在整体上得到更大的利润。②以一定的投资收益率为目标。在定价时，企业力求达到某一标准的利润，实现预期收益，也就是企业规定了自己经营的资金利润率，又称投资收益率。投资收益率应有一定的弹性，确定时要留有余地，其标准为企业开工

率达 80%，即可保证实现既定的投资收益率。投资收益率可以是长期的，也可以是短期的，多数企业以长期收益平均化确定为投资收益率。西方企业一般将投资收益率确定在纳税后的 8%~20%。③追求满意利润为目标。有些企业对最大化利润或投资收益率并无兴趣，他们只要求价格根据成本而定，以获得"满意"的利润。所谓满意利润，就是指一种能使投资者和管理者都满意的利润水平。

3）销售数量

销售数量目标有以下几种表现形式：①以市场份额领先（market share leadership）为目标。市场份额又称市场占有率，它是十分重要的目标。一个企业只有在产品市场逐渐扩大和销售量逐渐增加的情况下，才有可能发展。要实现市场份额领先的目标，一般来说，企业就应该在较长时间内采用低价策略，来建立和扩充市场，或以某一部分产品实行低价策略来建立和扩充市场，逐渐提高市场占有率。②以尽量提高销售收入为目标。许多企业是以尽量增加产品销售数量，提高销售收入作为定价目标。提高产品销售量既可以促进生产的发展，实现规模经济；又可以降低成本，增加销售收入和利润。③以尽量增加顾客数量为目标。企业为了使新产品引人注目，迅速占领市场，尽量增加使用其产品的顾客数量，就应当确定较低的价格，采取价格渗透策略。特别是实力弱小的企业，往往更应制定较低的价格，以求得消费者对其产品或服务的了解和接受，获得生存和发展的立足之地。

4）产品质量

如果企业决定在产品质量方面处于领先地位（product quality leadership），通常就要求确定较高的价格用以抵偿较高的研究开发费用和工作质量。例如，美国的皮特尼·鲍斯（Pitney Bowes）在传真机市场就实施产品质量领导者策略。当夏普（Sharp）、佳能（Canon）和其他竞争者在低价格传真机市场（约 500 美元/台的销售价格）激烈争夺时，皮特尼·鲍斯将其产品定位在 5 000 美元/台的高质量市场。结果，它们占领了高档传真机市场的 45%。

5）稳定市场

所谓稳定市场（stabilize the market），实际上包括以下几个具体目标：①以稳定现有市场为目标。规模比较大的企业满足于保持其已占有的市场，以防止政府采取反托拉斯行动；小企业也力图保持其现有市场，以维持其正常的经营活动。为达到这样的目标，这些企业一般应使自己的价格保持与竞争者的价格相同的水平。②以维持形象为目标。企业通过生产品质高、名声好、价格低廉的产品，在市场上建立起良好的形象后，维持这样的好形象，就有利于促进企业的发展。为此，企业也要制定相应的价格策略。③以维持价格稳定为目标。稳定产品或服务的价格，就会产生稳定的利润和稳定的生存与发展环境。而价格波动所导致的价格竞争，以及由此引发的未知变化，必然会给企业正常的生产经营活动带来不利的影响。因此，有时企业往往直接以维持合理的价格为目标，与竞争者的价格保持同一水平。④以维持良好的分销渠道为目标。为了使得分销渠道畅通无阻，企业必须研究价格对中间商的影响，充分考虑中间商的利益，保证对中间商有吸引力的利润，促使中间商有足够大的积极性去经销产品。

总之，价格在实现企业各种层次的目标方面发挥着重要的作用。

6）非营利性和公共组织目标与价格策略

非营利性组织也有价格问题。例如，学校对学生的收费价格应采取部分成本回收策略，其余大部分成本是靠政府投资、私人捐款和公共基金等给予补偿。非营利性的医院应采取完全成本回收的价格策略。还有社会公共服务机构的社会定价，这种价格应适应不同顾客群体的不同收入情况。

3. 营销组合策略

从某种意义上讲，价格是企业用以实现其营销目标的最灵活和有效的市场营销组合工具。然而，价格决策必须与产品设计、产品分销和促销决策等有机结合，才能形成一个协调而有效的市场营销计划。因为其他营销组合变量的决策影响着价格决策。例如，如果生产厂商期望使用多层转卖商为其产品促销，那么生产厂商就不得不在其价格中包含很大的转卖商差价。如果将产品定位在高表现性质量（performance quality）上，就意味着销售商为负担高额成本必须确定较高的价格。因此应将价格放到整个营销组合策略（marketing mix strategy）中进行决策。

但是，企业常常先按价格为产品定位，然后再依产品价格进行其他营销组合决策。这时，价格就成了产品定位的决定性因素，它制约着产品的市场、产品竞争和产品的设计等。许多企业都以一种叫作目标成本法（target costing）的技术来支持这样的价格定位策略。目标成本法是一种强有力的策略武器，它是指从确定理想的销售价格（ideal selling price）起步，然后据此确定一个合理补偿目标成本的目标价格的过程和方法。它与传统的定价过程完全相反。传统的定价过程是先设计一种新产品，核算其成本，然后再设问："我们可以按此定价并销售产品吗？"而目标成本法是先有理想的销售价格，再有满足理想价格的目标成本。美国的康柏计算机公司将这个过程叫作"设计价格"（design to price），同时，他们也成功地实施了目标成本法。

有些企业并不如此强调价格的重要性，而是使用其他营销组合工具来确立产品的非价格定位（nonprice positions）。他们认为最好的策略并非价格最低，而应该针对市场需求进行差异性营销，宁可高价。例如，美国的约翰逊控制公司（Johnson Controls）是办公楼专用空调系统制造商，它们使用原始价格作为其最初的竞争工具。后来调研表明，客户非常担心安装和维修保养该系统的总成本要比原始价格高。修理破坏的系统既很昂贵、浪费时间，又有危险。客户不得不关掉系统，切断许多线路，并面对触电身亡的危险。这时候，约翰逊控制公司决定改变其策略。它们设计了一套全新的系统叫 Metasys，要维修这个新的系统，用户只要取出旧的塑料组件，并安装上新的即可，无须工具。Metasys 系统的制造成本比原来高很多，客户也要付较高的原始价格，但其安装和维修成本很低。尽管销售价格比原先提高，它的销售量却增长很快。这充分说明，营销组合中的产品策略影响了价格策略。

在确定价格时，营销者必须考虑营销组合总体策略。如果企业对其产品采取的是非价格定位，那么，有关产品质量决策、促销决策和分销决策等就明显地影响着价格；如果企业将价格放在决定性的地位，那么，价格决策就必将影响其他营销组合因素的决策。

4. 价格决策结构

管理者必须确定在一个组织内应该由谁来决定价格。价格决策结构的不同，也是影响价格的重要的内在因素。企业对价格的管理往往有许多种方式。在小企业内部，价格一般总是由最高管理者而不是营销或销售部门来决定。在大企业里，价格一般由职能部门经理或产品线经理直接管理。在产业市场营销中，销售人员在一定的范围内可以与客户进行协商。在有些企业里，可能由最高管理者确定价格目标和政策，然后由下级管理者或销售人员提出建议价格，批准执行。在有些产业领域，如航空企业、铁路运输业和石油企业等，由于价格是非常重要的因素，因此常设有专门的价格部门来确定最佳价格或帮助有关人员确定价格，并由此部门向营销部门或最高管理者进行报告。此外，对价格决策有影响的人员还包括销售经理、生产经理、财务经理和会计师等。

（二）外部因素

1. 市场类型和特征

（1）完全竞争市场。在完全竞争的市场条件下，买卖双方的行为只受价格因素的支配，但任何单一的买主或卖主都不可能对市场价格有绝对的影响。生产厂商不可能通过将其价格提到高于市场一般价格，因为此时购买者面对高价会转向购买其他厂商的产品；当然他们也不可能将其价格降到低于市场一般价格。如果价格和利润上升，新的生产者会很容易地进入这个市场，迫使上升的价格和利润降下来。在完全竞争市场条件下，营销调研、产品开发、价格策略、广告策略及销售推广策略等只起很小甚至没有什么作用。因此，卖主不用在营销策略上花费更多的时间。

（2）完全垄断市场。在完全垄断市场条件下，一个垄断市场只有一个卖主，这个卖主可能是政府垄断者，也可能是私人控制的垄断者或非私人控制的垄断者。在我国主要是政府垄断者。一般来说，完全垄断市场条件下的价格变化因具体情况而不同。

例如，政府垄断型企业可能会有不同的价格目标，于是就有不同的价格变化：有时为了让广大消费者能承受，它可以将价格定得比成本还低；有时完全按成本水平定价；有时要高于成本定价，以获取适当利润；甚至有时为了抑制消费可能要将价格定得非常高。价格在此时实际上是作为一个经济杠杆来发挥着作用。

（3）垄断竞争市场。在垄断竞争市场条件下，有许多买主和卖主，他们是在一个价格区间内而不是按单一价格进行交易活动，这个价格区间的形成是由于卖主对买主的"提供物"的差异性所决定的。这些差异或者是有形物体方面的，如质量、特色或样式等差异，或者是在服务方面的差异。这时买主会视产品的差异支付不同的价格，卖主也会为不同的细分市场努力开发和供应有差异的"提供物"。而且，一旦价格确定后，企业还会通过品牌策略以及广告和人员推销等手段，将其"提供物"与其他产品区分开来。

（4）寡头垄断市场。在寡头垄断市场条件下，企业不能独立进行产量–价格决策，商品的价格也不是通过市场供求关系决定的，而是由几家大企业通过协议或默契规定的，因此这种价格叫作操纵价格或联盟价格。操纵价格一旦决定，一般在相当长的时期内不会改变。因为某一厂商降低价格时，会立即遭到对手更猛烈的降价报复，结果使得大家都降低了收入；如果其中一个企业单独提高价格，别的企业会不予理睬，同时会乘机夺取提价企业的市场。所以，在寡头垄断下，不是通过价格竞争，而是通过提高自己的产品质量和大力加强促销活动来增强竞争力。

2. 产品需求

（1）消费者对价格和价值的感知或理解。一般来说，消费者将最终判断和决定产品定价是否正确。像其他市场营销组合决策一样，价格决策必须以消费者为导向。当消费者购买一种产品时，他们通过价值（价格）的交换得到某种价值——拥有或使用所购产品的利益。购买者导向定价应了解消费者付出多大的价值以从产品中获取多大的利益，并确定与这个价值相吻合的价格。

一个企业常常发现，测量消费者价值是很困难的。例如，计算在高档饭店进餐的营养价值（成本）是相对容易的，但是将一个价值表现为其他的满意度方面，如味道、环境、放松休息、社交和地位等，是很困难的，因为这些方面的价值将依不同的消费者和不同的条件而有所差异。同时，消费者将使用这些价值评估一个产品的价格。如果消费者感觉价格大于产品的价值，他们就不会购买该产品；如果消费者感觉价格小于产品价值，他们就会购买该产品，但是企业却失去了获利机会。

（2）价格与需求的关系（price-demand relationship）。企业确定不同的价格会导致不同水平的需求。价格和需求水平的关系可以用需求曲线图表示（图8-1）。

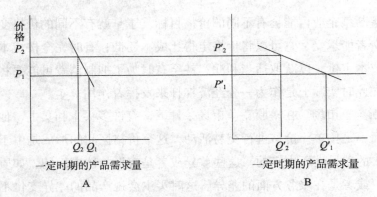

图 8-1　需求曲线图

A——缺乏弹性需求；B——富有弹性需求

需求曲线图表明了在一定时期内市场上以不同价格购买的产品数量。一般来说，需求和价格成反比关系：价格越高，需求越低；价格越低，需求越高。这样的话，如果企业将价格从 P_1 提高到 P_2，其产品销量就会减少。也可以说，如果价格过高，消费者由于支出预算有限而只能购买较少的产品和服务。

有些声望产品（prestige goods），其需求曲线的斜率有时会小一些。例如香水就属于声望产品，一香水公司发现，它们提高了香水价格反而使一定时期的销售量比提高价格前有所增加。消费者认为，较高的价格意味着香水更好或更值得向往。当然，即使是这类产品，价格也不能过高，否则需求水平也会下降。

许多企业试图通过估计不同价格时的需求来测量其产品的需求曲线。不同类型的市场，其测量结果是不同的。在垄断市场情况下，需求曲线只表明来自不同价格的总市场需求。如果企业面对竞争，不同价格时的需求就将依赖于竞争者价格是否保持不变。下一个问题将讨论当竞争者价格变化时会发生什么情况。

在测量价格与需求关系时，市场研究者必须假定影响需求的其他因素不变。例如，索尼公司增加广告投入的同时降低其电视机价格，我们就不知道增加的需求量中到底有多少是由于降价造成的、有多少是由于增加广告投入带来的。另外，如果在节假日或周末采取降价行为也会出现同样的问题，这时人们购买电视机可能为了节日送礼。在这个问题上，经济学家通过需求曲线的移动研究了非价格因素对需求的影响。

（3）需求的价格弹性（price elasticity of demand）。营销人员还必须了解价格弹性理论。所谓价格弹性，就是指需求对价格变动反应的灵敏度。从这个意义上再考察上述需求曲线图（图 8-1），其中的图 A 表明，当价格从 P_1 提高到 P_2 时引起需求量自 Q_1 到 Q_2 较小的下降；但是图 B 表明，价格提高同样幅度却引起需求量自 Q'_1 到 Q'_2 的大幅度下降。如果随着价格较小的变化需求量几乎不变，我们称这种需求情况为无价格弹性（inelastic）；如果需求量明显变化甚至变化很大，我们称其为有价格弹性（elastic）。

需求的价格弹性可以用下述公式表达：

$$需求的价格弹性(PED) = \frac{需求量的变化(\%)}{价格变化(\%)}$$

考察需求的价格弹性的意义在于，企业应针对具有不同需求弹性的产品选择不同的价格策略或战术。从需求的价格弹性变化看，主要有三种类型：|PED| = 1；|PED| > 1；|PED| < 1。例如，假定企业将零售价格提高 2%时需求量下降 2%，需求的价格弹性就是 − 1，即价格弹性的绝对值等于 1，这时销售商的收入不变；如果价格提高 2%时需求量下降 10%，价格弹性就是 − 5，即价格弹性绝对值大于 1，说明需求是富有高弹性的；如果价格提高 2%时需求量只下降 1%，那么价格弹性等于 − 0.5，即价格弹性绝对值小于 1，这基本属于缺乏价格弹性。

一般价格弹性很小的产品主要有：①消费者购买的是独特的或独一无二的产品；②讲求质量的声望产品；③独占性较强的产品；④很难找到替代品或不容易比较替代品质量的产品；⑤相对于消费者的收入总的花费较少或多人共同负担购买的产品等。

3. 竞争者的成本、价格

影响企业价格决策的另外一个因素是竞争者的产品成本、产品价格和竞争者对于本企业价格变动的反应等。例如，某个正在考虑购买一台佳能牌（Canon）照相机的消费者，在购买之前要将佳能牌照相机的价格和价值与尼康（Nikon）、米诺塔（Minolta）、潘太克斯（Pentax）等其他品牌的价格和价值进行比较。此外，企业价格策略还会影响他所面对的竞争形势，即如果佳能追随的是高价格高差价的策略，他就会吸引竞争者；而低价格低差价策略，就会阻止竞争者进入或将竞争者排挤出市场。

4. 其他外部因素

当进行价格决策时，企业还要考虑许多其他外部环境因素。例如：①经济状况对于企业的价格策略就有重要的影响。经济的繁荣或衰退、通货膨胀、利率等经济因素都影响着价格决策，因为它们既影响产品的生产成本，又影响消费者对于产品价格和价值的预期或感觉。②中间商对不同价格的反应。企业应当确定一个给予中间商合理利润的价格，以鼓励中间商支持和帮助本企业卓有成效地推销产品。③政府行为，如价格政策和必要的直接干预等。④企业定价还要关注社会的事件或心态（social concerns）。例如，我国的医药品价格过高，而且管理混乱，社会早有非常广泛的反应，这迫使药品价格和管理政策要做大的调整。

小链接 8-2：沃尔玛的低价策略

第二节　价值链对于产品定价的影响

由于全球经济一体化的发展和市场竞争的加剧，企业内外部经营的环境发生巨大的变化，要获得并保持竞争优势，企业的产品定价需要突破传统的方式，探索适应新环境的价格制定方法。企业应从产品开发设计到顾客使用直至消亡的整个生命周期和价值链过程考虑，从整个价值链的视角，将全部价值链成本进行归集，并免除不必要的不增值成本，结合消费者需求和成本制定出合理的产品价格。

一、价值链与价值链成本

（一）价值链

按照马克思的劳动价值论，价值是凝结在商品中的无差别的人类劳动。如果引入资金的概念，价值堪称资金的生成和增值活动。价值链可以看成价值增值的各个环节。商品的价值用货币表现就成为价格。企业的生产经营活动是设计、生产、营销、交货及产品起辅助作用的各种活动的集合。企业产品的生产过程就是价值的形成过程，同时也是费用发生和产品成本的形成过程。企业将产品移交顾客，也就是将产品的价值转移给顾客。价值是一次移交的，但产品价值却是在企业内部逐步形成、积累的。企业生产经营活动的有序进行构成了相互联系的生产活动链，而生产经营活动链即是企业的价值链。

价值链的概念简而言之即一种商品或服务在创造过程中所经历的从原材料投入到最终消费品的各个价值活动阶段。它侧重的是企业价值链的概念。至于企业和供应商、客户、竞争对手各自价值活动之间的广泛联系，波特教授用了"价值系统"加以描述。一般来说，价值链的内涵主要包括四个含义：其一，价值活动能够给企业创造有形或无形的价值；其二，企业的各项价值活动之间都有密切的联系，如采购、调配、制造和销售等环节就紧密协调；其三，价值链不仅包括企业的内部的价值活动，还包括企业与供应商、企业与客户之间的价值链；其四，企业价值链、供应商价值链和客户价值链之间是相互联系的，它们共同组成了"价值系统"。

（二）价值链成本

价值链和企业的作业链是联系在一起的。因此作业链同时也表现为价值链，作业链的形成过程就是价值链的形成过程。在作业链的形成过程中产生了作业链成本。图 8-2 体现了企业作业链与价值链成本的关系。

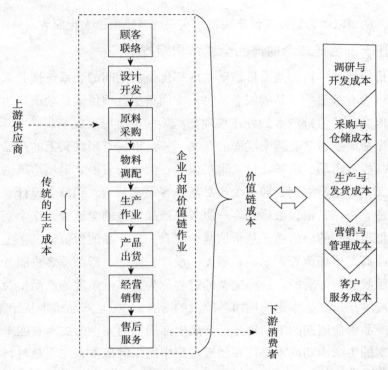

图 8-2　企业作业链与价值链成本的关系

基于价值链理论，企业为获取"持续的竞争优势"，首先应构建创造客户价值的价值链，通过为客户提供有价值的、增值的产品或服务实现企业的根本目标。一方面，为创造价值而发生的价值活动需要投入资源，以创造客户价值；另一方面，创造价值也必然要消耗资源以提供客户价值（产品或服务）；同时，从构成价值链各环节的价值活动的纵横向联系看，整条价值链也是一条"时间链"，因为创造产品或服务的价值活动形成价值链运转需要一定的时间，而时间本身也是一种资源。所以价值链成本有三层含义：①价值链成本是为创造客户价值而投入的资源，即投入的价值链成本。也就是说，企业为客户提供产品或服务第一步先要投入必要的资源，如在制造产品前需要先盖建厂房及购置相关的机器设备。②为提供产品或服务而消耗的资源，即耗费的价值链成本。先期建造的厂房和购入的机器设备在企业生产运营阶段作为固定资产通过折旧成为产品的生产成本。③为使客户价值最大化和使价值创造尽早化而投入的时间资源和所消耗的时间资源，即时间的价值链成本。

综合以上三个方面，价值链的产品成本观念不同于传统的产品成本观念。传统的产品成本只局限于生产制造阶段的成本，价值链成本归集了企业整个作业环节中的成本，这些成本都是在企业价值活动中发生的，是企业向顾客提供有价值的产品或服务的投入和耗费。价值链中企业的盈利能力依赖于为最终客户提供的产品或服务的价格和成本，基于价值链视角的全面性、战略性，通过价值链的视角，企业可以了解组织全部价值链的成本，从而以此为基础在价格决策中实现顾客价值最大化而成本最小化的目标。

（三）基于价值链理念的产品全生命周期成本

企业的价值活动，首先是由价值链的内部价值活动间的联系连接起来的，它一方面提供顾客认为有价值的产品或服务，另一方面负担各项价值活动所产生的产品生命周期成本。因此，价值链成本的外在表现是产品的生命周期成本。

产品全生命周期通常有两个层面的含义：一是市场营销意义上的产品市场周期，即产品经历从投放市场、市场成长、市场成熟，到市场衰退、退出市场的过程；二是个体产品意义上的生命周期，即一个产品从顾客需求开始，到概念设计、工程设计，再到生产制造、市场营销，最后到客户服务及产品回收的全流程，这个意义上的产品生命周期类似于波特的价值链。从价值链角度看，在产品的价值链链条上，任何产品都要经过供应商、市场调查、采购、研发、设计、生产、营销、客户服务直到产品最终的废弃与回收处置等阶段，这一完整的过程称为价值链角度的产品生命周期。产品全生命周期成本是指产品生命周期内各阶段的所有成本，是产品成本从始至终的归集。

根据对产品生命周期的不同划分，产品生命周期内发生的成本有四个不同梯次之分：第一梯次的生命周期成本是指在制造过程中发生的成本，主要是材料成本、人工成本和车间制造费用等，这就是我们常说的制造成本；第二梯次的生命周期成本是指在整个企业经营过程中发生的成本，如产品研制、开发、设计、制造、营销等过程中的成本；第三梯次的生命周期成本不仅包括上述经营过程发生的成本，而且把消费者购入产品后发生的使用成本也包括在内，称之为顾客产品生命周期成本；第四梯次的生命周期成本则进一步将成本扩展到全社会范围，不仅包括生产者和顾客承担的成本，还包括其他社会成员承担的成本，如产品使用后的弃置成本。

产品全生命周期成本概念与价值链成本概念是一脉相承的。价值链角度的产品生命周期成本有狭义和广义两种。狭义的产品生命周期成本，是指企业内部及相互的关联方发生的，由生产者负担的成本，即在产品研制、设计、制造、营销等过程中发生的成本，同时，在产品生命周期日趋缩短的情况下，可能还会包括产品退市后的回收处置成本。广义的产品生命周期成本，不仅包括生产者发生的成本，还包括消费者购入产品后发生的使用成本、废弃成本。本书采用的产品全生命周期成本概念是狭义的产品生命周期成本概念，即生产者角度的成本。

二、价值链理念下的定价决策与管理

在产品的定价基础中，客户需求和企业成本共同构成了企业的"定价空间"。现代企业的竞争力往往体现在产品的市场竞争力上，市场竞争同时又是价值链的竞争。传统定价决策依赖的成本信息片面、失真，常常误导企业作出错误的定价决策。在日益激烈的竞争环境中，企业要获得生存并保持可持续的发展，应从价值链理念角度，以产品生命周期价值链成本为基础，并结合顾客需求进行产品定价决策。通常，许多企业习惯只使用一种成本计算方法计算产品成本，并将其作为定价基础，这种做法是值得商榷的。企业应尝试多种成本计算方法，用于不同情况下的产品价格制定。例如，一个企业常常会为不同的客户提供货品，而不同的客户可能会在交货期上对企业有不同的要求。此外，销售订单数量的不同可能也会影响到生产订单的数量，从而影响同一产品在不同条件下产生的生产、交货等成本。此时运用标准成本方法估算产品成本便不如作业成本计算方法更能准确地衡量企业对不同客户或不同产品的盈利水平。又如，在竞争激烈的市场环境中，要达到企业预期的利润目标，除了努力降低成本使企业在定价中有足够的竞争优势外，还应当在事先进行价格和成本的控制，根据销售诉求和竞争价格确定产品的定价，根据目标利润确定目标成本。以上所说的两种情况下的定价决策都是从价值链的角度进行的，基于作业成本进行定价决策，作业成本方法为企业提供了相对更为准确的成本信息，企业可在此基础上再结合用户需求和目标成本的定价决策。

表 8-1 列出了传统定价决策和基于价值链理念的定价决策的主要区别。在传统的定价决策中，组织的经营环境主要以劳动力制造为主，为客户提供标准化的、有限品种的产品，制定产品价格主要以制造阶段的成本信息为基础，决策的参与部门也仅限于财务部门。随着企业经营环境逐渐向自动化制造转变，同时企业在产品制造前和制造后投入更多的费用来了解和满足客户需求，传统定价决策的弊端显露无遗。因此基于可持续发展的角度，企业应认识到传统定价决策的弊端，转为采用基于价值链理念的定价决策。基于价值链理念的定价决策要求由企业价值链上的所有相关部门共同参与价格制定，并且能在产品生命周期的各阶段对价格进行适当的修正，保证企业长期利润目标的达成，并满足客户不断变化的消费需求。生命周期价值链成本是基于价值链理念定价决策的基础，作业成本法和目标成本法则是两个估算生命周期价值链成本的有效工具。

表 8-1 传统定价决策和基于价值链理念的定价决策的主要区别

项 目	传统定价决策	基于价值链理念的定价决策
经营环境	劳动力制造、有限品种 类似客户群（标准化） 产品生命周期长	自动化制造、多品种、多样客户群（客户化） 产品生命周期短
决策参与部门	财务部门	财务部门、生产部门、采购部门、开发部门、市场部门
决策基础	制造成本	价值链成本/全生命周期成本
决策原则	获取当期利润	结合客户需求和价值链成本、获取长期利润
成本估算方法	制造成本法	作业成本法、目标成本法
成本信息	片面的、失真的	完整的、相对真实的

第三节　企业定价的基本方法

一个企业的价格通常要在这样一个区间内确定，即价格不能过低以致无利可图也不能过高以致没有需求。图 8-3 概括了企业定价要考虑的三类主要因素：产品成本、顾客感知价值（即顾客最愿意为产品支付的价格，或者指已经从顾客预算中扣除的产品价格）、竞争者的产品价格以及其他内外部因素等。其中产品成本是价格的下限；顾客感知价值是价格的顶端；此外在定价时还要考虑竞争者的价格高低以及其他影响定价的内外部因素。

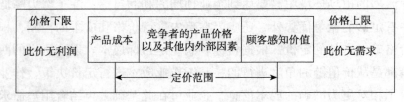

图 8-3　定价的主要因素

由于在方法上对这三类因素所考虑的基点和思路不同，便出现了三类一般定价方法：成本导向定价法（cost-based approach）、价值导向定价法（value-based approach）和竞争导向定价法（competition-based approach）。下面我们将分别考察各种定价方法。

一、成本导向定价法

成本导向定价法是一种按卖方意图定价的方法，它是以产品的成本为定价的基础，在成本的基础上加上企业的目标利润或规定利润。其具体有以下几种形式。

（一）成本加成定价法

成本加成定价法（cost-plus pricing）是指在产品的成本之上加上一个标准的毛利额（markup）作为企业盈利的定价方法。例如，建筑公司就是提出一个估计的总项目成本并加上一个标准的毛利作为其利润。律师、会计师和其他专业技术人员的服务定价都是采取成本附加一定毛利的方法。一些销售商告诉他们的消费者，消费者将要支付的价格就是成本加上一个具体的毛利。其中的毛利附加方法表现为一定的加成比率，因此叫成本加成定价法。其具体计算主要有两步。

第一步是计算单位产品成本。为方便描述这种方法，假设某种餐具的制造商发生了如下成本和期望的销售情况：

单位变动成本	10 元
固定成本	300 000 元
期望销售量	50 000 件

于是制造商的平均每件产品成本（单位成本）为

$$单位产品成本 = 单位变动成本 + \frac{固定成本}{销售量} = 10元 + \frac{300\,000元}{500\,000件} = 16元$$

第二步是确定合理的加成比率。在确定加成比率时有两种计算方法。

（1）以单位产品成本为基数的加成比率，即加成比率等于预期毛利额（利润）占产品总成本的比率。现假设制造商想获得成本的 20% 作为利润，按此方法计算，含毛利的单位产品售价计算如下：

$$单位产品售价 = 单位产品成本 + 单位产品成本 \times 加成比率$$
$$= 16 + 16 \times 20\% = 16 + 3.2 = 19.2 元$$

简化为

$$单位产品售价 = 单位产品成本 \times （1 + 加成比率） = 16（1 + 20\%）= 19.2 元$$

（2）以销售价格（销售额）为基数的加成比率，即加成比率等于毛利额占销售价格（或销售额）的百分比。现又假定制造商想要获得销售额的 20% 作为毛利，并包含在售价中，那么制造商的含毛利价格计算如下：

$$单位产品售价 = \frac{单位产品成本}{1 - 毛利加成比率} = \frac{16元}{1 - 20\%} = 20元$$

即

$$含毛利的售价 = 单位产品成本 + 单位产品售价 \times 毛利加成比率$$

由此可见，按方法（2）计算，在加成率相同时，其加成额大于方法（1）计算的结果；或在加成额相同时，其加成率低于方法（1）计算的结果，因而方法（2）特别符合消费者的购买心理。通常所说的成本加成定价法，实际上都是第（2）种方法。

按方法（2）计算，制造商卖给中间商的价格应是每件 20 元，从每件产品中可获得 4 元利润。按此原理，中间商也要附加一定比率的毛利。如果中间商想要获得销售额的 50% 的毛利，那么他所确定的含毛利的价格应是 40 元（20 元 + 40 元 × 50%）。这个数字相当于在最初制造商成本之上加一个 100% 的成本毛利率（20 元 + 20 元）。

这里要强调的是，实际上任何忽视市场需求和竞争者价格的定价方法，都不可能算出最佳价格。假如上述的产品制造商定价 20 元/每件，但仅仅销售 30 000 件，而不是 50 000 件，那么单位产品成本就会很高，因为固定成本被分摊到较少的产品内；同时，依销售额的毛利加成比率也会偏低。因此，成本加成定价法只有在价格确实能够带来期望的销售水平时才是有效的和可行的。

（二）目标利润定价法

目标利润定价法（target profit pricing）是指根据对产品的生产和销售的盈亏临界点分析（breakeven analysis）确定价格；或者是根据预期的目标利润来确定价格的方法。它与成本加成定价法的区别在于，它着眼于产品的总成本；而后者则着眼于产品的单位成本。目标利润定价法的要点在于使产品的售价能保证企业达到预期的利润率。在美国,通用公司就使用此种方法定价,它们的汽车定价通常能使其获得15%~20%的投资利润率。此外,这种方法还应用于公用事业设备的定价,这可以强制获得一个公正的投资回报。

目标利润定价法要应用一个盈亏临界点分析图(breakeven chart)帮助我们完成定价过程。这个分析图可形象地描述在不同销售水平下的总成本、总收入与目标利润之间的关系,是一种很实用的分析方法。现仍以"成本加成定价法"中的餐具生产为例,说明目标利润定价法的应用(图 8-4)。

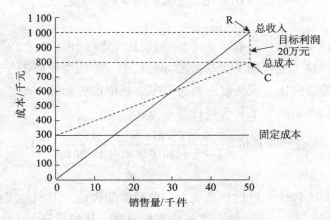

图 8-4　确定目标利润价格的盈亏临界点分析图

目标利润定价法的主要步骤是:

(1)测算各种不同产量时的总成本,画出总成本曲线。本例已知固定成本是 30 万元(销售量从 0 到 5 万件),是一条平行线;变动成本加到固定成本上即为总成本,总成本曲线从 30 万元开始,随销售量增加而上升。

(2)根据预期的销售量为 50 000 件,在总成本曲线上它所对应的 C 点为总成本 80 万元。

(3)确定目标利润额,画出总收入曲线。如果利润率是 20%、利润额为 20 万元,那么产量为 50 000 件时的总收入就是 100 万元。总收入曲线从 0 点起随销售量增加而上升,延伸到 R 点。C 点到 R 点反映的就是目标利润。

(4)求出总收入曲线的斜率就是每件产品的价格。即

$$单位产品价格 = \frac{总收入}{销售量} = \frac{100\ 000元}{50\ 000件} = 20元$$

(5)确定盈亏临界点的产销量。总收入和总成本曲线在对应的销售量 30 000 件处交叉,这个点就是盈亏临界点。若确定价格为 20 元,那么企业必须至少销售 30 000

件餐具,以确保不亏损;或者说能以此总收入抵偿总成本。盈亏临界点的产销量可以用如下公式计算:

$$盈亏临界点的产销量 = \frac{固定成本}{单位价格 - 单位变动成本} = \frac{300\,000}{20元 - 10元} = 30\,000件$$

如果企业想要获得预期的目标利润,他必须以20元的价格卖出3万件以上的餐具。

本例中,餐具制造商投资100万元并想获得销售额的20%,即20万元,作为投资回报。这样他们必须以20元价格售出至少50 000件餐具。如果企业定价高于20元,那么获取同样的利润就无须售出这么多,但是,由于价格提高可能导致销量急剧下降,反而达不到目的。这在很大程度上取决于价格弹性和竞争者的定价。

制造商还应考虑不同价格与估计的盈亏临界点产销量、可能的市场需求以及相应的利润之间的关系,然后调整确定最佳的价位。就本例的分析过程来看,可用表8-2表示。

表8-2 不同价位的盈亏临界点产销量和利润一览表

价格 /元 (1)	盈亏临界点要求的 需求量/件 (2)	与价格对应的 期望需求量/件 (3)	总收入 /元 (4) = (1) × (3)	总成本 /元 (5)	利润 /元 (6) = (4) - (5)
14	75 000	71 000	994 000	1 026 000	-32 000
16	50 000	67 000	1 072 000	970 000	102 000
18	37 000	60 000	1 080 000	900 000	180 000
20	30 000	42 000	840 000	720 000	120 000
22	25 000	23 000	506 000	530 000	-24 000

由表8-2可知,随价格提高,盈亏临界点需求量将下降(第2栏);但同时对该餐具的市场需求量也下降(第3栏)。在14元的价位,由于制造商每件餐具只净得4元(14元售价 - 10元变动成本),因此它必须售出相当大量的餐具才能保证不亏本;然而,尽管低价位会吸引许多购买者,总的市场需求还是在临界点以下(71 000件小于75 000件),企业还是亏掉32 000元。另一个极端是22元的价位。这时制造商可净得补偿12元,而且只要销售25 000件餐具即可保本。但是在如此高的价位,消费者购买量达不到25 000件,而是23 000件,这时利润也是负值(-24 000元)。由表可见,价位在18元时产生的利润是最大的。同时,我们还看到,没有哪个价位恰好为制造商创造20万元的利润,要想获得这个目标利润的回报,制造商将不得不千方百计降低固定成本或变动成本,以降低盈亏临界点的产销量。

(三)变动成本定价法

这种定价方法只计算变动成本,不计算固定成本,即在变动成本的基础上加上预期的边际贡献形成最终价格,因此又称边际贡献定价法。

所谓边际贡献，就是指单位产品价格减去单位变动成本后的金额，也就是补偿固定成本的费用和企业盈利。

由于边际贡献有可能小于、等于或大于固定成本，因此企业的经营成果就会对应出现亏损、保本或盈利三种状态。

由上述定价原理，我们可以推导出变动成本定价法的价格计算公式：

$$单位产品价格 = 单位产品变动成本 + 边际贡献 = \frac{总变动成本 + 预期目标贡献}{产(销)量}$$

在市场商品供过于求、卖方竞争激烈、企业订货不足时，为了尽可能减少企业损失，保住市场，可采用变动成本定价法。因为这种方法暂时不计算固定成本，制定的价格一般低于成本加成定价法的价格，有利于迅速扩大市场占有率，维持生产。

二、价值导向定价法

（一）价值导向定价法

目前越来越多的企业开始采用价值导向定价法。所谓价值导向定价法不是依据产品成本定价，而是依据购买者感知的价值来定价。购买者的感知价值（perceptions of value）也叫理解价值或认知价值，意义都一样，都是指由购买者决定的价值。按价值导向定价法的要求，定价的程序是：首先通过市场研究确定该产品由于质量、服务、广告宣传等原因在顾客心目中所形成的"价值"，据此确定产品的售价；其次估计这种价格水平下所能达到的销售量，根据销售量决定生产量、投资额和单位产品成本；最后核算在此价格和成本下，能否获得满意的利润。若可以，就继续开发生产此产品；若不可以，就放弃。总之，价格决策应从调查分析消费者的需求和价值感知开始，企业确定的最终售价要与消费者的感知价值相一致。

可见，价值导向定价法的原理和程序与成本导向定价法恰好相反，前者是消费者价值驱动的定价过程，而后者是一种产品驱动的定价过程。这可以用图 8-5 将两种方法做一比较。

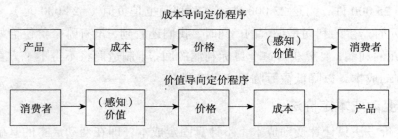

图 8-5　成本导向定价法与价值导向定价法的比较

当然，采用价值导向定价法时，测量消费者感知价值可能是很困难的。一般可通过下述方法解决。

（1）直接评议法。直接评议法，即邀请有关人员，如顾客、中间商或专家，对产品价值进行评议。可设定如下这类问题来询问和计算："你愿意为某个基本产品和附加在产品上的每一利益或功效分别花费多少钱？"

（2）实验法。实验法，即企业可以专门做一次实验，检测被试者对于不同产品的感知价值。这两类数据都可作为样本资料使用。

（3）相对评分法。相对评分法，即用评分法对多种同类产品进行评分，再按分数的相对比例和现行平均市场价格推算评定感知价值。

（4）诊断评分法。诊断评分法，即用评分法针对产品的信誉、功能、质量和可靠性、外观、服务水平等多项指标进行评分，找出各因素指标的相对感知价值，再用加权平均法计算出最后的感知价值。

拓展阅读 8-1：房地产企业定价策略分析

（二）简单价值定价法

所谓简单价值定价（value pricing），就是指与所提供产品的质量和服务恰当组合相适应的公正定价，或者说是指包含着恰当组合的产品质量和服务的一个公正价格。它与上述的价值导向定价的区别主要有两点：一是站在消费者角度，主要考虑产品质量和服务的组合是否与价格相协调，而不再是主要考虑感觉价值；二是定价过程简化，没有图 8-4 所描述的复杂程序，也可以说是一步到位。

在多数情况下，这种定价发生在非贵重的产品、有品牌名称产品的市场导入时期。例如，美国的康伯尔（Compbell）公司在导入其系列速冻食品时使用的就是简单价值定价法。

在许多企业对企业（B to B）营销领域，也常使用此种定价方法。另外，在零售行业中，简单价值定价的一个重要类型就是每日低价法（every day low pricing，EDLP），方法更简单。所谓每日低价，就是指确定一个不变的、每天如此的低价位，没有或偶尔有临时的价格折扣。它与传统的"高低价定价法"（high-low pricing）不同。后者是指每天基本上使用较高的价格，但经常选择几项产品进行价格促销，确定临时的低价格，其价位甚至低于每日最低价水平。最近几年，在零售业，高低价定价法几乎已完全让位于每日最低价法，从汽车零售商到日用百货店都是如此。它最早是由 P&G 提出来的，但现在被 Wal-Mart 应用得淋漓尽致。

小链接 8-3

三、竞争导向定价法

竞争导向定价法是指企业以竞争者的价格水平为依据，随着竞争形势变化不断调整本企业产品价格的方法。其具体有以下几种形式。

（一）随行就市定价法

随行就市定价法（going-rate pricing）又称通行价格定价法，它是指企业主要基于竞争者的价格，使自己的产品价格保持在同行业平均价格水平上，而很少考虑自己的成本或需求变化的一种定价方法。它适用的条件是：①从产品类别看，主要适用于质量差别不大、需求价格弹性小的产品，如粮食、钢材、工业原料、纸张、化肥等。②从营销环境看，主要适用于竞争比较激烈或供需基本平衡的行业。在竞争激烈的情况下，企业价格高于平均水平就会影响销售，甚至导致产品滞销；若低于平均水平就必然带来不应有的损失，不能长此下去，结果最终多数企业都会以同行业平均价格水平作为自己产品的价格。此外，在供需平衡的市场上采用随行就市定价法一般也比较稳妥。

随行就市定价法是竞争导向定价法中最流行的方法，在实践中应用较普遍，因为它确实有许多优点：①采用随行就市定价法可以使绝大多数企业获得一个平均利润，有利于处理好同业关系，稳定市场；②依据现行行情定价，有利于使本行业中的各企业价格保持一致，避免价格大战，相互残杀从而使企业重点着眼于服务方式的优化和服务水平的提高；③在企业对一些商品的成本不易核算、市场需求和竞争者的反应难以预料的情况下，采用随行就市定价法简便易行，节省时间。

小链接 8-4：凯特比勒公司的定价

（二）随领导者企业定价法

随领导者企业定价法是指企业参照领导者企业的价格变动来调整自己的价格，而很少考虑自己的成本或需求的变化。这种定价方法主要为小型企业所采纳，如较小的汽油零售商的汽油价格通常比主要的汽油公司的汽油每升调低几分钱。有时在调低价格同时，小型企业还赠送小礼品或有微小折扣。采用这种定价方法主要是为了避免与大型企业或领导者企业进行直接价格竞争。

（三）密封投标定价法

密封投标定价法（sealed-bid pricing）是买方引导卖方通过竞争成交的一种方法，它一般用于建筑包工、大型设备制造或大宗采购业务等。密封投标的重要内容之一就是投标定价。所谓投标定价法，就是指参与投标的企业在考虑自己的成本基础上，主要依据对投标竞争者价格的预期来确定价格的定价方法。为了能中标，本企业价格就要定得比竞争者的价格低；但同时又不能低于成本，应有适当的预期利润，否则就失去了中标的意义。因此，采用投标定价法应在预测竞争者报价的同时，处理好投标报价高低与中标概率和期望利润之间的关系（表8-3）。

表8-3 报价、中标概率和期望利润三者的关系

报价	高	中	低
中标概率	小	中	大
期望利润	大	中	小

企业在确定报价时，首先应根据本企业的实力，确定几个报价方案，并计算出各报价的可获利润；其次应根据竞争者实力及其报价的分析预测，确定每个方案中标的概率；再次是计算出每个方案的期望利润，即每一投标价格方案下所能获得的利润与中标概率的乘积；最后将期望利润最大的方案作为投标价格。例如，现有一个管道工程公司欲参加一项重大建设项目，其投标报价方案见表8-4。

表8-4 不同的投标方案对期望利润的影响

投标报价方案/万元	可获利润/万元	中标概率/假设	期望利润/万元
950	10	0.81	8.1
1 000	60	0.36	21.6
1 050	110	0.09	9.9
1 100	160	0.01	1.6

在上述4套方案中，由于第2方案的期望利润最大，因此该公司可选择该方案作为投标价格；但如果企业为了提高中标概率，以求尽可能有开工项目，企业也可以选择第1方案。

采用密封投标定价法的最大困难在于估计中标概率，因为这涉及掌握竞争者将如何投标的具体情况。由于每个竞争者总是力图严格地保守机密，因而企业只能通过市场调研和预测来进行尽可能准确的估计。

（四）拍卖定价法

拍卖定价法类似于密封投标定价法，它是指由卖方预先展出拍卖物品，买方预先看货，到规定时间公开拍卖，由买方竞争出价，最后以最有利的价格拍卖成交的定价方法。它主要应用于出售土地、珍贵文物、艺术珍品和倒闭的企业财产等的拍卖交易活动。

小链接 8-5：价格制定中的 3C 模式

第四节 定 价 策 略

定价策略可分为新产品价格策略和产品组合价格策略，下面分别进行介绍。

一、新产品价格策略

新产品投入市场，或者是将产品投入新的分销渠道或新的细分市场时，企业可根据具体情况选择如下价格策略。

（一）市场撇取价格策略

市场撇取价格策略（market-skimming pricing）是指企业为新产品确定较高的价格，以在短期内从那些愿意高价购买的细分市场逐层赚取最大收益的价格策略。撇取的原意是从鲜奶中撇取奶油，有提取精华的意思，因此这个策略又称撇脂价格策略。

许多成功的企业都曾使用过市场撇取价格策略，其中"英特尔"（Intel）公司是这个策略的最早使用者。英特尔公司有一个"芯片巨人"（the chip giant）项目，该项目每 12 个月就以高价推出一种新型的换代产品，同时将老型产品以较低的价格送进廉价连锁店。它们在开始将最新计算机芯片推进市场时定价高达 1 000 美元，而这个价格对于必须用其组装计算机的细分市场来说，是值得的；它们并不等待，因为总有人要购买最先进的计算机。在这种情况下，英特尔公司就撇取了第一层利润。随着销售量的下降，加之竞争者也生产出同等技术的芯片，于是它们开始适当降低价格，吸引下一层次的顾客，撇取第二层利润……以此类推。到最后，这种芯片的价格竟然降到 200 美元。因此这个策略的实施，就使英特尔公司从不同层次的细分市场撇取了一个最大化的总收益。

可见市场撇取价格策略的优点是：它有利于尽快回收新产品投资，可迅速获得高额利润；可随着市场销售的变化而很容易地降低价格，吸引不同层次的消费者购买。如果实行先低价，以后发现销售良好，而再提高价格，势必影响销售。这种策略的缺点是：当新产品的声誉还未确立时，高价策略往往不利于开拓市场；同时，它也容易吸引更多的企业开发此类产品而加剧竞争。

因此，市场撇取价格策略的实施应具备如下条件：①产品的质量和形象必须与高价位相符合；②在这样的高价水平上，市场上有足够的购买者；③小批量生产和销售的成本并不很高，否则不可能赚取高额利润；④竞争者不会很容易地进入该市场，并引起降价。

（二）市场渗透价格策略

市场渗透价格策略（market-penetration pricing）是指企业为新产品确定一个较低的价格，以快速吸引大量的购买者和赢得较大市场份额的价格策略。在实施这一策略时，由于价格低导致销售量大增，而销售总量增大又使得成本下降，企业就有可能再进一步降低价格，进行更深入的市场渗透。例如，戴尔（Dell）公司就是使用渗透价格策略进入个人电脑市场的。它们通过直销渠道以较低的价格销售高质量的计算机产品，而通过零售店销售的 IBM、康柏（Compaq）和苹果等竞争者都不能与其价格相比，结果戴尔电脑销售量猛增；而高销售又反过来使戴尔降低了成本，能继续维持低价销售。此外，沃尔玛和其他折扣零售店也采用市场渗透价格策略。

市场渗透价格策略的优点是：它有利于企业尽快打开新产品的销路，缩短新产品的投入期；有利于排斥竞争者的加入，使企业能较长时间地占领较大的市场份额。其缺点是：当发现产品销势好而想提高价格时，可能很难决策；提价就可能减少销售量。

一般来说，实施市场渗透价格策略应具备这样一些条件：①必须是对价格高度敏感的市场，即低价能引起明显的市场增长；②随着销售规模的扩大，产品和分销成本必然下降；③低价必须能有效地阻止竞争，且该策略实施者必须能维持其低价地位，否则价格优势就只能是暂时的。例如，当 IBM 和康柏建立了他们自己的直销渠道后，戴尔就开始面临困难的境地，即价格优势已不明显。后来随着产业计算机用户市场的扩展，使得他们的生产和分销成本进一步下降，才恢复了价格优势。

（三）温和价格策略

所谓温和价格策略就是指企业为新产品确定一个高低适中的价格，通过兼顾大多数消费者的利益和给公众以良好的印象，来吸引消费者购买的策略。

这种温和价格策略的优点是：它既可避免高价带来的竞争风险，又可防止低价带来的损失，企业能在一个相对稳定的营销环境中获得平均利润；同时它也有利于市场价格总水平的稳定。该价格策略的缺点是：有时会使企业失去获得更大利润的机会。

市场撇取价格策略、市场渗透价格策略和温和价格策略各有所长，又各有弊端。总的说来，市场撇取价格策略是一种着眼于短期利益的策略，市场渗透价格策略是一种着眼于长期利益的策略，而温和价格策略是一种不偏不倚的策略。企业在为新产品定价时选择哪种策略，要依据具体情况，综合分析。企业选择新产品价格策略要考虑的因素主要有：市场潜在需求量，产品的特色，价格弹性，产品仿制的难易程度和投资回收的时间等（表 8-5）。

表 8-5　影响新产品价格策略的因素

影响因素	市场撇取价格策略	市场渗透价格策略	温和价格策略
市场潜在需求量	小	大	一般
产品的特色	显著	不显著	一般
价格弹性	弱	强	中等
产品仿制的难易程度	难	易	一般
投资回收的时间	短	长	中等

二、产品组合价格策略

当产品价格作为产品组合的一部分时，产品的价格策略就要经常变化，最终企业应寻找在产品组合中使利润最大化的一组或一系列价格。价格决策是很困难的，因为不同的价格与市场需求、产品成本密切相关，同时又要面对不同程度的竞争。产品组合价格策略主要有五种选择，这在表 8-6 中进行了概括。以下我们将分别讨论。

小链接 8-6：雷诺圆珠笔的撇脂定价

表 8-6　产品组合价格策略

价格策略	简　述
产品线定价	确定产品线内不同产品项目的价格
可选产品定价	随主产品销售的可选产品或附属产品的定价
相关产品定价	必须与主产品一起使用的产品定价
副产品定价	主产品生产加工过程中产生的低值或无价值的产品定价
产品捆绑定价	捆绑一起销售的多件产品的一揽子价格

（一）产品线定价

企业通常要开发一条产品线的产品，而不是单一产品。例如，美国的斯纳伯（Snapper）公司制造的剪草机包括价格分别为 259.95 美元、299.95 美元和 399.95 美元的简单首推型，及价格为 1 000 美元的复杂驾驶型。所谓产品线定价（product line pricing），就是指在一条产品线内的各个产品项目之间进行合理定价。对于上述这类产品线产品价格，管理者必须依据下列几个因素在产品线内的不同产品之间合理定价，即管理者在价格决策时应该全面考虑产品线内各产品之间的成本差异、顾客对于产品差异属性的评价和竞争者的价格水平等因素。为了做到这一点，在许多产业领域，其销售商在同一产品线内对不同档次产品设立和使用价格水平点（price points）进行管理。如男式服装店可以将男式服装价格确定三个水平点：185 元、328 元和 499 元。这样消费者就可能将三个价格点分别与低档服装、中档服装和高档服装联系起来。即使三个价格点同步提高一点，男士通常也会购买他们所偏好的那个价位点的服装。而销售商的任务是建立价格差异与消费者感知的产品质量差异相吻合的产品线价格体系。

（二）可选产品定价

许多企业都在采用可选产品定价策略（optional-product pricing），即随购买者购买的主产品而对附加的或可选择的附属产品另外再加价的方法。例如，汽车购买者在购买汽车时要另外选择安全车窗、自动操作控制和附加优盘播放功能的收录机等。在这种情况下，确定哪些项目应为供选择的产品是一个较难把握的问题。汽车公司不得不决定哪些项目应包括在主产品基本价中，哪些项目应作为供选择的加价产品。美国通用汽车公司直到近几年还在使用这种价格策略。它们做广告时的产品价格是 12 000 美元/辆，价格看起来较低，以吸引人们走进它们的汽车展厅；但是其中有些附件并不包括在广告的基本价内，当走入摆放所有可选产品的汽车展厅，你会发现这些配套齐全的汽车价格大约在 14 000～15 000 美元/辆之间。实际上广告的产品是经济型轿车，它省却了许多能提供舒适和方便的附属产品，而有些人可能不会再加价购买这些附件。因此，后来，美国通用汽车公司对于日本制造的轿车已开始实验改变上述做法，它们的基本价格开始包含以前只作为供选择的附加产品项目，现在广告的价格也经常是装备完整的整车价格。

（三）相关产品定价

相关产品定价（captive-product pricing）是指对于那些必须用于主产品的产品定价，如用于计算机的软件定价、用于刮脸刀具的刀片定价等，其中的软件和刀片的定价就是相关产品定价。一般来说，如果一个企业同时生产主产品和相关产品，那么对于这种相关产品应采用高价策略，而对主产品采用低价策略。因为主产品卖出一件（次）时，相关产品要卖出多件（次），而主要靠后者来获取利润。例如，吉列公司就是对刮脸刀具确定较低的价格，但对吉列牌刀片确定较高的价格，主要靠刀片销售赚钱。

这个价格策略用于服务领域，叫作两分价格（two-part pricing），即服务价格被分为固定收费（fixed fee）加一个可变的使用率两部分。例如电话公司的电话服务收费就分为每月月租费（固定收费）和呼叫通话等费用（可变使用率）两部分。公共游乐场（Amusement Parks）的价格分为门票费（固定收费）和各游艺项目收费等（可变使用率）。一般来说，服务产品价格策略也应该是尽量降低固定费用以吸引更多的服务消费者，而主要靠可变费用来获得利润。

（四）副产品定价

所谓副产品定价（by-product pricing），就是指为增强主产品价格的竞争性而为其副产品进行合理定价。在加工处理肉类、石油、化工产品和其他产品时，经常要产生副产品。如果副产品没有任何价值，或者对其处理的实际成本过高，就会影响主产品的定价。因此，制造商就试图为其副产品寻找市场，把储存、处理和拉运副产品的总费用作为副产品的价格，或者在总处理费之上再加一定利润定价。在这种情况下，副产品收入能补偿主产品的部分成本，就可以降低主产品价格而使其价格更具竞争性。

实际上，有时副产品甚至能产生可观的利润。例如，许多木料加工厂、家具厂等可以将树皮和锯末等卖给家庭或公共场所用作地面覆盖装饰料。养鸡场可将鸡粪卖给农民做肥料等。

（五）产品捆绑定价

产品捆绑定价（product bundle pricing）是指销售者为了促销而将多件产品组合在一起确定一个较低水平的总价。零售商最常使用此价格策略进行促销。例如一箱饮料的零售价格要比一瓶一瓶分别购买的价格低；图书经销商将一套书捆绑销售，其价格也比分别购买的价格低等。此外，像影剧院和游乐场销售月票、季票甚至年票，票价比分别购买各场次的价格要低得多；宾馆有时也确定包括住宿、餐饮和娱乐活动等一揽子价格。

拓展阅读 8-2：电商预售模式下的产品定价

第五节　多品类价格管理与调价策略

品类管理是零售业一种新兴的管理方式，是零售管理领域的一项重大突破，是现代超市零售业提升竞争力的有力手段。品类定价规则应建立在了解和掌握消费者人文特征、消费需求、消费行为的基础上。高效定价的实施除一般的定价技术外，需要特别关注商店价格形象管理、价格带管理，并注重定价心理研究。

一、品类管理

（一）什么是品类管理

品类是指在满足消费需求时，消费者认为可以相互关联或者能够相互替代的一组产品或服务。品类管理是指零售商和供应商将品类视为战略业务单元加以管理和经营的过程，通过聚焦消费者价值的传递来提高经营绩效。

从供应链发展趋势来看，品类管理在于全面关注品类产品或服务在整个生命周期的价值，品类管理处于高级阶段，更加接近价值管理，其目的是最大化实现品类价值。

在传统的商业活动中，品牌为供应商的经营核心，所有的经营活动都是以品牌营销为主，从商品的开发、定价、促销活动、销售状况分析及市场调查都以品牌为中心。零售商的经营则是以其店铺的销售情况来决定商品组合及陈列摆设的调整。供应商及零售商以品牌或店铺为中心来决定其经营策略，因此在收集产品信息时难免会有所遗漏。品类管理则为供应商和零售商提供了另一个经营方向，品类管理建立在了解或掌握消费者人文特征、消费需求、消费行为的基础之上，管理策略的确定与改变主要基于消费者而非管理者，通过品类管理来主导经营活动必须要求供应商和零售商密切协作，打破以往各自为政甚至互相对立的情况，以追求更高利益的双赢局面。

（二）品类管理的步骤

品类管理的流程主要包括八个步骤，即品类定义、品类角色、品类评估、品类评分表、品类策略、品类战术、品类计划实施和品类回顾，如图 8-6 所示。

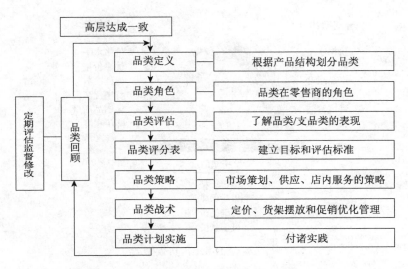

图 8-6　品类管理步骤

在这其中，高效的定价与促销是品类战术实施的重要一环，零售商的价格形象在消费者心中并不单单是由价格这个数值来决定的，而是价格优势、价格透明度和性价比综合作用的结果。

高效的促销可以理解为：在正确的时间，选择正确的单品，以正确的促销形式，配以适当的宣传，陈列在正确的地方；从促销单品的选择到促销单品在店内的陈列都应考虑品类的目标消费者及品类的策略。

二、多品类价格管理要素

高效定价是品类管理的重要战术之一。一般的定价技术与价格形象管理、价格带管理结合，注重定价心理研究，将有助于高效定价战术管理的实施。需要强调的是，高效定价的实施必须建立在对购物者调研的基础上，要充分了解和把握消费者特征与需求才有可能取得成功。

（一）价格形象管理

零售企业在消费者心目中的价格形象是由多方面构成的，绝对价格低只是其中的一个影响因素。著名的 Diller 价格模型告诉我们，影响商店在消费者心目中价格形象的因素主要包括以下三个方面：价格优势、性价比、价格诚信度（图 8-7）。价格优势指的是商品的绝对价格，通常是相同产品在不同卖场价格比较；性价比指的是买到的东西是否物有所值；价格诚信度指的是该卖场在价格方面是否诚实可信，是否用低价把消费者吸引到商店，结果却发现特价产品早已卖空。零售企业只有当在三方面都取得优势的时候才能在消费者心目中获得最佳的价格形象。

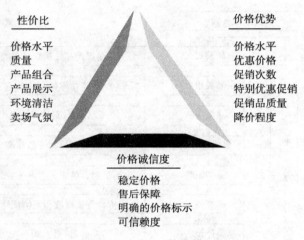

性价比

价格水平
质量
产品组合
产品展示
环境清洁
卖场气氛

价格优势

价格水平
优惠价格
促销次数
特别优惠促销
促销品质量
降价程度

价格诚信度

稳定价格
售后保障
明确的价格标示
可信赖度

图 8-7   Diller 价格模型

性能价格比一般地被认为是商品功能与购买商品价格的对比。但对零售企业来讲，性价比的含义就要丰富多了。顾客一要衡量花钱买来的商品是否物有所值或物超所值，二要考虑购物体验。他们希望这种体验是：想要买的商品从不缺货；总能在里面发现最新的产品；商店的货架陈列便于选择和购买；销售人员很友善地提供服务；在商店购物很便捷等，这些属于购买商品获得的利益。衡量购买付出时，时间成本、精力成本、货币成本等构成付出内容。消费者衡量的是购买收益与付出的比较，这种期望的实现程度决定了他们对这家商店的性价比评分。所以帮助顾客购买到价廉物美的产品是建立价格形象的第一步，为顾客提供美好的购物体验是第二步。

从品类管理角度看，零售企业在库存和货架管理、新品种引进、商品布局和陈列以及销售人员的微笑服务和收银设施等方面做得更出色都能有效提高"性价比"得分。利用降价或变相降价建立价格优势以吸引消费者购买是零售企业的常规武器。但购物者却并不总是把降价放在选择购物场所的重要位置上考虑。有关调查显示，在影响购物场所选择的因素中，"价格低"的得分为 4 分，居所调查的 12 个因素的第七位。购物者主要通过与其他门店的比较来对某家商店的商品是否便宜作出判断，进而形成超市价格的总体印象。因此单纯的价格战，不仅不能树立低价形象，而且将导致行业毛利率和利润率下降，直接影响到企业和行业的健康发展。

价格诚信度的建立需要长时间的积累。所以要维护价格的诚信度至少要注意三条：不要让消费者担心假货；不要让消费者担心实际收款和标价不符；特别要注意让消费者容易退换货品。即使企业具备价格优势，如果顾客无法方便地退换商品，低价购到的商品可能成为无使用价值或使用价值打了折扣的商品而在很大程度上影响顾客的价格形象评价。

（二）价格带管理

零售价格管理中，价格带分析与品类管理有着密切的联系。对于价格带的含义有不同的理解。所谓价格带，就是指与目标消费群体定位相符的、能够吸引最大数量消费者的商品品类的价格范围。我国零售企业常见的价格带如图 8-8 所示。

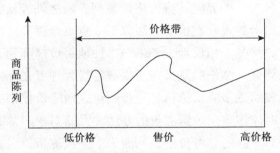

图 8-8　我国零售企业常见的价格带

一般而言，超市经营者对价格带的选择应该是：在品种数量一定的条件下，商品的花色品种要多，价格种类要少并且多集中于低价位，价格带窄，面位要多。由于超市经销的商品是食品和非食品类的日常生活必需品，这类商品的购买频率高，消费使用量大，顾客对其价格非常敏感，只有通过低价格才能吸引顾客前来购买。价格带越是集中于低价位上，品类内相同品种规格之间的价格就越接近，越不容易引起顾客的注意，他们在选购时就越容易作出购买决策，较多的单品陈列会方便顾客迅速作出决策；相反，如果价格带较宽，某一类商品相同规格品种的价格高低相差悬殊，消费者必然会反复权衡比较难以很快作出选择，必然影响高效促销。

需要注意的是，如果购物者调查显示，零售企业目标购物群体不明确，不同收入层次、不同年龄、不同受教育程度、性别等特征指标比例接近，此时的价格带应该较宽，以吸引不同层次的购物群体。另外，国外许多零售企业往往在价格带中塞进高价货，使得价格带拓宽，购物者在进行性价比较后，可能选择价格低的单品，从而达到店铺确定的促进低价单品销售的目标。其行为的实质是提高了购物者的参考价格。例如，比较分析家乐福、好又多的女拖鞋价格带，可以发现对品单价的操作手法截然不同。购物心理调查显示：人们认为一双女拖鞋 6 元以下就比较便宜，20 元以上就有些高了。所以家乐福最低定价 5.9 元，27 个拖鞋单品中，有 22 个定在了 19.9 元以下。同时，为了拉高品单价，又在 24.9 元的价位上提供了 4 个单品（后来又在 39.9 元价位上提供一个单品，突破传统心理价位，反衬 24.9 元不贵）。反观好又多，16 个单品中最低价位在 1.9 元，最高 19.9 元，从区间分布上来看，明显倾向于低价位单品，所以其品单价绝对低于家乐福，客单价自然也低。

（三）定价心理

由于品类管理是基于消费者需求的管理手段，因此认真考虑消费者的价格反应，了解其心理活动对价格感受的影响很有必要。

消费者对价格的感受与基础价格的水平有关，这个规律即是众所周知的韦伯–费勒定律。该理论认为，消费者对价格的感受更多地取决于相对值，而不是绝对值。并且产品价格之上、之下各有一个界限。将价格调整到界限之外容易被消费者注意，而在界限之内却往往被消费者忽视。在价格上限以下一点点地提高价格比一下子提高很多的价格更容易被消费者接受。相反地，如果一次性地将价格降到下限以下，比连续几次小幅度地降价效果要好。结论的意义在于提醒零售管理者在降价促销时不应先与竞争对手的价格进行比较而逐步降低价格，一步到位式地降价促销有利于树立鲜明的让利、低价形象。提价时应该采用频繁涨价的办法，尤其对于经常购买的商品。这样，购物者会不自觉地提高产品的参考价格，从而为下一次涨价奠定基础。

三、多品类价格调整策略

企业所确定的基本价格不是一成不变的，它们通常会根据不同的顾客差异和条件的变化来调整其基本价格。而企业调整基本价格就需要进行策略的选择，表 8-7 就概括了可供选择的价格调整策略的主要类别。

表 8-7　可供选择的价格调整策略的主要类别

策 略 类 别	基 本 解 释
价格折扣与折让策略	为了报答顾客的提前付款、批量购买和淡季购买等购买行为而适当调低产品基本价格的策略
区分市场定价策略	以两种或多种价格销售一种产品或服务，但价格间的差异不是以成本差异为依据的策略
心理价格策略	依据顾客的心理特征来调整价格的策略
促销定价策略	企业定期或不定期地临时将价格降低，有时甚至降到低于成本，以使产品销售额在短期内迅速增长的策略
地理价格策略	根据顾客所在的地理位置因素来确定价格的策略
国际价格策略	根据国际市场的环境因素确定价格

（一）价格折扣与折让策略

多数企业为了报答顾客的某种购买行为，都会适当调整产品的基本价格，这些购买行为包括顾客提前付款、批量购买和淡季购买等，在这种情况下的价格调整就称为价格折扣与折让（discount and allowance pricing）。价格折扣与折让策略的实施，可以采取多种形式，主要有以下几种。

（1）现金折扣。现金折扣是指企业对那些在约定付款期及时付款或提前付款的顾客，以原价格为基础所给予的价格减让。例如合同中的付款条款规定"应在成交后30天内付清货款"，但如果立即付款可给予原价的5%折扣；如果在10天内付款，就给予原价的2%折扣。这种现金折扣有利于加速资金周转、减少欠款收取成本、避免坏账损失、刺激顾客购买，因此这种折扣是许多企业惯用的手段。

现金折扣决策的关键是要合理确定折扣率，一般来说，折扣率的上限必须使折扣额低于企业加速资金周转所增加的盈利，折扣率的下限是必须高于同期银行贷款的利率。

（2）数量折扣。数量折扣是指卖方对那些购买数量大的购买者以原价为基础所给予的价格减让。例如原定基本价格是20元/件，如果购买数量超过50件，则是19元/件。这种数量折扣可以刺激购买者增大一次购买数量，增加卖方的销售量，降低销售费用，因此许多批发商和零售商都经常采用数量折扣。

数量折扣的具体做法有两种：非累计数量折扣和累计数量折扣。非累计数量折扣是指按照每一张采购单达到或超过的购买数量给予价格减让；累计数量折扣是指按照在规定的时期（一个月）内各次购买所达到或超过的累计数量给予价格减让。

（3）贸易折扣（trade discount）。贸易折扣又称功能折扣，它是指制造商向履行了某种功能（如销售、储存和账务记载等功能）的贸易渠道成员所提供的价格折扣，如售货员的业绩提成。对不同的贸易渠道成员，制造商可以提供不同的贸易折扣，因为他们所执行的功能或提供的服务是不一样的；但就一种贸易渠道成员来说，应该提供同样的贸易折扣。这种贸易折扣方法有利于吸引渠道成员大量经销本企业的产品。

（4）季节折扣。季节折扣是指经营季节性商品或服务的卖主向那些非应季购买者所提供的一种价格减让。例如，商店在夏季对于购买冬季服装的购买者给予大幅度价格折扣；旅馆业和航空公司在旅游淡季降低价格等，都是典型的季节折扣。

对于制造商来说，季节折扣有利于鼓励中间商提早进货，以减少仓储保管费用，加速资金周转；同时还可以使企业的生产和销售不受季节性变化的影响，维持均衡生产。对于零售商来说，季节折扣可以促进消费者提前购买，减少资金积压和仓储保管费用。

（5）商业折让。商业折让主要包括以旧换新折让（trade-in allowances）和促销折让（promotional allowances）。以旧换新折让是指当顾客购买新产品时，容许顾客交还同类旧货，而在新货价格上给予一定的减让。以旧换新折让是汽车和其他耐用消费品的销售中最常使用的策略。促销折让是指制造商为了报答经销商参加广告和支持销售活动而支付给其一定的津贴或给予一定的价格减让。

（二）区分市场定价策略

区分市场定价策略（segmented pricing）是指以两种或多种价格销售一种产品或服务，但价格间的差异不是以成本差异为依据的策略。其具体有以下几种形式。

（1）消费者区分定价（customer-segment pricing）。消费者区分定价，即不同的顾客群体对于同样产品或服务支付不同的价格。例如，公园门票分为成人票和非成人票；火车票有学生票等。

例如，美国的 Black & Decker 公司给它们的最贵重的熨斗定价 54.98 美元，这比另外一种次贵重的熨斗价格高出 12 美元；这种最新型的产品有自动清洁功能，但增加这个功能的成本仅仅几美元，远远低于 12 美元。

（2）地点区分定价（location pricing）。地点区分定价，即由于地点或区域的不同，即使其成本完全一样，也确定不同的价格。例如，剧院或运动场内不同地点的座位有不同的价格；饭店、火车上的饮料比超市饮料的价格高出很多；美国的州立大学收费，对于来自本州外的学生收取高于本州学生的费用等；同样产品出口到不同的国家或地区，也可以有不同的价格。此时，需要注意避免窜货这一情况的出现。

（3）时间区分定价（time pricing）。时间区分定价，即不同的季节、不同的月份、不同日期甚至不同钟点规定不同的价格。例如，旅游旺季和淡季实行不同的价格，包括不同的门票、车票和住宿费等；某些公用事业如电话、电报等在不同的时间段制定不同的收费标准等。

为了使区分市场定价策略有效实施，就必须具备某些前提条件。①市场是可区分的，且每一个被区分的市场必须表现出不同层次的产品需求；②享受低价的区分群体不能有条件将购买到的产品或服务再转卖给支付高价的区分群体；③竞争者不能廉价出售应该高价出售的产品或服务；④区分和维持市场的成本也不能超过来自价格差异的收入；⑤区分市场定价必须是合法的；⑥最重要的一点，区分的价格应该反映消费者感知价值的实际差异，否则从长远来看，必然导致消费者的不满。

（三）心理价格策略

心理价格策略（psychological pricing）是指企业进行价格决策时在考虑经济因素的基础上，再依据顾客的心理因素来确定最终价格。这种价格策略一般主要用于零售企业。由于零售企业是直接与消费者发生联系的商业机构，而消费者的心理需求直接影响其购买行为，因此零售企业应充分利用心理价格策略来吸引顾客，扩大商品销售量。实施心理价格策略的具体形式主要有以下几种。

（1）参考价格定价（reference prices）。所谓参考价格，就是指购买者在选购某产品时其头脑中已形成的价格，这种参考价格的形成可能是基于市场现价或所记忆的过去价格，也可能来自对购物环境的评价。例如，销售商将某种产品摆放在高价产品旁边，暗示两者是同类产品；百货商店经常分别在几个按价格分类的柜台销售妇女服装，人们对在价格昂贵的柜台看到的服装就认为是质量好的。企业还可以通过标出制造商建议的高价，或说明原来产品定价很高，或指出某竞争对手的高价等，来影响消费者的参考价格。总之，参考价格定价的最终目的是使消费者从心理上信任所标价格，尽快采取购买行动。

（2）尾数定价。在大多数消费者看来，有尾数的价格比较精确地反映了商品的价值，给人以货真价实的感觉，如一瓶洗发水标价 19.99 元或 20.15 元，比标价 20 元更容易被消费者接受；有时有尾数的价格还给人一种价廉感觉，如 19.99 元是在 20 元以下而不是 20 元；有些零售企业还发现，顾客不仅喜欢有尾数的价格，而且更喜欢末位数是"9"或"8"的价格，因为有一种心理认为"9"代表"长久"，而"8"意味着"发财"。

但应注意的是尾数定价一般只适用于价值较低的产品，对于高档产品，使用尾数定价就无法充分显示其高贵，效果可能适得其反。

（3）招徕定价。招徕定价是指企业故意将某一种或几种知名度高的商品价格定得很低，或者在一定时间内（如周末）临时降低一个或少数几个商品的价格，以此招揽顾客，从而促使顾客在购买低价物品的同时，连带购买本店其他未降价商品。有些商品本来就必须与别的物品配合使用，如剃须刀架和刀片，顾客必然要一同购买，如果降低了刀架的价格，购买使用的人多了，刀片的销售量也就上去了。

（4）声望定价。声望定价是指市场声望较高的企业给自己的产品确定较高的价格，从而将企业或商品的声望在价格上体现出来，吸引消费者购买。采用声望定价应注意的是：①采用声望定价的产品类别最好是消费者难以鉴别其质量的产品；只有在质量难以鉴别时，消费者才"以价认质"，否则他们会有上当的感觉。②采用声望定价的商品，其价格也不能高到令人难以置信和无力购买的程度，否则会影响销售。

（5）习惯定价。习惯定价是指参考顾客已经习以为常的价格水平进行定价。有些商品，如食盐，由于其寿命周期较长、价格较稳定，消费者已经习惯于按某种价格购买这种商品。因此，当企业对这种商品进行少许改良，准备重新定价时，必须考虑消费者的价格习惯意识。

（6）分档标价。分档标价是指企业将众多规格和型号的商品按档次分成几级，每级定一个价格来满足不同层次消费者的需求。档次高的可满足追求高消费者的优越感；档次低的可满足低消费者的求廉心理倾向。这时就使消费者不是按价格购买，而是按档次购买商品，因此分档标价有利于消费者挑选商品，便于销售人员记忆，提高售货效率。

（7）容量单位标价。这是指企业对同一种商品按照其使用的包装不同来确定价格。消费者购买商品时常常要比较哪一种包装价格最便宜，当他们无所适从时，就可能放弃购买。因此，有的企业就在不同的包装上注明单位容量的价格，如"10.5元/千克"，以便向顾客说明各种包装的实际价格。在实践中，这种方法很受顾客欢迎。

（四）促销定价策略

促销定价策略（promotion pricing）是指企业定期或不定期地临时将价格降低，有时甚至降到低于成本，以使产品销售额在短期内迅速增长。此策略的具体实施也可采取多种形式。

（1）牺牲品定价。这也是招徕定价的形式之一，即超级市场和百货商场采取将几种产品或少部分产品作为牺牲品临时降价，用以吸引顾客走进商场，并希望顾客能同时也购买其他未降价的产品。

（2）特殊事件定价（special-event pricing）。它是指在某个季节针对特有的事件确定促销价格以吸引更多的顾客。例如，美国大商场一般在每年1月要推出促销价，吸引那些疲倦的圣诞节购物者回到商场。中国的商场大都在国庆节和春节等节假日前和节日期间推出促销价格，刺激顾客购买。

（3）现金返还价格（cash rebates）。它是指在一特定时期内，对于从零售商那里购买其生产的产品的消费者返还一部分现金；当制造商收到购买者购物发票后即将现金直接邮寄给购买者。一般制造商常使用这个价格策略，如在美国的汽车制造业和贵重产品生产行业就较普遍地应用该策略。

（4）有些制造商还采取低利率财务支持（low-interest financing）、较长期的担保（longer warranties）或免费维修（free maintenance）等的一揽子价格，通过相对减少顾客承担的价格来促销。

（五）地理价格策略

地理价格策略（geographical pricing）是指根据买主所在地理位置的远近，考虑商品的运输、装卸、仓储、包装和保险等各种费用负担的价格策略。这种价格策略依据各种假定条件主要有以下几种形式。

（1）原产地价格（origin pricing）。原产地价格又称离岸价格（FOB），它是指由卖方制定出厂价格或原产地价格，由买方负担由原产地到目的地的全部运输、保险等费用的价格策略。这种商品交易通常在原产地交货，交货后，商品即为买方所有。这对于卖主来说是最简单和便利的价格策略。

（2）目的地价格（uniform-delivered pricing）。目的地价格又称到岸价格（CIF），

它与 FOB 正好相反，是指由卖方产地价格和运达指定目的地所需的一切手续、运输和保险等费用而形成的价格。在这种价格策略下，运输费用是按照对所有客户平均运费率来确定的，不管客户在哪个地区。因此该价格的优势是容易管理和控制，也便于向全国推广。

（3）成本加运费价格（C&F pricing）。成本加运费价格是处于 FOB 和 CIF 之间的一种地理价格策略，其内容与 CIF 策略相似，只是卖主不负担保险费。

（4）分区运送价格（zone pricing）。分区运送价格也是处于 FOB 和 CIF 之间的一种地理价格策略，即企业将整体市场划分为几个地理区域，对属于同一区域内的所有客户确定同一价格，使不同地理区域形成不同的区域价格；距离企业越远的地区，其区域价格越高。一般原材料产品和农产品多采用这种策略。

（5）基点价格策略（basing-point pricing）。 基点价格策略是指由卖方选定一个城市作为一个基点，然后对所有的顾客都按其到该基点的距离来确定运费并形成最终价格，而不管产品实际从哪里起运。例如，某制造商选定北京市作为基点，对所有的客户的销售价格都是 100 元再加上北京市到客户所在地的运费；也就是说，天津市某客户购买产品的价格就是 100 元再加上从北京到天津的运费，尽管可能该产品是从天津市起运来的。很明显，该价格策略实施会有这样的结果，即以事先确定的基点位置而不是以工厂位置为基础定价，就提高了那些临近工厂的购买者的总价，但降低了那些远离工厂的购买者的总价。因此，现在有些企业对于基点价格策略采取了较灵活的做法，即不是选择一个城市基点，而是选择几个城市基点，然后按购买者到最近的基点距离来计算运费，加到售价中去。

（6）运费补贴价格策略（freight-absorption pricing）。对于那些急于与某一客户或地理区域达成交易协议的卖主来说，可以采用运费补贴价格策略。该策略是指卖方主动负担全部或部分实际运费以便争取到所期望的某项业务的地理价格策略。在采用这种价格策略时，如果企业能吸引到更多的业务，那么产品平均成本就会下降，以此可补偿所付运费，因此从长远利益来看是可行的。

拓展阅读 8-3：南奥在广州房地产市场的定价策略

本 章 小 结

影响企业价格决策的因素可概括为企业内部因素和外部环境因素两个方面，前者包括成本、市场营销目标、营销组合策略、价格决策结构等；后者包括市场类型和特征，产品需求，竞争者的成本、价格等。

企业定价一般有三类方法：成本导向定价法是以产品的成本为定价的基础，在成本的基础上加上企业的目标利润或规定利润。价值导向定价法是依据购买者感知的价值来定价。竞争导向定价法是指企业以竞争者的价格水平为依据，随着竞争形势变化不断调整本企业产品价格的方法。

定价策略可分为新产品价格策略和产品组合价格策略。前者包括市场撇取价格策略、市场渗透价格策略和温和价格策略三种方法。后者主要有产品线定价、可选产品定价、相关产品定价、副产品定价和产品捆绑定价五种选择。

价格调整的主要策略有：价格折扣与折让策略、区分市场定价策略、心理价格策略、促销定价策略、地理价格策略、国际价格策略等。

 ## 重要名词

成本导向定价法　价值导向定价法　竞争导向定价法　新产品价格策略
产品组合价格策略　价值链成本　全生命周期成本　品类管理　价格形象管理
价格带管理

 ## 即测即练题

 ## 复习思考题

1. 企业定价要考虑哪些内部因素和外部因素？这些因素是如何影响企业定价的？
2. 企业一般的定价方法分为哪几种形式？举例说明如何使用这些方法。
3. 新产品价格策略有哪几种类型？其内容是什么？
4. 企业多品类定价需考虑哪些要素？

案例

第九章

选择和管理营销渠道

【本章提要】

通过本章学习，掌握营销渠道的内涵、职能、结构、渠道成员构成；理解营销渠道的作用；了解渠道中间商的基本作用；掌握营销渠道的设计流程；掌握营销渠道的管理，其中重点掌握渠道冲突管理；了解营销渠道的创新趋势。

 引例

渠道是企业的立命之本——以娃哈哈营销渠道为例

2010 年 3 月，娃哈哈董事长兼总经理宗庆后以 70 亿美元资产荣登 2010 年福布斯中国富豪榜榜首。9 月，《2010 胡润百富榜》发布，宗庆后再次以 800 亿元的财富问鼎中国首富，成为名副其实的中国"双料首富"。成就宗庆后首富荣耀的是其多年苦心经营的娃哈哈集团。

杭州娃哈哈集团有限公司成立于 1987 年，前身为杭州市上城区校办企业经销部，公司从 3 个人、14 万元借款起家，现已发展成为规模、效益位居前列的大型饮料企业，饮料产量位居世界前列。在全国 29 个省（区、市）建有近 80 个生产基地、180 多家子公司，拥有员工 3 万名。产品主要涵盖蛋白饮料、包装饮用水、碳酸饮料、特殊用途饮料、罐头食品、乳制品、医药保健食品等十余类 190 多个品种，其中包装饮用水、含乳饮料、八宝粥罐头多年来产销量一直位居全国前列。企业规模和效益已连续 19 年位居中国饮料行业第一，为中国 500 强企业、中国民营 500 强企业。"娃哈哈"为中国驰名商标、中国名牌。

造就娃哈哈发展奇迹的因素很多：创始人宗庆后的远见卓识和独特的管理模式，娃哈哈的不断创新的产品开发，"产地销"方式和强有力的成本控制。其中娃哈哈的营销渠道所起作用功不可没，纯净水、非常可乐等产品都是凭借着严密、广泛的销售网络，在很短的时间里迅速铺遍了全国各地的大街小巷，成为家喻户晓的畅销品。营销渠道是娃哈哈畅销全国的核心竞争力，是娃哈哈的重要资产，它是娃哈哈多年精心"编织"的结晶。

宗庆后之所以选择营销渠道作为竞争的战略重点，原因有以下三点：第一，饮料作为低价值的快速消费品，渠道便利的重要性高于品牌忠诚度，这也是可口可乐提出"pervasive（无处不在）"原则的原因。第二，对于食品饮料，产品创新性非常重要，但由于技术简单，可模仿性非常高，差异化策略不持久，一味通过低价抢占市场，会令企业无法持续发展。第三，娃哈哈早期"以弱搏强"的战略重点是国际巨头涉足较少的二、三线和农村市场，这些市场上品牌数量有限，左右消费者选择的更多是产品在终端的可见性；同时，二、三级市场幅员广阔，制造企业直接覆盖市场是不可能实现的，必须有效借助通路的作用。

一家西方媒体在宗庆后专访中点评：这位中国经营大师的神奇之处，在于他是一位真正的市场网络"编织大师"，他把许多外来的跨国公司难以琢磨的东方市场，尤其是农村和城镇市场玩得出神入化。

资料来源：高超. 娃哈哈方法：入选哈佛案例的中国本土企业[M]. 北京：中国工人出版社，2010.

市场竞争激烈的今天，企业需要不断开发和创造更能满足目标消费者需求的产品或服务，并通过营销渠道准确及时地递送给消费者，这样才能击败竞争对手，与消费者达成最终交易，并建立和维持有价值的顾客关系。另外，由于技术的快速发展，产品日趋同质化，企业能否成功，很大程度上取决于企业渠道是否有竞争优势。

本章将重点介绍营销渠道的概念和重要性，探讨如何进行渠道设计和渠道管理，并关注新时代下渠道的发展趋势以及新变化。

第一节　营销渠道概述

一、营销渠道的概念

在现代市场经济条件下，大多数制造商并不直接销售产品或服务给最终消费者，而是与营销中介机构分工合作，共同建立有竞争力的营销渠道。

什么是营销渠道？首先来看几个经典的定义。

菲利普·科特勒认为，营销渠道是指某种货物或劳务从生产者向消费者移动时取得这种货物或劳务所有权的所有企业和个人。

路易斯·W. 斯特恩认为，营销渠道是促使产品或服务顺利地被使用或消费的一整套相互依存的组织。

佩尔顿则认为，营销渠道是交换的推进器，通过获得、消费、处置货物与服务来创造顾客价值的一组交换关系。

根据几个经典定义可以总结出营销渠道概念的要点。

（1）渠道不仅指商品的实物形态转移过程和运动路线，还包括完成商品所有权转移的过程以及交换结构。

（2）狭义渠道仅指参与商品所有权转移和促进商品交易活动的渠道成员。广义渠道则在狭义渠道的基础上，还包括了提供物流、融资、保险等其他辅助商。

（3）制造企业是渠道的起点，最终消费者是终点，渠道指的是由制造企业到最终消费者的完整的流通过程，以及促进该过程的所有渠道成员之间分工合作的结构关系。

二、营销渠道的重要作用

现在市场竞争日趋激烈，产品同质化，在互联网免费经济的推动之下，价格战硝烟弥漫，优秀的营销渠道成为现代企业竞争获胜的关键，对企业的生存发展有极其重要的作用。

1. 创造和传递顾客价值

首先，渠道是递送商品的途径。渠道完成商品的实物和所有权转移，确保消费者能够及时、顺利地使用和消费商品。其次，渠道服务可以为消费者创造更高的价值。渠道是企业提供的大多数服务产出的重要途径。通过企业与其他渠道成员的合作，能为顾客创造更高的价值。例如，苹果直营店举世闻名，每一家都耗资巨大，销售并不是它的唯一目的，它还"用来让消费者体验并带给他们苹果使用的快乐"，体验营销已经成为苹果成功的主要策略之一。

2. 确保企业营销战略和营销组合策略的实现

作为营销组合策略之一，渠道策略的制定应以企业营销战略为依据，与其保持一致性。反之，企业战略的实现也离不开渠道与其他组合策略的有机整合，第一，不同性质的产品（如产品技术含量、档次、物理性质等），需要不同类型渠道来销售，新开发商品的成功一定程度上依赖于渠道成员的市场开拓能力。第二，渠道成本直接影响产品销售成本，甚至个别行业由于流通渠道落后，直接导致产品零售价格虚高。另外，不同形象的渠道终端提供给顾客不同服务，将影响企业的定价策略。第三，促销策略针对的对象分别包括中间商和消费者，对中间商采用合理的促销策略，能够激发中间商的积极性和主动性，针对消费者的促销策略的具体实施离不开渠道成员的支持和执行。

3. 创造持久竞争优势

持久竞争优势是指竞争对手无法快速复制或轻易模仿的竞争优势。相对于产品、促销来说，渠道更能帮助企业获得持久竞争优势，这是因为渠道构建是一项长期的工作，企业需要大量的投资来逐步构建和完善，企业与中间商的合作伙伴关系不可能短期内形成，因此渠道很难被竞争对手复制和模仿，成为现代企业重要的无形资产之一，如小天鹅洗衣机的营销渠道以 1.6 亿元的价值在合资企业中占股 20%。

4. 渠道可以成为企业制胜的营销模式

渠道是连接起产品和消费者的一个桥梁，创新的渠道模式往往可能成为企业战胜竞争对手、取得成功的关键模式，无数企业实践已经充分证明这点。例如，戴尔能够快速崛起，一度成为个人电脑业的 No.1，依靠的不是创新产品，而是利用个人 PC 行业快速发展的契机，通过互联网进行直销，这种模式不仅能够高效、低成本递送产品，同时实现了部分电脑定制，并通过互联网提供更便捷的售后服务，从而获得了消费者的青睐。

三、渠道中间商存在的原因及渠道职能

绝大多数制造企业选择与其他渠道中间商合作，共同构建渠道，原因是什么？渠道中间商能够为渠道完成哪些职能？

（一）渠道中间商存在原因

相对制造商而言，渠道中间商一定程度上能够更好地执行某些渠道职能，提高渠道的绩效，这主要体现在以下几个方面。

第一，合理利用渠道中间商，可以减少交易次数，降低交易成本。如图 9-1 的左图所示，如果 3 家企业与 3 家消费者进行交易，共需要 9 次交易。如果引入渠道中间商，如图 9-1 的右图所示，则只需 6 次交易。以此类推，发生交易的企业和消费者越多，中间商介入就能更大幅度地降低交易成本。

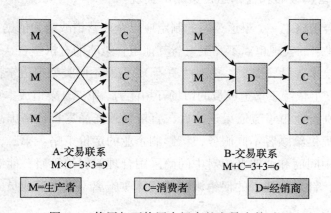

图 9-1　使用与不使用中间商的交易次数对比

第二，制造企业的规模化生产与消费者的个性化消费之间存在多样性、空间、时间之间的矛盾（表 9-1）。渠道中间商能够聚集多个制造商的产品，整理分类后，在合适的时间、小批量地销售给消费者，从而有效消除这些矛盾，特别是日用消费品，如口香糖、饮料等，中间商的存在是必不可少的。

表 9-1　制造商生产与消费者消费之间的矛盾

项　目	制　造　商	消　费　者
多样性	生产有限的产品品种，大批量生产	多样化需求，所需产品品种多、批量小
空间	在某些具有生产优势的区域集中生产	分布在全国或全球各地
时间	在一定的产能水平上较平稳生产，产量波动不大	消费时间根据季节、消费偏好等因素呈现较大的波动

第三，有效利用中间商能够提高渠道效率和效益。分销活动可以分解为销售、运输、仓储、融资、信息提供等。相比制造商，渠道中间商在某些分销职能上更为专业，有丰富经验。另外，渠道分工后，中间商仅在某些职能上进行规模化运营，能够更有效地降低成本。例如，快递业极大促进了中国网购的快速发展，商品以极低的快递成本、安全快捷地送达消费者手中，"半日达""次日达"，即使偏远的城市也能够有效覆盖。

（二）渠道职能

渠道的主要职能有以下几种。

（1）信息：收集顾客、竞争对手以及其他相关营销环境信息，帮助企业制定合理的营销策略和方案。

（2）匹配：根据消费者需求提供品种、花色齐全的商品，并分类、整理、分装等，确保消费者顺利消费。

（3）促销：运用广告、销售促进、公关等多种促销手段与消费者沟通，刺激需求，并说服消费者购买。

（4）物流：实物的运输、仓储等。

（5）所有权转移：通过谈判、订货、付款，完成产品的所有权从生产者向消费者的转移。

（6）融资：获得并使用资金，用于补偿渠道工作的成本。

（7）风险承担：承担整个渠道流通过程中可能产生的风险，包括产品破损、丢失、报废；新品上市失败；不可抗力造成的风险等。

四、营销渠道组织模式

营销渠道是由多家为共同目标而合作的企业组成的，它们之间既相互依赖、相互合作，但又相互竞争。这是因为：首先，作为渠道的一部分，每个渠道成员的成功都依赖于整条渠道的成功——保证消费者能够顺利地使用和消费商品，这个共同目标的实现需要成员之间的合作，每个成员应当履行渠道赋予的职能和任务，协调行动，互相配合。其次，渠道是超级组织，每个成员都是一家独立的组织，有其个体的目标、独立的运作模式等，各个成员的目标可能不相容，也可能与渠道的共同目标冲突，当利益不一致的时候可能引发渠道冲突。

因此，为确保渠道成员能够为实现渠道共同目标而高效组织在一起，不同企业必须有适合的渠道组织模式，其具体模式参见图 9-2。

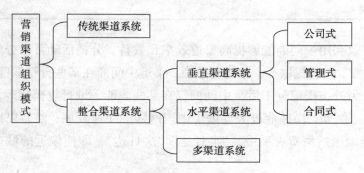

图 9-2 营销渠道组织模式

（一）传统渠道系统

传统渠道系统是由各个独立的制造商、批发商、零售商等渠道成员构成，他们以个体利益为第一位，在个体与整体利益发生冲突时，往往会牺牲整体的渠道利益，成员之间是松散不稳定的合作关系，适合于中小型企业渠道模式。

由于传统渠道系统的成员各自独立、关系松散，因此传统渠道系统存在以下弊端：①渠道冲突加剧。由于传统渠道系统无法保持长期合作关系，各个成员必然追求个体利益最大化，将会损伤其他成员以及渠道的整体利益，从而造成渠道冲突加剧。②整体渠道利益受损，渠道效率低下。过度的渠道冲突将导致渠道费用上涨，甚至破坏整条渠道，损伤渠道的效率和效益。

传统渠道系统在 20 世纪 70 年代以前是主流的渠道组织模式，但随着竞争的加剧，渠道成员日益规模化，成员之间的分工合作日渐深入，渠道对加强合作、建立长期战略合作关系的要求越来越强，由此产生了整合渠道系统。

（二）整合渠道系统

整合渠道系统是由渠道成员按照纵向一体化或者联盟合作的方式进行联合，形成具有较长期稳定合作关系的渠道网络系统。其主要分为垂直渠道系统、水平渠道系统、多渠道系统。

1. 垂直渠道系统

垂直渠道系统是按照纵向一体化整合的渠道系统，渠道由渠道领袖进行控制，其他成员在一定程度上相配合，从而保证成员行为协调一致，减少渠道成员冲突，实现渠道共同目标，渠道效率高。垂直渠道系统又分为公司式、管理式、合同式三种类型。

（1）公司式垂直渠道系统。该系统以产权为纽带，企业自己投资设立、并购或控股其他渠道成员形成一体化经营。该系统的优点是有利于企业更好地控制渠道，缺点是投资高，分散了企业资源。

（2）管理式垂直渠道系统。该系统通常是由一家规模大、实力强的企业作为渠道领袖，利用渠道权力统一规划、控制整体渠道，其他成员自愿参与，从而形成渠道的统一管理。管理式的优点是不需要大投资，也可以实现一定程度上的渠道成员合作的稳定性，发挥垂直渠道系统的作用，同时还能有效利用各个成员的资源；缺点是约束力不强，容易产生渠道冲突。

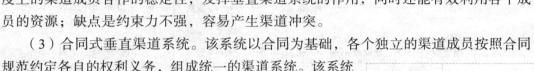

小链接 9-1

（3）合同式垂直渠道系统。该系统以合同为基础，各个独立的渠道成员按照合同规范约定各自的权利义务，组成统一的渠道系统。该系统的优点是渠道建设成本低，责任清晰；缺点是控制程度低。常见的合同式渠道系统有以批发商为主导的自愿联盟、零售商合作系统、特许经营等。

拓展阅读 9-1：特许经营

2. 水平渠道系统

水平渠道系统是指两家或两家以上的公司横向联合，利用各自在资金、人力、市场开拓、客户关系等方面的优势资源，进行优势互补，共同开发和经营市场。水平系统的优点是资源互补、资源共享，能快速开拓市场；缺点是当互补优势消失或者双方发生同业直接竞争时，容易产生渠道冲突。

小链接 9-2

3. 多渠道系统

多渠道系统是指企业采用多条不同类型的渠道，同时满足同一或不同细分市场的渠道需求。今天，由于消费者购买行为的多样化，特别是网络购物的快速发展，大多数企业采用多渠道系统。多渠道系统的优点是：①有利于满足顾客多样化的购买行为，提供良好的购物体验；②扩大市场覆盖面；③多渠道整合能有效降低渠道成本。缺点是：①不同类型的渠道面对同一顾客群体时，极容易产生渠道冲突；②多渠道整合是一件非常困难的系统工程。例如，网络渠道以低价对传统渠道造成了极大冲击。

五、营销渠道结构

营销渠道结构是指渠道系统中的成员构成及成员关系，可以从长度、宽度、广度三个维度来描述企业的渠道结构。

（一）渠道长度

渠道长度是指一条渠道中由多少层中间商环节来构成，有一层中间商称为一级，有两层中间商称为二级，以此类推（图 9-3 和图 9-4）。渠道系统中无中间商称为零级，又称直接渠道，指的是制造商直接把产品卖给消费者。间接渠道指的是渠道系统中包含一层或一层以上的中间商。

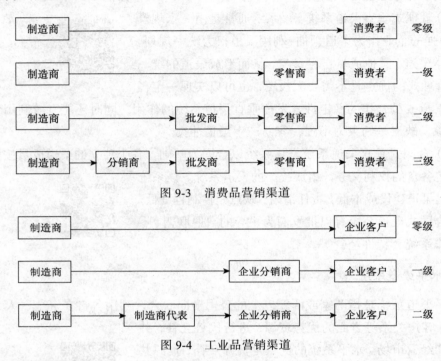

图 9-3　消费品营销渠道

图 9-4　工业品营销渠道

（二）渠道宽度

渠道宽度是指渠道某一层级上使用中间商数量的多少，可分为宽渠道和窄渠道。宽度选择与企业的分销策略有密切关系。企业可采取的宽度策略如下。

1. 密集型分销

密集型分销是指制造商使用尽可能多的中间商来分销产品。优点是：尽可能大范围地覆盖市场，更多接触目标顾客，保证消费者能够及时、便利获得产品；缺点是：过多的中间商造成成员之间竞争激烈，渠道控制困难，渠道费用较高。密集型分销适合于食品杂货与日用便利品，我们熟知的宝洁、可口可乐、卡夫、联合利华等企业都使用密集型分销，从而保证顾客能随处可见、随手可得。

2. 独家分销

独家分销是指制造商在某一区域内只使用一家分销商来分销产品，与密集型分销形成两种极端。其优点是：制造商与中间商能密切合作，控制渠道相对容易，渠道费用较低；缺点是：市场覆盖面小，销售过分依赖中间商，风险较大。独家分销适合于房产、汽车等高端耐用品，或者珠宝、服装等奢侈品。

3. 选择性分销

选择性分销是指制造商在某一区域内选择两家以上的精心挑选的、合格的中间商来分销产品。其优点介于密集型分销和独家分销之间：相对密集型分销，选择性分销有更大的控制权和更低的成本；相对独家分销，有相对大的市场覆盖面。选择性分销适合于大多数的选购品和价格相对较高的产品，如家电、服装等。

（三）渠道广度

渠道广度是指企业使用多少种不同类型的营销渠道将产品分销给一个或多个细分市场，可划分为单一渠道和多渠道。单一渠道是指制造商只使用一种渠道将产品分销给顾客；多渠道是指制造商同时使用两种或两种以上不同类型渠道来分销产品，现代企业基本上都选择多渠道系统。例如，戴尔以网络直销著称，但在中国，消费者也可以在苏宁和国美等家电零售连锁店购买戴尔电脑，同时，戴尔也通过"校园大使"等多种方式来接触大学生。

第二节　营销渠道参与者及其作用

营销渠道是由一系列类型不同、作用不同的成员构成，包括制造商、中间商、消费者以及相关辅助机构。营销渠道的一系列复杂职能将根据各个成员执行的效率和效益不同，分别由不同渠道成员来完成。按照渠道成员是否取得产品所有权进行分类，可以分为基本渠道成员和辅助机构。

本节将首先介绍这些成员的基本作用和基本功能，然后重点介绍两类非常重要的中间商——批发商和零售商。

一、基本渠道成员

基本渠道成员是指获得产品所有权的渠道成员，包括制造商、中间商、消费者。他们获得产品在渠道中转移的所有权，是渠道中重要的成员。

（一）制造商

制造商是渠道所递送产品/服务的生产者或创造者，它是渠道的起点和源头，也是渠道必不可少的重要成员。

制造商生产的产品特性以及生产模式，很大程度上决定了渠道的构成，如快时尚服装品牌的 SPA 模式。

制造商擅长制造，但不一定有充足的资金或者卓越的渠道执行能力，因此制造商往往需要与其他渠道成员分工合作，共同完成渠道职能。但是，为保证渠道的高效运营，制造商需要设计渠道结构，并对渠道进行有效的控制与管理。

拓展阅读 9-2: 服装企业供应链 SPA 模式

制造商是渠道不可缺失的成员，但不一定是渠道领袖。部分制造企业由于拥有卓越的品牌、雄厚的资金、卓越的管理能力等成为渠道的重要领袖，如宝洁、丰田等；有些企业则根据渠道需要，仅完成生产制造的职能，如宜家的代工厂。

（二）中间商

中间商是指协助产品在渠道中实现所有权和实物转移的独立销售组织，包括批发商和零售商。

1. 批发商

批发是指将产品销售给其他商业组织的商业活动，这些组织购买商品的目的是转售或其他商业用途。

批发商在渠道中几乎执行全部的渠道职能，将各个制造企业的产品聚集，并进行整理分类，分散给各个零售商，满足了零售商批量小、品种多的需求。

随着渠道系统扁平化的趋势，以及制造商、零售商的规模和实力不断增强，批发商面临巨大的挑战。

2. 零售商

零售是指向最终消费者销售产品和服务，以满足消费者需求和用于非商业用途的活动。

零售商在大多数渠道中起到非常重要的作用，它直接决定了消费者能否以低成本及时获得产品，提供售前、售中、售后服务以及更好的购物体验，为产品提供增值服务。

零售连锁和跨国零售的发展使得零售商的力量日益强大，如沃尔玛、宜家、亚马逊等。

（三）消费者

消费者是渠道中不可缺少的重要成员。

首先，消费者是产品和服务的最终购买者和使用者。所有渠道职能的执行都是为了确保满足消费者需求，只有这样，渠道成员才能够获得相应的利润。消费者既是渠道中心，也是渠道终点。现今市场是买方市场，让消费者满意是企业竞争制胜的关键。

其次，消费者不仅是产品的购买者，还是部分渠道功能的执行者。充分让消费者参与，不仅能降低渠道成本，提高渠道的效率和效益，还能增加客户体验，提高客户满意度。例如，瑞典宜家集团是全球最大的家居用品零售商，秉承"为尽可能多的顾客提供他们能够负担、设计精良、功能齐全、价格低廉的家居用品"的经营宗旨。为降低成本，宜家采用消费者自助购物的模式，由消费者自己挑选、自己结账、自己运输产品，通过详细的组装说明书，消费者自己完成产品组装，由此节约下来的成本转换成低价格，更好地满足消费者的需求。

二、辅助商

辅助商是指在渠道分销中提供某些重要的渠道服务，但不承担产品所有者风险的企业。这些企业在某些渠道的职能上拥有制造商和其他中间商不具备的特殊优势，如规模化、专业性等，渠道将物流、金融等部分渠道职能转移给辅助商，将会获得更高的执行效率和效果。

辅助商分为两类：其一为功能型辅助商，包括运输、仓储、订单处理、加工装配等；其二为支持型辅助商，包括金融、信息、广告保险、咨询调研等。

下面再重点介绍一下批发商和零售商。

三、批发商的职能与分类

批发商作为渠道的中间环节，在渠道中起到承上启下的作用，它是连接制造商和中小零售商的桥梁，能更为高效地执行部分渠道职能，从而为渠道实现增值。

现代的渠道日益扁平化，这是由于激烈的竞争要求制造商渠道下沉、渠道精耕，更好地掌控零售终端；其次，随着信息技术的快速发展，规模实力不断增大的制造商和零售商能够较低成本地实现直接合作，因此批发商的未来发展受到极大挑战。

为适应渠道发展需求，批发商需要新的转型策略：通过合并、合作、联盟等方式扩大自身规模和实力；将现代信息技术与批发职能相结合，提升订单处理、库存管理等职能；大力发展电子商务；加大对渠道终端的渗透和控制，实现不同程度上的批零一体化。

（一）批发商职能

批发商执行的职能一般包括以下几种。

（1）销售和促销。批发商能帮助制造商有效地接触中小客户，包括中小型的批发商和零售商，实现更高效的销售。

（2）采购和产品品类管理。根据客户需求，帮助挑选适合的商品，建立销售商品组合。

（3）批量拆分。成批买入多种商品，根据客户需求拆分成小批量的，降低客户的采购成本。

（4）仓储和库存管理。降低制造商和客户的库存成本。

（5）运输。快速及时、低成本地将商品递送到客户手中。

（6）融资。为中小客户提供融资服务，另外，及时或提前回款为制造商融资。

（7）为制造商提供多种服务。例如，提供竞争者、客户等相关市场信息，协助制造商进行下属渠道成员的管理。

（8）为客户提供管理、咨询服务。

（9）风险承担。承担在分销过程中产生的货物损坏、丢失、销售不力等风险。

（二）批发商的类型

批发商分为以下三种类型。

1. 独立批发商

独立批发商对其所经销的产品拥有所有权，并把产品出售给组织客户。在不同行业中，又称为分销商或者工厂供应批发商。

根据独立批发商所提供的服务是否完全，可分为全面服务批发商和有限服务批发商。全面服务批发商向渠道成员提供一整套服务，包括存货保管、提供赊销、物流配送、为下级成员提供管理支持等，主要包括批发商和产业分销商；有限服务批发商为减少批发成本，根据下级成员需求提供较少的服务，主要包括限购自运批发商、卡车批发商、直运批发商、货架批发商、生产合作社等。

根据独立批发商所经营商品的品类范围划分，可分为三种：①综合批发商，经营商品范围广，主要针对对象是百货商店；②大类商品批发商，经营某一大类商品，如酒类、服装类、保健品类等，主要服务对象是地方批发商、大型零售商、机关团体等；③专业批发商，经营某一大类商品中的某种商品，主要服务对象是专卖店和专业客户。

2. 经纪人和代理商

经纪人和代理商不拥有商品所有权，主要的职能是促成买卖双方的交易，从销售收入中赚取佣金，通常针对特定的产品线和顾客类型。

（1）经纪人。经纪人又称中介，主要职能是将买卖双方撮合在一起，协助洽谈交易，买卖双方成交后，货物直接由卖方运送给买方，经纪人只获得一定佣金。其主要分为地产经纪人、证券经纪人、保险经纪人等。

（2）代理商。以买方或卖方的名义销售或采购产品，不获得产品所有权，但会为被代理人提供较多服务，如销售、储运、促销等，获得一定的佣金。代理商一般会与买方或卖方签订较长期合同，包括制造商代理商、销售代理商、采购代理商、佣金商人等。

3. 制造商和零售商的分支机构和办事处

这是由制造商或零售商自营，而非通过独立的批发商来完成批发业务，是制造商或零售商的内部组织。

（1）制造商的销售机构和办事处。制造商设立分支机构和办事处的目的是改进存货控制、销售和促销业务，更好地把控当地渠道。

（2）零售商的采购办事处。通常设在大城市，帮助零售商进行采购，与代理商的职能接近。

四、零售商类型

零售商直接面对最终消费者，是消费者最为熟悉的中间商。我们消费的绝大多数产品都是从超市、百货商场、便利店和电商平台等不同类型的零售商处购得，因此零售商在渠道中起到至关重要的作用。随着制造商竞争的激烈，竞争制胜的关键逐步转向零售终端。有人称之为"决胜终端"，宝洁称之为"第一真理时刻"，即企业必须重视消费者在终端选择产品的时刻，迅速抓住消费者的心。

零售商为消费者提供商品展示、宣传、沟通、商品咨询、维修服务、三包保证等售前、售中、售后服务，确保最终消费者能够顺利地使用和消费产品，同时也为消费者提供附加的服务价值，如体验等。

许多著名的零售商在渠道中间扮演渠道领袖角色，如常年雄踞世界五百强前列的沃尔玛、瑞典宜家等。

零售业态最为丰富多彩，随着技术发展和消费者购买需求的变化，未来会衍生出更多的零售业态，下面简要介绍现有的业态（图9-5）。

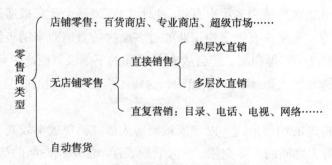

图 9-5　零售商的类型

1. 店铺零售

根据提供的服务水平、产品线的宽度深度、零售价格高低以及库存周转率等因素，店铺零售主要有以下经营形式。

（1）百货商店。经营商品种类较少，商品档次较高，专业化经营的大型综合性商店，一般会涉及服装、鞋帽、化妆品、珠宝等各类商品，为消费者提供较高的服务水平。

（2）专业商店。经营的产品线较窄，但花色规格齐全的专业化经营商店，如服装专卖店、母婴用品店、体育用品店、手机店等。

（3）超级市场。超市主要经营食品饮料、洗涤用品、杂货等日常生活必需品。店面规模大，价格低廉，薄利多销，开架销售，顾客自我服务。

（4）便利店。规模较小，通常设于居民区附近，经营的商品品种较少，主要为日用易耗品，价格较高，但能给消费者提供地点和时间的便利，如7-11便利店。

（5）超级商店。规模大于超级市场，通常提供食品、日用品以及洗衣、修鞋等便民服务，如沃尔玛、塔吉特等。特级商场又称大卖场，规模更大，花色品种不仅限于日常品，还经营家具、家电、服装等。

（6）仓储商店。大批量、超低价格、薄利多销的经营模式，店面装修简单，规模大，如山姆俱乐部、麦德龙等。仓储商店最初针对小型企业的批量购买和配送，近年来发展迅速，不仅吸引价格敏感型的顾客，还以其优质产品吸引了多种类型的顾客。

拓展阅读9-3：新零售背景和技术

2. 无店铺零售

无店铺零售包括直销和直复营销两大类。

（1）直接销售，简称直销。制造商通过人与人之间的直接沟通，或者通过人际关系网络来进行推销。

直销又分为单层次直销和多层次直销。单层次直销是企业直接通过销售人员销售给顾客，如雅芳等；多层次直销是指企业通过多层次的直销商来销售给顾客，直销商不仅从其推销的商品中获得利润，还会从他/她雇用的下一级直销商中获取佣金。因此，直销商会努力打造和扩大他/她的直销组织，这样才能获得更高的收益，知名的多层次直销企业有安利等。

直销是一种古老的销售形式，由于依赖销售人员，销售成本较高，全球的直销占比不高。利用人与人之间的人际交往、熟人效应，直销能加快商品的低成本传播扩散，但随着职业妇女增加，销售人员招聘更为困难；另外，消费者生活节奏加快，上门聚会的机会减少。因此直销的未来发展受到局限，部分直销企业开始探索网络营销或开设线下体验店等。

小链接9-3

（2）直复营销。使用一种或多种广告宣传媒体，以便在任何地区实现可度量的反馈或实现交易的互动营销系统。

直复营销的特点有：①可准确寻找目标顾客，实现有针对性的宣传和沟通。②强调营销者与企业之间的双向信息交流，通过直接沟通，企业可以快速收集顾客的购买需求，及时调整策略。③直复营销的活动效果是可测量的，这样能够让企业及时调整，请求和鼓励顾客及时回复信息。

传统的直复营销工具包括面对面销售、直接邮寄营销、目录营销、电话营销、电视直销等。近年来，伴随互联网的快速发展，新型数字化直复营销工具大量出现，并对传统实体店铺零售造成了巨大冲击，现代直复营销包括网络营销网站（网络广告、电子邮件、网络视频、博客等）、社交媒体营销、移动营销等。

3. 自动售货

自动售货是 20 世纪 70 年代在日本和欧美国家发展起来的，称为 24 小时营业的微型超市。它利用自动设备进行销售，占地小，不受时间、场地的限制，节省人力，方便消费者。因此它成为非常重要的一种零售形式，尤其在日本、美国等发达国家。

自动售货机销售的商品种类非常广泛，最早集中在饮料、咖啡、小食品等，现在则更为丰富化，如自动存取款的 ATM 机，电影票、火车票等售票机，另外自动售货机也可以兼具简单的生产加工功能，如咖啡、鲜果汁的制作与出售。

由于现代消费者追求更大的购物便利性，人力成本的提高导致零售业由劳动密集型向技术密集型逐步转换，另外，信息技术的发展使得无人售货的配送补货更为方便及时，未来无人售货机和无人售货店会有很好的发展前景。

第三节　营销渠道的设计决策

广义渠道设计包括全新渠道设计和渠道改进，渠道设计是渠道高效运营的基础。由于渠道建立是一项长期工程，企业应当高度重视，并精心设计渠道结构。同时，理想的渠道方案受到客观环境限制、企业自身资源和能力的有限性等因素影响，可能无法完全实施，因此企业还应不断改进和完善渠道结构。

一、确认渠道设计的必要性

渠道设计包括全新渠道设计和渠道改进，渠道设计的需求受到企业内外部相关环境因素的影响，企业应综合分析，明确渠道设计决策的必要性，并有针对性地开展相应的渠道设计。

全新渠道设计一般是由以下情况所要求的：①新成立的企业；②通过合并或并购形成的公司；③公司进入与原有市场不相似的新市场。

渠道改进是指可能由于企业自身和外部环境因素的改变，需要对原有渠道结构进行改进。其主要因素有以下两方面。

（1）公司内部因素：①企业营销战略发生变化；②营销组合策略中的其他策略有较大变动；③企业原有渠道不适合新开发的产品；④企业已有产品进入新的细分市场。

（2）外部环境因素：①经济、竞争、技术等外部环境发生大的改变；②适应合作中间商的改变和调整；③渠道存在较大的渠道冲突或其他问题。

二、根据顾客的渠道需求进行市场细分和目标市场选择

渠道不仅递送产品，同时还为产品提供了附加价值——渠道服务。消费者不仅希望能以自己喜爱的方式快速、便利地获得产品，同时，还希望通过渠道来获得其他服务，如安装、维修、保养等售后服务。因此，不同类型的顾客对于不同产品有不同的渠道需求，企业必须在明确这些需求的基础上，根据自身的渠道战略要求和资源条件的限制，选择合适的目标市场来提供渠道服务。

（一）明确顾客的渠道需求

一般情况下，渠道提供的服务产品至少包括以下几个方面。

（1）商品批量拆分。制造商的生产是规模化、大批量的，但消费者的需要是多样化、小批量的，特别是最终消费者。大批量购买会增加消费者的储存成本和资金占用成本，因此渠道需要提供给消费者多批次、小批量的渠道服务。

（2）空间便利性和购物环境。消费者对购物场所有不同要求，包括购物场景带来的体验、方便到达等。空间便利性是指渠道为消费者购买商品提供的地点便利程度，空间便利帮助消费者降低搜寻成本、节约购买时间、节省体力精力等。购物环境除了促进商品销售外，还提供品牌展示、商品功能技术体验等附加服务，大型购物场所还是消费者休闲娱乐的重要场所。

（3）时间便利性。购物等待时间是指从消费者有购买需求到最终获得产品整个购物过程中需要的所有时间，一般消费者希望等待的时间尽可能地短，特别是日常消费品。现代消费者由于生活工作节奏的加快，对时间便利性有更高要求，企业可以降低整个购物过程中的总时间，也可以在其中某些环节提供便利，如24小时营业、快递的"当日达"等。

（4）花色品种。消费者希望渠道能够提供更多不同品种的商品，以便在同一个购物场所实现一站式购物，同时希望同种商品的花色尽可能多，有不同档次、不同规格、不同品牌的商品，可以给消费者提供更多的选择性。花色品种越多，渠道的存货成本越高，渠道服务水平越高。

（5）其他服务。上面四种渠道服务是消费者对渠道的基本需求，另外，消费者对不同产品的支持性服务要求不同，这些服务对于消费者消费和使用产品也是必不可少

的。例如，高价值产品（如汽车、房产）的融资需求；耐用品的安装、维修需求；软件商品的升级等。

（二）市场细分

顾客的渠道需求因顾客的类型、商品特性、顾客购买行为等因素不同而不同。首先，渠道需求因顾客的类型不同而不同，如上班族偏爱大批量购物，退休老年人更注重小批量；其次，渠道需求因产品类型不同而不同，如日常生活必需品的购买更注重便利性，高端产品的购买更注重的是购物体验、售后服务等；最后，即使同一顾客对同一商品在不同购买情况下也会产生不同的渠道需求，如同一顾客购买饮料，如果是周末购物，那么顾客倾向于在大型超市，这样有更多品种的饮料可供选择，并实现一站式购物，如果顾客上班期间利用短暂上班休息时间购买饮料，则可能选择写字楼或办公楼里头的自动售货机，这样能够快速地获得饮料。

企业根据顾客的不同渠道需求进行细分，划分成多个细分子市场，同一子市场具有相似的顾客渠道需求，不同子市场之间具有相对较大的相异性。

（三）目标市场选择

鉴于各种内外部因素的限制，大多数企业不可能满足顾客所有的渠道需求。其主要的影响因素有以下两方面。

（1）内部因素：企业的战略要求、企业的资源限制、企业核心竞争力等。

（2）外部因素：东道国的相关法律法规规定，相关零售设施、物流基础设施的完善程度，消费者的人口密度、不同购买方式和购买习惯，中间商的能力和合作意愿，竞争对手的壁垒等。

因此，在市场细分的基础上，企业应结合以上因素综合考虑后，选择适合自己的一个或一个以上的目标市场，为其提供渠道服务。

三、制定分销目标和分销任务

（一）制订分销目标

分销目标是对渠道要达到的目标所进行的说明，它反映了渠道满足顾客渠道需求以及达成企业整体营销目标的作用，也是企业设计渠道结构的依据。

在明确目标市场的渠道需求后，企业需要建立渠道分销目标或者修正原有的分销目标。制定分销目标要注意以下三点：①熟悉营销组织组合策略。渠道作为营销组合策略的一部分，渠道目标将受到企业营销组合策略总体目标以及其他策略的影响。②了解目标市场的渠道要求，制订分销目标，并明确详细地阐述。③检查分销目标与企业营销战略是否冲突，是否有利于企业战略的实现；检查分销目标与 4P（产品、价格、渠道、促销）中的其他策略是否协调一致，如果存在冲突或不一致，企业必须修正分销目标。

（二）制定分销任务

分销目标是渠道设计的方向，为确保分销目标的实施，企业需要将分销目标分解为具体详细的分销任务，这样渠道的执行者和管理者可以根据具体的分销任务设计、运营和管理渠道，确保实现分销目标。

四、制订备选渠道结构方案

明确了目标需求以及企业的分销目标后，企业应分析影响渠道结构的因素，并设计备选的渠道结构方案。其主要步骤如下。

（一）分析影响渠道结构的因素

营销渠道必须适应企业内外部环境以及环境未来的趋势。因此，设计具体渠道结构的第一步是分析影响渠道结构的因素，主要包括以下几点。

（1）市场因素。渠道存在的目的是满足顾客的需求，因此市场因素是渠道设计的首要考虑因素，市场因素主要包括市场规模、市场密度、市场购买行为、市场地理位置、顾客与制造工厂的距离等。

（2）产品因素。渠道是递送产品的途径，产品是影响渠道结构的基本因素，产品因素主要包括产品的理化性质、体积、重量、易腐易损危险性、单位价值、标准化程度、技术复杂性、崭新性等。

（3）企业因素。企业实力决定了其在渠道中的的权力和地位，也决定了它对渠道的控制能力，渠道结构必须适应企业实际状况。企业因素主要包括企业规模、资金、有形和无形资源、行业经验、企业声誉、管理才能、企业营销目标和策略等。

（4）中间商因素。制造商与中间商共同构建渠道，因此中间商的相关状况一定程度上决定了制造商能够使用的渠道。中间商因素主要包括中间商的可得性和配合度、使用不同类型中间商的成本、中间商能够提供的服务类型等。

（5）竞争者因素。企业的营销渠道受到竞争者渠道模式的限制，特别是强有力的直接竞争对手。企业可根据竞争战略的各种需要，采用不同类型的渠道来满足战略要求。例如，为直接竞争，采用与竞争对手相近的渠道，如肯德基与麦当劳；或者为了回避强有力的竞争对手，另辟蹊径，采用创新的渠道，如戴尔的网络直销。

（6）宏观环境因素。经济、人口、社会文化、政治、法律等宏观环境因素会对渠道结构产生限制，特别是经济因素，如经济危机、经济周期等。另外，宏观环境因素会对渠道的未来发展趋势产生很大影响，如互联网快速发展催生了电商平台，冲击了线下实体店铺的生存，也促进了新零售的发展。

（二）设计渠道的具体结构

渠道模式使用渠道长度、宽度和广度三个维度来描述。

首先，企业需要决定是否使用中间商。企业如果不使用中间商，直接销售给消费者，长度为零，称为直销。如果企业使用中间商，则应当明确能够承担其职能的渠道成员类型，大多数企业都面临许多可供选择的不同类型的渠道成员。例如，格力可以通过自有的专卖店销售，也可以通过向苏宁、国美这样的家电零售连锁店来进行销售，当然也可以通过电商类似苏宁易购、京东商城等。每种不同类型的渠道成员各有优缺点，企业应根据自己的需求来进行选择。

其次，企业还应明确在每个渠道层级使用多少数量的中间商。有三种策略可供选择：密集型分销，独家分销，选择性分销。企业应根据自身的需求来决定渠道的宽度。

最后，现代渠道大多数是多渠道系统，它能够更好地满足消费者的购物需求，当然也带来了很大的渠道冲突，因此企业还应决定渠道的广度。

（三）明确渠道成员的权利与责任

每个渠道成员的能力和专长是不相同的，企业需要确保将各个渠道职能交给最适合的中间商，与渠道成员之间分工协作。从而获得更高的渠道效率，降低渠道运作成本。渠道成员间的合作共赢依赖于清晰界定成员间的权利和责任，主要包括：①价格政策是指双方协商达成的公平合理的价格体系和促销环节；②销售条件指付款条件和生产商的商品销售保证；③地区特权是指给予渠道成员一定的销售区域独占权；④具体服务是指渠道功能的分工，如售后服务、市场调研、信息提供等。

五、评估备选渠道方案

从备选方案中选择适合企业自身条件，同时满足企业长期战略目标的最终方案，企业可从经济性、可控性、适应性三方面来评估。

（1）经济性。企业渠道建立的根本目的是能够更快更好地满足目标顾客的需求，获得更大效益。因此，经济性标准是渠道选择的首要标准，企业需要比对各个渠道的投资成本、潜在效益、销售成本以及盈利能力。

（2）可控性。渠道成员都是独立的组织，必然追求自身利益最大化，制造企业选择与渠道中间商分工合作，必将让渡部分渠道控制权，为防止渠道最终利益受损，制造企业应保持一定程度上的渠道控制权，降低风险。

（3）适应性。由于外部环境的多变性，可能导致原来理想的渠道结构不适应未来发展，但是渠道建立是持久的工作，企业成员需要长期的合作关系，渠道结构不可能随意变动。因此，渠道结构应当能够根据环境的变化灵活调整，也就是要求渠道具有一定的环境适应性。评估方法主要有经验法、产品特性与平行系统法、财务法等。

第四节　营销渠道的管理和调整

设计出适合企业的渠道结构是基础，渠道管理是保障，它是企业为实现分销目标，通过一系列渠道管理手段，整合和规范渠道成员的行为，确保成员之间相互配合协调的管理过程。渠道管理包括：企业精心挑选合适的渠道中间商，保证渠道结构的设计方案能够有效实施，并在渠道的运营过程中，通过激励、控制、冲突管理等手段有效管理渠道，定期评估渠道绩效，根据评估结果及时调整和改进渠道。

渠道管理的对象是所有渠道成员，每个成员都是独立组织，它们之间不是隶属关系，而是平等的合作关系，渠道管理更多是组织间管理，我们称为跨组织管理。因此传统的组织内部管理手段不适合渠道管理，下文结合渠道管理的特点，分析渠道管理的主要内容。

一、渠道成员的选择

（一）渠道成员选择的重要性

选择合格的渠道成员是渠道管理的首要任务，这是因为：第一，如果没有合格优秀的渠道成员，再好的渠道结构也无法实现，另外，渠道成员的行为直接决定产品能否及时、高效地为消费者所消费，并影响渠道的分销成本，以及能否提供更好的客户服务；第二，随着渠道关系营销重要性的日益加强，成员之间应建立长期合作伙伴关系，成员选择的重要性就更不容忽视，特别是分销密度小的渠道，如区域独家，该成员直接决定所在区域的渠道目标能否实现，成员选择至关重要。因此，企业有必要花费高成本，科学选择合适的成员。

（二）渠道成员选择的评价指标

选择中间商不能简单地用规模经济、实力、行业经验等指标，其评估选择必须采用科学的评价体系，下面是几种常用的评价指标。

（1）销售实力。中间商的销售实力是企业选择渠道成员应考虑的基础因素，包括中间商的地理区位优势、销售和物流能力、行业经验、资金实力等。

（2）信用和财务状况。资金实力强、财务状况好的企业，往往违约的概率很低，同时也能给制造商更好的支持。

（3）产品线。制造商需要考虑自身产品在经销商产品线中的地位及作用，与中间商现有的产品形成互补或者更具竞争力，企业才能让中间商盈利，实现双方的共赢，具备合作的基础。

（4）管理能力。管理能力强的中间商，经营绩效更好，能更好支持产品分析。其主要包括：中间商的经营管理（如人员管理、物流管理等）能力，管理层保持连续性和稳定性，中间商的品质和形象等。

（5）分销商认可产品和重视产品，愿与制造商共同发展。渠道离不开渠道成员的配合、合作，否则，实力强的中间商如果没有合作意愿，将给渠道带来更大危害。因此，合作意愿是渠道评估的重要因素之一。

（6）分销商的营销思路。分销商是否能根据本地的市场情况制订清晰的战略规划，将决定了企业产品最终销售状况的好坏。

（三）渠道成员的选择策略

渠道成员的选择是双向的、平等的，制造商希望获得优秀的经销商，同样，经销商也在选择优秀的制造商。制造企业吸引中间商的能力不同，规模大、实力强的企业，如宝洁、联合利华等，由于其强有力的品牌，强大资金和管理能力，得到了消费者青睐，能够更加轻松地吸纳优秀中间商。因此，大企业可以按照科学严格的标准筛选中间商。而对于一些小型企业，则正好相反，即使小企业制定了科学的渠道成员选择指标，但符合要求的渠道成员不一定愿意合作。因此，在明确了合格中间商应具有的标准后，企业必须考虑运用适合的经销商选择策略，下面简要介绍三种选择策略。

（1）逆向拉动。传统渠道建设大都采用从上至下的推式策略，由制造商先寻找区域总代理或总经销，再由这些总代理或总经销建设下属渠道网络，把制造商产品逐级推向市场。与推式策略相反，拉式策略是从下至上，利用消费者对产品的喜爱，从渠道终端开始做起，再逐级向上发展。

（2）先低后高。对于初创和中小企业，可先选择略低于标准、但成长性较好的中间商，随着企业成长，原有中间商可能随之成长，成为合格经销商。对于不合格的成员，可逐步淘汰，适时更换优秀成员。

（3）跟随领先竞争对手。企业可以选择市场领先者的渠道成员，一方面出于竞争的需求，可以有效打压竞品。例如，有直接关系的可口可乐和百事可乐，宝洁和联合利华等；而另一方面由于市场领先者的渠道合作伙伴往往是行业中的佼佼者，如果企业产品能与领先者相区别，满足中间商不同的利润需求，那么直接使用市场领先者的中间商能够有效提高分销效率。

二、渠道控制

渠道成员的共同目标是满足需求，但是渠道成员由于各自的盈利目标、营利模式不相同，可能发生冲突和矛盾，从而损害渠道利益。因此，企业有必要采用多种方式对渠道进行控制。

渠道控制是指一个渠道成员对另一渠道成员的行为和决定变量施加影响的过程。

渠道控制的根本目的是通过合理控制渠道成员行为,确保渠道的整体利益和长远利益。

(一)渠道控制特性

由于渠道管理的跨组织特性,因此渠道控制更多是不同组织间的控制,与同一组织中的控制方式有较大差别,更为复杂,具有一定的独特特性。

(1)跨组织控制与组织内部控制相结合。由于渠道是由多个相互独立的企业构成,因此渠道控制属于跨组织控制。但是,制造商是通过本企业的渠道管理者来控制中间商管理层以及相关销售人员的,制造商中高层对渠道管理者的控制,以及中间商管理层对其销售人员的控制都属于组织内部控制。因此渠道控制是以跨组织控制为主,并结合组织内部控制,参见图9-6。

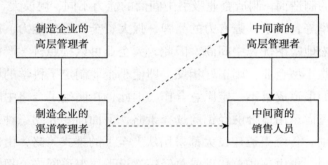

实线——组织内部控制;虚线——组织间控制

图9-6 渠道控制路线

资料来源:吕一林. 营销渠道决策与管理[M]. 2 版. 北京:中国人民大学出版社,2008:198.

(2)非强制式控制。由于渠道的跨组织控制特性,制造商对中间商进行控制时,无法使用组织内部常用的制度规范等命令式控制方式。因此,渠道控制大多为非强制性控制。

(3)相互控制。每个渠道成员都有控制渠道的愿望和动力,由于不同成员在不同渠道功能上的能力和专长不同,因此,该成员可能在某种功能上取得较大的控制权,而在其他功能上可能会受制于他人,从而构成了渠道的相互控制。例如,早期国美、苏宁等家电连锁巨头和海尔、格力等家电企业之间常有冲突,一定意义上是厂商之间相互争夺控制权的体现。

(二)渠道控制力来源

企业能否有效控制渠道需要考虑多种因素的影响。首先,要求渠道结构设计合理;其次,应选择合格的渠道成员(素质能力强、对渠道的忠诚度高、分工明确、责权清晰);最后,需要企业采用合适的控制手段,对渠道进行有力的控制。

前面已经探讨过渠道结构设计和渠道成员选择,下面章节主要探讨和分析渠道控制力以及控制方式。

渠道控制力，即渠道权力，它是指一个渠道成员控制和影响另一个渠道成员行为和决策的能力。渠道权力是一种影响力，权力大小取决于成员的依赖性，它的存在对于渠道控制必不可少。

渠道权力的使用是中性的，其使用效果取决于如何正确使用。渠道权力可能被滥用，强势的渠道成员可能利用权力来获得更有利于自己的利益分配。例如，大型零售连锁企业要求制造商支付某些不合理的"苛捐杂税"，如首单免费、新品上架费、新品失败费等。相反，如果渠道权力使用得当，将大大有利于渠道效率和效益的提升，如肯德基利用渠道权力可以有效规范受许商的经营行为，维护品牌的统一性。

渠道控制力来源有六种，称为渠道控制的"六力模型"。

（1）奖赏力。奖赏力是指如果渠道成员 B 因为成员 A 的要求而改变自身行为，A 给予 B 一定的利益作为补偿。奖赏大多数是财务报酬，由于渠道成员作为一家独立的企业，追求利润是企业的天职。因此奖赏是渠道合作的基础，主要包括价差返利、市场支持、独家经销等。

（2）强制力。强制力是指如果渠道成员 B 没有遵从成员 A 的要求，A 将给予 B 制裁和惩罚预测。强制力与奖赏力构成渠道控制力的最基础来源，由于强制力意味着剥夺渠道成员的利益，因此往往被认为一种攻击，在渠道控制中要慎用。

（3）合法力。合法力是指按照合同协议或某种规范，渠道成员 B 认为有义务接受成员 A 的要求。合法力的来源主要是双方的合同和协议，如特许经营合同约定了双方应享有的权利以及需承担的义务。另外，合法力的另一来源是传统观念、道德规范或者渠道中形成的渠道规范，如渠道领袖对其他成员的约束力。

（4）感召力。感召力来自渠道成员 B 认为成员 A 是其行为的标准和典范，愿意自发学习和模仿 A 的行为。渠道中感召力的来源主要是品牌、声誉、行业威望等。实力强大的知名企业往往具有很强的感召力，吸引其他成员与之建立长期合作关系，甚至成为渠道领袖。

（5）专长力。专长力来自渠道成员 B 认为成员 A 具备其所缺乏的某种特殊知识、能力和经验，A 可以以此来影响 B 的行为。例如，肯德基或麦当劳能够通过特许经营来约束和控制受许商，除了合同和强有力的品牌外，更多的是完善的运营系统。

（6）信息力。渠道成员 A 能向成员 B 提供某类有益信息的能力。不同渠道成员因为执行渠道职能不同，可能拥有不同的信息，如制造商有产品技术、行业发展趋势的信息，零售商则掌握消费者的购买需求和购买行为的信息以及竞争对手的信息。

（三）渠道控制的方式

渠道权力分析了各种控制力的来源，实际渠道控制中往往是多种权力的综合运用，另外，不同国家社会文化背景下，不同行业或不同企业倾向使用的权力并不相同。因此我们需要采取适合实际的、可操作的控制方式，下文介绍四种常用的渠道控制方式。

1. 品牌控制

优秀的品牌对消费者有强大的吸引力，因此品牌意味着销量和利润，同时节省产品的促销成本，这构成对渠道成员的巨大奖赏，另外优秀的品牌也代表优秀的企业形象，因此品牌还是感召力的来源。无论是制造商品牌，还是强大的中间商品牌，品牌控制是重要的渠道控制手段。

2. 利益控制

渠道中的每一家企业都追求利益的最大化，渠道合作的目的也是获得更多的利益，因此利益控制是渠道控制的基础手段。企业可以通过价格体系的合理制定，运用价差让利给其他成员，也可以通过返利、市场支持等手段来让利。

3. 合同控制

合同控制是渠道中常用的、简单有效的控制手段，它是利用合同或协议来规范合作双方的权利义务、成员的相关渠道职能或行为、销售目标等。合同是合法力，也是强制力，它仅是法律上的保障，有局限性，必须与其他手段相配合。

4. 厂商服务控制

中小规模的中间商在管理能力、营销能力等方面与大型制造商有较大差距，而这些能力是企业长期盈利的根本。因此制造商可以协助中间商提高物流能力、销售管理能力、信息能力，以这些服务来帮助中间商提高赢利水平，建立长期合作。

三、渠道激励

渠道激励是指制造企业为促进渠道成员完成渠道目标而采取的各种促销和激励行动。为保证渠道成员间的相互合作，除了实施必要的控制来约束渠道成员行为外，企业还必须通过合理的激励引导，促使成员积极主动配合渠道工作，这样才能真正建立长久的合作关系。

（一）了解渠道成员需求

有效的激励建立在准确了解中间商需求的基础上。中间商的经营模式不同于制造商，也意味着制造商对于中间商的需求和问题并不十分了解，制造商应学会从中间商的角度来分析渠道问题。首先，中间商把自己主要看作顾客的购买代理，然后才是制造商的销售代理，顾客的购买需求决定了中间商要提供的产品组合，中间商从这个产品组合中获取利润，并不会单独关注某个制造商的产品；其次，除非激励，中间商不会主动承担制造商希望其履行的某些职能，如提供制造商某个产品的销售情况，或者提供制造商主要竞争对手的信息。因此，制造商有必要认真调研和分析中间商的需求。

不同中间商由于经营模式、规模实力、成立时间长短等不同，需求必然不同，大致可以归为三类基本需求：①获得利润。渠道成员合作的目的就是获得相应的利润，如果利润下降，中间商的积极性将严重受挫。②降低风险。由于环境的多变性，渠道运营的过程中充满风险，如新品失败、顾客需求转移、竞争对手的攻击等，风险增加了中间商的经营成本，甚至威胁到企业的生存与发展。③提高核心竞争力。中间商的核心竞争力是其长期发展的根本，也是渠道激励的最重要形式。

（二）需要激励的行为

激励的根本目的是使中间商能够配合制造商，完成制造商希望的职能和工作，最终实现渠道目标。因此，可根据渠道中的中间商职能来明确所需激励的行为。常见的应激励的渠道行为主要有：①扩大销量，提高销售收入；②制造商新品入市；③制造商希望的适当产品组合；④老客户的维护或者新客户的开发；⑤淡旺季的库存调节；⑥价格体系的稳定；⑦尽快回款等。

（三）激励形式

渠道的激励形式多种多样，总体上可以分为直接激励和间接激励。

（1）直接激励。直接激励是指通过直接物质和金钱的奖励来激励渠道成员的积极性，是渠道中常见的基础激励形式。由于直接让利于渠道成员，因此见效快、简单直接、易于操作，尤其适合激励中间商的短期行为。其主要形式有返利、折扣、市场支持、各种补贴等。

（2）间接激励。间接激励是指通过帮助渠道成员进行销售管理和提高销售能力，从而提高销售效率和效益，达到激发中间商积极性的目的。间接激励能够提升中间商的核心竞争力，对于中间商的长远发展更为有利，随着渠道关系营销的发展，间接激励的重要性日益体现。常见的间接激励形式有：改进库存管理和产品品类管理，协助经销商进行人员培训和培养，提供市场信息，协助开发客户等，如宝洁的"助销模式"。

小链接 9-4

四、渠道冲突

各自独立的渠道成员，必然会追求自身利益最大化，当渠道成员自身利益与渠道整体利益发生冲突的时候，渠道成员可能会牺牲其他成员和渠道整体利益。同时，每个渠道成员的成功又依赖于渠道总体目标的实现，成员之间需要相互依赖、分工合作。因此，这种天然的利益矛盾和渠道成员间的固有依赖性构成了渠道冲突的主要根源，渠道冲突是渠道管理的重要内容。

渠道冲突是指渠道成员把另一成员视为敌对方，通过伤害、阻挠或损害其利益来获取自身所需的资源和利益。渠道冲突本质上是利益冲突。

（一）渠道冲突分类

渠道冲突在渠道运营管理过程中广泛存在，我们可根据渠道成员的关系类型，把渠道冲突划分如下。

（1）垂直渠道冲突：同一渠道中不同渠道层次的成员之间的冲突。例如，制造商与批发商之间、批发商与零售商之间、制造商与零售商之间的冲突。

（2）水平渠道冲突：同一渠道中处于同一层级的成员之间的冲突。例如销售制造商产品的两家超市争取同一区域的顾客。

（3）多渠道冲突：企业采用两条或两条以上的渠道满足相同顾客需求，不同渠道的成员之间可能产生冲突。例如，随着网络购物的快速发展，网购因其便利、低价的优势，导致顾客在线下享受试穿、试用等体验服务后，转而在线上下单，严重损害了传统渠道的利益。

（二）冲突后果

渠道冲突反映了渠道成员之间在利益上的敌对状态，但冲突不一定都是有害的。我们根据冲突后果，可以把渠道冲突划分为良性冲突和恶性冲突。

1. 良性冲突

适度的冲突会促进渠道成员的良性竞争，让渠道更有活力和创新性，大大提高渠道绩效。其主要原因有：第一，适度的外部竞争压力会促使成员间加强合作，改善彼此之间关系，以提高渠道系统的稳定性和竞争性；第二，当渠道系统发生变化的时候，各成员间必然会发生冲突，为解决冲突，渠道成员可能被迫努力提高自身运营绩效，实现自身的良性发展。例如，当戴尔的网络直销快速发展时，其低价和定制对惠普、康柏等电脑企业形成了打压，直销迫使传统电脑渠道考虑变革，加强各方合作，如在中间商增加零售终端的定制和延迟组装，以便满足顾客的定制需求，从而提高了渠道绩效。

2. 恶性冲突

当冲突超过一定限度，成员间的敌对情绪和敌对行为过于严重，渠道成员的行为目的不是解决冲突，而是利用资源获取自己的利益，甚至于报复、损害其他组织利益，从而加剧了冲突。严重或长期的冲突，会降低渠道的经济报酬，损伤成员之间的信任关系，从而损害渠道绩效，甚至危害渠道的最终合作。

（三）冲突原因

渠道冲突的根源在于渠道成员之间的赢利目标矛盾以及渠道成员间固有的依赖性，造成渠道冲突的原因多种多样，可归纳为以下几条。

（1）每个渠道成员的目标和经营模式天然不同，部分目标甚至是不相容的，这构成冲突的天然根源。例如，制造商为提高市场覆盖率和应对竞争，会希望中间商销售企业全线产品，特别是关注新品。但中间商首先是消费者的购买代理，希望根据本地消费者的需求以及自身产品线要求，选择制造商部分产品，同时经营竞品，因此两者之间会产生极大的矛盾。

（2）对同一事物或策略的感知差异。各渠道成员执行的渠道职能不同，关注的焦点不同，接触的信息不同。因此，各个成员对同一事物的观点会产生差异，并可能出现不同对立行为。例如，制造商的竞争对手推出某款产品的大型促销活动，制造商可能会有危机感，而对于零售商来说，可能认为是例行的促销活动。

（3）对相关环境的预测不一致。外部环境总在不断变化，每个渠道成员将根据环境变化的预测制定相关战略和策略，不同渠道成员对于环境变化的预期很可能不一致。例如，金融危机后，对于经济何时复苏的观点存在很大不一致，基于此形成的策略也肯定不一致，乐观的企业会加大投入力度，悲观的企业会紧缩成本，这将导致冲突产生。

（4）对渠道成员的行为预期差异。一个渠道成员会对其他成员的行为进行预测，并根据这种预测来调整对其他成员的策略和行为，如果预测是错误的，结果可能导致其他成员作出的反应是基于这种可能不应该存在的行为。例如，制造商预测某零售企业的销量未来会下降，制造商可能会减少对该零售商的支持，或者加大支持同一区域内其他零售商，结果可能导致该零售商会减少对制造商产品的关注，转而关注竞品。

（5）渠道权利义务的界定不清晰。每个渠道成员都希望能够获得相对更大的渠道控制权，以便在相关的决策领域中获得对自己更为有利的决策。常见的决策领域冲突是价格决策，制造商往往希望能够按照自己制定的统一零售价格销售产品，而零售商则希望根据自己的赢利需求来灵活定价。另外，关于渠道中某些职能分工如果不清晰，也可能造成冲突，如市场调研的执行、售后服务的提供等。

（四）冲突的预防和解决

对渠道冲突必须进行有效管理，以防止恶性冲突产生。渠道冲突是一个渐进的发展过程，对渠道冲突的管理应做好冲突的预防和冲突的解决。

1. 渠道冲突的预防

渠道冲突的预防是针对引发冲突的诱因，使用防范措施来防止冲突产生，或者把冲突控制在良性的范围内。常见的预防措施有以下几种。

（1）充分的信息沟通。通过沟通，增进渠道成员间的相互了解和信任，从而维持良好的渠道合作关系。

（2）合理运用渠道权力综合控制，消除冲突隐患。例如，运用合法权，在合同或协议中明确规定双方职能分工，建立渠道关系规范，防止决策领域冲突。

（3）直接激励与间接激励相结合，吸引中间商长期合作。

（4）调整不适合的渠道结构，提高渠道绩效。

2. 渠道冲突的解决

渠道冲突的解决的目的是降低或消除已发生的冲突负面影响，并避免下次类似冲突产生。其主要的措施有以下几种。

（1）双方沟通或谈判。寻求可共同接受的冲突解决方案。

（2）合理运用渠道权力。可以使用强制权剔除渠道成员，也可以运用合法权寻找其他合格成员，逐步取代原有成员，合理运用奖赏权激励维护中间商利益，化解双方矛盾。

（3）第三方调解、仲裁或诉讼。调解是常用的渠道冲突解决方式，调解人站在第三方角度，有助于识别冲突双方的需求，提出双赢的方案；相对于诉讼，仲裁所需时间较短，费用相对较低，分为自愿仲裁和强制仲裁；诉讼是将纠纷提交法院进行判决的方式，更有强制力，但诉讼代价较高。

（4）在冲突无法解决的情况下解除合作关系。

五、渠道评估和渠道调整

渠道的评估和调整是渠道管理中必不可少的环节，企业需要定期对渠道运营情况进行评估，及早发现问题，并对渠道进行有效调整，更好适应环境变化，保证渠道的高效。

（一）渠道评估

渠道评估是指企业测量和评价渠道整体绩效和渠道成员绩效。

首先，渠道评估应对渠道整体绩效进行评估，这是由于每条渠道给企业带来的收益以及花费的成本不相同，通过比对，企业应逐步淘汰绩效差的渠道。另外，由于环境的多变性，优秀的渠道也可能不适应环境，我们需要通过渠道评估来不断调整渠道。

其次，渠道评估应对渠道成员进行评估，渠道成员的绩效好坏直接影响企业分销目标的实现。企业必须定期对渠道成员进行检查和评价，对于表现卓越的中间商，企业应给予认可和奖励；对于表现差的中间商，企业应及时发现问题，并适时调整或给予中间商协助，必要的时候对于不合格的中间商应及时撤换。

渠道绩效评估的标准主要有：①渠道盈利能力评估，主要包括渠道成本、渠道净利润、资产管理效率（资金周转率、存货周转率）；②渠道效果评估，包括渠道销售收入、市场占有率、渠道覆盖面、渠道流通力等；③对顾客的服务和技术支持能力评估；④渠道成员的销售业绩、销售能力、库存状况评估。

（二）渠道调整

设计理想的渠道在实际运营过程中，其绩效不一定完美，渠道的内部因素和外部因素都可能影响渠道的实际运营绩效。①内部因素。原有渠道设计不合理、中间商选择不当、渠道控制不力等。②外部因素。影响渠道结构的环境因素发生变化，或者新型渠道兴起带来更多渠道变革机会。

根据渠道运行中存在的问题，企业应有针对性地进行渠道的改进和调整，可以是微调，也可以是重大调整，甚至是重新设计，大致调整方式如下：①重新分配或调整渠道成员的功能；②培训和提供经营管理协助，从而提高渠道成员的渠道运营能力；③调整渠道成员，包括替换不合格成员、改变渠道宽度（增加或减少渠道成员）；④增加或削减渠道的某些层次，如扁平化；⑤增加或削减某条渠道；⑥总体重大调整或重新设计。

第五节　营销渠道创新

现代社会，各种技术飞速发展，特别是以移动互联网为代表的信息技术，渠道的中心——消费者在消费理念、消费行为上产生了巨大变化。因此渠道的变革和创新势在必行，本节探讨当前最主要的两种渠道创新趋势：去中介化和再中介化，全渠道。

一、去中介化和再中介化

包括移动互联网在内的信息技术快速发展，直销渠道、特别是网络渠道的迅猛兴起，营销渠道的构成和协调机制都发生了深刻改变，去中介化（disintermediation）和再中介化（reintermediation）是其中的一个主要趋势。

去中介化和再中介化是电子商务领域中一个有趣的现象，看似互为相反甚至矛盾，两者却在同时发生。一方面，制造企业出于降低成本的压力和电子商务的发展使得传统意义上的中间商逐步退出渠道，甚至有专家预言未来传统中间商将消亡，我们称之为去中介化；另一方面，新的中介形式替代了传统中介，甚至渠道结构由于新中介的加入变长，而不是缩短，如淘宝、京东这样的网络零售商在取代一部分实体零售商，类似携程网、Peapod 等中介增加了渠道长度，我们称之为再中介化。那么究竟是去中介化？还是再中介化？

（一）去中介化

1. 去中介化内涵

去中介化是指在营销渠道中制造商摒弃中间商，将商品直接销售给消费者，或者去除部分传统的渠道中介，从而使渠道更为扁平化。

去中介化的实践正在大量发生着，越来越多的制造企业建立自己的网上商城，或者使用官方 App，直接面对顾客销售；在旅游行业，更多的旅行代理商正在消亡；我国的航空公司正在学习美国西南航空公司，抛弃传统票务代理，直接采用电子客票，让客户直接在网络上订票，或者使用机场自动售票机，为消费者节省中间代理费用……

2. 去中介化的动因

去中介化的动因是快速发展的信息技术，信息技术改变了渠道成员的构成以及成员间的协调机制，导致了渠道的重新构建。

我们从渠道对需求和供给的功能入手分析：一方面，信息技术使消费者的搜索能力大幅度提升，消费者能够方便、快速、低成本地获取大量厂商和产品数据，通过比较，确定要购买的产品；另一方面，厂商通过建设信息系统，能够快速有效地处理海量消费者信息，并与客户进行低成本、点对点沟通。因此，从理论上来说，即使小型的厂商也有能力与遍布全球的消费者之间进行直接交易。批发商和零售商的角色将变得有点多余，从而形成营销渠道的去中介化。

去中介化的价值很明显。首先，因为免去了原先线下实体店或柜台的运营成本，成本可能低于传统渠道；其次，消费者可以参与产品的设计和制作过程，满足其个性化定制的需求，最经典的案例就是戴尔的网络直销；最后，对于采购、生产和库存管理来说，制造商可以通过消费者数据及市场信息更准确地预测销售量，以销定产，进而匹配库存。同时供应链的缩短也能让企业对市场作出快速反应，这方面的典型案例是以 ZARA、H&M 为代表的快时尚品牌。

（二）再中介化

1. 再中介化内涵

再中介化是指营销渠道中制造商使用全新的渠道中介替代传统中介，或者改变传统中介的职能，或者增加新型的中介。

再中介化可以分为替代、改变、新增三种形式。

（1）替代传统中介。渠道用新的线上中介取代了传统中介的作用，它们在数字环境中充当了新中介的角色。去中介化的最大动力之一是网络购物，例如亚马逊、淘宝等电商是网络零售商，它们取代了一部分传统线下零售商。

（2）改变传统中介。传统中间商可以充分利用信息技术，将自己的角色调整为新型的电子中介，但这种新型中介与传统中介在功能和增值服务上都有本质的区别，从而更好地发挥中间商的功用。例如，沃尔玛开设网上超市，与线下超市相配合，实现全渠道融合。

（3）新增中介。大数据时代，每个厂商或每个消费者需要处理和面对海量数据，市场环境会变得更加复杂。因此在新的信息环境下，会出现很多新的中间商角色，如搜索中间商和信息中间商，它们帮助厂商和消费者处理信息、促进交易，这在一定程度上增加了渠道长度。例如，交易与信息中间商淘宝、Peapod 等，信息中间商口碑网等。

2. 再中介化的动因

首先，尽管信息化可以大幅度降低终端客户和厂商直接交易的成本，但在某些行业（如食品杂货业）或某些情况下（如消费者分散在偏远区域），直接交易的成本仍会远远高于运用渠道中介，这些中介可能是新型中介，也可能是创新变革后的传统中间商。

其次，中间商所具备的"订单聚合""产能聚合""物流聚合"等规模效益优势仍不好取代，相对制造商，这些优势能够使供需之间迅速匹配，有利于供应链敏捷反应，同时规模效应能有效节约成本，使其实现"再中介化"。

最后，新型的网络中介能够显著提高渠道的效率和效益，例如：更大程度上聚集更多的产品或服务，提供消费者选择；帮助厂商低成本接触更多的顾客；提供消费者更多的服务，特别是信息服务，例如，Priceline、Peapod 等。

（三）中介化与再中介化之间的抉择

互联网究竟会促进去中介化？还是会促进再中介化？

奇鲁和卡夫曼在 1999 年就提出了包括中介化（intermediation）、去中介化、再中介化的 IDR 循环（IDR cycle）。那么，什么样的中间商能够成功实现再中介化？什么样的制造商适合去中介化？什么样的新型中介更适合未来渠道发展？

根据研究，以下因素会影响去中介化和再中介化的选择：制造商的直销能力、中间商的实力、中间商在渠道中的主要功能及消费者的消费习惯等。制造商的直销能力受到行业和产品特性、自身实力的影响，如食品杂货类的企业或行业更适合使用渠道中介，而实力强大的航空公司更适合去中介化；同样，食品杂货类行业的中间商可凭借信息技术进一步强化自身汇聚、搜索、定价和信用的主要功能，能够提供更优的渠道绩效，从而实现再中介化；消费者的购买行为越来越多元化，一定程度上也会让去中介化和再中介化并存。

两种趋势未来如何演变，目前尚没有定论。唯一能确认的结论是渠道结构的基本规律永远成立，即渠道职能将由能够提供更高绩效的渠道成员完成。

小链接 9-5

二、从"多渠道"向"全渠道"转变

渠道模式经历了从单渠道（mono-channel）到多渠道（multi-channel），再到跨渠道（cross-channel），最后到全渠道（omni-channel）的演化。

现代企业绝大多数通过多渠道来接触目标消费者，精心设计的多渠道组合提供给消费者很大程度上的购买便利，但现今的消费者希望随时、随地、随心、方便快捷地购买到自己所需要的商品和服务。也就是说，消费者不再满足于某一渠道带来的购买优势，而是希望在购买全流程中随时享受不同渠道的优势，这就要求企业从"多渠道"向"全渠道"转变。

多渠道协同指的是渠道之间相互合作、相互配合，可以通过一条渠道来提升多渠道组合中其他渠道的效果和效率。例如，如果消费者在零售店购买的商品不全，网络渠道可以把商品迅速送到消费者家中。但是多渠道协同已经不能满足消费者的全程购物便利的需要，企业必须在整个渠道体系和链条上彻底地实现融合，否则将带来消费者购物体验的割裂与断层，全渠道融合成为必然。全渠道融合就是各条渠道通过资源交换、虚拟整合等多种手段融合成一个完整的系统，客户在渠道系统中自由选择、自由链接，各个节点实现自适应，帮助消费者实现最优产品购买流程，提供最便捷服务通道。

（一）全渠道的概念和特征

1. 全渠道的概念

全渠道是指以消费者为中心，借助大数据技术、移动支付、物流信息技术等对线上渠道和线下渠道资源实现全购物过程的整合，为顾客提供全方位、一体化的购物体验。

全渠道定义中包含两个要点：第一，以消费者为中心。消费者掌握购买主动权，可以不受时间、地点限制，在整个购买流程中在实体店铺、网上商城、社交媒体、移动终端等任意渠道之间切换，快捷、低成本购买到无差别的商品。第二，各渠道的全面融合。各渠道不再是彼此独立的个体，不同渠道之间进行有机融合，打通渠道间的壁垒，通过与其他渠道相融形成更大的优势，如更低成本、更好的购物体验等。

全渠道的概念模型参见图 9-7。

2. 全渠道的特征

全渠道的"全"主要体现在全程、全面和全线三方面。

（1）全程。消费者从接触商品到购买的过程中有五个关键环节，包括搜寻、比较、下单、体验以及分享。零售企业必须对消费者的购物行为进行全程追踪，零距离接触，根据消费者的偏好，用最快的速度反应为消费者提供良好的购物体验。

（2）全面。企业对于消费者的掌握不能只局限于某几个方面，而是应该对消费者整体消费行为进行全方位把控，包括实时收集、整理和分析顾客在购物过程和社交过

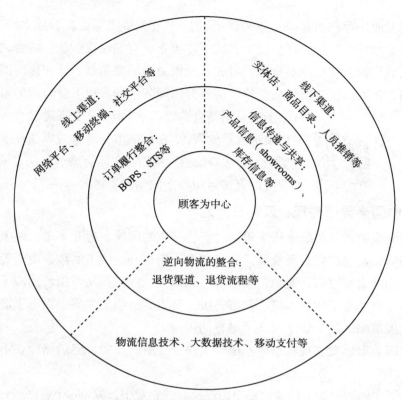

图 9-7　全渠道的概念模型

资料来源：王虹，孙玉玲，石岿然. 全渠道零售研究述评与展望[J]. 商业经济研究，2018（24）.

程的数据，关注消费者在每个细微决策中的变化，与顾客及时互动、为顾客购买决策提供建议，促进消费者的购买行为，提升购物体验。

（3）全线。全线是指企业应该打通各个渠道之间的壁垒，而不能只考虑单一渠道自身的发展，从而实现线上渠道与线下渠道的全程无缝连接、有机结合，形成一个有机的渠道系统。

3. 全渠道融合是零售业的发展趋势

从 2013 年 O2O 即时消费商超业态开始，到 2016 年全零售体系自我升级与迭代，再到 2018 年 10 月，京东到家联合京东、沃尔玛、腾讯共同发布《中国零售商超全渠道融合发展年度报告》，全渠道是这几年的热词，也是业界关注的对象，主要的动因有以下三方面。

（1）消费者的需求。线上线下对消费者分别有不同的吸引力：线上方便快捷，线下拥有体验及服务，而在信息技术进入社交网络和移动网络时代后，消费者有机会共同获得线上线下分别的优势，导致全渠道购物者崛起。

（2）线上线下优势互补、相互促进。线上线下优劣势各异，在客群、购物场景、渠道服务等方面均存在明显的互补关系，同时，现在的线上渠道获客成本的不断提升，线下实体店业绩持续下滑，促使线上、线下零售企业更加注重创新、融合之路。

（3）拓展商圈，优化原有资源。首先，全渠道为商家拓展了除实体商圈之外的线上虚拟商圈，让商品销售跨地域延伸，甚至开拓国际市场，也不受时间的限制，最大限度满足消费者购物需求；其次，全渠道融合可以深度优化渠道成员的资源，在低成本甚至零成本条件下拓展新的功能，增加新价值。例如：实体店增加配送点的功能；线下可以直接运用线上的信息资源等。

拓展阅读 9-4：新零售是如何演进的？

（二）中国全渠道的现状及存在问题

全渠道诞生的背景是线上线下渠道均面临一定的困境。近几年来，线上渠道经历了高速发展后，速度已经有所放缓，获客成本不断提升；线下实体店由于经营成本大幅上升、网购冲击等原因，业绩持续下滑，利润大幅降低甚至亏损，出现了一股关店潮。线下零售企业为了摆脱困境、转型升级，努力尝试线上发展，而电子商务公司则寻求线下发展策略，线上线下加快了融合的步伐。

目前我国全渠道发展现状总体上呈现出快速发展的态势，但仍然存在不少问题亟待解决。

（1）线下实体店向线上发展。在中国连锁百强企业中，82%的企业已经开展电商业务，主要的形式有自建网上商城，借用电商平台，接入微信、支付宝等，但这些尝试和全渠道还有很大差距。根据《零售业 O2O 趋势分析与前瞻研究报告》，75%的传统零售企业已经开展全渠道零售，但这些传统零售企业的全渠道实践尚处于初期阶段，不能完全实现全渠道的融合。

小链接 9-6

小链接 9-7

（2）线上电商企业向线下开拓。线上电商在增速放缓、线上体验难落地的背景下，纷纷尝试线下开拓，主要的形式有自建实体店（如盒马鲜生、超级物种等）、与线下实体店合作（如京东与永辉超市）、电商平台＋物流（如京东为沃尔玛提供物流服务）等。

（3）政府大力支持。"互联网＋"背景下，我国政府积极推动零售企业线上线下全渠道创新变革。2016 年 11 月，为适应经济发展新常态，推动实体零售创新转型，国务院办公厅公开发布《国务院办公厅关于推动实体零售创新转型的意见》（国办发〔2016〕78 号），强调要"引导实体零售企业逐步提高信息化水平，将线下物流、服务、体验等优势与线上商流、资金流、信息流融合，拓展智能化、网络化的全渠道布局"。

（4）全渠道融合尚存在许多问题和挑战。其主要包括：各渠道间的信息资源未实现完全共享；部分企业的订单、物流、库存系统已经连接，但在下单、支付、配送及售后服务等各环节中不能做到无缝连接；零售企业的电商平台、移动营销系统、客户关系管理系统、仓储配送系统、运输系统等需要全面改造。

小链接 9-8

（三）全渠道模式

线上线下渠道加快了融合的步伐，经过几年的企业实践，全渠道模式多种多样。《中国零售商超全渠道融合发展年度报告》中提出三种模式。

1. 基于供应链效率提升的全渠道融合模式

线上线下融合的重要目的之一是实现信息流、资金流、物流之间的有机衔接与融合，使得生产、流通、服务等过程更加高效，因此需要打造供应链的全方位融合提升。智能供应链将依托大数据和信息系统，把综合感知用户需求、智慧指挥协同、客户精准服务、智能全维协同、重点聚焦保障等要素集于一体，使各个系统在信息主导下协调一致地行动，从而使服务变得更精准，使供应链变得更透明、柔性和敏捷，使各个相关职能更加协同。

拓展阅读 9-5：供应链知识

2. 基于消费体验重构的全渠道融合模式

基于消费体验重构的融合，核心在于通过线上线下融合以及众多零售科技的运用，实现消费者到店体验的优化和门店效率的提升。其主要有两种路径：第一种是对现有门店实现数字化的创新升级，这种方式成本相对较低，且可以实现迅速规模化的复制和扩张；第二种是运用各类零售科技，以及多种业态有机结合（如超市＋餐饮），打造商超新物种，如盒马鲜生。

3. 基于消费场景延伸的全渠道融合模式

拓展阅读 9-6：谁说物流不可以时尚

基于消费场景延伸的融合，主要表现为线下门店进行线上化升级，线上化升级与贴近消费者的线下门店网络、强大的采购体系和供应链相结合，可实现短距离即时配送，满足消费者便捷性、即时性需求，为消费者提供方便快捷的购物体验。

本 章 小 结

营销渠道是促使产品或服务顺利地被使用或消费的一整套相互依存的组织。渠道是连接制造企业与消费者的桥梁，它的存在将解决企业生产与消费者消费在时间、空间、多样性上的矛盾。现在市场竞争日趋激烈，产品同质化，价格战硝烟弥漫，优秀的营销渠道成为现代企业竞争获胜的关键。渠道的主要职能包括信息、匹配、促销、物流、所有权转移、融资、风险承担。

营销渠道是由一系列类型不同、作用不同的成员构成，包括制造商、中间商、消费者以及相关辅助机构，本章分别介绍了这些成员在渠道中的基本作用和基本功能，并重点介绍两类非常重要的中间商——批发商和零售商。

营销渠道结构是指渠道系统中的成员构成及成员关系，可以从长度、宽度、广度三个维度来描述企业的渠道结构。渠道长度是指一条渠道中有多少层中间商环节构成，分为零级、一级、二级……以此类推；渠道宽度是指渠道某一层级上使用中间商数量的多少，企业可采取的宽度策略有密集型分销、独家分销、选择性分销；渠道广度是指企业使用多少种不同类型的营销渠道将产品分销给一个或多个细分市场，可划分为单一渠道和多渠道。

鉴于营销渠道的重要性，渠道设计应遵循严格的流程，包括：确认渠道设计的必要性；根据顾客的渠道需求进行市场细分和目标市场选择；制定分销目标和分销任务；制订备选渠道结构方案；评估备选渠道方案。

渠道管理是指企业为实现分销目标，通过一系列管理手段，整合和规范渠道成员的行为，确保成员之间相互配合协调的管理过程，包括：企业精心挑选合适的渠道中间商，保证渠道结构的设计方案能够有效实施，并在渠道的运营过程中，通过激励、控制、冲突管理等手段有效管理渠道，定期评估渠道绩效，根据评估结果及时调整和改进渠道。

本章还初步探讨了未来营销渠道创新的两种趋势：去中介化和再中介化，全渠道。

 重要名词

营销渠道　传统渠道系统　整合渠道系统　渠道长度　渠道宽度　密集型分销
独家分销　选择性分销　渠道广度　多渠道　批发商　零售商　渠道成员选择
渠道激励　渠道控制　渠道冲突

即测即练题

复习思考题

1. 简述营销渠道的概念及其职能。

2. 垂直渠道系统包括哪几种形式？

3. 影响营销渠道结构设计的因素有哪些？

4. 密集型分销、独家分销、选择性分销各有什么优缺点？分别适合哪种类型的企业和产品？

5. 什么是多渠道？它有什么重要作用？将会给企业渠道带来什么冲突？如何解决？

6. 渠道激励的主要形式有哪些？

7. 以某家企业为例，简述其渠道结构，并谈谈其未来渠道变革的方向。

案例

第十章

通过促销工具与消费者持续沟通

【本章提要】

通过本章的学习，我们应该了解在变化的营销环境中整合营销沟通的必要性，了解与顾客沟通的组合工具，了解多样化促销工具的协同应用，学会不同促销工具的应用，知晓促销过程管理。

 引例

小米手机 2010 年在北京成立，当时我国的手机市场已趋近饱和，处于白热化竞争的状态，小米选择了另辟蹊径的方向——互联网手机，主要业务是新型智能手机的开发与运营，公司定位是移动互联网公司。从 2010 年到 2015 年 5 年的时间里小米手机的估值从 2.5 亿美元到 450 亿美元，2015 年上半年销售量 3 470 万部，全年在国内卖出了 6 860 万部手机，市场份额占据了 15% 左右，连续 5 个季度全国手机销量冠军。

小米的成功离不开其对整合营销沟通的成功运用。首先，小米公司成功运用社会化媒体跨平台整合营销与消费者进行沟通。使用最少的花费，快速地对小米手机的产品以及品牌进行宣传和推广，这对处于发展期的小米来说意义重大。在整合营销沟通过程中运用互联网作为营销平台，将论坛、微博、微信、QQ 空间作为整合营销沟通的四个核心通道，这四种依托网络的新型传播渠道对小米的发展起到了至关重要的作用。其次，小米认为要和用户做朋友。现在企业之间竞争的关键，不再仅仅是比较手机的功能性，而是谁能让消费者感受到一种参与感，和他们成为朋友。"用户模式大于一切工程模式"，本着这样的原则，小米开始研究 MIUI 操作系统，收集网上遍布的对主流手机和安卓系统不满意的信息，进行大数据分析，找出共性的消费者痛点，然后根据这些痛点进行系统改进。这种系统开发模式使小米用户人人都成为产品经理，大大强化了小米手机与用户之间的黏性，使小米迅速拥有了一批铁杆粉丝。

小米公司使用的以互联网为依托、增强顾客黏性的促销方式正在成为市场营销中重要的组成部分。除此之外，为了保证一致的信息可以通过所有促销活动发布出去，整合营销沟通过程是必不可少的。在整合营销的理想状态下，公司会精心协调这些促销工具来传递关于组织及其产品的清晰、一致、有力的信息。本章我们将介绍营销过程中使用的各种促销工具，了解整合营销的必要性以及整合营销沟通与关系网络。

资料来源：贾炜荣. 小米手机整合营销浅析[J]. 现代营销（下旬刊），2020（2）.

第一节　促销组合与整合营销沟通

现代市场营销不仅要求企业开发出优秀的产品，为其制定具有吸引力的价格，并使之方便顾客购买，而且要求企业塑造并控制其在公众中的形象、设计并传播产品及产品给目标顾客带来的利益等各方面的信息，即进行沟通促销活动。在营销领域，如果没有有效的沟通，任何伟大的创意都会付之东流。今天，对大多数企业来讲，问题不在于是否要进行沟通，而在于如何进行沟通。

一、促销组合

促销组合（promotion mix）是将企业与客户以及其他人员联系起来的重要方式，促销组合是整合营销沟通中必不可少的。促销组合中包括广告（advertising）、人员推销（personal selling）、营业推广（sales promotion）、公共关系（public relations）、直复营销和数字营销（direct and digital marketing）等工具。

广告是指企业以付费的非人员沟通的方式，通过各种各样的媒介把产品信息传递到所要沟通的目标对象，刺激目标对象产生购买欲望，最终促进本企业产品销售的活动。

人员推销是指企业为了促进产品销售而建立与消费者的良好关系，使用销售团队与顾客接触和沟通，向顾客介绍推荐产品的活动。

营业推广也翻译为销售促进，是指企业通过各种短期刺激的（short-term incentives）营业（销售）方式来吸引消费者购买，从而促进产品销售的活动。

公共关系是指用非直接付费的方式与公众和其他企业的各公共部门建立良好的关系，从而通过赢得公众的好感，树立本企业和产品的良好形象，控制或避免不友好的传闻、现象或事件的发生等，最终促进产品销售的活动。

直复营销和数字营销是指与消费者进行精准而直接的沟通，以得到快速、准确的反馈，从而建立黏性较强的客户群。

在上述每一类促销方式中又有许多具体的形式（表 10-1）。

表 10-1　各种促销工具及其具体形式

广　告	人 员 推 销	营 业 推 广	公 共 关 系	直复营销和数字营销
报纸广告/杂志广告	推销介绍	现场示范表演	记者招待会	电视媒体
广播广告/电视广告	推销会议	有奖销售	演讲	报纸杂志
电影广告/包装广告	推销员示范	折扣	研讨会	邮件
产品目录/产品说明书	贸易展销	广告制品	年度报告会	电话
招贴/传单	贸易洽谈	优惠购物券	各种庆典	互联网
广告册/广告牌	订货会	招待会	慈善捐款	电子邮件
标语与标志/产品陈列	提供样品	竞赛活动	公益赞助	社交媒体
工商名录/陈列广告牌	推销刺激计划	彩票	企业文化	移动媒体
视听材料/POP 广告		赠送样品	企业形象	
网上广告		商业信用		
邮寄品		免费试用		

二、整合营销沟通

（一）整合营销沟通的概念

关于整合营销沟通（integrated marketing communication，IMC）被广泛接受的定义是由全美广告业协会（American Association of Advertising Agencies，4As）给出的。整合营销沟通是一个营销传播计划概念，它要求充分认识用来制订综合计划时所使用的各种带来附加值的传播手段——普通广告、直接反应广告、人员推销、营业推广和公共关系——并将之结合，提供具有良好清晰度、连贯性的信息，使传播影响力最大化。整合营销沟通实质是将与企业进行市场营销有关的一切传播活动一元化的过程。其中心思想是以通过企业与顾客的沟通满足顾客价值最大化为取向，确定企业统一的促销策略，协调使用各种不同的传播手段，发挥不同传播工具的优势，从而使企业实现促销宣传的低成本化，以高强冲击力形成促销高潮。

整合营销沟通是随着营销实践的发展而产生的一种概念，因此其概念的内涵也随着社会实践的发展不断地丰富和完善。在新时代市场环境下，有几个因素正改变着营销传播现状：首先是消费者，在这个数字时代，消费者认为信息就是资源，因此他们比以往消费者拥有更强的收集和整合信息的能力，通过市场、社交、互联网等不断重新塑造其对品牌的认知，从而得出自己的品牌信息；其次是营销策略的变化，随着商品多样化，营销策略正在从以产品为中心向以顾客为中心转变，另外通过互联网等数字媒体不断加强顾客黏性进行精准营销；最后是通信技术的巨大进步导致公司和顾客沟通的方式发生巨大变化，数字化时代产生了许多新的信息和传播工具——从智能手机、卫星和有线电视到很多互联网接口（品牌网站、电子邮件、博客、社交媒体），它们爆炸式的增长对营销传播产生了显著的影响，正如大众营销曾经促使新一代大众媒体传播增长一样，新的数字媒体催生出新的营销传播模式。

（二）整合营销沟通的新趋势

媒体和传播途径以更加丰富的组合方式变化，给营销人员带来了挑战。今天的消费者被来源广泛的商业信息轰炸，在消费者心中，来自不同媒体和促销途径的信息——无论是商业广告、实体店促销，还是亲朋好友的推荐和评价，这些不同的信息来源给消费者对接收到的信息理解造成了一定的错乱。

整合营销沟通要求识别消费者可能与公司及其品牌接触的所有时点。每一次品牌接触都是一次信息传达——或好，或坏，或无关紧要。公司希望在与顾客每一次接触中都传达协调一致的正面信息。整合营销沟通要求制定一个完整的市场营销沟通战略，意在通过展示公司及其产品如何帮助顾客解决问题，来建立稳固的客户关系。

整合营销沟通将公司所有信息与形象联系在一起。公司的电视广告、印刷广告、电子邮件以及人员销售沟通无不表现着相同的信息、外观和情感。公司的公关材料与网站或社交网络都展示一样的形象。不同的媒体在吸引、告知和说服消费者上具有各自独特的功能，公司必须以整体的市场营销计划将这些功能仔细地协调起来，精心协调促销工具组合（图 10-1）。

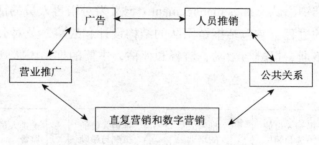

图 10-1 促销工具的协调过程

今天的消费者面对各种商品信息的轰炸，如可口可乐、百事可乐、雪碧等商品所传达信息过程中与消费者的互动。整合营销意味着公司必须认真协调，在所有接触消费者的地方，确保品牌信息清晰。

拓展阅读 10-1：上海通用汽车对整合营销沟通策略的应用

第二节 多样化促销工具的协同使用

一、人员推销

人员推销或人员销售是最古老的职业，它是一种双向促销行为，是人际交流型的促销组合，即通过面对面形式、电话媒体、会议或其他形式在销售人员与个体消费者之间进行沟通交流，以最终促进产品销售。因此在越来越复杂的营销环境下，人员推销比广告更为有效。而对从事销售的人员的称呼也有多种，如销售人员（salespeople）、销售代表（sales representatives）、业务员（account executives）、销售顾问、销售工程师、代理、地区经理、营销代表（marketing representatives）等。在许多企业，销售人员不但是最重要的一支力量，而且可能是最庞大的一支队伍。

（一）人员推销概述

通过人员推销使销售人员直接接触顾客可以随时探查他们的问题，可以灵活地商谈销售条件，还可以发现关键的决策者等，人员推销具有面对面接触、情感培养、迅速反应等明显的特性。一般来讲，推销人员的主要任务是寻找客户、设定目标、信息传播、推销产品、提供服务、收集信息、分配产品等。

一般而言，根据买卖双方接触时的人数划分，人员推销主要有四种方式：①单个推销员对单个（潜在）顾客；②单个推销员对一个购买群体；③推销小组对某一购买群体；④推销会议，即由企业的部分工程技术人员以技术研讨的形式向买方的有关技术人员介绍某些最新的技术信息及在产品中的应用情况。

（二）管理推销团队

我们将管理推销团队（sales management）定义为对销售人员的活动进行分析、计划、实施和控制的过程。它包括推销团队的结构设计和战略，及对公司的推销人员进行挑选、聘用、培训、报酬与激励、监督和评估，主要的推销团队管理程序如图 10-2 所示。

图 10-2　主要的推销团队管理程序

1. 推销团队的结构设计

如何设计推销队伍的组织结构，或者说，企业是按地理区域，还是按产品类别或按顾客类别来分配推销力量，直接影响到推销资源的整体使用效果。常见的推销队伍模式有地区团队模式（territorial sales force structure）、产品组织模式（product sales force structure）、顾客组织模式（customer sales force structure）和复合组织模式。

地区团队模式，即每个销售代表被分派到一个地区，作为该地区经销该公司全部产品线的唯一代表。这种销售团队组织结构的主要好处是推销员的责任明确，有利于促进销售代表与当地商界和个人加强联系，且每个销售代表只在一个很小的地理区域内活动，差旅费开支相对较少。这种组织模式一般适合于企业的产品组合宽度较窄和关联性较强的情况。

　　产品组织模式，这是一种按产品线分派销售团队的组织结构，即企业的每个推销人员或推销小组分别负责一种或几种产品在各市场的推销任务。例如，宝洁公司设品牌经理，就是这种模式。这种模式的好处是可收到专业化营销的效果。但它的缺陷也明显，如在同一销售区域或对同一顾客，企业可能有多名推销员分别推销不同的产品，会造成不必要的重叠性浪费。

　　顾客组织模式，这是一种按顾客类别来安排销售团队的组织结构，即在对顾客进行分类的基础上，每个推销员或小组分别负责一类或几类顾客的推销任务。这种推销模式便于推销人员了解他所服务的顾客需求，并针对该需求展开有效的推销活动。其主要缺点是，如果各类顾客遍布全国，那么企业的每个销售人员都要花费很多的旅行开支。

　　复合组织模式，即公司在一个广阔的地理区域内向许多不同类型的顾客推销多种产品时，将以上几种组织销售队伍的方法混合起来使用。销售代表可以按区域—产品模式；区域—顾客模式；产品—顾客模式；区域—产品—顾客模式等进行分工。一个销售代表队由一个或几个产品线经理和部门负责。例如，摩托罗拉管理着四种销售队伍：①直接市场销售队伍，它由技术、应用和质量工程师以及为大客户服务的人员组成；②地区销售队伍，它访问在不同地区的成千上万个顾客；③分销队伍，它访问和指导摩托罗拉的分销商；④内部销售队伍，它做电信营销和根据电话与传真接订单。

　　企业在决定了推销团队的结构后，还必须确定推销团队的规模大小即推销人员的数量。推销人员的数量过多会增加销售成本，过少又不利于实现企业的推销目标，因此寻找一个最佳推销人员数量是非常必要的。确定推销人员数量的方法主要有以下三种。

　　1）工作负荷法

　　工作负荷法（workload approach）是最常用的方法。它是根据推销人员完成的工作量的大小来确定所需人员数量的方法，其具体步骤如下。

　　（1）确定总工作量。首先将所有顾客按年销售量分类，然后再确定每类顾客每年需要进行访问的次数；顾客类别和每类顾客每年需访问次数的乘积就是企业每年总访问次数；根据总访问次数就可确定企业推销员的总工作量。

　　（2）确定每名推销员的年工作负荷。根据不同顾客的分布情况和每访问一个顾客所需花费的时间等因素，确定每位推销人员每年的平均访问次数，以此平均访问次数作为每位推销人员的年工作负荷。

　　（3）确定推销人员数量。企业每年推销人员的总工作量除以每位推销人员的年工作负荷，就是企业所需的推销人员数量。这个过程可概括为如下计算公式：

$$某企业所需推销人员的数量 = \frac{\sum X_i F_i}{N}$$

式中，X_i 为第 I 类顾客的数量；F_i 为第 I 类顾客每年的平均访问次数；N 为每位推销人员每年的平均访问次数。

例如，某企业估计全国有 A 类客户 1 000 个、B 类客户 2 000 个和 C 类客户 1 000 个。A 类客户一年需访问 40 次，B 类需 20 次，C 类需 10 次。假设每名销售代表平均每年可进行 1 000 次访问，那么企业需要 90 个专职销售代表，即

$$该企业所需推销人员的数量 = \frac{1\,000 \times 40 + 2\,000 \times 20 + 1\,000 \times 10}{1\,000} = 90（名）$$

2）销售额法

销售额法是指企业根据预期销售额的大小来确定推销人员数量的一种方法。其程序是：首先确定每位推销人员平均每年的销售额，并预测每年企业的销售额；然后计算所需的推销人员数量。其计算公式为

$$企业所需推销人员数量 = \frac{企业年销售总额}{年平均销售额 / 人}$$

3）边际利润法

边际利润法是指根据推销人员创造的边际利润决定推销人员数量的一种方法。其原则是：只要增加推销人员后所增加的利润额大于零，就应该增加推销人员的数量，直到边际利润为零。

2. 推销团队的策略

企业根据自身特点以及外部环境情况，采取不同的人员推销策略。一般而言，人员推销策略主要有以下三种。

（1）密集型推销策略。密集型推销策略，即企业把所有的推销人员集中在某一特定市场，实行密集推销，目的是在短期内打开市场，赢得较高的市场占有率。

（2）分散型推销策略。分散型推销策略，即企业将推销人员分散到几个市场或所有市场进行推销活动，这种策略主要用于从事大规模生产、市场信誉和产品知名度较高的企业。

（3）密集排列型推销策略。其主要做法是：企业先将推销人员集中于第一个市场推销产品，待达到一定的市场份额后，再对第二个市场进行集中推销……以此类推，依次在几个目标市场进行推销工作。这个策略多用于那些生产规模较大，但企业知名度较小的企业。

3. 推销团队的管理

1）推销人员的挑选和聘用

据国外一项研究表明，销售明星的销售成果比一般销售人员要高 1.5～2 倍；多数情况下，企业的 60%销售额是由 30%的最佳销售人员所创造的。因此谨慎地挑选和聘用推销人员是非常必要的。

挑选和聘用推销人员应做好三方面工作：①制定选拔标准，推销人员选拔的详细标准很难确定，也不可能有一个统一固定的标准，一般应结合本企业的实际情况特别是推销人员的具体职责而定（表10-2）。②招聘，其主要途径有：现有推销人员推荐；通过职业介绍所或人才交流中心等中介组织招聘；通过媒体刊登广告招聘；与大专院校的学生保持联系等。③按标准通过一定的方式进行初选和全面考核评价。考核评价的方式主要有笔试和面试，考核评价的内容主要有基本知识考核和心理测试，基本知识考核主要包括社会知识、科学技术知识、产品知识和营销知识等。心理测试主要是考核应聘者的智商、性格倾向和心理承受能力等。

表 10-2　推销员的职责与个性要求

推销员的职责	个 性 要 求
决定潜在顾客的需要	主动、机智、多谋、富于想象力、具有分析能力
宣传产品如何适合潜在顾客需要	知识丰富、热诚、有语言天资、有个性
令潜在顾客赞成产品的每一点好处	说服力、持久性、机智、多谋
答辩	有自信心、知识丰富、机智、有远见
成交	具有持久性、自信心
以服务建立企业信誉	友善、有礼貌、有助人热情

2）推销人员的培训

对推销人员培训的内容一般应包括四个方面：①企业概况。要让推销人员了解本企业的历史、企业文化、宗旨、政策、财务结构与设备、技术、分销系统、促销活动和价格政策等内容。②产品知识。要让推销人员了解本企业产品的型号、特点、操作、具体性能、优势、产品的利益或效用等。③面对的市场情况，如竞争者的战略、行业规程和职责等。④市场营销知识、推销技巧和推销工作程序等内容。除此以外，还要求推销人员必须了解顾客，了解中间商，学会如何在常规购买客户和潜在客户之间分配时间。

培训方法主要有专题讲座、示范教学、岗位实践和个别指导等。此外，目前不少公司在建设以网络为基础的培训项目，如思科启动电子学习链接（field e-learning connection，FELC）来改变它的销售培训战略。

3）推销人员的报酬与激励

一般来说，推销人员的报酬构成主要有四要素：固定报酬、变动报酬、费用津贴和附加福利等。固定报酬一般是基本工资，是推销人员的固定所得；变动报酬是指随着销售业绩大小而变动的那种报酬，如佣金或奖金等；费用津贴是与推销工作有关的费用补贴，其目的是保障推销人员的有效推销；附加福利包括可报销的休假、生病或意外事件的福利，养老金和人寿保险等，其目的是提高推销人员对职业的满意感和安全感。

　　为了吸引和激励销售人员，企业管理者必须对上述四类报酬要素进行合理组合，确定优厚合理的报酬方案和激励机制。这些方案在各行各业甚至同一行业各个企业都有很大不同。从固定报酬和变动报酬的组合来看可有四种方案，即完全工资制、完全佣金制、工资加奖金和工资加佣金。

　　完全工资制的好处是推销人员拿固定工资，心理上有一种安全感，同时也便于企业对推销人员进行调动，但其缺点是不能刺激推销人员更加努力地工作。

　　完全佣金制的优点是可以最大限度地刺激推销人员多推销产品，有利于发挥推销人员的潜能，但其缺点是可能造成推销人员不关心那些不能为个人带来收益的工作。

　　工资加奖金和工资加佣金两方案的实质是一样的，都属于混合制方案。这种混合制报酬方案的优势在于将固定报酬和变动报酬有机结合起来，可以吸收完全工资制或完全佣金制的优点，并在一定程度上克服了它们各自单独使用的缺点。因而，目前多数企业都使用这种混合制方案。据国外一项研究表明，大约有 70% 的企业使用混合制报酬支付方案；而且固定报酬和变动报酬的比例平均约为 60%：40%。

　　4）推销人员的监督与评估

　　对推销人员的监督，一般是通过制定相应的职责规范来定时进行检查，或让推销人员自己进行汇报。例如，定时检查每个推销人员任务的完成情况，定时让推销人员报告有关市场与销售情况，为推销人员制订顾客访问计划和时间安排计划，并监督其执行，经常与推销人员接触交谈等。通过对推销人员的监督指导，可以使推销人员在工作中少出问题，提高推销人员的工作效率，实现企业推销工作管理的标准化。

　　推销团队管理的最后一项工作就是对推销人员进行评估。对销售人员进行评估的过程是：首先要获得有关销售人员的足够信息，然后制定一个评估的标准，最后依据该标准对推销人员进行评估。

（三）基于关系营销的人员推销程序和技巧

　　现代人员推销已由交易推销发展到伙伴关系推销，即以所谓 80/20 原则为基础进行推销。80/20 原则认为，企业销售额的 80% 常常来自企业顾客的 20%，因此这 20% 的顾客是最重要的顾客，管理者应将最好的销售人员安排给这些顾客，建立伙伴关系。基于此，人员推销过程可分为以下六个步骤。

1. 搜寻和确定潜在顾客

　　推销人员要不断地寻找新的潜在顾客。决定某具体个人或组织是否为合格的潜在顾客时，销售人员可通过 MAD 法来判断，即是否有钱购买（money）? 是否有权购买（authority）? 是否有购买欲望（desire）? 这些可以通过潜在顾客的财务能力、业务量、特殊需求、地理位置以及发展的可能性等来确定。

　　潜在顾客的资源是十分丰富的，寻找潜在顾客的方法各异，如推销新手的四处游说、老顾客的口碑宣传、与无竞争关系其他公司的销售人员定期联系、利用媒体信息、利用特殊关系。

2. 事先准备阶段

事先准备的工作很多，如首先要制订"推销访问计划"。应尽量明确销售联系的目标、落实顾客情况清单、明确顾客利益点、列出推销宣讲提纲，然后选择推销宣讲的方法，如熟记型演讲（memorized sales presentation）、说服性销售宣讲（persuasive selling presentation）、双方沟通交流式演讲、解决问题型演讲（problem solution）等。

3. 销售宣讲阶段

在宣讲的开始阶段，给潜在顾客的第一印象是成功的关键，要通过展示具体的产品或业务常识表达你真正想解决购买者的问题并满足其需求、表明服务态度等行动来吸引住潜在顾客。应注意你的外表和谈吐、注意握手姿势、出示和接收名片的姿势、微笑谈话等细节问题，还要注意与顾客或诉说对象之间的空间距离，有条件最好坐下来谈。国外实验表明，交流人员之间的距离有四种类型：亲密空间（intimate space）、私人空间（personal space）、交际空间（social space）和公共空间（public space）（图 10-3）。推销人员演讲时与顾客之间的距离一般应在交际空间内。

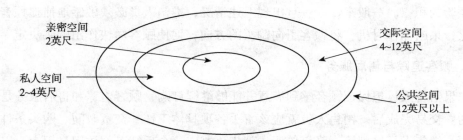

图 10-3 与顾客或诉说对象间距离的类型

现场推销宣讲的主要内容至少应包括以下三项内容：所推销产品的性能、优势和顾客利益；企业的营销计划；企业和产品定位。

4. 处理顾客的异议

顾客在销售人员讲解和展示产品的过程中，或在销售人员要他们订购时，几乎都会表现出抵触情绪。一般会表现为以下两种抵触心理：①心理抵触（psychological resistance）包括：对外来干预的抵制，对已建立的供应来源或品牌的偏爱，对事物漠不关心，不愿放弃某些东西，对销售人员不愉快的联想、偏见，反对让别人摆布的倾向，对金钱的神经过敏态度。②逻辑抵触（logical resistance）可能包括对价格、交货期，或者是对某些产品或某些公司的抵触。要消除这些异议，销售人员应采取积极的方法，请顾客说明他持有异议的理由，质疑他们的异议的正确性，或者将他们的异议转变成购买的理由。

5. 结束宣讲和销售

这里的关键是抓住时机。"垂钓者一旦发现鱼漂上下颤动，断定有鱼上钩；有经验的行家不会轻易扬起鱼竿，而是等候最佳时机。"

（1）当顾客就商品连续提出较多的问题，表现出对商品有极大的兴趣时，则反映出顾客强烈的购买欲望。

（2）当顾客长时间停留在柜台（货摊）前，态度和表情明显发生变化，有时性格开朗，有时陷入沉思观看、触摸或嗅商品，有时认真阅读说明书，有时独自欣赏，有时与别人小声商议，等等，都是买卖成交的大好时机。

（3）在推销过程中，顾客主动提出变换交谈场所，或主动约定进一步商谈的时间，也表现出成功的可能性。

（4）当顾客以价格、货币支付方式为谈话中心时，如讨价还价、要求分期付款、商谈预付定金等问题，证明顾客在非常现实地考虑商品了，基本下定购买决心，大有成交的希望。

购买信号的识别和时机的把握，主要取决于推销人员的现场观察应变能力，有时也是经验的积累。一般来说，一旦出现上述情况，推销人员必须敏感地捕捉顾客情绪的变化，果断抓住时机，将顾客引向购买的方向，促使顾客尽快作出购买决定。

6. 顾客追踪与售后服务

如果销售人员想保证顾客感到满意并能够继续订购，顾客追踪和售后服务是必不可少的。交易完成后，销售人员就应该着手各项具体工作：交货时间、购买条件及其他事项。销售人员接到第一张订单后，就应该制定一个后续工作访问日程表，以保证产品的正确安装，并对客户提供适时的指导和帮助。这样的拜访还可以揭示出一些潜在的问题，可以使客户相信销售人员关心他们，并打消购买者在销售过程中可能产生的顾虑。

二、广 告

美国市场营销协会对广告的定义是：广告主是以付费的方式，通过各种传播媒体，对商品、劳务或观念等所做的任何形式的非人员介绍及推广。中文"广告"一词，广义上意为"广而告之"。"广"者，借助公众媒体也；"告"即传播信息，包括商业信息和公益观念。

在进行广告决策过程中，营销管理必须做好五项重要决策，这可以用图 10-4 来表示。

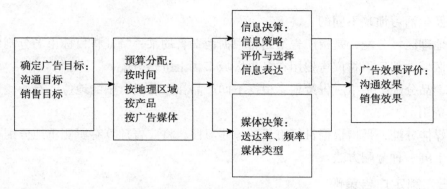

图 10-4 广告决策程序和内容

（一）设定广告目标

广告决策的第一步是设定广告目标（advertising objective），广告目标应该基于以前的目标市场、定位和营销组合的决策，这些决策决定了其广告在整个营销方案中必须执行的任务。

广告目标指在特定时间内向特定目标群体交流传播信息。广告目标可以基于其主要作用来进行分类，可分为提供信息广告、说服性广告和提醒性广告。各类广告目标可选择的详细内容可概括为表 10-3。

表 10-3 可能的广告目标分类

大 类	可能的子目标
提供信息	向市场介绍产品、企业服务、产品新的功能 修正顾客不好的印象，提供价格信息，消除顾客疑虑 说明产品使用方法，树立企业形象
说服性	培养品牌偏好，说服消费者立即购买，诱使转向本企业品牌 说服消费者接听推销电话，改变消费者的产品认知
提醒性	提醒消费者近期会需要该产品，提醒消费者何处购买 在淡季提示消费者对产品的记忆，维持消费者对产品的深刻印象

（二）确定广告预算

确定广告预算总额的方法，可使用上述介绍的一般促销预算方法，在此基础上再考虑产品生命周期阶段、市场占有率、竞争与干扰、广告频率、产品差异，接着要将广告费用合理分摊到各个广告活动项目上，以使广告策划工作有序地展开。广告策划者在分配企业的广告费用时，可按以下几种方法进行分配。

按时间分配，是指广告策划者根据广告刊播的不同时段，来具体分配广告费用。按时段来分配广告费用是为了取得理想的广告效果，因为在不同时间里，媒体受众的人数以及生活习惯是不同的。

按地理区域分配，是指广告策划者根据消费者的某一特征将目标市场分割成若干个地理区域，然后再将广告费用在各个区域市场上进行分配。

按产品分配，是指广告策划者根据不同产品在企业经营中的地位，有所侧重地分配广告费用。

按媒体分配，是指根据目标市场的媒体习惯，将广告预算有所侧重地分配在不同的媒体上的一种分配方法。

（三）制定广告策略

广告策略包括两个主要的因素：广告信息决策和广告媒体的选择。过去公司通常更看重的是创造信息的过程而不是媒体的规划，这经常引起创意者和媒体规划者的摩擦。而今媒体分化、媒体费用不断上升和营销战略更集中的趋势提高了媒体规划的重要性，越来越多的公司把信息和传递信息的媒体进行协调。可以先确定好的媒体再进行广告设计，或是先确定好的创意再选择媒体。

1. 广告信息决策

（1）信息策略。在选择有效的广告时，首先是决定大体上要向消费者传播什么样的信息，即制定信息策略。信息策略应该清楚、直接地概述广告主所要强调的利益和定位点，下一步广告主应该想出一个创意。创意将指导广告活动选择特殊诉求点，广告诉求点（advertising appeals）应该具有三个特征：第一，诉求点应该是有意义的，指出产品对于消费者而言更期望的利益点；第二，诉求点应该是可信的，使消费者必须相信产品或服务能够传达所承诺的利益；第三，诉求点必须做到差异化。例如，告诉消费者这个品牌为什么比竞争品牌好。

（2）进行广告信息的选择与评价。一个好的广告通常只集中强调一个销售主题。广告信息可根据愿望性（desirability）、独占性（exclusiveness）和可信性（believability）来加以评估。

（3）进行广告信息的表达。同样的广告信息，表达方式选择不当，也会影响广告效果。表达的具体形式主要有生活片段、生活方式、幻境、气氛或想象、音乐、个性象征、技术特色、科学证据、证词等。

2. 广告媒体选择决策

广告媒体选择决策主要包括以下内容。

1）决定预期到达率、暴露频率和媒体影响

要选择媒体，广告策划者必须决定达到广告目标所需要的预期到达率和暴露频率。所谓到达率（reach），就是指在一定时期内所有目标市场受众中暴露于特定广告活动的人数比例。例如，预期到达率为 70%，就是说广告策划者计划在广告活动的前三个月使广告信息到达目标市场受众的 70%。计算到达率时，一位受众不论他暴露于广告信息多少次，都只计算一次。所谓暴露频率（frequency），就是指目标市场上平均每人暴露于广告信息次数。所谓媒体影响（media impact），就是指通过某一特定媒体展露的质量价值。例如，对于需要展示的产品，在电视上的信息就比在广播中的信息有较大的影响。同样的信息在某种报纸杂志上刊登可能就比在其他报纸杂志上刊登更为可信。

2）选择媒体类型

媒体计划者必须了解每类主要媒体的到达率、频率和影响方面的特点。主要媒体类型包括报纸、电视、广播、杂志、户外广告、邮寄广告和电子网络广告等，它们各有其优点，也有其局限性（表 10-4）。

表 10-4　主要媒体类型对比一览表

媒　体	优　点	局　限　性
报纸	灵活、及时，本地市场覆盖面大，能广泛地被接受，可信性强	保存性差，表现手法单调，不易引起注意，传阅者少
电视	综合视觉、听觉和动作，富有感染力，能引起高度注意，到达率高	成本高，干扰多，瞬间即逝，对观众选择性小
广播	大众化宣传，地理和人口方面的选择性较强，成本低	只有声音，不像电视那样引人注意，展露瞬息即逝，对听众选择性差
杂志	地理、人口可选择性强，可信并有一定的权威性，重复出现率高，保存期长，传阅者多	时效性差，篇幅受到限制，版面位置选择性差
户外广告	广告展露时间长，费用低，竞争少	对观众选择性很小，创新性差
邮寄广告	接受者有选择性，灵活，在同一媒体内没有广告竞争，人情味较浓	相对来说成本较高，可能造成滥寄"三等邮件"的印象
电子网络广告	选择性强，成本低，直接性，互动性	受众分布不均匀，受众自己控制暴露情况，影响质量低

媒体计划者在进行媒体类型选择决策时还要考虑目标消费者（媒体受众）的媒体习惯、产品特点、信息类型和媒体成本等因素。

3）选择具体传播工具

在每一媒体类型内都包含多种具体的传播工具（media vehicle），如电视媒体就可分为中央电视台和地方电视台，或者分为有线电视台和无线电视台；中央电视台又包括多个频道等。因此，在选择了媒体类型后，媒体计划者还要进一步选择具体的传播工具，落实到哪个电视台的第几频道、地方报纸的哪份报纸等。在决定选择哪一家广告媒体时，主要应考虑以下几点。

（1）每千人接触成本。每千人接触成本，即某一媒体的信息被传达到 1 000 人的

平均成本。计算公式为

$$每千人接触成本 = \frac{广告费用 \times 1\,000}{接触媒体人数}$$

例如，如果在普通的兴趣杂志上刊登一个整页四色广告要 1 000 美元，而读者估计有 20 万人，则广告触及每千人的平均成本约为 5 美元。媒体计划者应该根据每千人成本的高低将各种报纸杂志排列成表，择其成本最低者加以考虑。

（2）广告制作成本。一般来说，报纸广告的制作成本很低，而电视广告的制作成本就非常昂贵。例如，在美国要制作一部 30 秒的电视商业广告，广告主平均支付费用约为 22.2 万美元。媒体计划者应该在比较基础上尽量选择广告制作成本较低的媒体工具。

（3）平衡媒体成本与各种影响因素的关系。其一，媒体成本与目标受众性质（audience quality）的关系。考察媒体成本的同时，还要考虑其目标受众的性质，如对于婴儿产品广告来说，家庭杂志的展露价值很高，而《时代周刊》的展露价值很低。其二，媒体成本与目标受众注意力（audience attention）的关系。在媒体成本一样的情况下，应选择目标受众对广告注意力强的媒体工具。其三，媒体成本与编辑质量（editorial quality）的关系。编辑质量高意味着该媒体可信度和声望高，广告效果就好，因此应选择编辑质量高的媒体工具。

4）决定媒体广告时间

广告主必须决定如何根据季节变化和预期的经济发展来安排全年广告。假设某产品在一年中的销售旺季在 12 月、淡季在 3 月，那么该企业可顺着季节变动安排其广告支出，也可以按季节变化相反的方向来安排广告支出或者全年平均使用广告费。一般来说，多数企业都追随季节性广告政策。

在上述总体安排基础上，企业还必须选择广告发布时间模式。时间模式主要有连续式、间歇式和集中式三种。连续式是指在一定的时间内均匀地安排广告的发布时间，使企业广告经常反复在目标市场出现；间歇式是指在一定时间内间断地安排广告的发布，即做一段时间的广告，然后停一段时间再做广告，如此反复进行；集中式是指将广告费用集中于一个短时间段内使用，以在短时间内迅速形成强大的广告攻势。各时间模式分别适合于不同的情况，企业应选择效果最好的模式。

（四）广告效果评价

企业的广告效果一般可以分为两类，即沟通效果和销售效果。因此，广告效果评价主要应从这两方面进行评价。

沟通效果是指由于广告的作用，顾客对企业或产品的认知深度的变化情况或顾客接触广告后的反应。对沟通效果的评价根据安排的时间不同可分为事先评价、事中评价和事后评价。

一般来说，广告销售效果要比广告沟通效果难以测量。因为商品销售的变化除了受广告因素影响外，还受许多其他因素的影响，如产品特色、价格和竞争者行为等。所以，对广告的销售效果评价主要集中于对广告费用的使用效率进行评价。

拓展阅读 10-2：见过哪些成功的广告案例？e 点客

三、营业推广和公共关系

（一）营业推广

营业推广决策像其他促销方式决策一样，也涉及一系列需要决策的问题。决策程序和决策内容如图 10-5 所示。

图 10-5　营业推广的决策程序和决策内容

1. 确定营业推广目标

在确定营业推广目标时，根据推广对象的不同，可以分为三类目标，即消费者促销（consumer promotion）、中间商促销（trade promotion）和销售人员促销（sales force）。

（1）消费者促销。针对消费者的营业推广活动，其目的是促进短期销售额的提高或者帮助创立长期的市场占有率。其具体可以分为三种不同类型的促销方式：以价格为导向的促销，如赠券活动；以产品为导向的促销，如样品赠送；以特殊活动为导向的促销，如顾客的竞赛活动等。

（2）中间商促销。针对中间商的营业推广活动，其目标主要是：鼓励中间商销售新产品；协助企业开展某些营销活动和增加库存量；促进中间商在淡季购买或提前购买；提高中间商的品牌忠诚度；吸引新的中间商加入本企业的分销渠道；鼓励中间商为产品做广告并增加货位空间等。

（3）销售人员促销。对销售人员的营业推广活动，其目标主要是鼓励他们积极推销现有产品和新产品，刺激非季节性销售；激励他们不断提高销售水平；吸引更多的销售人员加入本企业的销售团队等。

2. 选择营业推广方法

（1）针对消费者的营业推广方法（consumer-promotion tools）：①免费样品（Samples）；②优惠券（coupon）；③现金返还或退款（cash refund offer-rebate）；④特

价包折扣（price pack-cents-off deal）；⑤赠品（premium）；⑥有奖销售（sweepstakes）；⑦特制广告品（advertising specialties）；⑧光顾奖励（patronage reward）；⑨现场展示或示范表演（point-of-purchase promotion）；⑩免费试用。

（2）针对中间商的营业推广方法（trade-promotion tools）：①价格折扣（discount）；②商业折让（allowance），主要有广告折让和陈列折让；③免费物品（free goods）。除此以外，企业还可以使用特制广告品、经销竞赛奖励、产品展销会、招待会及合作广告的方法，以达到促销目的。

（3）针对销售人员或产业用户的营业推广方法（business-promotion tools）。上述的许多方法同样适用于针对产业用户的营业推广。这里主要强调三种方法：①大规模商品展销会；②销售竞赛活动（sales contest）；③纪念品广告。

总之，可使用的营业推广方法有很多，企业应综合考虑营业推广目标、产品类型、竞争情况和营业推广费用等因素，选择最有效的营业推广方法。

3. 制订营业推广方案

制订营业推广方案，要求企业对营业推广的规模、对象、途径、时间和预算等作出具体的决策。

（1）营业推广的规模。它也就是指刺激的规模和范围（size of the incentive）。如果要保证营业推广促销成功，就有必要限定刺激的规模和范围，不宜过大；较大的刺激规模和范围将产生较多的销售反应，然而所需要的费用是昂贵的。一般要确定参与者的条件，刺激应针对每一个人或仅仅是选择的群体。

（2）营业推广的对象。对营业推广对象的范围，可以选择目标市场的一部分或整个目标市场；可以对整个推广对象以同样的推广强度开展营业推广活动，也可以针对不同的推广对象，以不同的推广强度开展营业推广活动。

（3）营业推广的途径。营销必须考虑推广方案本身应该如何去促销和分销。各种营业推广的方法往往可以通过多种途径来实施，如对消费者以奖金方法开展营业推广活动，可以将现金装在包装袋里，可以在包装袋里标有特定标志或金额的奖券，也可以通过广告媒体进行宣传，对购买特定数量的消费者给予奖励等。面对可供选择的多种推广途径，企业必须作出合适的决策，以使营业推广活动能够有效传递到推广对象中间。

（4）营业推广的时间安排。这里包括营业推广活动的前置时间（lead time）和销售延续时间（sell-in time）安排。前置时间是指开始实施这种方案前所必需的准备时间。营业推广的前置时间安排必须适当。例如，对节假日需求量大的产品，选择的时间应是节假日到来前的某一日期；选择其他日期可能会大大降低营业推广的效果。销售延续时间是指从开始实施这项方案起到大约 95% 的采取此方案的商品已经在消费者手中为止的时间。营业推广活动延续时间的安排，不能太短或太长。如果延续的时间太短，许多可能参与的顾客会失去参与的机会，影响推广的效果；如果持续的时间太长，有意参与的顾客就没有"预购从速"（act now）的压力，效果也不会理想。

（5）营业推广的预算安排。制定预算时应考虑全面，把市场调研、奖品、人员、媒体费用都要考虑进去。

4. 方案的试验、实施和控制

营业推广方案确定后首先应进行小范围的试验，其目的是进一步完善或修改原定方案，提升营业推广的效果。面向消费者市场和销售队伍的营业推广方案能轻易地进行测试，可邀请消费者或推销人员对几种不同的、可能的优惠办法、奖励办法作出评价和打分等，也可以在有限的地区进行试用性测试。

其次，在试验并完善方案后，开始实施和控制营业推广方案。实施的期限包括前置时间和销售延续时间。前置时间是从开始实施这种方案前所必需的准备时间。它包括最初的计划工作、设计工作以及包装修改的批准、材料的邮寄或分送到家；配合广告的准备工作和销售点材料；通知现场推销人员，为个别的分店建立地区的配额，购买或印刷特别赠品或包装材料，预期存货的生产，存放到分配中心准备在特定的日期发放等。销售延续时间是指从方案开始实施到大约95%的采取此销售促进办法的商品已经在消费者手里所经历的时间。

营业推广方案实施过程中的控制主要是观察实施是否顺利、营业推广是否按照预期的过程发展、能否达到预期目标，并对发现的问题及时解决，甚至调整方案。

5. 营业推广效果评价

为了控制和调整营业推广的实施效果，企业必须对营业推广的促销效果进行评价。对营业推广效果评价的方法主要有三种。

1）销售量对比法（compared sales）

在其他条件不变的前提下，企业可以对销售量在营业推广前后的数据变化进行分析，并与推广成本进行比较，得出净效果，以此来评价营业推广的得失。

2）推广对象调查法

推广对象调查法（consumer research）是通过对推广对象进行调查，了解推广对象对营业推广活动的反应，以评价营业推广效果的一种方法。

3）实验法

实验法（experiments）是通过选择一定的地区和推广对象进行实验，测定能够反映企业营业推广目标的有关指标的变化情况，以评价营业推广效果的一种方法。

此外，促销活动可能会降低消费者对品牌的长期忠诚度，因为更多的消费者会形成重视优惠的倾向，而不是重视广告的倾向。从长期来看，这是公司在实施营业推广活动时所应重视的问题。

（二）公共关系

公共关系是指用非直接付费的方式与公众和其他企业的各公共部门建立良好的关系，从而通过赢得公众的好感，树立本企业和产品的良好形象，控制或避免不友好的传闻、现象或事件发生等，最终促进产品销售的活动。

公共关系与其他促销手段的最大不同是，它不是一种短期行为，它具有高度可信性、传达力强、间接性、长期性、双向性和全方位性的特点。也许从短时间内其效果并不明显，但是通过有效运用公关手段，将对企业长期的良好形象的树立起到很大的作用。

1. 公共关系的促销作用

1）协助企业开发新产品

企业通过赠送、慈善义捐、赞助公益活动等形式推出新产品，有时其效果要大于直接的广告宣传。

2）建立与顾客的良好关系

企业可以举办或参与各种社会公益活动和文化娱乐活动等，以形成企业与顾客之间的和谐气氛。

3）协助对企业或产品的重新定位

某项商品往往销售一段时间后需要重新进行定位，这时公共关系的作用就变得重要。例如，动物园以"人与环保共生存"为主题的活动推出后，除了观光客，还会增加有环境保护意识人群的前往。

4）保护已经出现公众问题的产品

有时企业的产品可能出现消费者的信任危机，如某批次产品的质量检验不合格。这时公共关系的作用往往大于广告宣传，它可以通过良好的沟通，消除公众的不信任感。

5）建立有利于表现商品特点的企业形象

通过演说、公益活动、公众宣传等公关手段，可以树立企业的良好形象，赢得公众的好感。

2. 公共关系的促销方法

1）新闻宣传

一则具有影响力的新闻，对树立企业形象、扩大产品销售，具有不可估量的作用。因此，企业公关人员应该与新闻媒体建立良好的关系，发展或创造对企业、对企业的产品、对企业人员有利的新闻，及时将具有宣传报道价值的信息提供给有关新闻媒体，增加新闻报道的可能性。

2）演讲

演讲是指企业的各级领导人或新闻发言人在企业外部或内部的会议上，做富有魅力的讲话、演说，通过这种方式，圆满地解决公众存在的问题或进行说明性的宣传。

3）特殊活动

企业的公关人员可以通过安排一些特殊活动（special events）来吸引公众对其新产品或企业的关注。这些活动包括新闻发布会、观光、开张庆典、燃放礼花、释放激光束、放飞空中热气球、多媒体图像展示、绚丽多彩的霓虹灯、专为目标公众设计的教育项目等。

4）参与各种社会公益活动

企业还可以通过积极参与社会公益活动向组织或个人捐赠一定的金钱和时间，提供一定的服务，来提高企业的公众信誉和对企业的道德评价，树立良好的企业形象。

5）印制各种书面资料

企业可以印制各种书面宣传资料（written materials），如年度报告、小册子、企业及产品介绍、论文、企业信函、企业重大活动信息和研究报告等，以起到介绍企业、宣传产品、影响目标市场的作用。

6）发行各种视听材料

近些年来，各种视听材料越来越多地被用作公关手段。这些视听材料包括电影片、电视片、幻灯片、录像带、VCD 及 DVD 等。

7）形象识别媒体

企业可以努力创造一个公众能迅速识别的视觉形象，通过持久性的媒体传播出去，如企业标示语、业务名片、厂徽、厂服、交通工具和建筑物等，以此来展示企业的特色。

8）设立企业网站

设立企业网站（web site）是最现代的公共关系方法。目前我国多数企业都已有自己的网站，通过设立网站，可让消费者和其他所有公众成员随时浏览企业网站，获得有关企业的各方面信息，这不仅能有效地影响目标市场，更有利于建立企业的公众形象。

拓展阅读 10-3：公关营销策划

四、直复营销和数字营销

直复营销和数字营销是指与顾客直接接触以获得及时响应，建立持久的客户关系。企业通过使用直复营销来制定产品和内容，以满足利基市场或个人购买者的需求或兴趣，通过这种方式与顾客互动，建立品牌形象，提高营销效率。

随着数字化时代的到来，早期的直复营销商——电话营销公司和直邮公司，随着互联网和网络购物的兴起以及数字技术的迅速发展——从智能手机、平板电脑到其他数字设备等，直复营销经历了一个巨大的转变。对于今天很

拓展阅读 10-4：天士力国际公司的海外社交媒体品牌营销之路

多公司而言，直复营销和数字营销不仅仅是一种辅助渠道或广告媒介，采用直复营销和数字营销往往作为与消费者互动的唯一方式，如许多网红在微博上对其产品进行宣传，与粉丝互动，最后在淘宝店上出售其商品。

直复营销和数字营销的主要形式如图 10-6 所示。传统的直复营销工具包括面对面销售、直邮营销、产品目录营销、电话营销、电视直销等。但是最近几年，一系列新型数字直复营销工具已经普及，包括网络营销、社交媒体营销和移动营销等。

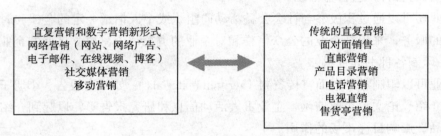

图 10-6　直复营销和数字营销的主要形式

第三节　促销过程管理与评估

一、营销沟通

营销沟通（marketing communications）是指营销信息的发出者与接收者之间的信息传递活动。在市场营销中，它主要是指各类企业与目标顾客之间的营销信息沟通；具体说它包括生产企业把信息传递给中间商、消费者和公众，中间商把信息传递给消费者和公众，以及消费者之间进行信息沟通并将信息传递给其他公众等。

按照拉斯维尔（Lasswell）提出的营销沟通模式，营销沟通过程一般涉及九个要素（图 10-7）。

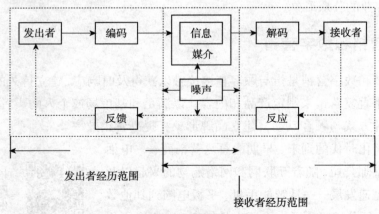

图 10-7　营销沟通模式和构成要素

营销沟通过程应该开始于倾听目标顾客对本企业及其产品可能表现出的所有潜在的"反应"。为了有效地沟通,营销管理者还需要了解信息沟通的过程或如何进行沟通。如图10-7所示,营销沟通过程中九要素的含义如下。

发出者——发送信息给其他单位或个人的单位或个人,即信息源。

编码——把要发出的信息内容转化成信号形式。

信息——通过传播媒介所传递的一组信号。

媒介——信息沟通的渠道,通过它,信息可从发出者传输到接收者。

解码——接收者确认所收到的由发出者制作的信号含义的过程。

接收者——接收由其他单位或个人发出的信息的单位或个人。

反应——接收者收到信息后所作出的反应(reactions)。这种反应可能有许多类型。

反馈——信息接收者将其部分或全部反应传回给信息发出者(信息源)。

噪声——在信息沟通过程中出现的各种意外的干扰或信号失真,由此导致接收者得到的是不同于发出者实际发出的信息。

市场营销沟通过程模式强调了有效的市场营销沟通过程中的关键性的因素,从而揭示了有效的市场营销沟通决策,即有效的营销沟通过程要求沟通者必须明确目标沟通对象是谁(确定接收者);应该期待目标沟通对象何种反应(确定反应与解码);为使目标沟通对象作出预期的反应,应该传递何种信息(确定信息与编码);必须通过能触及目标沟通对象的有效媒体传播信息(确定媒介);必须建立反馈渠道,以了解沟通对象对信息的反应(确定反馈)。

二、营销沟通目标

贯彻营销整合策略思想的首要任务是明确企业在一定时期内的沟通目标,因为沟通目标是制定营销沟通预算、选择营销沟通方式及设计营销组合的重要前提。营销传播需要知道目标受众现在的位置以及需要达到的阶段。目标受众可能会处于六个购买者准备阶段(buyer-readiness stages)中的一个,这些阶段是指顾客在一次购买时通常所需要经历的正常过程,包括知晓、了解、喜欢、偏爱、信任、购买(图10-8)。

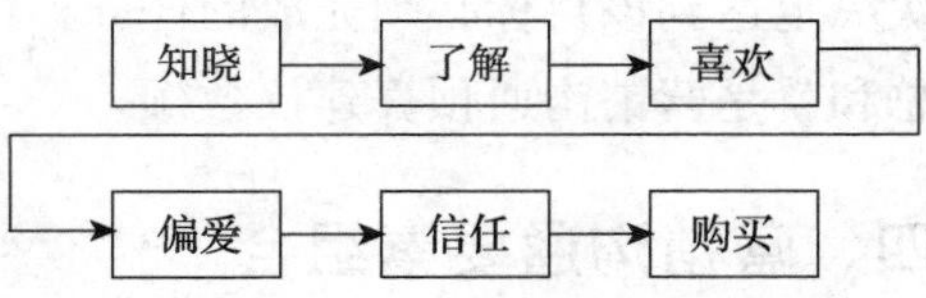

图 10-8 购买者准备阶段

知晓和了解阶段:营销传播者的目标受众可能完全没有意识到该产品,仅仅知道产品的名字,或者了解一点点产品。传播者必须首先构建知晓和了解。例如,当日本宣传它的英菲尼迪(Infiniti)汽车生产线时,它以一场广告活动来创建品牌熟悉度。最开始广告通过宣传汽车的名字而不是汽车来引起好奇和注意,接下来的广告通过宣传汽车的高质量以及许多创新特色而使顾客了解。

在消费者对产品有所了解之后，营销者们希望他们能够向对产品情感更强烈的阶段继续移动。这些阶段包括喜欢、偏爱和信任。例如，英菲尼迪汽车的营销者采用促销工具的组合，大肆宣传英菲尼迪汽车相对于其他竞争品牌的优点，来创建消费者正面的感觉和信任。

最后，消费者将进入是否购买的阶段。潜在消费者可能在等着更多的信息或者更合适的时机。传播者必须为引导这些客户而采取最后一步行动。这些行动可以是推出促销价格、回扣以及特殊服务等。因此，企业应该准确判断消费者的购买准备阶段，根据消费者不同的购买准备阶段来采用不同的整合营销沟通方式。

三、营销沟通预算

企业在制定营销沟通决策时，首先会遇到两个问题：应花多少钱用来进行营销沟通活动；这些钱应如何在众多的营销沟通工具之间进行分配。营销沟通的预算方法主要有以下几种。

（1）负担能力法（affordable method）。这是一种按照企业管理者认为所能承担的费用水平确定营销沟通预算的方法。其操作程序是从企业总收入中减去经营费用和资本项目支出，然后将剩余资金的一定比例用于广告费。一般来说，小企业常使用这种方法。

（2）销售百分比法（percentage-of-sales method）。这是一种按照现有或预测的特定销售额或者单位销售价格的一定百分比，来安排企业营销沟通预算的方法。

（3）竞争对等法（competitive-parity method）。这是一种与竞争对手的营销沟通费用大致保持同一水平的方法。企业首先收集有关竞争者的广告或营销沟通费用数字，然后根据全行业的平均数来确定本企业的营销沟通预算额度。

（4）目标任务法（objective-and-task method）。这种方法是根据预期完成的营销沟通任务来安排营销沟通预算。确定预算的方法是：首先确定具体的营销沟通目标，其次决定达到该目标必须完成的任务，最后估计完成这些任务所需要的费用。这些费用总和就是营销沟通预算建议数额。

四、营销沟通要素组合

营销沟通应该是整合营销沟通，那么整合营销沟通就要尽量保持多方信息的一致性。它要求企业的决策者考虑和顾客沟通的每一种方法，每种媒体的相对重要性和实践特征。通过企业中每一个人的努力，经过千百次沟通的活动，把企业、品牌形象、产品、人员等各种信息统一起来，通过整合企业的所有沟通资源，将恰当的信息在恰当时间、恰当地点发布给恰当目标受众。整合营销沟通实施的关键就在于综合运用多种传播工具,形成一个矩阵式作业,以达到最佳的性价比。
如果只是简单地叠加,每个工具只是线性作业,"整合"
的性价比根本无从衡量,而沟通目标实现也无从谈起。

小链接 10-1:敦豪快运

因此,一个企业必须确定建立一个由广告、人员推销、
营业推广、公共关系等沟通工具合理搭配的沟通体系,如一家企业决定在当地最好的
五星级酒店召开一次产品发布会时,它就应该在当地最好(不一定是发行量最大)的
媒体上刊登提示性广告。

大多数情况下,如何合理搭配各种沟通工具并没有固定的模式。企业整合它的沟
通资源,建立营销沟通组合时一般应考虑以下这些因素。

(1)产品/市场的类型。不同的促销方式的促销效果和相对重要性,对消费品市场
和工业品市场是有差异的(图 10-9)。

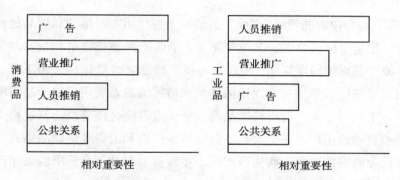

图 10-9 各种促销方式对于不同类型产品的相对重要性

(2)购买准备过程。在不同的购买准备阶段,使用不同的促销方式或促销工具,
其效果是不同的,如图 10-10 所示。

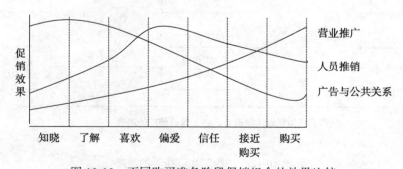

图 10-10 不同购买准备阶段促销组合的效果比较

(3)产品生命周期。在产品寿命周期的不同阶段,各种促销方式的促销效果也有
很大差异(图 10-11)。

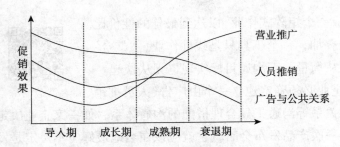

图 10-11　产品寿命周期各阶段不同促销方式的促销效果

（4）顾客对各种促销方式的接受程度。顾客对不同的促销方式的态度差异必然影响到企业对促销组合的决策。例如，有些顾客群比较信赖推销人员的推销，这时人员推销就显得重要；有些顾客群对广告常常持不信任态度，因而广告效果就明显不好。

（5）"推"和"拉"的策略。"推"的策略主要使用人员推销和贸易促销等方式将产品通过分销渠道推向消费者，其过程是生产者将产品积极推销到批发商手上，批发商又积极地将产品推销给零售商，零售商再将产品推向消费者（图 10-12）。"拉"的策略主要使用大量的广告和消费者促销活动刺激最终消费者或用户的产品需求，在最终需求拉动下，中间商或生产者再将产品通过分销渠道满足该需求。其过程是企业先直接针对最终消费者或用户，花费大量的资金从事广告和消费者促销活动；如果促销有效，消费者就会向零售商要求购买该产品；零售商会向批发商要求购买该产品；批发商又会向生产者要求购买该产品。

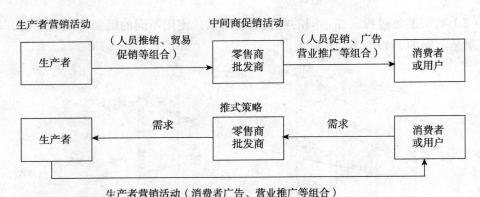

图 10-12　"推"和"拉"的策略

一般来说，小型企业或无足够的广告预算的企业可能使用"推"的策略，而多数大型企业可能同时使用两种策略。两种策略的一般适用条件可见表 10-5。

表 10-5　"推"和"拉"策略的适用条件

"推"的策略	"拉"的策略
企业规模小或无足够的广告预算； 市场集中，渠道短，销售力量强； 产品单位价值大，属特殊品或选购品； 企业与中间商和消费者的关系亟待改善； 产品性能及使用方法需示范； 需要经常维修或需退换等 ……	产品的市场很大，属便利品； 产品信息须以最快速度告知消费者； 产品原始需求显示有利趋势并日益升高； 产品具有差异化的机会，富有特色； 产品具有隐藏性质，须告知消费者； 产品能激起情感性购买动机； 企业有足够的资金支持大规模的广告等 ……

除此之外，影响促销组合的因素很多，如促销预算状况等。企业在进行促销组合决策时，应综合考虑各种影响因素，选择最佳促销组合。

第四节　整合营销沟通与关系网络及品牌体验

整合营销沟通要求识别所有客户可能遇到企业及其品牌的接触点。每个品牌接触点都能传达信息——无论是好的、坏的还是中性的。企业的目标应该是在每次接触中都能传达出一致、积极的信息。整合营销沟通把公司所有形象和信息紧密结合在一起，通常不同的促销工具在吸引消费者、向消费者传达信息和说服消费者的过程中扮演了独特的角色，这些角色必须在整合营销沟通计划内认真协调。

一、整合营销沟通与关系网络

对整合营销沟通理论具有里程碑式贡献的人物，一个是美国西北大学的舒尔茨教授，另一个是科罗拉多大学的汤姆·邓肯博士。汤姆·邓肯认为，整合营销沟通是一个运用品牌价值管理客户的过程。"整合营销沟通是一个交叉作用的过程，一方面通过战略性地传递信息、运用数据库操作和有目的的对话来影响顾客和关系利益人；另一方面也创造和培养可获利的关系。"这一定义将整合营销沟通归于品牌管理和关系培养。尤其值得注意的是，汤姆·邓肯对于整合营销沟通终极价值的理解是对舒尔茨教授以来有关认识的进一步发展，他在《品牌至尊：利用整合营销创造终极价值》一书中，把整合营销沟通建立关系的终极追求归结为品牌资产。而且其所涵盖的范围也大大突破了一般的企业与顾客的关系，整合营销沟通不仅是单纯的公司与顾客之间的沟通，而且是公司与所有关联系统的交流。在这里，汤姆·邓肯创造性地提出了"关系利益人"这一概念，显然相关利益者不仅是股东，还包括了员工、商业伙伴，甚至是政府、新闻机构等多种与公司具有关联性的群体。

因此，整合营销沟通不仅可以使企业借助沟通方式很好地建立起畅通的关系网络，反过来，还可以促进关系网络的成熟、稳定，进而使其发挥越来越重要的作用。

二、整合营销沟通与品牌体验

舒尔茨早期对整合营销沟通的定义是："以统一的目标和统一的传播形象，传递一致的产品信息，实现与消费者的双向沟通，迅速树立产品品牌在消费者心目中的地位，建立产品品牌与消费者长期密切的关系，更有效地达到广告传播和产品行销的目的。"这一定义与其他定义的不同之处在于，它将重点放在企业的商业运作过程上，强调整合营销对品牌传播与塑造的作用，认为应该深入分析消费者的感知状态及品牌传播情况，通过各种手段的整合达到在消费者心中树立品牌形象的目的。

整合营销沟通作为目前最有效的塑造和管理品牌形象的传播战略，可以建立品牌知名度，形成鲜明的品牌形象。在品牌意识越来越强的今天，品牌意识可以提高我国产品的知名度和国际竞争力。整合营销沟通对信息资源实行统一配置、统一使用，提高资源利用率，对产品营销推广具有重要意义。但是整合营销沟通并不仅仅是如许多人所说的"传达同一个声音，树立鲜明的形象"这样简单，在我国品牌营销中运用整合营销沟通策略应注意以下方面。

小链接 10-2:"产自蒙山"

（1）深入调查消费者，了解他们的具体需求和诉求。
（2）整合是品牌营销的关键。
（3）多种传播工具的组合运用。
（4）事后关注消费者的品牌体验。

也就是说，整合营销沟通策略效果如何，最后一是看销售绩效如何，二是看顾客的品牌体验如何。而后者是企业发展更长远的战略问题。

本 章 小 结

营销沟通过程一般涉及发出者、接收者、信息、媒介、编码、解码、反应、反馈、噪声九个要素。整合营销沟通是一个营销传播计划概念，它注重综合计划的附加值，即通过评价广告、直接邮寄、人员推销和公共关系等传播手段的战略作用，以提供明确、一致和最有效的传播影响力。

营销沟通预算可采取负担能力法、销售百分比法、竞争对等法、目标任务法进行；营销沟通工具狭义上包括广告、人员推销、营业推广、公共关系等。建立营销沟通组合时应综合考虑产品/市场的类型、购买准备过程、产品生命周期、顾客对各种促销方式的接受程度、"推"和"拉"的策略等各种影响因素，选择最佳营销沟通组合。

推销人员的主要任务是寻找客户、设定目标、信息传播、推销产品、提供服务、收集信息、分配产品等；推销团队主要有地区团队模式、产品组织模式、顾客组织模式、复合组织模式四种模式；推销团队管理应做好推销团队的结构设计和战略、推销人员的挑选和聘用、培训、报酬与激励、监督与评估等方面的工作。基于顾客关系营销的人员推销过程可分为六个步骤：搜寻和确定潜在顾客、事先准备阶段、销售宣讲阶段、处理顾客的异议、结束宣讲和销售、顾客追踪与售后服务。

广告决策包括五个方面：根据广告目标，决定采取信息广告、说服性广告或提醒性广告；广告预算，可按时间、地理区域、产品或媒体进行分配；信息决策包括信息战略、进行广告信息的选择与评价、进行广告信息的表达；广告媒体选择决策包括决定预期到达率、暴露频率和媒体影响；广告效果评价要对沟通效果和销售效果进行评价。

营业推广决策的主要内容为：首先确定营业推广的目标，即消费者促销、中间商促销和销售人员促销，不同目标对应不同的营业推广的方法；然后制订营业推广方案，要求企业对营业推广的规模、对象、途径、时间和预算等作出具体的决策；最后可选择销售量对比法、推广对象调查法、实验法对营业推广效果进行评价。

公共关系的促销方法主要有新闻宣传、演讲、特殊活动、参与各种社会公益活动、印制各种书面资料、发行各种视听材料、形象识别媒体、设立企业网站。

重要名词

整合营销沟通　广告　人员推销　营业推广　公共关系　关系网络　品牌体验

即测即练题

复习思考题

1. 你是如何理解"整合营销沟通"这一概念的？营销沟通组合一般考虑哪些要素？
2. 你对人员推销、广告、营业推广、公共关系等各种整合营销沟通工具的特点有何认识？
3. 基于顾客关系营销的人员推销过程可分为哪几个步骤？
4. 广告促销决策的主要内容有哪些？

5. 营业推广和公共关系的方法有哪些？

6. 你是如何理解整合营销沟通与关系网络和品牌体验的？

 案例

第十一章

营销伦理与社会责任

【本章提要】

通过本章学习，我们将了解企业伦理、营销伦理、利益相关者的概念；理解如何贯彻利益相关者导向的流程；掌握企业社会责任的含义和主要内容；了解消费者与企业社会责任之间的关系；掌握善因营销的含义、特点和作用；掌握善因营销成功的关键因素；掌握社会营销的含义及其与市场营销的区别；理解社会营销战略规划的流程。

 引例

傲慢的苹果低下了头

2013 年央视 3·15 晚会曝光了苹果产品售后服务采用"中外双重标准"：诸多售后服务中外有别，中国服务明显逊于海外。相比产品品质来说，苹果的"售后双标"问题不算太严重，但出乎意料的是，该事件不断发酵，引发了媒体、消费者的极大关注。下面简要介绍一下全过程。

3·15 晚会曝光后，苹果第一时间作出了回应，但苹果在 3 月 15 日和 3 月 23 日两天发出的两次声明并不算"诚恳"。第一次回应称：公司"重视每一位消费者的意见和建议"，但也提出"苹果致力于生产世界一流的产品和提供无与伦比的体验"。第二次回应称：坚持中国的售后服务政策，"中国消费者享有苹果最高标准的服务，我们的政策完全符合本地法律法规，苹果在中国所提供的保修政策和在美国及世界各地大致相同。"《人民日报》时评文章指出这样的声明属于"自我表扬、回避采访和回避问题"，可谓一针见血。

"低调"或"傲慢"是中国媒体对苹果公司最多的评价，这次售后问题捆绑上"傲慢"后，让事件一发不可收拾。央视以苹果傲慢对待中国法律和消费者为主题，连续在《新闻联播》《焦点访谈》和《经济半小时》栏目对苹果进行了长达两周的曝光，指责苹果在中国"无与伦比地耀武扬威"，类似的评论标题有："霸气苹果伤了啥""傲慢苹果'啃'不动？""打掉苹果'无与伦比'的傲慢"……

随着央视的报道，其他主流媒体、消费者都给予极大关注，《光明日报》等百家主流平面媒体对此进行转载或报道，全国 30 多家平面媒体的总编辑撰写了 50 多篇评论，在新浪微博上参与转发、评论的用户超过 380 万。

事件直到 4 月 1 日苹果 CEO 库克的官方致歉才算结束，以下是道歉信的节选：

在过去的两周里，我们收到了许多关于 Apple 在中国维修和保修政策的反馈。我们不仅对这些意见进行了深刻的反思，与相关部门一起仔细研究了"三包"规定，还审视了我们维修政策的沟通方式，并梳理了我们对 Apple 授权服务提供商的管理规范。我们意识到，由于在此过程中对外沟通不足而导致外界认为 Apple 态度傲慢，不在意或不重视消费者的反馈。对于由此给消费者带来的任何顾虑或误会，我们表示诚挚的歉意。

为了进一步提高服务水平，我们正在实施以下四项重大调整……（以下省略）

同时我们也意识到，关于在华运营和沟通还有许多需要我们学习的地方。在此，我们向大家保证，Apple 对于中国的承诺和热情与其他国家别无二致。为消费者带来最佳用户体验及满意的服务是我们的理想，更是我们的承诺，它已深深植根于 Apple 的公司文化之中。我们会不懈努力，以实现这一目标。……（以下省略）

衷心感谢大家给予我们的宝贵反馈，我们始终对中国怀有无比的敬意，中国的消费者始终是我们心中的重中之重。

苹果最终低下了傲慢的头，原因很多，如中国区业绩的极速攀升，华为等竞争对手的巨大压力……而消费者的态度是重中之重。

3 月底，人民网强国论坛与北京美兰德信息公司在全国城市范围内针对苹果产品的售后服务满意情况对普通公众展开调查。结果显示，在接受过售后服务的苹果用户中，超半数对其售后服务不满，近八成公众认为售后服务中外双重标准是对中国消费者的歧视。这些严重影响了消费者对苹果品牌的认可度（图 11-1）。

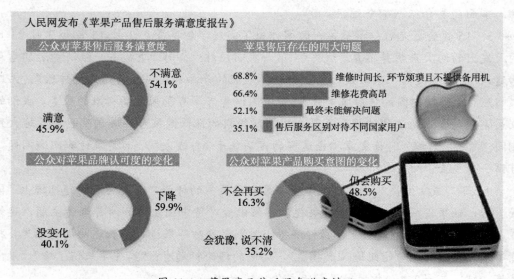

图 11-1　苹果产品售后服务满意情况

苹果——以创新和卓越品牌著称的品牌，引领世界智能手机、平板电脑的发展，但再强势的苹果也得考虑消费者的感受，也得因为其不当行为低下"高傲"的头。苹果公司的致歉看似苹果输了，但这应该是苹果和中国消费者走向共赢的第一步！

资料来源：苹果致歉，终于低下高傲的头. 新快报. [EB/OL]. [2013-04-02]. http://finance.eastmoney.com/news/1365,20130402282968430.html；

苹果产品售后服务满意度调查报告. 人民网强国论坛. [EB/OL]. [2013-04-17]. http://www.people.com.cn/n/2013/0417/c347407-21175768.html.

从苹果售后服务"双重标准"这个案例中可看出，对于现代企业来说，遵守法律只是底线，社会公众、消费者要求企业必须遵守企业伦理规范，承担社会责任，这将直接影响现代企业能否实现商业目标以及可持续发展。本章将讨论企业伦理和企业社会责任等相关议题。

第一节　企业伦理与营销伦理

有能力识别并有效处理复杂的企业伦理问题对于企业应对激烈市场竞争、保持可持续发展至关重要。因此，越来越多的企业在积极主动追求企业伦理、履行社会责任中获利。例如，麦当劳等快餐企业以快捷就餐服务、低成本食品为消费者带来福利的同时，也因为高油高盐的不健康食品饱受批评。近年来，麦当劳执行了"Plan To Win"战略，推出了沙拉、水果、低脂牛奶等一系列健康食品，通过长达七年的健康用油项目研究，麦当劳在保持薯条美味的基础上，逐步淘汰了传统的烹饪方式……通过这一系列举措，麦当劳的销售额提高了约 60%，利润增长近 3 倍。

近年来，企业伦理问题成为关注度极高的社会议题，对于企业经营发展也越来越重要。现代企业规模巨大，经营行为复杂化，与各个社会主体的合作和联系日益紧密，特别是巨型的跨国企业，对于所经营国家的社会经济文化等发展有深刻影响，因此社会必将对企业伦理规范、社会责任提出更高要求。另外，经济全球化加剧了社会发展的不平衡、环境恶化等一系列问题，企业界面临一次次伦理危机，如安然会计丑闻、血汗工厂、三聚氰胺等食品危机。因此，我们有必要研究和认真对待企业伦理问题。

一、企业伦理的概念、特征及重要性

（一）企业伦理的概念与特征

企业伦理并不是个人伦理的简单延伸，它所涉及的范畴、解决方式等都有不同特点。关于企业伦理的定义有多种，各有侧重，可分别从企业的道德价值规范、道德标准、行为规范等多方面阐述。

一般来说，企业伦理是指企业作为道德行为的主体，以企业经营管理中的伦理理念为核心，如何正确处理企业与其相关利益主体之间关系的道德规范、伦理准则及其相关伦理实践活动的总和。

企业伦理的主要特征表现在以下几个方面。

1. 企业伦理是关于企业及其成员行为规范的总和

关于企业伦理的主体有三种观点，分别是企业整体、企业主（或者企业最高决策者）和全体员工。三种观点各有道理，我们认为三者应是一个整体，这是因为，首先，企业是一个有机整体，可以作为承担责任的独立主体，伦理规范需要在全企业范围内建立；其次，企业最高决策者作为企业的所有者或最高管理者，他们对伦理决策有巨大影响和示范作用；最后，企业全体员工都应参与企业伦理建设，员工的伦理道德水平一定程度上体现并塑造企业伦理水平。

2. 企业伦理的调整对象是企业内外部利益相关者的复杂关系

利益相关者与企业经营管理有密切关系，对企业的生存发展有重要影响，企业必须平衡企业与各个主体之间的相关利益。因此，企业与内外部利益相关者的关系是企业伦理的主要调整范围。

3. 企业伦理的调整领域仅限于企业经营管理活动

企业伦理不是个人伦理，个人伦理道德只是企业伦理的决策因素之一，企业伦理一般不会针对个人伦理问题建立规则和政策，企业伦理作用的领域是企业的运营和管理，如反托拉斯、不正当竞争、污染防治等，需要伦理学和企业经营管理知识相结合。

4. 企业伦理通过社会舆论、传统习惯等非强制性手段起作用

企业伦理道德是企业在处理内外关系时应遵循的行为规范和准则，这些行为规范是通过社会舆论、内心信念和传统习惯等非强制性手段作用于企业及个人的，企业伦理不具有法律法规、制度的强制约束力，但它能通过积极的示范效应和感染力来影响企业及其相关成员的行为。

（二）关注和实施企业伦理的必要性

企业伦理兴起于 20 世纪 20 年代的欧美国家，最初只是在神学和哲学范围内探讨与个人道德相关的企业伦理问题。随着 20 世纪 60 年代开始的消费者运动，对消费者权益和环境的关注促进了企业伦理的快速发展。20 世纪 70 年代，企业伦理学逐渐发展成一个新的研究领域，获得学术研究者、机构团体、政府的广泛关注。进入 21 世纪，企业伦理问题日趋复杂，伦理失范带来巨大的社会影响，迫使相关主体提高了企业的伦理标准，一系列由商业和非政府组织推出的标准规范纷纷出台，如 SA 8000、ISO 26000 等，另外各国政府也出台相关法律法规，如美国 2002 年的《萨班斯–奥克斯利法案》和我国 2008 年实施的《中华人民共和国反垄断法》等。随着未来经济全球

化和跨国企业的进一步快速发展，企业伦理将对企业的可持续发展至关重要。

总之，企业伦理是企业发展的必然产物，现代企业必须高度重视，原因在于以下几点。

（1）企业在追求自身利益的同时，必须兼顾社会责任。作为独立的经济实体，企业的根本目的是发展和盈利，但由于外部不经济、不正当竞争等原因，企业生产经营过程中很可能对社会福利造成危害，如环境被污染、食品不健康等。工业化进程已经证明，过度的市场自由化会造成严重不良后果。

（2）作为企业公民，企业有义务遵守社会规范，实现社会多重目标。企业是现代社会的重要组织形式，企业经营活动具有广泛性和渗透性，对社会有巨大影响。如果企业无视伦理道德，诸如员工保护、消费者权益、环境污染等社会问题将无法解决，整个社会将无法可持续发展。

（3）企业伦理是法律法规的重要补充。其原因是：第一，法律是企业应遵循的最低标准，法律只规定何种行为是禁止的，但不能指明何种行为是社会倡导的，而企业伦理反映了企业行为的理想状况；第二，法律往往滞后于社会实践，曾经合法的行为，可能随着社会价值观或者环境的变化，演变成伦理问题，引起社会各个主体的关注，并可能最终制定相关法律来约束企业行为，如金融危机后一系列法律的出台。因此，企业伦理是法律的先导。

（三）实施企业伦理的意义

基于社会相关主体的要求，现代企业必须重视企业伦理，于是越来越多的企业从被动遵守转变为主动实施企业伦理。因为企业日益意识到改善企业伦理行为的意义所在，看到企业伦理对财务绩效的正向影响。实施企业伦理的重要意义体现在以下几个方面。

1. 提高员工绩效

良好的伦理文化能使员工获得企业的善待和尊重，企业履行社会责任能增强员工对企业未来发展的信心，从而使员工的工作绩效水平大幅提升、忠诚度增强、流失率降低。

2. 提高顾客满意度

注重伦理道德的企业会持续关注顾客需求，寻求与顾客建立长久关系，企业的社会责任感会使消费者感到安全、信任，提升品牌形象和顾客满意度。

3. 提高投资者投资意愿

现代投资者关注企业的伦理道德，更倾向于投资给有社会责任感的企业，因为这样的企业有更好的经营业绩和更长远的发展，更能保证投资者的回报；而投资者的青睐又反过来促进了这些企业的发展，形成良性循环。

4. 有利于实现企业的可持续发展

企业如果过度追求短期利润最大化，极可能损害消费者和社会的利益。因此企业必须正确处理长期利益与短期利益、企业利益与社会福利的关系，从而获得利益相关者的支持，为企业发展赢得更多社会资源，确保企业的可持续性发展。

总之，实践表明，积极践行企业伦理能够给企业带来更高绩效，增强企业竞争力，企业伦理正成为企业长远战略规划的一部分。

二、利益相关者

企业伦理主要涉及企业处理与内外部利益相关者之间关系的伦理原则和道德规范，也就是说，企业伦理反映了利益相关者的价值观，以及他们对企业社会责任的期望。确立利益相关者导向有利于企业有效管理企业伦理。

1984年，弗里曼在《战略管理：利益相关者管理的分析方法》一书中，首次明确提出了利益相关者理论。该理论认为企业的发展不可能离开各利益相关者的投入或参与，企业追求的应是利益相关者的整体利益，而不仅仅是某些主体的利益。

小链接 11-1: 强生的信条

利益相关者理论提供了很好的企业伦理分析方法和思路，有利于理性、系统地分析企业与相关利益主体之间的复杂关系。

（一）利益相关者的概念与类型

1. 利益相关者的概念

利益相关者是指与企业生产经营行为和后果具有利益关系的群体或个人，其活动能够影响或者改变企业的目标及行动，同时也会受到企业经营行为的影响。

利益相关者与企业的生存发展密切相关，他们为企业投入一定的"专用性投资"，或者在企业中投入实物、人力、财务等资本，并分担部分经营风险；或者为企业经营付出一定代价；或者对企业进行监督和制约……利益相关者对企业的权力取决于其对企业经营发展的重要性，企业有必要满足利益相关者的期望，平衡企业与利益相关者的关系。

2. 利益相关者的类型

不同类型的利益相关者对于企业管理决策的影响以及被企业活动影响的程度是不一样的，因此我们有必要对利益相关者类型进行界定。

1）多维细分法

Freeman 将利益相关者分为三类：①所有权利益相关者。他们持有公司股票，如董事会成员、经理人员等。②经济依赖性利益相关者。他们与公司有经济往来，如员工、债权人、消费者、供应商、竞争者、地方社区、管理机构等。③社会利益相关者。他们与公司有社会利益上的关系，如政府机关、媒体以及特殊群体。

Frederick（1988）从利益相关者对企业产生影响的方式来划分，将其分为直接的利益相关者和间接的利益相关者。直接的利益相关者就是直接与企业发生市场交易关系的利益相关者，主要包括股东、企业员工、债权人、供应商、零售商、消费商、竞争者等；间接的利益相关者是与企业发生非市场关系的利益相关者，如中央政府、地方政府、外国政府、社会活动团体、媒体、一般公众等。

Wheeler 将社会性维度引入利益相关者的界定中。部分利益相关者与企业的关系直接通过人的参与而形成，称为有社会性；部分利益相关者却不具有社会性，即不是通过实际存在的具体的人与企业发生联系，如自然环境、人类的后代、非人物种等。结合 Clarkson 提出的紧密性维度将利益相关者分为四类：①主要的社会性利益相关者，具备社会性和直接参与性两个特征；②次要的社会利益相关者，具备社会性，但与企业形成间接关系，如政府、社会团体、竞争对手等；③主要的非社会利益相关者，他们对企业有直接的影响，但是非社会性的，如自然环境、人类的后代等；④次要的非社会利益相关者，不具备社会性和直接性，如环境保护集团、动物利益集团等。

2）米切尔评分法

米切尔评分法将利益相关者的界定与分类结合起来，由美国学者 Mitchell 和 Wood 提出。他们认为，企业的利益相关者必须至少具备权力性、合法性、紧急性三个属性中的一种，利益相关者的重要程度，取决于这三个属性上的累积效应，可分为三种类型：①确定型利益相关者。他们同时拥有三个属性，是企业首要关注和密切联系的对象，包括股东、雇员和顾客。②预期型利益相关者。他们拥有三种属性中的任意两种。例如：同时拥有合法性和权力性，如投资者、政府部门等；有合法性和紧急性的群体，如媒体、社会组织等。③潜在型利益相关者，他们只具备三种属性中的其中一种。

（二）如何实施利益相关者导向

不同利益相关者对企业的影响程度不同，对企业伦理问题也不可能保持一致的意见，企业必须平衡各方利益，因此企业有必要根据利益相关者理论进行分析，并设定一些流程进行伦理管理。

1. 识别利益相关者

首先，识别出对公司有影响的利益相关者，并对其进行分析。应该注意的是，利益相关者与非利益相关者的界限并不十分清晰，"彼此制约力"只是定性分析，无法精准度量。

其次，分析各个利益相关者拥有的权力以及对企业影响的权重，勾画出各团体之间的关系。

2. 分析利益相关者的议题

首先，了解并描绘各个团体关切的企业行为，了解资料的途径包括一手资料（如调研访谈、网络论坛等）、二手资料（如新闻评论、论文文献等）。

其次，根据各个利益相关者的重要性和影响力，判断企业目前应高度重视的议题。

再次，分析相关议题与企业价值观、企业文化的一致程度，企业应当多关注一致程度高的社会责任议题。

最后，分析利益相关者就该议题的观点是否与企业存在矛盾冲突，复杂议题应尽量确保多方的合作。

3. 确定并落实相关议题

首先，根据相关议题的重要程度以及与企业利益、价值观的匹配程度，确定企业当前应重点关注的议题。例如，麦当劳作为快餐企业，主营食品存在高热量、高脂肪的隐患，而今天的消费者日益重视食品健康问题。因此，麦当劳推出了"制胜计划"，获得了巨大成功。

其次，明确议题后，企业应制订具体的社会责任行动方案，并分配相关资源，全员协调，贯彻执行。

4. 获取利益相关者的合作与反馈

首先，积极宣传推广企业的伦理议题或社会责任项目，获取相关利益者的关注，力争取得他们的合作。

其次，通过调研获取利益相关者的反馈，包括关注程度、对方案的看法和建议等。

最后，根据反馈情况，确定继续执行或调整，也为以后的伦理管理提供参考。

三、营销伦理及其失范现象

营销伦理作为企业伦理的一个分支，伴随消费者保护运动的发展，受到社会各方的高度关注，也是企业伦理最重要议题之一。

（一）营销伦理的概念及特点

1. 营销伦理的概念

营销伦理是营销主体在从事营销活动中所应具有的基本道德准则，即如何处理营销活动过程中与企业各利益相关者之间关系的准则。简单说，就是处理营销活动过程中利益各方相互关系的准则。

营销伦理用于判断企业的营销活动是否满足消费者及社会相关主体的需求和利益，能否促进消费者及社会福利的最大化。

2. 营销伦理产生的背景及原因

20 世纪 70 年代以来，市场营销进入后营销时代，企业营销活动的关注点从"简单满足顾客当前需求从而获取盈利"逐步转变为"如何把企业盈利目标与企业的社会责任相结合"，即基于一定的伦理道德准则进行营销。为什么出现这种转变？其主要原因有以下几个。

（1）消费者权益保护。由于生产者与消费者之间的产品信息不对称，相对来说，消费者处于弱势地位，部分企业滥用权力，侵犯消费者权益。20 世纪初，政府、相关社会团体和消费者共同发起一系列消费者保护运动，迫使企业必须正视保护消费者的责任。

（2）环境保护。20 世纪 60 年代，随着工业化进程的快速发展，工业化的负面效应呈现，污染、生态破坏、资源短缺等环境问题日益严重，菲利普·科特勒提出社会营销观念，要求企业的营销活动应基于消费者的长期需求和社会的长期福利。

（3）企业可持续发展的要求。20 世纪 80 年代，随着对环境和人类发展问题的深入探讨，可持续发展概念成为公众焦点，企业的可持续发展和可持续营销也开始受到企业重视。企业从早期的高速"量"增长，转为追求"质"的发展，追求盈利与社会责任并重。

3. 营销伦理的特点

由于市场营销活动的独特特性，因此营销伦理也具有其他企业伦理议题不具备的特性。

（1）外向性。企业通过营销活动连接消费者，向外输出产品或提供劳务以盈利，营销活动的外向性决定了营销伦理的外向性。

（2）广泛性。企业的产品或服务针对的是众多消费者或客户，企业规模越大，市场占有率越高，其营销伦理的影响面也就越广。

（3）紧密性。消费者购买企业的产品或服务后，便与企业形成了直接而紧密的利益关系，企业的营销行为决定了消费者的需求能否被满足，消费者对企业的满意度和忠诚度直接决定企业的赢利目标能否完成，而营销伦理直接维护着这一利益共同体。

（4）持久性。实践表明，较高的伦理水平能给消费者带来超值的享受，并提升消费者忠诚度，因此企业会致力于按照一定的营销伦理水平来维护这一利益共同体，实现利润的稳定增长。

拓展阅读 11-1: 消费者的个人信息保护

（二）营销伦理的失范现象

市场竞争的严酷性就是优胜劣汰，这就要求企业提高整体素质，包括提高营销伦理水平，运用现代营销思想来开展营销工作。但目前有相当数量的企业为了追求眼前利益，它们不是致力于加大科技投入、提高生产率、降低成本，不去努力加强全面管理、提高产品质量、增强竞争力，而是在营销中采取各种卑劣的手段，投机钻营，造成营销伦理的严重丧失。究其本质，这些企业缺少法律、道德意识，是严重的利己主义思想在支配着它们的营销活动。

具体来说，企业的营销伦理失范主要表现在以下几个方面。

1. 市场调研的伦理失范

市场调研由于涉及公众信息问题，特别是近年随着互联网发展带来的个人信息泄露，市场调研的不道德行为越来越受到关注。根据市场调研涉及的主体，主要分为三个方面。

（1）与消费者相关的调研伦理问题。通过市场调研，企业可以获得大量的有关顾客的个人数据，如果缺乏必要的用户隐私保护政策和措施，用户提供的个人身份、联系方式、健康状况、信用和财产状况等信息很容易被窃取和被侵犯。甚至个别企业故意出售相关信息用于盈利，对消费者造成恶劣影响。

（2）与竞争者相关的调研伦理问题。企业不仅需要了解目标消费者，也需要深入了解自己的竞争对手，获知竞争对手信息和动态对于企业取胜至关重要。这就可能导致部分企业采用非法手段刺探竞争对手信息，如秘密窃取、利诱或胁迫等。

拓展阅读 11-2: Facebook
五千万用户数据遭滥用

（3）与委托人相关的调研伦理问题。企业等组织如果委托市场调研专业人员或机构进行市场调研，二者之间也会形成伦理问题。例如，调研从业者可能出于节约成本，导致无法保证调研信息的真实性和科学性；调研从业者可能泄露委托人信息等。

2. 产品策略的伦理失范

产品是满足消费者需求的基本要素，常见的伦理问题主要有以下几个。

（1）产品质量和产品安全。产品质量伪劣直接损害消费者利益，如果引发产品安全问题，则不仅关系到经济发展，而且危害社会稳定。企业为了追求降低成本、追求高额利润，可能忽视质量监控，甚至恶意造假，如使农民颗粒不收的"假种子"、三鹿乳业的三聚氰胺事件、瘦肉精事件等，近年来我国的食品安全问题已经造成了极其恶劣的社会影响。

（2）产品召回。因产品设计上的失误或生产过程中的错误而产生的缺陷产品，大批量投入市场后，将较大范围危及消费者安全或危害环境。召回制度是针对已经流入市场的缺陷产品而建立的，通过相关法律和行政规定，监督或强制企业对缺陷产品进行收回、改造等，并采取措施消除产品缺陷，以维护消费者权益。由于各国召回制度不同，执行的力度也不相同，因此企业应自觉承担责任，主动召回。

（3）假冒产品。假冒产品是指使用不真实的厂名、厂址、商标、产品名称、产品标识等从而使消费者误以为该产品就是正版的产品。有些企业直接仿造名牌产品，常见的是仿造香奈儿等奢侈品；有些企业故意模仿名牌产品的商标、品牌或者外观等，往往差别细微，很难识别，故意使消费者发生混淆。假冒产品不仅让消费者买到名不符实的产品，也严重侵犯了名牌产品的利益，甚至形成劣币驱逐良币。

（4）包装设计。常见的问题主要有：一是包装信息不真实，包括故意用非正常尺寸的包装来吸引消费者的眼球，造成价格比较的困难，或者模仿名牌产品包装，误导消费者；二是过度包装，主要体现在包装层次过多和包装材料过于昂贵，过度包装不仅误导了消费者，也造成资源的浪费。

拓展阅读 11-3：食品安全问题

3. 渠道策略的伦理失范

营销渠道能够有效促使制造商产品顺利被消费者使用或消费，渠道中各个主体利益是一致的。但各个主体的独立性，决定了个体利益会与渠道整体利益有冲突，由此导致了渠道的伦理问题，主要包括两个方面。

（1）零售环节。该环节主要反映零售企业与消费者之间的关系，包括：零售价格的制定采用价格欺诈等非伦理定价行为；商品销售过程中为达成销量，可能夸大产品功效、隐瞒产品真实信息等。

（2）制造商与中间商之间以及中间商之间的关系。渠道成员之间的权力并不均衡，某个成员可能利用渠道权力从其他成员手中获取更大利益。例如，生产商与中间商未能完全履行相关经营合同，生产商供货不及时或供货不足，中间商返款不及时，零售商收取进店费用等。另外，一些特殊的渠道会产生特有的渠道伦理问题，如特许经营、直销、灰色市场等。

4. 促销策略的伦理失范

促销本质上是与消费者的信息沟通，由于信息不对称，企业往往凭借信息优势，诱导或欺骗消费者，获取企业的非法利益。其方式主要有：①促销时夸大产品的特色或性能，透露虚假信息；②采用有偿新闻，非法利用网络水军等不正当的公共宣传手段；③采用虚假抽奖、附赠伪劣产品等手段引诱或操纵消费者关注和购买产品，进行蒙骗销售；④采用贿赂、送礼、回扣、宴请、娱乐等不正当的行为进行促销。

常见的促销手段包括广告、公共关系、营业推广、人员推销等，企业在运用这些手段时都可能产生伦理问题。例如，广告的伦理问题有虚假广告、媚俗广告、歧视广告等；人员推销的伦理问题可能有诱导顾客、顾客歧视、不正当手段获取竞争者信息等。

5. 定价策略的伦理失范

价格直接决定了企业的利润，部分企业为追求自身利益最大化，进行非伦理定价，攫取不正当的高额利润，不仅损害消费者的利益，也破坏了正常的市场秩序，形成恶性竞争或不正当竞争，造成经济秩序的混乱。常见的非伦理定价有价格欺诈、暴利价格、价格歧视、掠夺性定价、垄断价格等。

规范非伦理定价需要政府、企业、媒体等社会各方面的共同努力，具体措施包括完善市场体系、完善价格法律监管、强化企业信息披露义务、加强媒体监督、提高企业道德水平、强化消费者保护意识等。

（三）我国营销伦理的现状与问题

经过 40 多年的改革开放，中国企业经历了从粗放式增长到可持续发展的转变，企业的伦理道德水平不断提高，但是相对于发达国家，我们尚存在差距，主要表现在以下几个方面。

（1）环保问题。中国早期的工业化的快速发展一定程度上是以环境污染作为代价的，地方政府唯 GDP（国内生产总值）论，不仅不限制发达国家的高污染企业进入，甚至给了一定的优惠政策。另外，中小企业为降低成本，随意排污，而政府对重大污染事件处理不当甚至不作为。近年来，政府高度重视环保问题，2017 年 10 月，党的十九大提出必须树立和践行"绿水青山就是金山银山"的理念，并加大力度整治环境污染，取得了非常好的治理效果。

（2）食品安全和假冒伪劣。部分企业为谋求短期利益不择手段，制假售假，采用假冒伪劣商品欺骗顾客，获取暴利。例如，假羊肉、假保健品、仿造名牌包等。其中也不乏一些大企业，如三鹿乳业的三聚氰胺事件，特别需要引起政府高度重视的是食品安全问题，瘦肉精、染色馒头、陈馅儿月饼等事件层出不穷。

（3）虚假宣传、夸大宣传、低俗宣传。部分企业的发展重点不是放在如何研发制造满足消费者需求的产品，而是通过虚假、误导、夸大式宣传来吸引消费者的注意，谋求短期的暴利。例如，部分保健品企业采用诱骗式的宣传，对社会、消费者都造成了巨大的伤害。

（4）不正当竞争和恶性竞争。无形的手能够发挥作用需要公平、法治的市场环境，有部分企业利用法律和制度的漏洞，采用不正当竞争手段，如收受贿赂、垄断、欺诈消费者等，严重危害了市场秩序。另外，价格战似乎成了中国企业竞争的主要手段，往往引发行业的恶性竞争。中国作为世界制造工厂，物美价廉是美誉，但一味依靠廉价，企业不可能持久发展，过度的价格战对企业、消费者乃至整个行业都是极为有害的，甚至有些企业为了降低成本，以次充好，欺骗顾客，为社会所不能容忍。

第二节 消费者与社会责任

企业伦理与企业责任有着紧密的联系，部分学者认为二者是等同的，可以相互替代，而部分学者认为有所区别。企业伦理是指企业经营活动中的伦理道德规范和准则；社会责任则是一种社会契约，突出了企业与社会的影响力。当然，无论持何种观点，二者之间都有密不可分的关系，主要体现在以下几个方面。

（1）二者产生背景相同。二者都是源于20世纪开始的快速工业化进程，企业在高速发展过程中对社会、消费者、环境造成了极大伤害，迫于社会压力以及企业可持续发展的需求，企业开始关注企业伦理和社会责任。

（2）企业伦理关系是企业社会责任研究的逻辑出发点，对于不道德商业行为和企业社会责任问题的思考催生了企业伦理，把企业伦理规范作为经营管理的手段，最终表现为承担企业社会责任。

（3）企业社会责任的核心是伦理责任。狭义的企业社会责任主要是指企业伦理责任，企业承担社会责任，本质上就是要求企业注重伦理道德。

一、企业社会责任观

企业社会责任是工业化发展进程中的社会产物，1924年，谢尔顿首次提出了"企业社会责任"的概念。1953年，"企业社会责任之父"鲍恩在其著作《商人的社会责任》中指出：商人有义务按照社会所期望的目标和价值来制定政策、进行决策或采取某些行动。从此开启了社会对企业社会责任的关注和研究。

对于企业应该承担什么样的社会责任，历史上有两种主要观点：股东利益最大化，企业应该承担一定的社会责任。

（一）股东利益最大化

股东利益最大化理论的主要内容是：企业作为经济实体，获取利润是企业的天职，而股东是公司的所有者，他们的资本投入构成了企业的财产，也因为其投入的资本承担了企业的经营风险。所以股东应享有公司的剩余控制权和剩余收益权，企业管理者应服务于股东的利益最大化。

股东利益最大化理论是基于自由企业体制和私有财产制度，有其一定的合理性，代表人物是弗理德曼。他认为：股东是公司的所有者，资源不能用在为股东谋取福利的地方，就如同未经股东同意乱花他们的钱。企业有且只有一样责任，即在游戏规则（公开的、自由的、没有诡计和欺诈的）竞争范围内，为增加利润而运用资源开展活

小链接 11-2：宝万之争

动。解决社会问题是政府应该做的,而不是企业应该做的。股东利益最大化理论反映了传统狭隘的企业社会责任观,随着社会实践的推进,企业应承担社会责任的观点成为主流观念。

（二）企业应该承担一定的社会责任

企业是社会的产物,也是社会的重要组成部分,它的经营和发展会影响相关社会群体,也会被社会所影响,企业不可能狭隘地追求自身利益最大化,同时还应对社会需求作出积极的反应,这样才能获得长期可持续的发展。赞同企业承担社会责任的研究理论很多,这里主要介绍以下两种。

1. 利益相关者理论

前述简要介绍了弗里曼的利益相关者理论,它是企业社会责任理论的重要依据,直接驳斥了股东利益最大化理论。现代企业除了股东投入的物资资产外,还包括人力资本、专有技术、品牌等无形资产。除股东之外的利益相关者也为企业投入一定专用性投资,同时也承担了一定的企业经营风险,企业发展离不开所有利益相关者的投入式参与。因此,企业必须回应并综合平衡所有利益相关者的相关要求,而不应只考虑股东这个单一主体的利益最大化。

2. 社会责任金字塔模型

1983 年,阿基·B. 卡罗尔根据企业和社会关系的四个层面,提出了关于企业社会责任的层次模式,又称社会责任金字塔模型,这成为企业社会责任思想的基础。阿基·B. 卡罗尔认为,企业社会责任是指一定时期内社会对企业所寄托的经济、法律、伦理和自由决定（慈善）的期望。从企业考虑的先后次序及重要性而言,经济责任是最基础的,法律的、伦理的以及慈善的责任依次向上递减（图 11-2）。

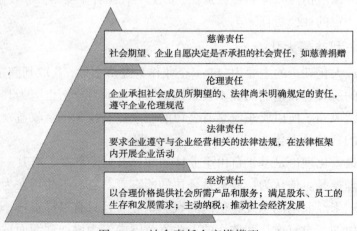

图 11-2 社会责任金字塔模型

二、企业社会责任的概念与内容

（一）企业社会责任的概念

根据众多学者对企业社会责任（corporate social responsibility，CSR）的研究，出现了许多企业社会责任的精彩定义。例如，斯蒂芬·罗宾斯认为，企业社会责任是指超越法律和经济要求的，企业为谋求对社会有利的长远目标所承担的责任。孔茨认为，企业的社会责任就是认真地考虑公司的一举一动对社会的影响。凯恩·戴维斯认为，企业社会责任有两面性，一面是企业社会责任的经济性，另一面是企业社会责任的非经济性，要求决策者在谋求企业利益的同时，对保护和增加整个社会的福利方面所应承担的义务。

基于上述观点，我们认为，企业社会责任是指企业应当承担的对所有企业利益相关者的责任，这些责任包括经济、法律、伦理以及其他企业自愿承担的责任。

（二）企业社会责任的内容

根据卡罗尔的金字塔理论，企业社会责任可划分为基本社会责任和非基本社会责任。

1. 企业的基本社会责任

基本社会责任是企业必须承担的责任，如果不承担，企业将会受到市场、社会公众或法律的制裁。其包括经济责任和法律责任。

（1）经济责任。经济责任是由企业的基本经济特性所决定的。早期的经济责任被定义为股东利益最大化，随着社会发展，经济责任的内容不断扩充，主要包括：①为消费者提供价格公道、安全可靠的商品；②降低交易成本，提升经营效率（包括企业自身效率和社会整体效率的增加）；③公平合理地进行利益分配，兼顾股东和其他利益相关者的利益。

（2）法律责任。法律责任又称强制责任，是指法律法规规定的企业必须承担的基本社会责任，是对企业的硬性约束，以国家强制力来保证企业履行。最基本的法律责任包括：合法经营并依法纳税，不得危害和污染环境保护，员工权益等。

法律责任的内容随着社会发展而变化，这是由于社会经济的发展不断引发新的社会和经济问题，因此国家不断出台新的法律法规来规范企业经营，维持社会的整体福利。例如，2008年，我国实施反垄断法，可口可乐收购汇源被禁止，成为新法实施后的第一个案例。

2. 企业的非基本社会责任

非基本社会责任是指社会所期许的、企业不是必须承担的社会责任。企业承担非基本社会责任，不能依靠经济利益和法律约束，只能依靠企业的伦理自觉。其包括伦理责任和慈善责任。

（1）伦理责任。伦理责任又称道义责任，它是社会期望或禁止的，而法律没有约束的企业行为和活动，是企业社会责任的核心。法律是最低限度的道德要求，而道德是对企业更高要求的社会规范；法律责任是强制的，而承担道德责任是企业自愿的、主动的。

企业在经营管理实践中应遵守的伦理道德责任包括：①企业生产经营活动中的道德责任；②企业劳动关系中的道德责任；③全球化进程中的道德责任。

（2）慈善责任。慈善责任是公司自由裁量的责任，公众期望企业能够将收获的财富适度地回馈社会，用于慈善公益目的。卡罗尔指出，慈善责任由企业自由裁量，公司可以自主决定将资源用于公共福利、人道主义、教育或慈善目的的捐助。在中国，主要可进行教育、救灾、扶贫、医疗方面的捐助。

很多人经常把企业社会责任等同于慈善责任，这是一种误区。慈善责任不仅不是社会责任的全部，甚至不是最主要的社会责任。

三、消费者与企业社会责任的关系

在现今激烈的市场竞争条件下，消费者的选择决定了企业的利润，也是企业生存发展的关键决定要素。消费者是企业最主要的利益相关者，现代企业社会责任的产生来源于消费者保护运动。因此，我们有必要探讨消费者与企业之间的关系，以及企业对消费者应承担的社会责任。

（一）企业与消费者关系

消费者对现代企业的重要性不言而喻，传统观点认为，企业和消费者之间仅仅是互利的经济关系，这是不全面的。我们可以从以下三个维度探讨。

1. 经济关系

作为经济组织，获取利润是企业生存发展的基本动力，而收入和利润来自消费者的购买和支持，企业应主动地发现和满足消费者需要；另外，消费者需求的满足依赖于企业的专业化、规模化生产提供给消费者更低成本或更高功能的产品和服务。因此，双方形成了互惠互利的交换关系，这种关系是企业与消费者之间的关系基础。

2. 法律关系

理论上来讲，企业与消费者之间的互利经济关系，可以通过市场"无形的手"来实现。但是，由于大多数消费者缺乏专业的知识和手段，无法准确了解企业的产品和服务，相对企业处于劣势地位，企业可能利用这种优势来进行欺诈。因此，政府通过法律法规来严格约束企业可能的违规行为，维护消费者权益，同时也赋予消费者一定的权利，如安全权、知情权、选择权等，二者之间形成了法律关系。

3. 伦理关系

互利的经济关系是市场营销观念的体现，而随着经济发展，生态市场营销观念、社会市场营销观念诞生。这些新观念是基于社会和企业的可持续发展，需要平衡消费者的短期利益与长期利益以及平衡企业、消费者与其他利益相关者之间的利益。这就要求企业主动承担社会责任，提高伦理道德水平。因此，企业不能仅满足消费者当前需求，而是应做到从消费者的长远利益出发，合理引导需求，包括消除对消费者有潜在不利影响的需求，如高脂肪产品；消除对社会有害的需求，如减少一次性产品；通过创新行为不断满足消费者新的需求；应该对消费者适当关心，预防和提醒可能产生的对消费者的危害。

总之，企业与消费者的关系是以经济关系为基础，以相互关联的法律关系、伦理关系为表象的综合体系。

（二）消费者对企业社会责任的关注

现代消费者越来越关注企业社会责任的相关议题，也越来越倾向于选择富有社会责任感的企业所生产的产品和服务。

1. 关注企业社会责任的原因

对于企业来说，消费者大致有两种身份，不同身份决定消费者对企业社会责任关注的原因和关注重点不相同。

（1）作为企业产品或服务的消费者。作为购买者、消费者和评价者，消费者的自身利益与企业息息相关。由于信息不对称，消费者很难掌握产品和服务的全部信息，包括原材料、成本、技术等，相对处于劣势地位，从而给企业的不道德营销提供了机会。因此，消费者通过政府法律、消费者保护活动、自身维权等手段，对企业的相关社会责任提出了要求，如产品信息的真实披露、消费者隐私信息保护、免受问题产品危害等。

（2）作为社会成员的消费者。传统的西方工业文明是以摧毁人类基本生存条件为代价来获得高速增长的。因此，1980 年 3 月，联合国大会首次使用了可持续发展概念，随后可持续发展战略成为世界的共识，经济增长不再是社会发展的主要目的，而是经济、社会、文化、环境四个方面的协调和发展。作为社会成员的一部分，为了社会的可持续发展，为了人类的长远利益，每个消费者都有义务，也应该积极地持续关注相关的社会问题。例如，环境保护、资源危机、抵制象牙等不正当消费，这些关注也促进了企业伦理行为的改变。

2. 关注企业社会责任的意义

从短期来看，消费者对企业社会责任的关注会给企业带来更高的成本，但长期来看，将会给企业带来更高的财务收益，这已为大量的社会实践所证明。

（1）企业社会责任履行的程度与消费者的购买意愿呈正相关关系。众多研究表明，企业履行社会责任能够增强消费者对企业产品和服务的感知质量，提高企业声誉，提升消费者对企业及其产品的信心，从而大大增强消费者的购买意愿。特别是现今的消费者对企业社会责任的意识日渐增强，负责任的企业更能够获得消费者的青睐。

（2）消费者对社会责任的持续关注将对企业的可持续发展形成显著的推动力。菲利普·科特勒和加里·阿姆斯特朗提出可持续市场营销的五条基本指导原则：消费者导向市场营销、消费者价值市场营销、创新性市场营销、使命感市场营销以及社会营销。这些原则说明企业要实现可持续发展，就必须真正从消费者的利益出发，通过创新经营、切实改良以及创造产品，为消费者创造卓越价值，这样才能与消费者建立持久的、可盈利的关系。因此，消费者对企业社会责任的关注将驱使企业重视长久的可持续发展，真正提高了企业的长期经营能力和盈利能力。

（3）提高企业的长期财务绩效。企业社会责任与财务绩效的关系一直是理论研究的热点，大量研究表明，企业社会责任与财务绩效之间存在正相关的紧密关系。履行企业社会责任对财务绩效的影响表现在：善待员工能提高人力资源的素质，赢得消费者和投资者的青睐；提升企业的社会形象和声誉，赢得更多顾客等。因此，企业履行社会责任能从多方面改善企业长期财务绩效。

（三）企业对消费者的社会责任内容

企业对其产品或服务的消费者应履行的基本社会责任包括以下几个方面。

（1）企业应以消费者需求为导向，根据消费者需求进行产品的设计开发和生产制造，确保产品的品质和安全性，提供必需的服务，通过赢得消费者的选择和购买来获得企业利润，这是企业最基本的社会责任。

（2）提供真正让消费者满意的产品和服务，为消费者创造卓越价值。满足消费者现有需求是企业的基本职责，满足消费者的长远利益是最终目的。为此，企业必须创新经营，致力于技术研发，不断改良和革新产品和服务，从"满足需求"转向"引领需求""创造需求"，为消费者带来更高价值。

（3）倡导文明健康的消费观念。一味迎合消费者需求，并不是一个负责任的企业。有些消费者的需求低俗或对社会有危害，如吸烟；有些需求会损害全社会的福利，如一次性产品的过度使用，因此企业还应合理引导消费者的需求。

（4）尊重和保护消费者的合法权益，不得欺诈消费者和非法获取暴利。常见的欺骗消费者行为有：①欺骗性促销，夸大产品性能，虚假宣传；②欺骗性包装，如不实包装、过度包装等；③欺骗性定价，如价格歧视、价格欺诈等。另外，还必须尊重和保证消费者的相关合法权益，如消费者隐私信息保护、消费

拓展阅读 11-4：可持续市场营销

者知情权保护等。

第三节 善因营销

进入 21 世纪以来，一方面，市场竞争日趋激烈，企业面临盈利压力；另一方面，金融危机、产品安全、环境污染等社会问题使得消费者高度重视企业的社会责任，而慈善责任作为企业自由裁量、自愿履行的责任，也逐渐成为消费者衡量企业社会责任的标准之一。面对市场竞争和社会责任的双重压力，善因营销能够很好地将企业的利润目标与社会公益事业相结合，实现企业、公益组织、消费者的多赢，从而越来越受到企业的青睐和重视。

一、善因营销的概念与运作模式

（一）善因营销的概念

善因营销（cause-related marketing）又称为事业关联营销。最早它是由美国学者 Varadarajan 和 Menon 提出的，1988 年，在他们撰写的《善因营销：营销战略和企业慈善的调整》一文中，善因营销被定义为"一个制定和实施营销活动的过程，这个过程的特点是：在顾客参与满足组织和个人目标的产品交换的同时，企业向特定的慈善事业提供一定数量的捐赠"。强调以交易为基础的推广活动或者称其为销量决定型活动成为善因营销的主要形式[①]。该定义当时应用极其广泛，但它将善因营销限制于产品的销售过程，具有一定局限性。

随后，善因营销的定义得到扩展：Andreasen（1996）认为善因营销的范围更为广泛，公司联合非营利组织所开展的营销活动，并给企业的市场销售带来直接或间接的影响，都能称为善因营销[②]。菲利普·科特勒提出，善因营销是企业基于其产品的销售状况来为某项特定的公益事业捐款，或捐出部分营业收入。Sue Adkins（2006）在其著作《善因营销——推动企业和公益事业共赢》中将善因营销的范畴扩展到最大，一切与公益事业相关的公共关系、广告、促销、直销和赞助活动，"都可以是善因营销活动的一个形式或者一个组成部分"。"无论善因营销的定义有多少种，有一条主线是共通的：每个定义应该能够描述一个企业和一个慈善团体或公益事业之间的商业关系，同时合作的双方都能够明确地从这种关系中获取利益。"

基于上述学者的定义，我们认为：善因营销是指企业与非营利组织合作，将本企业的产品营销与相关公益事业相结合，对相关事业进行资助、捐赠或捐出部分营业收

---

① VARADARAJAN R P，MENON A. Cause-related marketing：a coalignment of marketing strategy corporate philanthropy[J]. Journal of marketing，1988，52：58-74.

② ANDREASON A R. Profits for nonprofits：find a corporate partner[J]. Harvard business review，1996，74（6）：47-69.

入，在促进公益事业发展的同时，达到提高企业产品销售、改善企业社会形象、实现企业利润的目的的活动。

（二）善因营销的特点

善因营销不同于一般的企业慈善活动，要深入理解善因营销的内涵，需要明确善因营销的几个特点。

（1）善因营销的主体是企业、非营利组织、消费者。企业和非营利组织合作，消费者参与，三者缺一不可。

（2）善因营销的主要目的是实现企业的营销目标，如扩大知名度、提升销售、改善公众形象等。相反，企业慈善的主要目的是利他性。

（3）善因营销注重企业与某个非营利组织之间的长期合作关系，而不单单是某项活动，同时双方都能明确地从这种关系中获取利益。

善因营销最早产生于美国。1981年，美国运通公司与"精美艺术团体"共同合作开展宣传活动，并把"cause-related marketing"这个术语作为一个服务标识在美国专利局进行注册。实质性的善因营销活动则是运通公司与"艾丽斯岛基金会"合作，捐款用于"自由女神像"的翻新，其策略是，消费者每使用一次运通卡，"艾丽斯岛基金会"将获得运通公司1美分的捐赠；每增加一名新开卡客户，该组织将获得1美元的捐赠，最后捐款高达170万美元。这项活动得到了广大消费者的支持，不仅为公益活动募集了大量的资金，同时运通公司也受益匪浅，运通卡的使用量增加了28%。

运通公司善因营销策略的成功引起了欧美其他公司的效仿，掀起了"善因营销"

小链接11-3：慈善与盈利的完美结合：TOMS的"one for one"

活动高潮，也出现了大量成功的案例。例如，化妆品公司雅芳的"雅芳乳癌防治活动"，著名女装品牌丽诗加邦的"反家庭暴力"活动，农夫山泉公司在2001年开展的"买一瓶农夫山泉，就为申奥捐出一分钱"活动……

（三）善因营销的运作模式

善因营销的运作模式如图11-3所示，企业是善因营销的主要执行者，企业寻找一

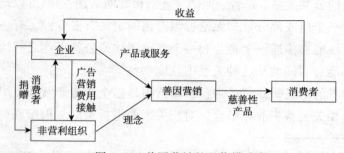

图11-3 善因营销的运作模式

资料来源：Barnes N G. Philanthropy, profits, and problems: the emergence of joint venture marketing[J]. Akron business & economics review，1991，22：78-86.

家非营利组织作为合作伙伴，兼顾企业的营销目标和公益目标，把企业产品营销与公益活动相结合，共同向消费者开展善因营销活动。消费者的反应是成功的关键，如果消费者认可，公益组织将获得企业的捐赠，企业也达到了产品营销的目的。其中的慈善性产品是指消费者购买该产品，然后由企业捐款给特定的慈善组织。

二、善因营销的正向效果及可能的弊端

善因营销作为一种新的营销方式，它把企业、消费者和社会利益有机地融为一体，不仅为买卖双方创造精神和物质价值，也提升了慈善募捐的社会效果，因而受到广泛支持。但是善因营销也存在一些对社会善因的潜在和现实伤害，可能导致善因营销被质疑。

（一）善因营销的正向效果

从善因营销运作模式来看，善因营销之所以受到重视，是因为它对于企业和非营利组织各方都是有好处的。

首先，一般来说，善因营销对营利性的企业来说是有好处的，这主要表现在以下几个方面。

（1）提升企业产品的营销管理效率，更有效达成企业利润目标。第一，增加销量。大多数善因营销活动基于产品销售，实践证明，消费者对公益产品的积极联想会增强消费者对企业产品积极的购买意愿，有效增加产品销量。第二，降低宣传成本。相比商业宣传，善因营销更能有效吸引消费者的关注度，获得社会认同，降低产品宣传推广的成本，更高效传达企业信息。第三，获得消费者的品牌认同感，提高顾客忠诚度。结合公益活动能激发消费者对企业品牌的积极态度，增加消费者支付溢价以及忠诚企业品牌的意愿。

（2）提升企业公众形象，增加竞争优势。未来企业的竞争将很大程度上取决于企业公众形象的竞争，美国一项对 469 家不同行业的企业调查表明：资产、销售、投资回报率均与企业的公众形象有着不同程度的正比关系。善因营销活动通过与公益事业的关联联想帮助企业建立差异化形象，激发消费者以及其他社会公众对企业及品牌的积极态度。另外，公益活动受众面广，针对性强，可以将企业核心价值有效传达给社会，从而提升企业公众形象，为企业增加竞争优势。

（3）履行企业社会责任，增强对企业利益相关者的吸引力。第一，现代企业必须是一家承担社会责任的、具有社会公民意识的企业。善因营销将履行企业社会责任与企业的营销目标相结合，如果活动实施得当，企业和社会公益事业可以相得益彰，互相提升。卡罗尔·科恩等人在《哈佛商业评论》中指出：通过赞助社会公益事业进行品牌建设，是将企业公民这一社会责任转变成宝贵资产的途径。第二，善因营销活动通过履行社会责任还能增强企业对其利益相关者的吸引力，包括企业的股东、消费者、

供应商以及企业的员工等。例如，企业参与社会公益事业能够塑造更好的公众形象，吸引并留住优秀人才，同时塑造符合社会道德规范的企业文化，能激励员工士气，增强员工凝聚力。

其次，善因营销对于非营利组织这方也有好处，这主要表现在以下几个方面。

（1）形成非营利组织的新融资渠道，弥补其运营资金的不足。由于绝大部分非营利组织没有固定的收入来源，个人捐赠数额不稳定，政府资助可能减少，而非营利组织运营成本却逐渐上涨，非营利组织迫切需要新的资金注入。企业的善因营销活动具有一定的长期性，而且金额相对较大，能够较好地支撑公益机构运营费用。

（2）提高公众对公益事业的关注度和知晓度。虽然越来越多的非营利组织开始关注公益营销策略，希望能够让更多的社会公众关注并参与其公益事业，但是由于资金、人才等的受限，非营利组织的营销管理尚不完善。通过善因营销活动，非营利组织可以与擅长市场营销的企业合作，吸引更多消费者以及其他社会公众的关注和参与，有效扩大公益事业的影响面。

（3）更好地发展公益事业，满足社会公众的服务需求。除了资金支持外，非营利组织还可以从企业的善因营销方式中获得更多的发展资源，如企业员工和目标消费者的积极参与与响应、新闻媒体的关注等。

（二）善因营销可能的弊端

尽管研究和实践都表明，善因营销在提高企业公众形象、提高顾客忠诚度、加强企业社会责任、提高产品销量等方面有极大正向作用，但同时也存在着社会对企业善因营销的动机，以及其对消费者、社会善因影响的质疑。

1. 从企业主体角度

（1）善因营销的实际效果在很大程度上取决于消费者对企业善因营销动机的感知，如果企业动机不是帮助社会善因，那么消费者的反应将是消极的，甚至是厌恶的。消费者常质疑的企业动机包括：企业利用善因营销达到盈利目的；企业利用非营利组织良好的声誉来掩饰它们低劣的产品；善因营销只是企业用来掩盖一些由企业直接或间接造成的社会问题的聪明策略。

（2）部分研究表明，善因营销对于消费者的实际影响力并不是那么显著。Docherty和 Hibbert 对英国从事善因营销的企业进行调查，结果表明：感知到善因营销的效果与实际取得的效果存在明显差异，善因营销可以提高顾客忠诚度和产品销量在实际活动中并无体现。Guido、Cees、Johan 研究发现，对于消费者选购产品来讲，消费者对企业社会责任的联想不能对其企业能力的联想形成支持，因而会影响到善因营销对消费者的影响力。[①]

---

① 樊建锋. 质疑善因营销——国内外的文献研究[J]. 商场现代化，2009（19）.

2. 从非营利组织角度

（1）有时善因营销可能会背离公益事业原有的公益目的。其包括：第一，导致公益活动过度商业化，非营利组织将难以平衡商业目标和公益目标；第二，非营利组织可能过度关注能够吸引企业捐款的公益活动，而忽视其他有价值、但是"没市场"的公益活动；第三，可能让消费者把消费产品与公益贡献等同，鼓励过度消费和不合理消费。

（2）影响非营利组织的经营能力。善因营销对社会善因造成伤害的根源在于企业与社会善因在合作过程中的权力不平等：合作中，非营利组织可能过度依赖企业，导致资金来源单一，如果企业停止捐助，项目将无法持续。另外，与企业合办善因营销必须投入大量资源，将使人力、物力有限的非营利组织更加困难。

三、善因营销成功的关键因素

善因营销有优势，也有一定的劣势，不是所有的善因营销都能成功，企业捐出利润不一定能获得好评，公益组织也不一定能名利兼收。例如，肯德基曾与一家乳腺癌研究基金会合作，每售出一个 KFC 全家桶，就向该机构捐赠 0.5 美元。但是通过推广高脂肪、高热量的食品来为乳腺癌研究筹款，对于公众和消费者来说，接受起来并不容易，活动效果也不理想。相似的例子还包括 2003 年美国儿童牙科医学会与可口可乐基金会结成的联盟。因此，成功的善因营销需要关注以下关键因素。

（一）企业与公益组织的价值观匹配

善因营销成功的关键在于企业的利润追求与公益组织的公益诉求相一致，即二者的价值观相匹配。价值观匹配度是指消费者感知到的公益事件与企业产品品牌形象的相似性或一致性程度。

研究表明，在善因营销活动中，企业品牌与公益事业的匹配度对消费者忠诚度有很明显的影响，匹配度越高，消费者越信任此品牌，从而间接影响消费者的购买意愿，高匹配度的活动比低匹配度的活动效果可能高出 5~10 倍。因此，企业做好善因营销的首要任务是选择与企业的性质、产品的特点相匹配的公益事业。

（二）长期持续

善因营销成功的必要条件是长期持续投资和重视。善因营销是一项长期的事业，并不是一项短期的促销计划。当企业考虑开展某项善因营销活动时，必须保证公司全体，特别是最高管理层明确这是一项长期承诺，做好人力、财力等长期投入的准备。

据 Barnes 的研究，持续性善因营销与一次性善因营销相比，可以有效帮助企业累积并提升知名度，从而给企业带来更高利润。企业善因营销的活动实践也充分证明了这点。麦当劳叔叔之家慈善基金会（Ronald McDonald House Charities）是世界上最负盛名的社会公益项目，已经持续运作了 30 多年时间；2019 年是帮宝适与联合国儿童基金会合作的第 14 个年头，截至 2015 年 9 月，"一帮一贫困儿童疫苗关爱计划"捐赠超过 3 亿支疫苗，帮助联合国儿童基金会挽救了约 50 万新生儿的生命，使 1 亿妇女及其新生儿免于罹患孕产妇和新生儿破伤风。

（三）积极但不过度宣传

首先，应当积极宣传，获得尽可能多的关注度和参与度。消费者的关注和参与是善因营销成功的基本条件，在注意力稀缺的时代，宣传沟通决定了能否获得消费者的关注，从而相当程度上决定着善因营销活动的成功率。因此，企业应当高度重视善因营销的宣传活动，投入资源，善用整合营销传播，合理使用一系列内部和外部的传播渠道，包括网络、年度报告、直邮和广告等。

其次，宣传与沟通应该适度。企业如果花费太多的资源和金钱宣传自己的慈善行为，很可能会引起消费者质疑企业善因营销的动机，当消费者感知到企业实施善因营销的动机不是利他的，会引起消费者的质疑、鄙视和批判，产生负面效果。例如，1999 年，菲利普·莫里斯公司出资 7 500 万美元捐助慈善事业，但公司花费 1 亿美元进行宣传，赞助数额和宣传成本不成比例，引起公众对该公司赞助社会公益事业诚意的质疑，结果适得其反。

（四）消费者参与

消费者是善因营销的重要主体之一，消费者对善因营销活动的认可与否直接决定了该活动的成败。研究表明，消费者的高介入度可以使其对该企业的善因营销活动持有积极的情感态度，从而获得消费者的积极反应。因此企业应采取合适的营销策略，让顾客参与和宣传公司的赞助项目。

例如，雅芳公司的"雅芳抗击乳腺癌之旅"已经深入人心，雅芳的销售代表定期向自己的顾客分发教育资料，并号召顾客一起参加徒步募捐活动。2014 年 10 月，第 12 届"雅芳抗击乳腺癌之旅"在纽约举行，雅芳行走纽约活动吸引了近 3 000 名参赛者的参与，分别来自美国 41 个州以及百慕大、巴西、加拿大、英国等地区和国家。此外，376 名乳腺癌幸存者参加捐款活动。活动共筹集了 700 万美元的善款，用于加快乳腺癌研究，改善诊断治疗条件，教育人们了解乳腺癌。雅芳成功地将公益活动的参与者变成了企业品牌的坚定拥护者。

（五）企业全员参与

除了企业最高领导层的重视和长期承诺之外，本企业员工的高度参与也是善因营销项目成功的关键因素之一。当善因营销融入自愿的成分，员工对企业的情感将得到进一步的升华。根据 Walker 信息公司针对志愿者和慈善活动所做的 2005 年全美企业员工基准研究，参与企业志愿者项目的员工中，73%的人认为企业对他们志愿活动的支持使他们对本职工作更加投入，此类志愿者活动使员工感到自己的亲身参与促进了社会的进步。因此，他们对慈善事业和企业的忠诚度也随之提高。沃尔玛、家得宝、雅芳公司、星巴克等企业都积极鼓励和支持员工参与慈善活动。

小链接 11-4

四、善因营销的实施步骤

越来越多的企业把善因营销作为企业长期战略之一，为其制订系统的、整体的长期规划，确保善因营销的成功。进行善因营销规划主要步骤如下。

（一）选择适合的公益事业

善因营销的基础是资助公益事业，因此选择合适的公益事业至关重要。选择的公益事业应符合如下标准。

（1）公益事业的目标对象应与企业的目标顾客保持一致，或者企业选择的公益事业应符合企业目标顾客的主要关注点，这样才能将商业目标与慈善目标有效结合，提升公司品牌形象。

（2）公益事业与企业的价值观相一致。选择的公益事业应与公司商业目标、产品形象、企业文化等相吻合，如果企业把自己与某项公益事业强行捆绑在一起，或者非营利组织完全出于经济利益的考虑而同意企业利用其品牌进行产品宣传，根本起不到善因营销双赢的效果。

（二）选择合适的合作伙伴

企业筛选的公益合作者必须符合一定的标准：①与企业价值观、利益点相一致；②具有较高知名度和美誉度；③志同道合，有很好的合作意愿；④具备长期合作需要的人力、物力等相关资源。

例如，耐克公司的筛选标准包括：在设计和执行相关活动上有经验，有与财富500强合作的经历，对主要的利益相关者有良好的信誉，有忠诚合作的责任感等。

（三）确定相关合作事项

成功的"善因营销"项目必须是长期的、系统的，应与企业和非营利组织的发展战略相结合，同时要求好的创意以及周详的调查和策划。因此在双方合作前，应深入明确相关的合作事项。

（1）明确双方开展善因营销各自希望达到的目标，并在此基础上形成与双方利益一致的共同目标，这是达成清晰、紧密的合作伙伴关系的基本条件。

（2）确定活动的期限、合作领域、地理范围。期限是指合作时间的长短，战略性的善因营销往往是长期的，而战术性的善因营销是中期的或短期的；合作领域是指双方合作项目所涵盖的范围，是否更广、更深范围地合作；地理范围可以是区域性、全国性或者是全球性的，企业的市场范围与公益事业的区域范围应一致，确保影响和覆盖相同的目标市场，避免资源的浪费。

（四）签署合作协议

进行善因营销的企业与非营利机构有各自独立的目标，在合作的过程中，难免会产生各种矛盾，进而影响合作。因此，在合作开始之前必须签订全面详细的协议，而且在协议中明确规定双方的责、权、利，形成法律效力；活动进行过程中严格遵守协议的规定，保证双方为共同的目标而奋斗，如出现问题，各方应通过协商、谈判解决。

（五）项目的宣传和管理控制

成功的善因营销活动必须得到社会公众的积极响应，在活动过程中，首先，企业应通过报纸、网络、年报、直邮等多种媒介积极宣传善因营销活动；其次，加强与消费者的沟通，保证活动信息真实透明，特别是最后的捐款去向，提高善因营销的可信度；最后，积极采取多种策略吸引消费者的关注与参与。

善因营销作为企业营销策略之一，需要进行完整的营销管理和控制，包括项目开展前的调研和资料分析、整理；项目的分析和系统设计；项目具体执行和控制的计划；项目组织设计和团队建设；项目进程的监督与控制……

（六）财务评估与控制

与其他营销策略一样，善因营销一样也需要相关的营销方案和财务计划书。营销方案是活动实施的基础依据，财务计划书是通过分析营销方案来明确营销活动的成本预算，以便明确企业所需要的资金投入，确保活动能持续实施。

有些采用善因营销的企业缺乏财务计划书和财务评估体系，企业只是秉持做好事的初衷，在企业有经济能力的情况下对相关的公益活动进行支持，但善因营销是长期持续的活动，短期活动往往没有效果。如果企业缺乏财务规划，慈善的投入和产出没有进行有效的管理和预警，很可能陷入进退两难的尴尬境地，无法保障善因营销活动的可持续发展。

（七）事后分析与绩效评估

具体合作项目完成后，企业应对前期的善因营销活动进行分析和评估，检验项目的实际效果是否达到了双方合作的预定目标，企业将根据这些评估结果决定善因营销关系的延续、中止或结束，并为今后的善因营销活动提供参考借鉴。

评估体系包括定性分析和定量分析（特别是财务评价体系），具体评价标准包括募捐数额、会员人数、媒体报道情况及公众对组织知名度和满意度的评价等。除了企业自行进入评价和审计外，企业与非营利组织还可以引入第三方机构进行事后的信息反馈与绩效测量工作，从而保证评估的客观性与准确性。

第四节　社 会 营 销

今天，科技发展日新月异，人类生活质量不断提高，但是，我们仍然面临着许多严峻的社会问题：环境恶化，资源日益短缺，艾滋病、癌症等疾病亟待攻克，公共服务水平下降，网络垃圾盛行等，如何有效解决这些问题直接影响人类的可持续发展。1971 年，"营销学之父"菲利普·科特勒提出"社会营销"，将市场营销的理论引入社会领域，使社会营销成为解决社会问题的重要手段之一，并日益发挥至关重要的作用。

一、社会营销的概念与特点

（一）社会营销的概念

对于社会营销的概念，不同学者有不同的界定。

菲利普·科特勒和南希·R. 李在《社会营销：如何改变目标人群的行为（第五版）》中提出："社会营销就是一个运用市场营销原理和技巧来影响目标受众行为，确保造福社会和个人的过程。这门以战略为导向的学科凭借创造、沟通、传达和交换福利，以期最大限度地为个人、客户、合作伙伴和全社会带来正面价值。"

国际社会营销协会认为："社会营销力图发展营销概念，并将其与其他手段予以整合，以期变革目标受众行为，惠及个人和社区，更多造福社会。"

著名社会营销专家安德烈亚森教授则认为："社会营销运用商业概念和工具来影响目标受众的自发行为，以改善他们的生活或是改善其所处的社会。"

根据上述学者的观点，我们认为，社会营销是指针对有重大影响的特定社会问题，运用市场营销的原理和技巧来变革公众的观念和行为，从而提高部分人群或者全社会的福利。

（二）社会营销的特点

社会营销是市场营销原理在社会领域的扩展和应用，具有其独特的特点。

1. 社会营销的目标是创造可持续的和稳定的行为改变

社会营销的客体（产品）是社会行为，社会行为属于公共行为，而不是个别人的行为。从这个意义上看，社会营销的活动内容可以分为四类。

（1）认知改变。社会营销可以通过传播某些知识，向受众灌输某种社会观念，促成目标群体形成某种认知，如引起公众对环境污染的关注等。这是相对简单的社会营销活动，但是如果这种认知与公众的信仰和价值观相背离，取得成功并不容易。

（2）行动改变。其目的是改变公众的短期行为，尤其是促成某一特定行为的改变。例如，号召人们踊跃献血等。与认知改变相比，行动改变需要人们付出一定的成本（如时间、心理、生理等），遇到阻力更大。

（3）行为或习惯改变。其目的是改变人们的长期行为或者某种习惯。它需要经历抛弃旧有习惯、尝试新行为、长期坚持并形成新习惯，这需要一个长期的社会营销过程，如坚持健身、戒烟等。

（4）价值观改变。价值观是长期的、稳定的，要改变它极其困难。例如，传宗接代的传统观念延续了千年之久，导致重男轻女的现象，短期内改变是不可能的。价值观改变对于社会营销是个极大的挑战。

2. 社会营销促使公众"自愿"改变行为

市场营销是迎合消费者的需求，而社会营销是改变公众行为，公众对此可能是无需求，甚至是负需求（如改变公众价值观），由此可见改变公众行为是很难的。但社会营销的最大挑战是希望公众"自愿"改变行为，而不是采用法律强制、经济诱导等手段，这意味着社会营销是一个长期的、渐进的过程。

3. 社会营销的受益方是某些群体或全社会

社会营销是非营利的，它把公共利益放在首位，它的受益人不是组织所有者，而是相关的群体或全社会，它的终极目标是为目标受众和社会带来积极影响或好处，提高社会福利。

4. 社会营销应用和借鉴市场营销原理和技巧

社会营销是市场营销发展到一定阶段的产物，市场营销的原理和技巧可以很好地被社会营销科学借鉴。可借鉴的技术包括：市场调研、市场细分和目标市场选择，根据需求进行产品设计、定价，策划方便有效的信息、产品和服务交付渠道等。

（三）社会营销与市场营销的区别

社会营销应用和借鉴了市场营销的原理、策略和技术，但与市场营销有许多明显的区别，如表 11-1 所示。

表 11-1 社会营销与市场营销的区别

对比维度	市场营销	社会营销
目的	财务收入和利润最大化	某些群体或全社会的利益
客体（产品）	满足消费者需求的商品或服务	公众行为的变革
主体	营利组织或个人	非营利组织为主，也包括企业、政府等
竞争者	生产同类产品或服务的其他营利组织	公众的当前行为以及当前行为的利益
资金来源	企业投资	以税收、捐赠为资金来源

二、社会营销的产生与发展

市场营销的发展已经有 100 多年历史，社会营销是市场营销在社会领域扩展的产物，意味着营销认识的飞跃和营销观念的影响范围扩大。

（一）社会营销的产生

从 20 世纪初开始到 20 世纪 70 年代，市场营销发展历经了生产导向、产品导向、销售导向、市场营销导向等不同阶段。早期的市场营销活动主要集中于企业的微观经营活动，所研究的营销主体主要是营利组织，营销客体主要是有形的产品或者无形的服务，目的是通过最大限度地满足顾客的需求来获取企业的最大化利润。

20 世纪 70 年代，由于工业化大生产带来的资源短缺、环境污染问题日益严重，同时人口爆炸增长、社会动荡等社会问题日益尖锐，于是"社会营销"分别由企业和社会两个路径推动形成。一种是"社会营销观念"，即企业应当平衡企业盈利与消费者长期需求、社会福利三者之间的关系；另一种是"社会营销"，即将市场营销的原理和技巧应用于相关社会问题，提高个人和社会福利，执行的主体主要是社会工作者和非营利社会组织，也包括有持续发展眼光的企业（图 11-4）。

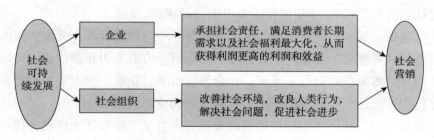

图 11-4　社会营销的产生过程

1971 年，杰拉尔德·扎特曼和菲利普·科特勒提出了"社会营销"的概念，促使人们将市场营销理论运用于环境保护、计划生育、控制疾病、使用安全套等具有重大社会意义的社会议题，随后越来越多的学者加入研究行列。

20 世纪 80 年代，社会营销逐步得到世界各国和有关组织的重视。斯堪的纳维亚地区、加拿大、澳大利亚和部分发展中国家开始运用社会营销策略；一些国际组织，如世界卫生组织和世界银行等，也开始承认这一理论的有用性，并致力推广其运用。

自 20 世纪 90 年代以来，社会营销的应用越来越广，许多国际组织以及各国政府，包括工商企业，在疾病预防、公共卫生、环境保护等社会问题中运用了社会营销策略，并取得了显著成效。在学术界，社会营销理论得到快速发展，除科研结果外，还包括举办高端国际学术论坛、建立大学的社会营销研究院等。

小链接 11-5：星巴克：若你自带杯子 将得到免费的饮料

在欧美的许多大学开设了社会营销课程，有些学校还成立了社会营销专业。

（二）社会营销在中国的发展现状及应用前景

1999 年以来，社会营销传入中国，并开始应用于中国营销实践，一些企业将社会营销的理念引入企业运营中，同时，一些国际组织进入中国，尝试开展社会营销活动，应用最多的是公共卫生领域。例如，玛丽斯特普国际组织中国代表处（MSIC）、国际人口服务组织（PSI）等。

近几年，社会营销在我国的应用领域越来越广，影响越来越大。特别是随着性病和艾滋病在中国的发展态势日趋严峻，中国政府越来越重视性病、艾滋病的防治工作，在全民范围内开展了大量性病防治宣传和安全套推广工作。"安全套社会营销"在中国快速发展。同时，一些国际组织也在中国大力开展此项工作。例如，2000 年，欧洲前景集团在中国大力开展为期 5 年的安全套社会营销项目，该活动是英国国际发展部资助的中英性病艾滋病防治合作项目的一个组成部分。项目的总目标是在云南和四川两个试点省份为高危和脆弱人群，包括吸毒人群、女性性工作者、男男性行为者、流动人口和艾滋病感染人群开发可复制的安全套社会营销模式，从而促进中国政府对艾滋病实施有效的政府干预。

中国社会改革开放 40 多年取得了世界瞩目的成就，但是社会、经济、环境等方面的问题不容忽视。例如，河流污染、城市雾霾等环境问题，吸毒、艾滋病等的生命威胁，上班族的"亚健康"问题……要构建一个充满活力的文明和谐社会、实现每个老百姓的中国梦，需要在政府的主导下，社会公益组织、企业、个人等共同努力，变革公众社会行为。因此，社会营销在中国有着广阔的应用前景。

（1）环境保护。我国过去经济的迅猛发展一定意义上是以透支环境为代价，水质污染、土地荒漠化、空气质量下降等环境问题日益严峻，一方面，各级政府需要制定相关法律法规，采取切实有效的措施进行环境保护；另一方面，社会公众的环保意识和积极参与也是重要的保障。运用社会营销，我们可以改变公众行为，倡导垃圾分类、环保出行、减少汽车尾气排放等环保行动。

（2）疾病控制。艾滋病、肺结核、疟疾、鼠疫、小儿麻痹症等流行性疾病对人类健康构成了重大威胁，疾病控制已经成为国际社会的一个重要议题。我国在疾病控制方面主要依靠政府主导，已难以适应各种流行性疾病的快速蔓延。例如，艾滋病不仅是医学问题，还是社会问题。因此，有必要引入社会营销，集聚政府、非政府组织和相关企业的资源，并将每位公民纳入营销范围中来。

（3）营养和健康改善。针对"三高"、青少年"超重"等健康问题，我们需要教育和培养人们养成良好的健康与卫生习惯，变革人们的营养摄入行为和体育健身行为，这些行为的变革离不开社会营销运动。

（4）公共政策。公共政策是公共权力机关经由政治过程所选择和制订的为解决公共问题、达成公共目标、以实现公共利益的方案，其表达形式主要是法律法规、行政规定或命令、国家领导人口头或书面的指示、政府规划等。但公共政策作为对社会利益的权威性分配，必须反映大多数人的利益。因此，各项公共政策的指定和推行，除了政府的主导外，还需要公众的支持，社会营销能有效变革公众行为。

三、社会营销战略规划的步骤

社会营销活动的成功需要系统、科学、严密的战略规划。与一般的市场营销一样，社会营销也应遵循消费者导向，从营销环境的分析开始，明确针对的目标受众，在充分了解目标受众和竞争对手的基础上，制订符合实际的活动目的和目标，然后开发系统的营销组合战略，并进行有效监控和实施。

（一）分析营销环境

1. 识别和分析问题

引发某一社会现象或社会问题的因素很多，可能的解决方法也很多，如引发水质污染问题的原因可能是工业排污、居民排污、城市排水系统陈旧等。认真分析每种因素，以及每种因素的解决方法。

2. 明确关注焦点和运动目的

受组织内外部多方面的限制，社会营销组织不可能解决所有的问题，因此，我们应该根据问题的紧迫性、受众行为改变的潜力、此次活动与公益组织目标的匹配度等标准确定此次计划关注的焦点，并在此基础上明确此次活动的切实可行的行动目的，即通过此次活动，目标群体行为变化所可能产生的收益。

3. 内外部环境分析

根据选定的关注焦点来分析当前的内外部营销环境，并预测未来的趋势，以便明确可能影响活动成败的潜在因素。可以运用 SWOT 分析法，识别组织的优势，并充分运用，同时弥补劣势，把握外部环境可能的机会，并做好应付威胁的准备。

另外，社会营销工作者还可以充分利用相关活动的信息，包括组织过去的活动以及其他组织相类似的活动成果。从这些活动中可以吸取经验和教训，同时获取珍贵的详细资料，并在此基础上制订更加详细而有效的方案。

（二）市场细分和目标市场选择

1. 市场细分

选择影响受众行为方式的相关变量，把受众分成几个群体，每个群体在某些方面（如价值观、行为方式等）具有相似性，会对某些措施和方法产生相似的反应。例如，高血压高发人群可划分为老年人、糖尿病人、胆固醇含量高的病人等。

2. 目标市场选择

每个细分子市场的特点和行为方式不同，社会营销组织不可能用同一种策略改变所有受众的行为，因此计划者应该选择一个或几个细分市场作为目标市场。其选择标准包括：需求的迫切性和严重性，与组织目标的匹配程度，行动的容易程度，更易接受行为改变的人群等。

（三）制订活动目的和目标

确定目标受众后，组织应明确活动目的，即希望受众改变的行为，或者接收的知识，形成的新习惯和新价值观等。

活动目标是在活动目的的基础上明确行为改变的程度，活动的目标必须是具体的、可衡量的、现实的。它是社会营销方案的制订依据，也是营销活动评估监测的依据。

（四）分析目标受众和竞争对手

1. 分析目标受众

为了能够开发有效的营销组合策略，我们必须深入了解目标受众，包括目标受众原有行为的原因，他们对放弃行为可能产生的成本，他们对目标行为的认知、态度等。

2. 分析竞争对手

社会营销的竞争对手概念不同于一般市场营销，社会营销活动的最大竞争对手是目标受众对原有行为的偏爱和从中得到的收益，如吸烟让青少年自我感觉更加成熟。另一个竞争对手是与目标行为相冲突的组织或个人，如持传宗接代思想的老年人。

（五）制定营销组合策略

优秀的营销组合策略是社会营销活动的基础保障。社会营销的 4P 组合策略与市场营销的 4P 有很大的差别。

1. 产品策略

社会营销项目中的产品是指目标行为方式以及该行为为目标受众带来的利益。社会营销的整体产品可分为三层：①核心产品。目标受众实施目标行为所获得的利益。②现实产品。社会营销活动所推行的目标行为方式。③延伸产品。为推行目标行为方式所提供的产品或服务。

值得注意的是，许多成功的活动都将部分资源投入延伸产品，韦伯指出，"一个社会活动越像商品销售活动，成功的可能性越大"。[①]

---

① 科特勒，罗伯托. 社会营销：提高生活质量的方法[M]. 俞利军，译. 北京：中央编译出版社，2006：58.

2. 价格策略

社会营销项目中的价格是指目标受众为实施目标行为所付出的代价，不仅包括金钱成本，还包括非货币成本，如时间、精力、感情投入、心理生理不适等。

计划者必须先识别目标受众为实施目标行为所付出的所有成本，然后开发合适的4P营销组合方案帮助目标受众降低成本。例如，寻找避孕套的生产企业赞助，提供优惠券降低避孕套价格。

另外，延伸产品的定价必须遵守一定的市场规律，即消费者的价格期望。例如，免费发放可能效果不如定一个价格，可能是因为大家认为免费的商品是可有可无的产品；同理，定一个远远低于产品价值的价格，也可能会导致大家认为该产品质量过于低劣。

3. 分销渠道策略

社会营销项目中的渠道（地点）指的是目标受众实施目标行为或者获得有形产品和无形服务的时间、地点的便利性。

分销渠道策略的核心是便利性，包括让产品的获得地点尽可能接近目标受众工作或居住场所，方便受众拿到；延长工作时间，或者尽量与受众的时间一致；提供某些条件，使目标行为比竞争行为更容易实施。

4. 促销策略

社会营销项目中的促销策略是指促使目标受众了解目标行为的收益，并鼓励其尝试并实施行为。促销策略包括信息设计和媒体选择两方面。

好的信息设计必须符合以下特点：简洁清晰、引人注目、富有激励性、有创意的表达；媒体宣传非常重要，必须选择合适的沟通渠道和行之有效的方法，保证足够的覆盖面和覆盖时间，确保将相关信息有效传递给目标人群。

（六）开发评估与监督计划

以活动目的和活动目标为基础，组织应制订评估和监督的计划，明确评估的内容、评估的方式、评估的时间选择、信息的使用者和使用方式等，以便能够有效监控活动过程，并根据存在的问题不断调整，确保方案的实施紧紧围绕行动目的和目标。

（七）制定预算与融资

如果社会营销活动的成本超出可用的资金，可能导致活动无法持续，达不到预期目的，因此，预算非常重要。首先，应根据制定的营销组合策略估算实现目标和营销方案应付出的成本，确定初步预算；其次，寻找可能的资金来源，明确筹款的总额；最后，对比初步预算和筹款，如果一致，则可执行原计划，如果超标，则需要寻找额外的融资渠道，或者重新修改原定的目标和方案。

（八）制订实施计划

社会营销计划的最后一个步骤是制订实施计划。详细的实施计划可以对社会营销活动提供较为详细的指导，帮助把营销规划转变为可执行的活动，并对活动结果实行监督与控制，确保活动的执行。

实施计划应包含的基本要素可以用"5W1H"来描述，包括营销活动的内容、具体执行和负责人员、完成时间表、实施的方式和花费的成本等。

本 章 小 结

有能力识别并有效处理复杂的企业伦理问题对于企业应对激烈市场竞争、保持可持续发展至关重要。企业伦理是指企业作为道德行为的主体，以企业经营管理中的伦理理念为核心，如何正确处理企业与其相关利益主体之间关系的道德规范、伦理准则及其相关伦理实践活动的总和。利益相关者理论提供了很好的企业伦理分析方法和思路，有利于理性、系统地分析企业与相关利益主体之间的复杂关系。利益相关者是指与企业生产经营行为和后果具有利益关系的群体或个人，其活动能够影响或者改变企业的目标及行动，同时也会受到企业经营行为的影响。管理企业伦理必须贯彻利益相关者导向。

营销伦理是营销主体在从事营销活动中所应具有的基本道德准则，即如何处理营销活动过程中与企业各利益相关者之间关系的准则。简单说，就是处理营销过程中利益各方相互关系的准则。它是企业伦理的分支，也是企业伦理最重要议题之一。营销伦理失范分为市场调研、产品、营销渠道、促销、价格五个方面。

企业社会责任是指企业应当承担的对所有企业利益相关者的责任，这些责任包括经济、法律、伦理以及其他企业自愿承担的责任。根据卡罗尔的金字塔理论，企业社会责任可划分为基本社会责任（包括经济责任和法律责任）、非基本社会责任（包括伦理责任和慈善责任）。消费者是企业最主要的利益相关者，本章分析了消费者与企业社会责任的关系，并描述了企业对其产品和服务的消费者应承担的基本社会责任。

善因营销是指企业与非营利组织合作，将本企业的产品营销与相关公益事业相结合，对相关事业进行资助、捐赠或捐出部分营业收入，在促进公益事业发展的同时，达到提高企业产品销售、改善企业社会形象、实现企业利润的目的的活动。运用善因营销能够很好地将企业的利润目标与社会公益事业相结合，实现企业、公益组织、消费者的多赢。善因营销对于企业和非营利组织有很大价值，但也存在一些弊病，为发挥善因营销的作用，必须遵循系统的步骤。

社会营销是指运用市场营销原理和技巧来影响目标受众行为，确保造福社会和个人的管理过程。社会营销是市场营销原理在社会领域的扩展，它的核心目标是促使目标受众自愿改变其行为，保持稳定和持续的改变。社会营销是非营利的，它的受益人是相关的群体或全社会。社会营销活动的成功需要系统、科学、严密的战略规划，本章介绍了制定战略规划的八个步骤。

 重要名词

企业伦理　利益相关者　营销伦理　企业社会责任　卡罗尔金字塔模型
善因营销　社会营销

 即测即练题

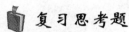 **复习思考题**

1. 简述企业伦理对于现代企业的重要性。
2. 企业社会责任的主要内容是什么？
3. 简述营销伦理的主要议题。
4. 营销伦理的主要特点是什么？
5. 根据善因营销的运作模式图，分析善因营销的关键因素。
6. 社会营销与市场营销的区别和联系分别是什么？
7. 社会营销的产品、价格、渠道、促销策略有什么特点？

 案例 1

 案例 2

第十二章

数字时代的营销发展

【本章提要】

　　通过本章学习，了解大数据及大数据营销的概念、特点及应用领域；了解数字时代的社交媒体营销的概念、特点、策略和目标；了解数字时代的移动营销和场景营销。

 引例

　　2019 年上半年，宝马公司在微信上尝试发布了一个广告，不过这些广告只被定向显示给有潜力购买宝马汽车的人，而其他的用户收到的则是一些类似于智能手机这种更便宜产品的广告——此举伤到了不少人的自尊。那些没有收到宝马汽车广告的用户自嘲地称自己为"用丝"或是"卢瑟（loser）"。

　　外资药企给人的印象一般比较保守和守旧，在营销上也是如此。背靠世界最大的药企之一，GSK CH（葛兰素史克消费保健品）却频繁试水探索数字营销，这背后是怎样的思索？打开手机的百多邦官方微信，可以看到一款以名为"极速挑战"的 H5 互动游戏。GSK CH 将跑酷游戏与皮肤感染应对知识融为了一体，寓教于乐。

　　在这个全民娱乐的时代，人们渴望实现个性化、获得成就感，这时游戏化营销就慢慢进入人们的视野，变成品牌营销的一种方式。但是，如何借助游戏来建立平台与消费者之间的联系，让用户在玩游戏的过程中体验品牌的魅力，成为各个品牌不断探索的新课题。现阶段游戏化营销有三种方式，游戏内置广告、品牌定制游戏和运用游戏化的机制进行营销等。

　　上述种种现象不胜枚举。数字时代的到来，特别是移动互联网和智能手机等在不断地冲击着传统市场营销模式，新的营销方式对原有营销模式进行了升级甚至是颠覆。在数字时代背景下，传统营销模式面临诸多挑战，突破困境的关键在于从新视角思考市场营销模式的创新。

　　资料来源：https://baijiahao.baidu.com/s?id=1637916718485718052&wfr=spider&for=pc2019.07；葛兰素史克以全新数字策略吸引中国消费者[EB/OL]. [2018-02-27]. https:// www.sohu.com/a/224308312_99944426.

第一节 大数据营销

数据与营销一直紧密相连，营销人员通过观察各种消费数据找出联系，并确定营销策略，其中典型的案例就是"啤酒和尿布"的故事。随着数字时代的来临，信息化的普及让我们的生活与互联网的联系越发紧密，这也使得几乎每分每秒都在产生各种各样的行为数据。海量数据的背后蕴藏的是极大的信息价值，能够率先将这些数据应用起来的企业无疑为自己在未来的市场竞争上增添了竞争力。

一、大数据与大数据营销的概念

大数据（big data）是 2008 年 8 月由维克托·迈尔-舍恩伯格及肯尼斯·库克耶提出。他们在《大数据时代》一书中指出，大数据不用随机分析法（抽样调查）这样的捷径，而是采用所有数据进行分析处理。大数据有五个特点（5V），即大量（volume）、高速（velocity）、多样（variety）、低价值密度（value）和真实性（veracity）。

研究机构盖特纳（Gartner）认为，"大数据"是需要新处理模式才能具有更强的决策力、洞察发现力和流程优化能力来适应海量、高增长率和多样化的信息资产。

对于大数据，麦肯锡全球研究所给出的定义是：一种规模大到在获取、存储、管理、分析方面大大超出了传统数据库软件工具能力范围的数据集合，具有海量的数据规模、快速的数据流转、多样的数据类型和价值密度低四大特征。

大数据技术的战略意义不在于掌握庞大的数据信息，而在于对这些含有意义的数据进行专业化处理。换而言之，如果把大数据比作一种产业，那么这种产业实现盈利的关键，在于提高对数据的"加工能力"，通过"加工"实现数据的"增值"。

大数据营销与大数据关系非常密切，大数据营销是以大数据为基础、以数字时代为背景的。它是通过收集多平台大量数据、依托大数据技术、应用于互联网广告行业的营销方式，其核心在于让网络广告在合适时间，通过合适的载体，以合适的方式，投给合适的人。所以，大数据营销，首先就是强调数据的广度，即数据来源和类型的丰富，以及数据的深度，即某一数据的多样性，如某一数据可来自不同的地区或者不同的年龄层等。

综上所述，我们认为大数据营销是基于大数据分析基础上的，描绘、预测、分析、指引消费者行为，从而帮助企业制定有针对性的营销策略的过程。

 拓展阅读 12-1：大数据经典案例

二、大数据营销的特点

大数据营销发展至今也经历了许多变革。

　　首先是从媒体导向到用户导向的转变。21世纪初是基于眼球经济的大众媒体营销时代，企业作为品牌推广的实施者和受益者，为了使其宣传活动接触到更多的消费者，就需要在受关注程度较高的网站、电视台或纸媒上投放广告，以达到提高营销效率的目的。然而，这种基于大众媒体的营销推广方式虽然到达率高、辐射面广，却无法切实掌握受众的动向并控制对其后续的影响。因此，企业从媒体导向到用户导向的营销模式转型迫在眉睫。基于客户端的定制化、跟进式营销方式逐渐代替了传统的统一化、一次性媒体投放，成为大数据营销的基础和前身。

　　其次是从用户主观信息数据库到用户客观行为数据库的转变。传统的数据营销是一种基于市场调研中的人口统计数据和其他用户主观信息（包括生活方式、价值取向等）来推测消费者的需求、购买的可能性和相应的购买力，从而帮助企业细分消费者、确立目标市场并进一步定位产品的营销模式。然而由于消费者主观判断的局限性，据此得出的企业各项调研指标和信息数据可能会误导相关营销人员作出偏离甚至错误的决策。因此，用户的主观信息数据已不再能满足企业营销的需要。相反，通过企业实际观测，能够全方位、多角度、精准、真实地反映用户需求及其他消费数据，进而建立的用户客观行为数据库。

　　大数据营销的特点具体表现在以下几个方面。

　　（1）多平台化数据采集。大数据的数据来源通常是多样化的，多平台化的数据采集能使对网民行为的刻画更加全面而准确。多平台采集可包含互联网、移动互联网、广电网、智能电视，未来还有户外智能屏等数据。

　　（2）强调时效性。在网络时代，网民的消费行为和购买方式极易在短时间内发生变化。在网民需求点最高时及时进行有针对性的营销非常重要。全球领先的大数据营销企业 AdTime 对此提出了时间营销策略，它可通过技术手段充分了解网民的需求，并及时响应每一个网民当前的需求，让他在决定购买的"黄金时间"内及时接收到商品广告。

　　（3）个性化营销。在网络时代，广告主的营销理念已从"媒体导向"向"受众导向"转变。以往的营销活动须以媒体为导向，选择知名度高、浏览量大的媒体进行投放。如今，广告主完全以受众为导向进行广告营销，因为大数据技术可让他们知晓目标受众身处何方、关注着什么位置的什么屏幕。大数据技术可以做到当不同用户关注同一媒体的相同界面时，广告内容有所不同，大数据营销实现了对网民的个性化营销。

　　（4）性价比高。和传统广告"一半的广告费被浪费掉"相比，大数据营销在最大程度上，让广告主的投放做到有的放矢，并可根据实时性的效果反馈，及时对投放策略进行调整。

　　（5）关联性。大数据营销的一个重要特点在于网民关注的广告与广告之间的关联性，由于大数据在采集过程中可快速得知目标受众关注的内容，以及可知晓网民身在何处，这些有价值的信息可让广告的投放过程产生前所未有的关联性，即网民所看到的上一条广告可与下一条广告进行深度互动。

拓展阅读 12-2：《大数据时代》

三、大数据营销的应用领域

到目前为止，大数据营销可能的应用领域主要有以下几个方面。

（1）用户行为与特征分析。只有积累足够的用户数据，才能分析出用户的喜好与购买习惯，甚至做到"比用户更了解用户自己"。这一点，才是许多大数据营销的前提与出发点。

（2）精准营销信息推送支撑。精准营销总在被提及，但是真正做到的少之又少，反而是垃圾信息泛滥。究其原因，主要就是过去名义上的精准营销并不怎么精准，因为其缺少用户特征数据支撑及详细准确的分析。基于大数据营销的定义，通过对大量数据的收集和分析后，我们首先要做的就是将企业信息，其中包含产品介绍、折扣活动等各种与企业业务相关的信息，"精准"地传递给目标顾客，在这一点上，美国的零售企业——塔吉特百货可以算得上是数据营销企业的标杆。

（3）引导产品及营销活动投用户所好。如果能在产品生产之前了解潜在用户的主要特征，以及他们对产品的期待，那么你的产品生产即可投其所好。以往的大数据营销多集中应用于互联网广告的推广，但随着消费者行为数据的进一步深入应用，许多企业开始基于大数据的分析结果去改善和提升产品设计，甚至是基于每位顾客不同的消费习惯定制个性化的需求解决方案。在这一方面做得较好的便是 ZARA 公司，其提出的"数据造衣"助力其成为时尚的代名词。ZARA 公司内部的全球资讯网络会定期把从各分店收集到的顾客意见和建议汇总并传递给总部的设计人员，然后由总部作出决策后再立刻将新的设计传送到生产线，直到最终实现"数据造衣"的全过程。

（4）竞争对手监测与品牌传播。竞争对手在干什么是许多企业想了解的，即使对方不会告诉你，但你却可以通过大数据监测分析得知。品牌传播的有效性亦可通过大数据分析找准方向。例如，可以进行传播趋势分析、内容特征分析、互动用户分析、正负情绪分类、口碑品类分析、产品属性分布等，可以通过监测掌握竞争对手传播态势，并可以参考行业标杆用户策划，根据用户声音策划内容，甚至可以评估微博矩阵运营效果。

（5）品牌危机监测及管理支持。新媒体时代，品牌危机使许多企业谈虎色变，然而大数据可以让企业提前有所洞悉。在危机爆发过程中，最需要的是跟踪危机传播趋势，识别重要参与人员，方便快速应对。大数据可以采集负面定义内容，及时启动危机跟踪和报警，按照人群社会属性分析，聚类事件过程中的观点，识别关键人物及传播路径，进而可以保护企业、产品的声誉，抓住源头和关键节点，快速有效地处理危机。

（6）企业重点客户筛选。许多企业家纠结的事是：在企业的用户、好友与粉丝中，哪些是最有价值的用户？有了大数据，或许这一切都可以更加有事实支撑。从用户访问的各种网站可判断其最近关心的东西是否与你的企业相关；从用户在社会化媒体上所发布的各类内容及与他人互动的内容中，可以找出千丝万缕的信息，利用某种规则关联及综合起来，就可以帮助企业筛选重点的目标用户。

（7）用于改善用户体验。要改善用户体验，关键在于真正了解用户及他们所使用的你的产品的状况，做最适时的提醒。例如，在大数据时代或许你正驾驶的汽车可提前救你一命。只要通过遍布全车的传感器收集车辆运行信息，在你的汽车关键部件发生问题之前，就会提前向你或 4S 店预警，这决不仅是节省金钱，而且对保护生命大有裨益。事实上，美国的 UPS 早在 2000 年就利用这种基于大数据的预测性分析系统来检测全美 60 000 辆车辆的实时车况，以便及时地进行防御性修理。

（8）SCRM 中的客户分级管理支持。SCRM 是 Social CRM，它是对传统客户关系管理的发展，是指利用社交网络的服务、技术和思维来帮助企业、品牌全渠道经营客户。面对日新月异的新媒体，许多企业通过对粉丝的公开内容和互动记录分析，将粉丝转化为潜在用户，激活社会化资产价值，并对潜在用户进行多个维度的画像。大数据可以分析活跃粉丝的互动内容，设定消费者画像各种规则，关联潜在用户与会员数据，关联潜在用户与客服数据，筛选目标群体做精准营销，进而可以使传统客户关系管理结合社会化数据，丰富用户不同维度的标签，并可动态更新消费者生命周期数据，保持信息新鲜有效。

（9）发现新市场与新趋势。基于大数据的分析与预测，对于企业家提供洞察新市场与把握经济走向都是极大的支持。

（10）市场预测与决策分析支持。对于数据对市场预测及决策分析的支持，过去早就在数据分析与数据挖掘盛行的年代被提出过。沃尔玛著名的"啤酒与尿布"案例即是那时的杰作。只是由于大数据时代上述 volume（规模大）及 variety（类型多）对数据分析与数据挖掘提出了新要求。更全面、速度更及时的大数据，必然为市场预测及决策分析进一步上台阶提供更好的支撑。似是而非或错误的、过时的数据对决策者是灾难。

小链接 12-1

四、大数据营销的优势和不足

大数据营销作为新的营销理念和技术，其优势明显，主要体现在以下三点。

1. 有效地提升推广效率

通过对顾客行为数据的收集和分析，大数据营销能够帮助企业实现精准投放，解决何时、何地、何种方式投递何种信息的问题，从而提升顾客转换率。

2. 改善产品设计，满足个性化需求

通过对顾客喜好和需求的进一步挖掘，大数据营销也能在企业营销的各个环节，如设计、生产等更好地满足目标顾客的需求，甚至是满足其个性化的需求。

3. 维系客户关系

召回购物车放弃者和挽留流失的老客户也是一种大数据在商业中的应用。中国移动通过客服电话向流失到联通的移动老客户介绍最新的优惠资讯；餐厅通过会员留下的通信信息向其推送打折优惠券来提醒久不光顾的老客户消费；YouTube 根据用户以往的收视习惯确定近期的互动名单，并据此发送给可能濒临流失的用户相关邮件，以提醒并鼓励他们重新回来观看。大数据帮助企业识别各类用户，而针对忠诚度各异的消费者实行"差别对待"和"量体裁衣"是企业客户管理中一项重要的理念基础。

但是，大数据营销的各种优势背后是企业对顾客了解的增加，更加全面地认识顾客的各种消费行为和喜好，是企业制订营销方案的基础。所以，数据来源的合法和准确，以及对数据的良好解读变成了影响大数据营销的关键。总结出来，大数据营销主要有以下三方面的不足。

1. 数据来源及分析解读的错误损害企业利益

大数据营销的首要便是对真实数据的有效收集，但对于一些企业，如广告服务企业，便会利用大数据营销概念的热门，通过利用不可靠的数据进行分析或者提供造假的数据营销方案来牟利，扰乱市场秩序，造成企业利益的损失。另外，对于收集到的可靠数据，若是没有有能力的经营者和分析人员对其作出好的分析和解读，也是对企业资源的一种浪费。

2. 由数据来源及数据管理不当引发伦理问题

数据来源的管控是市场的一个短板，这也使得很多急功近利的人开始蠢蠢欲动。2019 年 3·15 就曝光了某合科技的探针盒子。当用户手机无线局域网处于打开状态时，会向周围发出寻找无线网络的信号，而探针盒子发现这个信号后，就能迅速识别出用户手机的 MAC 地址，转换成 IMEI 号，再转换成手机号码。一些公司将这种小盒子放在商场、超市、便利店、写字楼等地，在用户毫不知情的情况下收集个人信息，甚至包括婚姻、教育程度、收入等大数据个人信息。用户信息就在这种情况下被盗取。

对于拥有顾客数据较多的企业如何安全地保护好顾客数据是十分重要的，数据泄露引发的损失难以估量。另外，现在许多企业都会拥有大量的顾客数据，如何在利用

这些数据开展营销的同时，不让顾客感觉到自己的隐私被侵犯，也是企业重要的工作之一。

拓展阅读 12-3：春秋民航大数据提升客户服务

3. 精准营销降低宣传覆盖面

大数据营销在做到精准推广，让目标顾客关注到企业的同时，难以避免地会忽略非目标顾客，从一定程度上降低了企业的知名度。而传统的视频广告和单页宣传虽然效率低，但覆盖面广，即使没法获客，但品牌效应能够得到很好的推广。

第二节　社交媒体营销

一、社交媒体概念及其发展

社交媒体（social media）也称为社会化媒体、社会性媒体，指允许人们用来创作、分享、评论、交流意见与观点及经验的虚拟社区和网络平台。社交媒体和一般的社会大众媒体最显著的不同是，让用户享有更多的选择权利和编辑能力，自行集结成某种阅听社群，并能够以多种不同的形式来呈现，包括文本、图像、音乐和视频。有两点需要强调，一个是人数众多，另一个是自发的传播。如果缺乏这两点因素的任何一点就不会构成社交媒体的范畴。

社交媒体在互联网的沃土上蓬勃发展，爆发出令人炫目的能量，其传播的信息已成为人们浏览互联网的重要内容，不仅制造了人们社交生活中争相讨论的一个又一个热门话题，更吸引传统媒体争相跟进。现阶段社交媒体主要包括社交网站、微博、微信、博客、论坛、播客、微视、抖音、快手、QQ、Twitter、Facebook、YouTube 等。

社交媒体营销作为互联网时代的产物，与社交媒体的发展息息相关。从 1994 年论坛的建立开始，在 20 多年的时间里我国社交媒体已经占据了重要的地位，主导着大众的时间、注意力，呈现出泛媒化的形态。艾熹信息技术（上海）有限公司（Kantar Media CIC）从 2008 年开始，每年都会发布中国社交媒体业界权威格局图，针对《2016 年中国社会化媒体格局图》[1]，业内人士称中国社交媒体格局的三大特征：独特、多样、动态。我国社交媒体平台基于受众需求进行更加细化的区分，侧重点多种多样，各平台间进行更加深入的交互与合作，甚至形成了一个相互流通的生态系统，如图 12-1 所示。

拓展阅读 12-4：《参与感》

① Kantar Media CIC：2016 年中国社会化媒体格局[R/OL].（2017-01-22）. http://mt.sohu.com/20160813/n464006068.shtml.

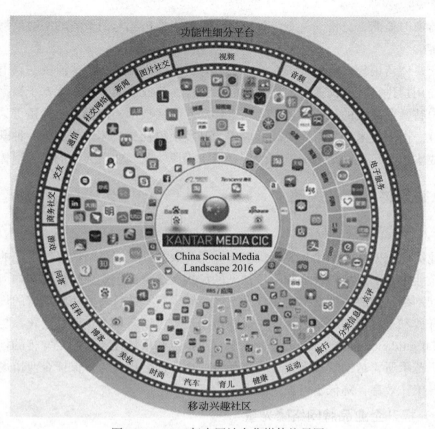

图 12-1　2016 年中国社会化媒体格局图

二、社交媒体营销的概念与特点

社交媒体营销（social media marketing）又称社会化媒体营销。

社交媒体营销就是利用社会化网络、在线社区、博客、百科或者其他互联网协作平台和媒体来传播和发布资讯，从而形成的营销、销售、公共关系处理和客户关系服务维护及开拓的一种方式。一般社交媒体营销的工具就是各类社交媒体，即通过自媒体平台或者组织媒体平台资讯发布和传播，进而达到营销目的。

网络营销中的社交媒体主要是指具有网络性质的综合站点，其主要特点是网站内容大多由用户自愿提供（UGC），而用户与站点不存在直接的雇佣关系。

社交媒体打破了传播者和被传播者之间的界限，使得每个个体都可以自由创建、评论和关注社交媒体的内容。社交媒体营销作为一个新兴概念可简单理解为在社交媒体平台——包括贴吧等社区类，微博、微信等实时通信类，知乎等问答类，以及秒拍等视频直播类——这些自媒体或组织媒体上进行的营销沟通活动的总和。

社交媒体营销的主要特点是：①长周期；②传播的内容量大且形式多样；③每时每刻都处在营销状态、与消费者的互动状态，强调内容性与互动技巧；④需要对营销过程进行实时监测、分析、总结与管理；⑤需要根据市场与消费者的实时反馈调整营销目标等。

社交媒体营销较之前的传统营销方式具有鲜明的优越性，主要体现在以下几个方面：①与用户进行互动沟通，加强用户的参与性，形成双向沟通；②基于数据挖掘，根据用户特性形成新的社交群体；③基于移动互联网技术，使得营销传播更具精准性和及时性。由于技术的支持以及相关应用的开发使得社交媒体营销成为一种既可以降低减少成本、又具备较高传播效率的新型营销手段，受到业内人士的大力追捧。

三、社交媒体营销的策略

（一）建构品牌社群

企业需要进入社交网络开展营销工作，而开放的社交网络结构以及平等的用户关系，给企业带来了巨大的挑战和不可预见的危机。这需要企业更加懂得"如何正确进入"社交网络，需要对社交网络用户生态的足够了解，并且需要制定严密的规则，以保证在开放和不可控的网络结构下，品牌市场任务可以实现。企业社会化参与规则制定（social guidance book）：帮助企业基于自身特点和市场任务，制定完善的社交战略及执行规范手册，帮助管理多账号、多平台的企业社会化行为，保证企业市场目标实现，提升工作效率，降低不可控风险。

（二）提升企业品牌网络曝光量

企业应用社交媒体，可以在社交网络、微博、博客等拥有海量注册用户的社交媒体网络上发布相关的服务信息和产品资讯，利用社交媒体网络上的粉丝关注效用和社群效应，可以大大增加企业的品牌与企业服务信息在社交网络上的曝光量。社交媒体的热点聚焦效应，使得企业能够通过社交媒体实现与潜在用户之间更为广泛的沟通。社交媒体还具有平等沟通的特性，更利于企业与潜在客户之间发保持亲和的沟通，持续深化关系。

（三）增加网站流量和注册用户

传统的网络营销是基于信息上网为特征的，企业通过在自己的官方网站或是垂直门户里的资讯频道上发布信息，然后通过关键词搜索，由搜索引擎带来相关的流量和点击。社交媒体的应用改变了以往过于依赖搜索引擎的网络营销模式，通过社交媒体不仅可以直接将社交媒体上的用户流量转化为企业官方网站的流量，而且可以通过企业在社交媒体上的信息吸引与服务互动来发展注册用户。

（四）吸引更多业务合作伙伴

社交媒体在吸引个人用户的同时，也吸引了越来越多的企业用户。统计显示，美国有72%的企业在利用社交媒体提供各种类型的服务。这也给许多企业提供了寻求合作的机会，通过社交媒体来找到更多适合的合作伙伴。社交媒体的属性特征使得用户在社交媒体上能够获得比搜索引擎更加全面和完善的资讯，也更容易判断合作伙伴的经验和能力，从而帮助企业带来更多潜在的合作机会。

（五）提升搜索排名

传统的官方网站和产品网站是以信息发布为主，内容多是静态信息和资讯，内容更新频率比较低，主要通过关键词来被搜索引擎收录。而社交媒体上的信息更新与内容互动要频繁得多，企业在社交媒体上频道页面的更新率非常高，更容易在搜索中排在更靠前的位置。

（六）增加高质量的销售机会

包括零售、旅游、金融等行业在内的许多企业在 Facebook 上的成功应用已经证明了社交媒体对于销售机会的促进效应。在美国的许多零售企业已经通过 Facebook Ads 发布消息，利用网络下载优惠券，在微博上发起与产品有关的话题，监控感兴趣的客户行为，结合邮件营销和博客营销，带来了大量的销售机会。

（七）促进具体业务成交

社交媒体的特性不仅是利用社交网络、微博等发布信息，更重要的作用是利用社交媒体平台发起与潜在用户的互动。企业的社会化营销团队不仅可以关注在社交媒体上的用户，监控用户对于相关产品与服务的关注，并且可以实时发起与潜在用户的互动，持续深化与潜在用户的关系，促进其对企业产品与服务的兴趣，并且适时地发起社会化营销活动来促进成交。

（八）社会化营销整合

在开放的网络结构下，消费者的数字行为变得越来越无序也越来越自主，品牌在社交网络中建构品牌社群经营与消费者的关系，并不能完全满足品牌对消费者行为管理的需要，品牌需要更加全面和完整地管理消费者行为与体验，更充分地整合多种营销手段，整合优势资源，不断积累和沉淀用户关系提升用户体验，才能不断地实现品牌市场任务。

小链接 12-2：加多宝的"对不起"走红网络

四、社交媒体营销的目标

社交媒体营销依托于各类社交平台，能够帮助企业提高品牌曝光，提升认知度。因为社交媒体本身便利沟通的特性，社交媒体营销还能帮助企业维系客户关系，加强与客户的联系，除此之外，对于潜在的目标客户，社交媒体营销还能帮助企业更好地触达这类客户，甚至对于广大客户，鼓励他们参与到企业产品的创新开发和设计过程中。因此，通过社交网站的营销活动可以实现以下目标。

（一）提升品牌认知度和知名度

随着越来越多的公司采用互联网营销战略，品牌吸引网民眼球的竞争也更加白热化，它们都在寻求更多的网络宣传手段，比如在社交网站上播放植入式广告的视频节目。《苏菲日记》是一部 40 集的互联网剧集，它给公司提供了植入式广告的机会和吸引年轻消费者的方式。这个剧集由索尼电影（Sony Pictures）和中国电影集团（China Film Group）共同制作，主角是一个名叫苏菲的 18 岁女孩，她搬到上海开始自己的新生活。在这个网络电视剧中，观众可以进入苏菲的博客，以在线投票的方式决定情节如何发展。《苏菲日记》在中国各大流行的视频网站，如新浪和优酷上免费播放，在最初播放的三个月里就吸引了超过 1 500 万名观众。第一季的主要赞助商包括前程无忧网（51jobs.com）和倩碧（Clinique）。这些公司的产品服务都在主角的生活中自然地展现出来。

（二）提升与客户的互动

除了增加品牌认知度外，有些公司还利用在线上社区来增加与客户之间，以及客户与客户之间的互动，达到维护客户的目的。德国的汽车生产商宝马公司（BMW）没有选择在大型的社交网站上做宣传，而是在几年前就推出了面向全球受众的 BMW 互联网社区，包括 15 万多个中国的宝马用户在内的注册者可以在这个社区里创建自己的档案，上传照片和视频，讨论驾车体验以及分享对最新车型的反馈等。

除了与客户的互动，企业也必须准备好用开放的心态虚心听取受众的意见，为客户创造更多的价值，提升体验。因此，企业可以对网民的沟通内容进行监控，把握舆论动向。此外，企业也可以加入在线对话，与消费者建立联系。同时，社交媒体战略最好与公司的整体营销战略融合。加州大学斯隆研究中心的唐娜·霍夫曼教授（Donna L. Hoffman）在《麦肯锡季刊》上发表的报告中指出，"公司不应该只是在 MySpace 上购买广告，它们应该把社交媒体作为自己营销计划的一部分。"

（三）鼓励消费者参与产品创新等营销活动

咨询公司 Plus Eight Star 的创始人本杰明·杰斐（Benjamin Joffe）鼓励公司把在线渠道视为一种既能产生更多创新机会又能与消费者互动的形式。"品牌商需要认识到一点，消费者并不只是你的目标，而是你的利益相关人。和消费者互动的活动不应仅局限于抓住他们的眼球，让他们观看一部电影，而活动结束之后则烟消云散，而且对公司内部运作也没有影响。公司应该更多地鼓励消费者参与产品的创新，并对品牌本身的发展产生作用。"美国数字营销专家戴维·米尔曼·斯科特（David Meerman Scott）在其出版的一本营销学书籍当中表示，大量活生生的例子表明，如果企业无法同客户展开实时交流，则市场业绩将遭受打击。只有通过与客户展开实时交流，各大企业才能随时了解自己所在行业的最新情况，并及时对各自市场战略作出调整。

五、社交媒体营销的不当行为

（一）向粉丝过度推销

如果几乎所有你的帖子都是向你的粉丝兜售什么，那么你就犯下了贪欲罪。这个错误也可能出现在直销的情况下，而不是利用你的声誉、知识和社区来服务你的销售。

（二）贪图数据表现

大多数社交媒体营销者利用大量时间的工作来聚集或鼓励在自己页面上的互动。这可能涵盖了所有营销的误区，通常情况下这意味着渴望得到评论、点赞或转载。

（三）强调自我

真正能做好社交媒体营销的企业是那些强调参与它们平台的用户。聆听受众的心声要比企业自己的独白重要而有趣得多。不要太过于强调你是谁，你就是企业而已，应该更多地去融入你的粉丝，表达你独特的个性。

（四）发帖太少

一个常犯的错误是发帖数太少。粉丝们喜欢媒体访问你的页面，发现一些新的东西，即使数量不多。

（五）引起公众愤怒

在社交媒体的领域你必须非常重视平和的环境，不要忘记低调谦虚的意义。太多负面的报道，或者太多对愤怒评论者的敌视，无法提升公众眼中你的形象。通过邮件平息事态，也可以运用一些优惠承诺、激励或者客户服务至少让当事人冷静下来。

（六）抄袭

如果你的竞争对手正在从事一些很棒的事情，而你却总是想去抄袭他们，记住做一件有价值的工作是需要付出努力的。如果你真的按照你的想法这样实施，那么你可能会赶走已有的粉丝。去发现你适合怎样的内容，可以运用一些分析系统，并且不断在你的活动中进行一些试验或调整。

小链接 12-3：联想失败的社交媒体营销

第三节 移 动 营 销

随着科学技术的不断发展，信息技术的发展带来了移动互联网的繁荣。在移动互联网发展的同时给人带来的影响是全方位、颠覆性的，这主要体现在两方面：第一，智能数字终端所带来的设备便携化、小型化、多功能化；第二，设备与人的结合程度更加紧密，更加深入地介入人的日常生活与行为。因此在信息社会中，智能终端日益成为探知人们状态信息的"传感器"，人与设备的高度移动性会使人们原有稳定的生活与工作结构碎片化、模糊化，如人们可以在乘车上班的路上利用智能手机收发工作邮件。那么，如何在移动化、碎片化、分散的环境中进行营销？

一、移动营销的概念与特点

移动营销（mobile marketing）也称作手机互动营销或无线营销，是指利用手机为主要传播平台，直接向分众目标受众定向和精确地传递个性化即时信息，通过与消费者的信息互动达到市场沟通的目标。

移动营销是在强大的数据库支持下，利用手机通过无线广告把个性化即时信息精确、有效地传递给消费者个人，达到"一对一"的互动营销目的。移动营销是移动商务的一部分，它融合了现代网络经济中的"网络营销"（online marketing）和"数据库营销"（database marketing）理论，亦为经典市场营销的派生，目前为各种营销方法中最具潜力的部分。

移动营销与传统的营销相比主要有三个特点：①营销的移动性。移动营销的明显特点就是移动性。通过移动设备将营销信息、促销活动和其他内容传送给旅途中的消费者。在顾客购买和与顾客建立人际关系的过程中，营销人员可以随时随地使用移动营销与顾客互动。移动设备的广泛应用和移动互联网络流量的激增使得移动营销成为大多数品牌必备的营销工具。②营销的传播途径特点。传统营销更倾向于传统媒介，如报纸、电视、广播、户外广告等；移动营销更倾向于移动设备端，主要就是手机、平板等便携设备。③营销的理念特点。传统营销更倾向于商品的卖点或者纯粹地传播品牌；移动营销则倾向于如何更快地口碑传播。

移动营销的主要目的可概括为实现经济效益和实现社会效益，因此移动营销的重点可以分为品牌导向和效果导向。品牌导向即通过移动营销提升产品或服务品牌的形象及知名度，获得更多曝光，将品牌形象根植于大众，广泛地传递产品和服务信息，其营销活动通常围绕新产品的发布、树立品牌和促销活动展开。因此移动营销需要在产品或服务的点击量和曝光量上面下功夫。效果导向即通过移动营销增加注册会员、增加订单、增加 App 下载，进而提升浏览者的转化率，完成浏览、关注、转化、下单、完成交易的全过程。

我们可以看出两类不同的移动营销目的虽然都是以盈利为目的的，但效果导向的营销更加注重短期的营销效果，而品牌导向的营销更加注重长期的品牌忠诚度。

二、移动营销的市场意义

（一）收集目标用户手机号码实现精准营销

我国从 2010 年 9 月 1 日起正式实施手机用户实名登记制度，手机号码对应特定的手机用户，而且手机号码的使用周期一般较长，因此手机号码极具营销价值。企业通过收集目标用户信息可以有效地实施精准营销。

（二）辅助市场销售分析

移动营销可以辅助市场调查、数据采集和市场分析。例如，赛拉图推出"我的车我命名，Cerato 中文名称有奖征集活动"，通过手机媒体对潜在顾客进行了数据采集与上市宣传。中小企业应该学会借鉴这一点，借此了解企业产品市场的实际情况。

（三）提升广告效果及其有效监测

利用传统大众媒体进行营销项目的宣传费时费力，移动营销可以迅速提升传播效果。其中的典例就是 2005 年的超级女声，当时蒙牛集团以 1 400 万元冠名费和 8 000 万元后续资金，通过手机短信投票互动的方式，吸引了多达 60 万人的参与，从而达到广告推广的效果。最终，蒙牛实现了销售额由 2004 年的 7 亿元到 2005 年 25 亿元的超越。

（四）增加消费者黏性

雀巢推出了消费者发送"积分密码"到手机短信平台，参与雀巢花心筒积分竞拍。市场活动设计巧妙，指明清晰的晋级方式，让参与者感觉大奖就为其设置的。该活动应用了移动娱乐式营销，让参与者在对抗中放松对消费的警惕并持续关注此品牌，增加了消费者黏性。

（五）分众和本地化做到极致

本地化移动营销传播可以拉近企业与客户之间的距离，使更多用户可以参与进来。福特区别于以往的活动形式，采用区域智能回复功能，实现服务本地化。直接互动翼虎的全国性活动"你需要的是最近的那家 4S 店"平台号码直接导入 CRM 系统，进行潜在用户资料备份。

 小链接 12-4：中国移动营销的基础

三、移动营销策略导向

要做好移动营销，要求企业放弃过去划分消费者阶层的思维，去研究消费者是什么样的价值观，要表达什么东西。具体操作上，移动营销的重点策略导向应该是年轻化、个性化和场景化。

（一）年轻化

在中国，"80 后""90 后"新生消费者成为主流，在家庭里 80%的消费品和年轻人有关，全球都在做品牌年轻化。如果产品是卖给年轻人的，那产品的体系、包装和沟通方式上都要适合年轻人，更加娱乐化、色彩化、音乐化甚至儿童化，还要结合某些东西定制的产品才适合年轻人。

之前大黄蜂很热的时候，有些小孩子去买饮料时可能就会说，要上面有个大黄蜂的。移动互联网时代，营销要向宝宝学习，企业最好能创作一首儿歌，让小孩子都会唱，好的广告语不要超过六个字，超过六个字小孩子不会念。检验营销是不是好的方法就是让小孩子来看，小孩子看到图案如果不喜欢，这个包装就不行；企业名称小孩子记不住，这个名字就不行。

（二）个性化

移动互联网时代，没有话题、没有娱乐成分的东西是不容易被传播的，除非是有个性的。好的名称、包装、营销给企业整个营销成本节省 35% 的费用，不需要打广告，名字本身就是营销。

在移动互联网时代，想做最简单的营销，可以为企业编一首歌，做一个简单的企业形象，如卡通形象，取一个简单、好记的名字，选一个能传播、容易让人记住的广告语，就像男女厕所的设计，女厕所是高跟鞋或裙子，男厕所是烟斗或者帽子，这就是一种沟通符号。当产品在终端上呈现的时候，如何让消费者一眼能识别出来？这就是问题的关键，能识别出来消费者就会选择，不能识别消费者就找不到。怎么让一个品牌变得与众不同，就需要包装和理念。

企业就是老板的人格化象征，老板就是企业的形象，所以也可以让老板来代言。

小链接 12-5：
Debenhams："虚拟购物店"手机 App

记住一个企业就会记住这个企业的创始人，这是一个规律。老板可以出来表演，可以在媒体上跳舞，这都很正常，都是一种企业个性。品牌需要一种性格，有性格的品牌消费者才会喜欢。

（三）场景化

移动互联网时代，场景的作用越来越凸显，要求企业要有场景化思维（详见本章第四节内容）。例如，一包薯片拿出来的时候有两个夹子，因为有可能消费者正在跟同事一起吃饭，可以分享给另外一个同事，这是一种全新的思维：分享模式。

小链接 12-6：
耐克——"Chalkbot"

现在很多地面企业面临从地面到网上的一种转变，网上的企业又变成线上线下联系在一起的 O2O 模式，O2O 模式又变成一种 O2M 的模式，O2M 模式打通所有的社交媒体来进行购买。线上的电商平台起到什么作用？收集客户名单，解决消费者随时随地购买的问题，对客户的数据进行分析，利用线上的优势提供服务。

拓展阅读 12-5：2019 移动营销十大趋势

第四节　场景营销

一、场景的概念和作用

场景在不同语境下有不同的含义。

首先，场景一般泛指生活中特定的情景（conditions；circumstances）。例如，一家人坐在一起吃饭其乐融融的情景；在商业街的促销表演或大型展销活动；整部或部分电影的拍摄场地；在 Flash 中的场景等；张爱萍《从遵义到大渡河》里的"那些英勇艰苦的战斗场景又一幕幕地浮现在眼前"；郭小川《钢铁是怎样炼成的》诗："那近在昨日的光辉场景，这一代人将会永不遗忘。"

其次，在戏剧、影视剧等艺术作品中场景是指场面（scene；spectacle），即在一定的时间、空间（主要是空间）内发生的一定的任务行动或因人物关系所构成的具体生活画面，相对而言，是人物的行动和生活事件表现剧情内容的具体发展过程中阶段性的横向展示。更简便地说，是指在一个单独的地点拍摄的一组连续的镜头。从剧情的展开来看，场景可以分为以下几类：叙述性场景、抒情性场景、氛围性场景、主观性场景、意象性场景（心理意象、内心意象、泛化意象、观念意象和审美意象）等。

影片中场景存在的方式和种类，大体上可以划分成如下六种：①内景——在摄影棚内，专门为影片的拍摄搭制的人工场景。②外景——大自然中自然景观的场景。③实景——人类居住和活动的自然建筑的场景。④场地外景——为了影片的拍摄，按一定的比例专门在选定的自然环境中人工搭制的场景。⑤特技合成景——人工搭制的，用于配合特技拍摄的小比例人工场景。⑥计算机模拟景——利用计算机（数字）技术创造的虚拟现实的场景环境。

影视剧场景的作用主要体现在：①场景决定影片的风格；②场景影响影片的空间感觉；③场景制约人物形象的塑造；④场景关系影片的影调构成；⑤场景决定一段叙事情节的完整。影视剧中的场景构成方式越来越灵活，场景的数量越来越丰富，这样，有利于影片的叙事，有利于影片的人物塑造，有利于影片的风格表达。因此，市场营销和推广中可以借鉴影视剧中场景的运用规律，为提升营销效率服务。

品牌专家沈菏生先生认为，场景可以赋予产品以意义，品牌即场景；同样的东西，在不同的场景里，其实代表的意义也是不同的。例如，酒水在不同的场景中就可能意味着不同诉求。因而同样是酒水，只要场景不同，消费者就可以形成不同的感受和体验。产品只是品牌和场景的载体而已，婚宴赋予酒水喜庆气息；礼品表现了送礼人的心意。

时间、地点、用户和关系构成场景，四个变量中，任一变量发生变化，场景随之发生改变。作为营销场景的场景特点是：①瞬时性，人不可能两次进入同一场景，这要求场景营销做到实时化，每个时刻的营销都随场景变化；②连续性，上一个场景的结束意味着下一个场景的开始，这要求场景营销做到无缝连接，无间断进行；③关联性，不同场景之间可以发生任意转化，这要求场景营销能做预判，准备多套营销方案随场景迁移补充或替代；④情感性，不同的场景氛围，带给人不同的感受，引发人不同的情感，这要求场景营销能体会用户在不同场景下的情感诉求，契合、烘托用户在相应场景下的情感，实现营销内容和用户的情感共鸣。

那么如何进行场景识别?本书认为不存在所谓的"创造场景"，实际上运营者需要做的只是"激起"或者"诱发"场景，因为在我们每天的工作和生活中，场景无时无刻都存在着，最常见的应该是消费场景：吃饭、逛街、看电影。我们已经进入"场景时代"，商业模式的革新发展使得我们每一个行为都演变成为商业关系上的场景应用。可能是一次与闺蜜的逛街，可能是与客户的会谈，可能是外出打个车，也可能是在咖啡馆喝咖啡的一瞬间，对任何产品来说都可能是一个使用场景或体验场景。

举个例子，人们早晨起来之后到上班之前这段时间就是一个特定的场景，这个场景的内容就是人状态的转换，即从休息状态到工作状态。为了完成这个转换，他需要补充能量与资讯，前者他可以通过早餐来满足，而后者就需要信息，如用智能手机看新闻或其他资讯，这个场景的内容与属性就决定了人们在此其中的需求指向以及相应的行为类型。可以这么说，场景是了解移动互联网时代人与设备的移动所带来海量信息的一把钥匙，是企业基于自身产品和服务对于这些海量信息中的相关数据进行分析与整合的向导，其重要性是不言而喻的。

场景的核心思想是围绕用户，以大数据、云计算、物联网与人工智能为基础，为用户提供的产品和应用带有极强的情景融入与关联，在"润物细无声"的状态下生成消费行为。同样，只有符合特定场景下用户使用形态的产品和服务，也才能在市场上站得住脚。

二、场景营销的概念和类型

（一）场景营销的概念

所谓场景营销，又称场景化营销，就是指针对消费者在具体的场景中所具有的心理状态或需求进行的营销活动，从而有效地达到企业的目标。也就是说，场景化营销的核心应该是具体场景中消费者所具有的心理状态和需求，而场景只不过是唤醒消费者某种心理状态或需求的手段。简单说，场景营销就是根据用户的所处场景来做营销。

场景营销意在把营销方式与人们的生活场景结合起来，从而达到商家的营销目的。场景营销定位于某个生活场景，因此精准性好，有利于提升广告转化率；充分贴近生活，给营销人员创意空间；场景营销与广告技术结合，帮助企业进一步了解消费者。随着移动互联网的发展，以及数据和技术的升级，场景营销有了更高级的玩法，即通过深入挖掘消费者的需求和痛点，品牌主动为消费者提供解决方案，构建全新的使用场景，创造全新的营销机会。

生活本身就是个大剧场，每个人都在扮演其中的一个或多个角色。人们试图通过自我显示来向他人表现自己在某一方面的魅力，同时也试图通过自我显示来认证自身的价值。这样一种新的生活观念与方式也就带来了消费的新观念、新方式，我们称之为场景消费。有场景消费便有场景营销。

因此，其实场景营销也不能完全算是崭新的事物，如果稍稍留心一下商店里的一些商品和陈列方式，我们可以看到一些场景营销的现象。例如，组合型文具、调色板式的化妆品、故意磨破的牛仔裤、从鞋帽到衣服腰带背包饰物表情姿势全面搭配的模特儿等，都是含有场景营销在内的。而表现自然风光与音响的环境碟片，更是不折不扣的销售场景的典型商品。这些商品虽然是"物"，但它们陈列在商店里，或被买来放在家中，或被人们使用时，其意义就超出了单纯"物"，而成为对某一"场景"起到某种作用的存在。组合文具放在办公桌上不仅是作为文具用，还增添了办公的趣味性；调色板式的化妆品符合了人们千变万化的心情表现；故意磨破的牛仔裤营造了原始自然、古朴粗糙的生活氛围；环境碟片满足了人们回归自然的梦想。虽然这些都是刻意的、人为的，但消费者并不在乎，他们更在乎闭上眼就能沉浸在梦想构筑的场景世界中。

（二）场景营销的类型

关于场景营销的类型，从不同角度划分有不同类型。

首先，借鉴场景的概念，场景营销按人们生活的场景可分为现实生活场景里的场景营销和互联网上使用场景的场景营销。互联网上的场景营销又可细分为 PC 场景营销和移动场景营销。

其次，从场景应用形式看，场景营销有三种形式，即消费场景、用户（即时）场景和使用场景。其中，消费场景（含线上线下）是场景营销的重点。无论哪种形式的场景营销，其实质都是运用场景这一要素去触发和连接顾客的需求。越是具体、详细、真实的场景，用户越容易被带入其中，需求越容易被激发出来；越是抓住用户痛点、痒点的场景，用户的转化率越高。

最后，还有人认为场景营销有三种场景情况：一是即时场景营销，即根据用户所处的即时场景运用大数据分析和预测其行为需求，运用互联网工具进行精准推送和营销，如各种地图 App；二是使用场景营销，即将品牌或产品与具体的场景联系起来，或开拓新的使用场景，进行宣传推广，更好地吸引和连接顾客，如红牛的加夜班场景，这是未来品牌或产品营销的重要方式；三是消费场景营销，即根据顾客需求和偏好，打造相应的场景来吸引顾客购买或消费，这是店铺（包括线上线下，也不仅仅是零售店）营销的主要方式，是未来品牌或店铺创新的关键。

三、场景营销的优势

场景营销通过将人、内容与场景的有机结合使营销的效果最大化。在移动互联网环境下的消费者，其行为始终处在各类场景之中，这也是场景营销诞生的基础，线下商场、线上购物和交通出行等环境都构成了场景营销的条件。例如，加多宝将自身产品与吃火锅结合起来，宜家、无印良品在店内打造的生活场景；又如，在地铁站、电梯厢内的花式玩法……在这些品牌、环境或媒介中，我们都能发现场景营销的痕迹——品牌将自身的产品与各时间段、使用场景、动作行为、消费者感知点、消费者需求（当时、当地、当事）相结合，带给人们一种更为直观、契合、关联度高的体验，激发消费者的购买行为。总之，近些年场景化营销越来越受欢迎，为什么呢？可能是因为它在以下几个方面有明显优势，而且成本很低。

1. 获取新用户

在上线一款产品之前营销人员都会做足充分的用户需求调研，一方面帮助企业看清整个市场有多大，已有的竞品的市场占有率是多少；另一方面也可以帮助企业认清自己的用户画像。

此时，就涉及产品的使用场景以及该场景下的目标用户。等到产品上线时，运营需要充分地考虑从各使用场景角度去拉新，找到潜在目标用户的聚集地并将产品推荐给他们，并通过优惠和多彩的活动，吸引更多的潜在用户参与使用。毕竟一个用户的身边肯定存在与他有相同需求的用户，运营要做的就是通过场景化营销提供用户传播的内容，让用户传播给身边的潜在新用户，以达到拉新的目标。

2. 提高转化率

你是不是经常在特定的时间地点收到各商家的 App push（推送），如到达武汉火车站附近，网约车会告知你火车站附近的接送机优惠，大众点评会告诉你附近的热干面和鸭脖，携程会告诉你武大的樱花正当季；又如，你最近更新了拉勾上的简历，关注了资深 Java 工程师这个岗位，过两天你就会收到类似匹配职位的推送。

前者数据基于 LBS 定位推荐，后者属于根据用户画像推荐，总的来看就是，基于你是什么样的用户在这个时间地点可能会有什么样的需求，正好我的产品功能有哪些是可能适合你的，所以推荐给你。此时，你发现这个 App 深得人心，你会冲着热干面店去，你的午餐就解决了。这种场合下，转化率自然可以得到提高，因为正确地匹配了用户场景和需求。

3. 提高老客户活跃度

假如你是一个放弃使用很久滴滴的学生用户，因为你的某次打车被坑了很多钱。

但是某天你和同学出去玩，回校时只有一班公交且等待的队伍很长，正当你等待得很不耐烦的时候，滴滴给你推送了一条附近有很多同校的小伙伴，拼车回校省钱又方便，你再次心动后上了滴滴司机的车。此时，你作为一位滴滴的流失用户，再次被激活了，推送者看这条转化率数据的时候笑了。

4. 提升品牌形象

提到场景化营销的这一优势，可以看一组蚂蚁金服的海报。这组海报充分挖掘了每一个用户背后的故事和场景，朴实的文案、生动的画面，给人很亲切、很真实的感受，不需要任何华丽的辞藻去介绍它有哪些产品功能，就能给我们留下深刻的印象。

鲜活的身边人，生活中场景的困难，轻松传达广告意图，同时树立了品牌良好的形象。到达成熟期的公司，坐拥几亿用户，更需要从梳理品牌形象和占据用户心智角度思考如何做得更好，为用户，甚至为社会。

小链接 12-7: 场景、数据、算法、体验是核心要素

四、如何实施场景化营销

一般来说，可以通过以下四步来实施场景化营销。

第一步：心理洞察。明确自己的产品要满足的消费者的需求是什么，这种需求是由何种心理动机所产生的，而要产生这种心理动机需要消费者具有怎样的心理状态。心理洞察是场景化营销实施的起点和核心。神州专车主打安全优势，也就是说，神州专车满足的是消费者安全便捷的交通需求。而消费者在受到威胁或感受到恐惧的时候，对于安全的需求是最迫切的。也就是说，神州专车需要让消费者进入恐惧的心理状态，产生消除恐惧的心理动机。

第二步：场景设置。在消费者心理洞察的基础之上，进行场景的设置或选择，通过场景来将消费者带入营销所需要的心理状态。而场景设置的重点是场景中的互动设置，通过互动才能让消费者真正进入该场景当中，并给予消费者及时的心理反馈，才能更有效地对消费者的心理进行刺激。基于以上的心理洞察，神州专车选择了"深夜加班后，独自一人回家"的场景，并在场景中进行诸如与"黑车"的对话互动，从而刺激白领的恐惧心理。

第三步：心理强度。要消费者进入某种心理状态并激发某种需求动机，需要足够的心理强度，而这种强度可以通过互动设置的节奏来把控。例如，一篇文章，有些心理状态我们可以通过一篇 500 字的短文就能激发，而有些心理状态我们需要 1 500 字的长篇才能激发到足够的强度。

在整个的场景中，使用了十组的"内心独白"来不断地刺激白领的恐惧心理，使之达到足够的强度，从而产生迫切地想要消除这种恐惧心理的动机。

第四步：行为引导。在成功将消费者带入某种心理状态后，即可启动消费者的行为链条。而此时我们需要进行消费者行为的引导，来实现我们的营销目标。

在最后，路的尽头，神州专车出现，并配以"神州专车，始终在等你，护送加班夜归人，安全回家！"的文案，同时设置"即刻领取加班费""给朋友发加班费"的按钮，对目标消费者的行为进行引导，实现自己的营销目标。

未来市场不是按照人群进行细分，也不是按照行业和产品品类进行细分，而是按照被唤起的心理状态进行细分。

小链接 12-8：
场景营销——情感代入和品牌共鸣，激发行动意愿

五、如何构建"场景感"

既然场景那么重要，那么如何构建"场景感"？场景感构建的总原则是：以用户体验为核心，走进消费者的生活和工作场景并模拟这些场景，包括购买场景、使用场景、工作场景与生活场景，去发现痛点，寻找机会点，然后设计产品、服务专用的体验场景。具体说，构建场景感时要考虑如下几个问题。

（一）在该场景下，我能做什么？给消费者提供什么？

例如，在夏天暴雨这个场景下，杜蕾斯发现，避孕套还可以套在鞋子上蹚水，于是就发了一张杜蕾斯可以这样用的微博图，结果全民转发。网约车发现，在乘车高峰期不好打车，就设计了可以为师傅发红包的操作按钮，对于有急事或不愿等待的顾客就可以通过加发红包来提前约到车。汉堡王在"三八"女王节的时候，就设置了一个红毯点餐的场景，从门口到点餐区设置了红毯和 T 台，你点餐前要走一下红毯，音乐与掌声响起，像明星一样，点餐后再送你一顶纸做的王冠，让你体验女王的感觉。又如，周大福珠宝与商场合作，安排国外 8 位帅哥在"三八"节给所有路过的女士送玫瑰鲜花，可以免费合影，通过这个场景告诉女性消费者：今天，你们是女神、女王，周大福要给你们一份尊重和爱意。再如，情人节这个场景就是送玫瑰鲜花，山东一家珠宝店就采购了 10 000 枝玫瑰鲜花免费送给市民，每枝花带一张花语与珠宝结合的卡片，于是情人节销售额同比增长了 90%。

（二）该场景下的痛点是什么？如何解决？

小米科技发现，消费者购买插线板不仅需要电源插口，还需要 USB 的插口；此外家庭中有小孩子的家长，对电源插口是否特别安全十分关心。因为孩子喜欢玩耍，好奇心强，有时候会用手指或金属物体插入带电插孔，容易造成触电意外事故。为了解决这些痛点，小米在开发插线板时，就增加了 USB 插口；还精心设计了电源插孔保护门，并形成双孔联动，只有两极同时插入，保护门才能打开，有效避免了孩子触电的

危险。

再看三只松鼠坚果。你购买坚果后，会收到剥壳器、湿纸巾和果壳袋以及一张温馨提示便条。因为，三只松鼠发现吃坚果的痛点是剥坚果费事、果壳如何收集、手容易脏。赠品就是解决这个场景下的痛点。

再如，西贝莜面村发现孩子不爱吃饭，家长不会做饭。家长的亲子时光太少——这是痛点。西贝根据行业特点，特别设置了"做饭"的两个场景，来提供解决方案。①亲子私房菜课程——家长报名，带着孩子跟西贝大厨一起学做饭。②儿童搓莜面比赛——给孩子报名，孩子们和其他小朋友一起玩，一起社交，一起比赛。无论是跟着大厨学做菜，还是孩子们比赛搓莜面，一经推出，效果火爆，亲子私房菜周周抢购！为什么，有体验、有娱乐、有温度、有社交。都是谁来购买？首先是家长，购买后周末带着家人孩子一起到西贝学习体验，同时享受亲子时光；也可以送亲友，增加与亲友的情感连接。甚至一些单位也来购买，单位主要作为福利送员工或者顾客，体现单位的人性化关怀。尤其是亲子私房菜课程，还有一些意外收获：卖厨具、卖食材。因为学习了私房菜，很多家庭希望买到和西贝一样的厨具和食材。结果，西贝的厨具和食材也开始旺销。

（三）该场景下，如何让消费者参与或选择

"饿了么"在北上广深和杭州的知名商圈、地铁选取了 10 个点，与知名餐饮必胜客、海底捞合作打造了"饿了么"的连锁分店场景，与消费者互动。消费者扫码就赠送奶茶、蛋糕等商品。

阿迪达斯在上海南京路上 4 个候车亭设置了互动广告，当人们接近红外感应范围内，液晶广告屏幕上的阿迪达斯的门就会打开，代言人彭于晏就以阳光的形象和笑容邀请大家一起运动。

加油站里面给予免费洗车，你到我这里加油可以免费洗车。这就是让你选择我的理由。在高铁站，你随处可见共享的按摩椅，在候车的时候你可以投币或扫码支付，享受按摩服务。

（四）考虑消费者所处具体场景

可以依据消费者在购买产品或者使用产品，甚至制造产品环节来设置场景。例如，购买场景有一个付款环节，有的商场就设置了互动设备，你冲机器挥挥手，机器给你一个反馈，你是帅哥或者美女，颜值分是多少，可以享受多少优惠；或者设置挑战门，穿过不同的门享受不同的折扣，身材就是优惠特权。这些场景就是娱乐化，好玩有趣，会引发自动传播。

盒马鲜生的服务内容就是根据消费者的购买场景和使用场景来设置的。线上购买，盒马 30 分钟内给你送货上门；线下进店购买，自助付款；如果想回家烹饪，付款

后自行离店；如果不想自己烹饪，可以在盒马选择烹制方法，有西餐、中餐供你选择。

再看中国专业的连锁珠宝商城——星光珠宝。它们利用消费者使用产品的环节来设置一个霸屏求婚场景。消费者购买钻戒以后，就是要浪漫求婚告白，这是产品的使用场景。为此，星光珠宝在各大门店的玻璃幕墙上设置了特别的光影技术，买克拉钻的消费者可以在此求婚告白。几千平方米的霸屏告白，再辅助鲜花瓣和烛光，一场浪漫的告白让人终生难忘。仅星光珠宝合肥店一年就有 100 多对情侣告白，在情人节、520 等节日，每天告白的情侣有好几对，需要排队。那个广场也被合肥人誉为"爱情广场"。

六、场景营销评价标准

（一）场景营销的评价指标

场景营销好不好，效果如何谁说了算？以下三个指标很重要。

（1）超级体验性。客户要亲自参与才有超级体验性。让客户体验什么？不管是产品或品牌特性，还是情绪、情谊、情趣和文化，一定是超级体验性。值得注意的是，在场景活动中，用户的围观与亲自参与获得的体验性和情感输出结果差距是很大的。

（2）连接质量。场景营销的目的是连接用户，连接的是不是精准客户、客户愿不愿意参加，这是场景设置要考虑的首要问题。场景设置不是自嗨，而是让用户嗨！好的场景设置一定会让精准的目标客户争相参与，参与后愿意向亲友推荐、利用社交媒体传播，这是最佳的连接质量。

（3）情感输出。好的场景营销一定有代入感，触动了用户的情绪、情谊、情趣，引发体验者的共鸣，从而形成对产品或者品牌的特殊情感，奠定现场交易的基础。

（二）场景营销的效果模型

根据用户连接度（黏性）和转化率（购买率）两项，可以划分为以下四种效果的场景营销类型（图 12-2）。

图 12-2 场景营销效果模型

连接度和转化率都低的场景是无效场景，如店铺人气冷清，连接度是转化率的前提，此类场景主要是场景定义不清，缺乏看点和趣点。

花式场景是连接度高但转化率低的场景，如商场成了"试衣场"，某些"烧钱"平台，此类场景看点和趣点不错，但缺乏价值点和沸点（成交点）。

连接度低但成交率高的场景被称之为缺氧场景。此类场景虽然能短期吸客成交，但用户体验不佳，黏性不强，客户流失率高，如一些短期爆红的网红店。有些客观上是属于低频场景，但更多的是"缺氧"——欠缺内容、质量和密度，"铁打的营盘，流水的兵"，不能有效地锁定客户。

高效场景是连接度和转化率都高的场景，是看点、趣点、沸点和价值点"四点"俱全的场景，它不一定是高频和重度场景，但一定是有温度和密度的场景。

拓展阅读 12-6：场景营销案例解析

本 章 小 结

大数据营销离不开大数据。根据麦肯锡全球研究所的定义，大数据是一种规模大到在获取、存储、管理、分析方面大大超出了传统数据库软件工具能力范围的数据集合，具有海量的数据规模、快速的数据流转、多样的数据类型和价值密度低四大特征。

大数据营销是基于大数据分析基础上的，描绘、预测、分析、指引消费者行为，从而帮助企业制定有针对性的营销策略的过程。大数据营销发展至今也经历了许多变革。首先是从媒体导向到用户导向的转变，其次是从用户主观信息数据库到用户客观行为数据库的转变。

大数据营销的特点是：多平台化数据采集；强调时效性；个性化营销；性价比高；关联性。大数据营销的应用领域主要有：用户行为与特征分析；精准营销信息推送支撑；引导产品及营销活动投用户所好；竞争对手监测与品牌传播；品牌危机监测及管理支持；企业重点客户筛选；用于改善用户体验；SCRM 中的客户分级管理支持；发现新市场与新趋势；市场预测与决策分析支持等。

社交媒体营销作为互联网时代的产物，与社交媒体的发展息息相关。社交媒体也称为社会化媒体、社会性媒体，指允许人们用来创作、分享、评论、交流意见与观点及经验的虚拟社区和网络平台。社交媒体和一般的社会大众媒体最显著的不同是，让用户享有更多的选择权利和编辑能力，自行集结成某种阅听社群，并能够以多种不同的形式来呈现，包括文本、图像、音乐和视频。

社交媒体营销就是利用社会化网络、在线社区、博客、百科或者其他互联网协作平台和媒体来传播和发布资讯，从而形成的营销、销售、公共关系处理和客户关系服务维护及开拓的一种方式。一般社交媒体营销的工具就是各类社交媒体，即通过自媒体平台或者组织媒体平台资讯发布和传播，进而达到营销目的。

　　社交媒体营销的主要特点是：①长周期；②传播的内容量大且形式多样；③每时每刻都处在营销状态、与消费者的互动状态，强调内容性与互动技巧；④需要对营销过程进行实时监测、分析、总结与管理；⑤需要根据市场与消费者的实时反馈调整营销目标等。

　　社交媒体营销的策略有：建构品牌社群；提升企业品牌网络曝光量；增加网站流量和注册用户；吸引更多业务合作伙伴；提升搜索排名；增加高质量的销售机会；促进具体业务成交；社会化营销整合等。

　　社交媒体营销的目标是：提升品牌认知度和知名度；提升与客户的互动；鼓励消费者参与产品创新等营销活动。社交媒体营销也有不当行为。

　　移动营销也称作手机互动营销或无线营销，是指利用手机为主要传播平台，直接向分众目标受众定向和精确地传递个性化即时信息，通过与消费者的信息互动达到市场沟通的目标。

　　移动营销与传统的营销相比主要有三个特点：营销的移动性；移动营销倾向于移动设备端；移动营销的理念倾向于如何更快地口碑传播。

　　移动营销的市场意义在于：收集目标用户手机号码实现精准营销；辅助市场销售分析；提升广告效果及其有效监测；增加消费者黏性；分众和本地化做到极致。移动营销重点策略导向应该是年轻化、个性化和场景化。

　　场景营销是借助场景进行营销以提升营销效果的方式。场景在不同语境下有不同的含义。一般可以泛指生活中特定的情景；在戏剧、电影等艺术作品中场景是指场面。作为营销场景的场景特点是：瞬时性；连续性；关联性；情感性。

　　所谓场景营销，又称场景化营销，就是指针对消费者在具体的场景中所具有的心理状态或需求进行的营销活动，从而有效地达到企业的目标。也就是说，场景化营销的核心应该是具体场景中消费者所具有的心理状态和需求，而场景只不过是唤醒消费者某种心理状态或需求的手段。简单说，场景营销就是根据用户的所处场景来做营销。

　　场景营销的类型从不同角度划分有不同类型。借鉴场景本身的概念可以分为现实生活场景里的场景营销和互联网上使用场景的场景营销。互联网上的场景营销又可细分为 PC 场景营销和移动场景营销。根据场景应用形式可以分为消费场景、用户（即时）场景和使用场景三种形式。此外，场景营销可分为三种场景情况：即时场景营销；使用场景营销；消费场景营销等。

　　根据用户连接度（黏性）和转化率（购买率）两项，我们可以建立场景营销效果模型，将场景营销分为无效场景、花式场景、缺氧场景、高效场景。

🖊 重要名词

　　大数据　大数据营销　社交媒体营销　移动营销　场景营销

即时场景营销　　使用场景营销　　消费场景营销　　场景营销效果模型

 即测即练题

 **复习思考题**

1. 怎么理解大数据和大数据营销？大数据营销的特点是什么？

2. 大数据营销应用领域主要有哪些？大数据营销有哪些优势和不足？

3. 什么是社交媒体和社交媒体营销？

4. 社交媒体营销的特点和优势是什么？

5. 社交媒体营销的策略有哪些？

6. 社交媒体营销目标是什么？

7. 什么是移动营销？它有什么特点？

8. 如何理解场景和场景营销及其它们之间的关系？

9. 结合"场景营销效果模型"解释什么是无效场景、花式场景、缺氧场景和高效场景。

10. 请举例说明现实生活是如何应用第 9 问题中四种营销方式的。

11. 你认为数字时代还有其他哪些营销方式？

 案例 1

 **案例 2**

参考文献

[1] 科特勒，阿姆斯特朗. 市场营销：原理与实践[M]. 楼尊，译. 16 版. 北京：中国人民大学出版社，2015.

[2] 所罗门，卢泰宏. 消费者行为学[M]. 6 版. 北京：电子工业出版社，2006.

[3] 吴建安，聂元昆. 市场营销学[M]. 5 版. 北京：高等教育出版社，2014.

[4] 张大亮. 营销管理：理论、应用与案例[M]. 北京：科学出版社，2002.

[5] MCDANIEL L H. Marketing[M]. 4th ed. New York，USA：International Thomson Publishing，1998.

[6] KOTLER P，ARMSTRONG G. Pringciples of marketing[M]. 8th ed. London：Prentice-Hall International （UK） Limited，1999.

[7] DICK A S，BASU K. Customer loyalty：toward an integrated conceptual framework[J]. Journal of the academy of marketing science，1994，22（2）：99-113.

[8] 于洪彦，刘金星. AMA 官方营销定义动态演化及其启示探析[J]. 外国经济与管理，2010，32（3）：33-39.

[9] 谭俊华，沈金菊. 市场营销学[M]. 2 版. 北京：清华大学出版社，2016.

[10] 叶茂中. 冲突[M]. 北京：机械工业出版社，2017.

[11] 余晓钟，冯杉. 4P、4C、4R 营销理论比较分析[J]. 生产力研究，2002（3）：248-249，263.

[12] 冯建英，穆维松，傅泽田. 消费者的购买意愿研究综述[J]. 现代管理科学，2006（11）：7-9.

[13] 李桂华，卢宏亮. 组织间营销[M]. 北京：清华大学出版社，2013.

[14] 李桂华，卢宏亮，刘峰. 中国企业的购买决策"谁"说的算?——对 Webster-Wind 模型的修正及检验[J]. 中国软科学，2010（7）：125-133.

[15] 波特. 竞争战略[M]. 北京：中信出版社，2014.

[16] 沃克，马林斯. 营销战略：以决策为向导的方法[M]. 李先国，译. 5 版. 北京：北京大学出版社，2014.

[17] 陈建校. 企业战略管理理论的发展脉络与流派述评[J]. 学术交流，2009（4）：75-79.

[18] 袁连升. 市场营销学[M]. 北京：北京大学出版社，2012.

[19] 闫毅. 市场营销理论与实务[M]. 北京：科学出版社，2005.

[20] 马尔霍特拉. 营销调研精要[M]. 北京：中国人民大学出版社，2016.

[21] 栾向晶，等. 营销调研与预测[M]. 北京：科学出版社，2009.

[22] 海尔. 市场营销调研精要[M]. 大连：东北财经大学出版社，2016.

[23] 于萍. 市场营销调研：调查 分析 预测 理论 方法 实务[M]. 大连：东北财经大学出版社，2002.

[24] 李桂华. 市场调研[M]. 天津：南开大学出版社，2016.

[25] 吕筱萍. 市场调研与预测[M]. 北京：科学出版社，2015.

[26] 蓝海林，等. 企业战略管理[M]. 3 版. 北京：科学出版社，2018.

[27] 杨增雄. 企业战略管理：理论与方法[M]. 北京：科学出版社，2013.

[28] 汪长江. 市场营销战略研究：分析、规划、实施与控制[M]. 上海：上海交通大学出版社，

2015.

[29]　汤普森，等. 战略管理：概念与案例[M]. 北京：机械工业出版社，2016.

[30]　希尔，琼斯. 战略管理：概念与案例[M]. 北京：机械工业出版社，2017.

[31]　林光，尹启华. 营销案例分析[M]. 北京：科学出版社，2007.

[32]　齐克蒙德，迈克利奥德，吉尔伯特. 客户关系管理：营销战略与信息技术的整合[M]. 胡左浩，贾崧，杨志林，译. 北京：中国人民大学出版社，2010.

[33]　吴垠. 关于中国消费者分群范式（China-Vals）的研究[J]. 南开管理论，2005（2）：9-15.

[34]　王颖晖. 知识服务业背景下客户市场细分的聚类方法研究[J]. 统计与决策，2009（18）：24-26.

[35]　雷登，张沁. 市场自细分[J]. 21世纪商业评论，2010（1）：9，72-76.

[36]　狄凌. 论CHINA-VALS模型在我国健身俱乐部品牌定位中的应用[D]. 北京：北京体育大学，2008.

[37]　王玉国. 小米公司手机市场营销策略研究[D]. 哈尔滨：黑龙江大学，2018.

[38]　王馥瑛. 基于新经济时代的市场营销组合及模式探讨[J]. 财经界（学术版），2019（18）：21-22.

[39]　JUNG J，WOODSIDE A G. Customers' assessments of retail traditional local markets：strategy outcome performance screening[M]//WOODSIDE A G. Accurate case outcome modeling. Cham: Springer，2019.

[40]　严宗光，罗志明. 市场营销学[M]. 北京：北京理工大学出版社，2016.

[41]　栾港，马清梅，等. 市场营销学[M]. 北京：清华大学出版社，2015.

[42]　谭军. 产品创新，策略有二[J]. 功能材料信息，2004（3）：37.

[43]　郝旭光. 试论产品生命周期各阶段的营销策略——兼论如何延长产品的生命周期[J]. 管理世界，1999（1）：176-180.

[44]　李巧华，茹兴娜. 浅谈品类管理在超市中的应用[J]. 甘肃科技纵横. 2008，37（4）：77-78.

[45]　科特勒，凯勒. 营销管理[M]. 何佳讯，等译. 15版. 上海：格致出版社，2016.

[46]　赵占波. 品牌资产维度的探索性研究[J]. 管理科学，2005，18（5）：10-16.

[47]　KEH H T，PANG J. Customer reactions to service separation[J]. Journal of marketing，2010，74（2）：55-70.

[48]　沃茨，洛夫洛克[M]. 北京：中国人民大学出版社，2010.

[49]　周文君. 在线数字产品的组合营销策略[D]. 武汉：华中师范大学，2013.

[50]　ATAMAN M B，MELA C F，HEERDE H J V. Building brands[J]. Marketing science，2008，27（6）：1036-1054.

[51]　胡其辉. 企业定价决策[M]. 大连：东北财经大学出版社，2001.

[52]　陈新慧. 价值链理论对企业定价决策的启示[J]. 才智，2009（5）：236-236.

[53]　张修志，黄立平. 基于消费者偏好的信息产品定价策略分析[J]. 商业研究，2007（5）.

[54]　彭丹. 互联网时代数字化产品定价策略探索[D]. 成都：西南财经大学，2006.

[55]　韩大勇. 营销中的定价策略[M]. 北京：企业管理出版社，2006.

[56]　张正林，凌静. 基于消费者决策过程的电商定价策略研究[J]. 价格理论与实践，2014（11）：117-119.

[57]　侯建荣，吕文凯. 快速消费品零售商价格促销的最优定价策略[C]//中国管理科学学术年会.

2014：429-432.

[58] 吕贵兴. 零售企业品类战术之高效定价分析[J]. 现代商贸工业，2007，19（6）：60-61.

[59] TRIVELLA L. Investigating the adoption of integrated marketing communication strategies at institutional cultural festivals in greece. The case study of aeschylia in elefsina[M]. Berlin：Springer International Publishing，2019.

[60] 申光龙，曲飞宇，商锐. 基于整合营销传播战略的企业组织重构模式研究[J]. 管理科学，2004（5）：2-9.

[61] 申光龙. 整合营销传播：IMC[J]. IT 经理世界，1999（2）：40-41，43.

[62] ZHI X Y. Chapter eight—techniques for promoting services and resources[M]. Amsterdam：Elsevier Ltd.，2018.

[63] 夏晓鸣，等. 整合营销传播：理论与实践[M]. 武汉：武汉大学出版社，2012.

[64] 李先国，等. 促销管理[M]. 北京：中国人民大学出版社，1997.

[65] 申光龙，李庸善，曲飞宇. 服务整合营销沟通模式及其支持体系研究[J]. 预测，2006（1）.

[66] 王大刚，席酉民，周云杰.海尔集团整合营销战略[J].系统工程，2006（3）.

[67] SMITH T M, GOPALAKRISHNA S, CHATTERJEE R. A three-stage model of integrated marketing communications at the marketing-sales interface[J]. Journal of marketing research，2006，43（4）：564-579.

[68] 郭国庆，陈凯. 市场营销学[M]. 5 版. 北京：中国人民大学出版社，2017.

[69] 李，科特勒. 社会营销：如何改变目标人群的行为[M]. 俞利军，译. 5 版. 上海：格致出版社，2018.

[70] 贝拉斯克斯. 商业伦理：概念与案例[M]. 刘刚，译. 7 版. 北京：中国人民大学出版社，2013.

[71] 李克芳，范新河. 营销渠道管理[M]. 2 版. 武汉：武汉大学出版社，2017.

[72] 罗森布洛姆. 营销渠道[M]. 宋华，等译. 8 版. 北京：中国人民大学出版社，2014.

[73] 吕一林. 营销渠道决策与管理[M]. 2 版. 北京：中国人民大学出版社，2008.

[74] 陈绘雯，白琳. 我国企业善因营销实施策略分析[J]. 现代商贸工业，2013（7）.

[75] BARNES N G, Philanthropy, profits, and problems：the emergence of joint venture marketing[J]. Akron business & economics review，1991，22（4）：78-86.

[76] 京东，京东到家，沃尔玛，等.2018 年中国零售商超全渠道融合发展年度报告（电子商务研究报告）[R]. 2018.

[77] 199 IT 知识星球. "最佳约会时机"的影响因素[R/OE]. http://www.199it.com/archives/791627.html.

[78] 魏伶如. 大数据营销的发展现状及其前景展望[J]. 现代商业，2014（15）：34-35.

[79] 赵正，卢曦. 大数据时代重构数字营销：从做广告到讲故事[EB/OL]. (2012-05-13) [2020-04-04]. https://tech.qq.com/a/ 20120513/000013.htm.

[80] 陈永东. 大数据营销的十大切入点[EB/OL]. (2013-12-03) [2020-04-04]. http://blog.sina.com.cn/s/blog_541bdbb80102e4ay. html.

[81] 陈永东. 如何寻找大数据营销的切入点[J]. 资源再生，2013（12）：62-64.

[82] 李宝玲. 实施社交媒体营销拓展网络营销渠道[J]. 北京印刷学院学报，2012，20（1）：64-67.

[83] 云南白药：用大数据，让每场营销更有度[EB/OL]. [2020-04-04]. http://a.iresearch.cn/case/6128.shtml.

[84] 邢莉莉. 体验式微博营销的传播变革研究[D]. 广州：暨南大学，2014.

[85]　吴声. 场景革命[M]. 北京：机械工业出版社，2015.

[86]　瑞安，等. 数字营销[M]. 北京：中国商业出版社，2012.

[87]　丹尼尔，等. 数字时代的营销战略[M]. 上海：上海人民出版社，2004.

[88]　阳翼. 数字营销[M]. 北京：中国人民大学出版社，2015.

[89]　阳翼. 数字营销传播[M]. 广州：暨南大学出版社，2015.

[90]　张佰明. 数字品牌营销传播[M]. 北京：经济日报出版社，2010.

[91]　程明，等. 数字营销传播经典案例教程[M]. 北京：中国建筑工业出版社，2016.

[92]　格林伯格，等. 数字营销战略[M]. 北京：清华大学出版社，2016.

[93]　陈刚，等. 创意传播管理[M]. 北京：机械工业出版社，2012.

教学支持说明

▶▶ 课件与教学大纲申请

尊敬的老师:

您好!感谢您选用清华大学出版社的教材!为更好地服务教学,我们为采用本书作为教材的老师提供教学辅助资源。该部分资源仅提供给授课教师使用,请您直接用手机扫描下方二维码完成认证及申请。

任课教师扫描二维码
可获取教学辅助资源

▶▶ 样书申请

为方便教师选用教材,我们为您提供免费赠送样书服务。授课教师扫描下方二维码即可获取清华大学出版社教材电子书目。在线填写个人信息,经审核认证后即可获取所选教材。我们会第一时间为您寄送样书。

任课教师扫描二维码
可获取教材电子书目

 清华大学出版社

E-mail: tupfuwu@163.com	网址:http://www.tup.com.cn/
电话:010-83470332/83470142	传真:8610-83470107
地址:北京市海淀区双清路学研大厦B座509室	邮编:100084